Sección de Obras de Historia

HACIA EL MÉXICO MODERNO
PORFIRIO DÍAZ

II

RALPH ROEDER

HACIA EL MÉXICO MODERNO

Porfirio Díaz

II

FONDO DE CULTURA ECONÓMICA
MÉXICO

Primera edición, 1973
Tercera reimpresión, 1995

D. R. © 1992, Fondo de Cultura Económica, S. A. de C. V.
D. R. © 1995, Fondo de Cultura Económica
Carretera Picacho-Ajusco 227; 14200 México, D. F.

ISBN 968-16-0764-3 (obra completa)
ISBN 968-16-0766-X (tomo II)

Impreso en México

En el mismo semestre se efectuó otro avance que redundó en crédito del gobierno progresista del general Díaz. A principio del año el gobierno convocó al Congreso Pedagógico para impulsar e implementar la instrucción primaria, obligatoria, gratuita y laica del pueblo, conforme a una ley respectiva adoptada por el Congreso de la Unión en 1888. El Congreso provocó las protestas del clero contra la pretensión inaudita del gobierno de arrogarse la dirección exclusiva de la instrucción pública, y *El Tiempo* calificó la tentativa de

> una tiranía que es la más odiosa y cruel de todas, la que se ejerce sobre la conciencia y el pensamiento de los demás. Tiranía semejante al establecimiento de lo que se ha llamado por el Congreso de Instrucción sistema nacional de educación popular, teniendo por principio la uniformidad de la instrucción gratuita y laica, no ha existido jamás en México y habría sido vergüenza para cualquier gobierno haber iniciado siquiera tal pensamiento. Hoy, sin embargo, ha sido iniciada con calor y el partido liberal, todo entero, no ha tenido sino aplausos para esta idea, que no vacilamos en calificar como una *tentativa de asesinato de la libertad de pensamiento,* contra la cual todos los hombres para quienes el primer deber de honradez es el de dar a sus hijos la educación que tengan por mejor, deben protestar contra el intento de la violación de los derechos más sagrados.

Como la mentalidad del clero no variaba con los cambios de los tiempos, *El Siglo* salió en defensa del gobierno civil.

> Si no fuera bien conocido el estilo declamatorio de los periódicos clericales, cualquiera creería que el Congreso de Instrucción había enviado a cada hogar y a cada redacción católica un grupo de abencerrajes, arrastrando el alfanje por la arena y exclamando: "o abjuras de Cristo o mueres". Pero no, la simple respuesta de un cuerpo consultivo confirmaba la verdad de lo que ha estado establecido hace mucho tiempo, como es la instrucción primaria, obligatoria, gratuita y laica, es lo que ha presentado ocasión al periódico clerical de demostrar una vez más su retórica de pacotilla.

Con esta iniciativa el general Díaz se mostró todo un liberal. Aunque la empresa pedagógica podía calificarse de refundición de la obra de sus predecesores, bajo ciertos aspectos la superaba.

Lerdo, tan implacablemente anticlerical, formuló la misma ley, pero sin la condición *laica;* Juárez fundó la Preparatoria con el mismo fin, pero en pro de la intelectualidad mexicana; en tanto que la nueva ley tenía la mira de llegar al pueblo analfabeto, unificar el sistema educativo y dar fuerza de ley a la instrucción primaria, obligatoria, gratuita y laica del educando desde la infancia, iniciativa que individualizaba al general Díaz y sorprendió al clero, alarmado por el peligro de perder la formación del mexicano del mañana; pero a pesar del revuelo, el Congreso de robachicos siguió trabajando tranquilamente bajo la dirección del eminente educador, don Justo Sierra, y al suspender sus labores seis meses más tarde con la resolución de volver a reunirse cada tres años, *El Siglo* felicitó efusivamente al gobierno por haber dado un gran paso adelante en la educación democrática del pueblo.

Damos tregua por un momento a nuestras constantes polémicas con la prensa clerical para dirigir una mirada al porvenir, porque el porvenir de un país está en la escuela. Y no hablamos de la escuela antigua, puramente instructiva, donde el excesivo desarrollo de la memoria sofocaba el de la inteligencia, y donde el terror era el estímulo del progreso. Hablamos de la escuela moderna, de la escuela educativa, donde se desarrollan armónicamente todas las facultades, las físicas, las morales, las intelectuales y estéticas; hablamos de una escuela donde las labores manuales habitúan al niño al trabajo adiestrando a la vez sus manecillas para que puedan ganar más tarde su subsistencia; donde se hace atractivo el aprendizaje, inspirándole amor imperecedero hacia la ciencia, donde no se le inculcan dogmas erróneos y abstrusos, sistemas de moral más o menos estrechos, odio a los héroes nacionales y horror al progreso, sino verdades perfectamente demostradas, reglas prácticas de moral universal, respeto a nuestras leyes y prohombres y amor inmenso a la libertad y a la independencia de la patria. Esta escuela regeneradora, repetimos, es la matriz donde se forma el ciudadano del porvenir.

Pero desgraciadamente las escuelas de ese género no abundan en nuestro país; se hallan algunas esparcidas en todo el territorio, los nuevos profesores que van saliendo de las escuelas normales irán propagando esos modelos, pero para que el tipo moral e intelectual de la nación se unifique, es indispensable que la instrucción pública se uniforme, mediante una organización convencional. Esto ha sido el pensamiento que en la mente del gobierno federal presidió a la iniciación del primer Congreso Nacional de Instrucción, y eso es el que ha inspirado al patriótico presidente de la República, señor general Porfirio Díaz y a su digno secretario de Justicia e Instrucción pública, Joaquín Baranda, la segunda convocatoria que *El Diario Oficial* acaba de publicar recientemente.

El carácter mexicano suele tener el defecto juvenil de la novelería; pero no creemos que nuestra inconstancia alcance al *ramo más trascendental* de la administración pública, como lo califica el mismo señor Baranda. Así esperamos que el entusiasmo por la ilustración popular no desmaye, que los señores gobernadores secunden los esfuerzos del progresista presidente de la República, y que se prosiga sin descanso la campaña emprendida en favor de la instrucción pública, sin que nos durmamos sobre nuestros laureles, embebidos en los ocios de Capua.

La caución no era inútil, ya que la novelería era un defecto juvenil del carácter mexicano y un peligro más considerable que la contrariedad del clero, pero llevaba en sí el correctivo de la autocrítica, virtud viril del mexicano maduro. La campaña había llegado a las puertas de Roma, el clero protestaba, y la conquista de la inteligencia juvenil corría el riesgo, contemporizando, de perderse en los ocios de Capua. En toda la República el gobierno contaba tan sólo con diez mil escuelas para impartir instrucción primaria a 500 000 educandos y la lucha para adueñarse del alma de las generaciones venideras apenas comenzaba; pero *El Siglo* confiaba en la nunca desmentida constancia del general Díaz quien, una vez emprendida una campaña, nunca la abandonaba ni se daba por vencido, aunque fuese la muy formidable de unificar la mentalidad de todo un pueblo.

La iniciativa pedagógica, original del general Díaz, llevaba la misma razón política que asistía a sus predecesores en la Presidencia para pretender la reelección indefinida, y le devengó, en efecto, el apoyo unánime del partido liberal, pero la condición *sine qua non* para realizar todas sus buenas obras era el tiempo, y la inteligencia por nacer pedía también su reelección perpetua.

A mediados del periodo, cuando se acostumbraba juzgar la obra de gobierno del presidente en funciones, ya no le hacía sombra la competencia de posibles rivales personales, sino la concurrencia mucho más formidable de problemas insolutos presentados por la prensa en 1888. De tales problemas, piedras angulares en la integración del progreso, algunos eran insolubles, como la depreciación de la plata; otros inabordables, como la tenencia de la tierra; otros fatales, como la fuerza de inercia del mexicano; otros latentes pero inactivos y por tanto inexistentes por lo pronto y aplazados hasta madurar y hacer crisis; pero todos hacían acto de presencia en el congreso cotidiano de la prensa. En aquella ágora se daba el caso de que a veces los contrarios concordaban; tal fue el caso, por ejemplo, de la prensa clerical y del jacobino *El Monitor Republicano*, que coincidieron en su resistencia a la penetración norteamericana y su temor al monopolio del vecino en la economía de un país tan subdesarrollado como México; y en el verano de 1890 *El Monitor* volvió a plantear el problema y para demostrar que no se trataba de retórica reaccionaria ni de mera alarma clerical, citó en apoyo del aviso la autoridad de un periódico norteamericano en el mismo sentido, pues entonces hasta los sermones llegaban del norte.

El periódico *Export and Finance* de Nueva York trae estas líneas sobre el monopolio de ónix de que ya hemos dado noticias:

Nuestros vecinos de México deben estar alertas ante la combinación de capitales destinada a posesionarse de las más importantes industrias de su país.

Dicho de otra manera, póngase en guardia contra la liga de capitales. Aquí en la misma Nueva York, el otro día un sindicato compuesto en su mayoría de hombres del Oeste formaron una combinación para monopolizar la producción y reglamentar el precio del ónix mexicano. El sindicato manifestó poseer ya todas las minas o canteras de ónix en México, las cuales desde el agotamiento de los criaderos de ónix en México, han rendido casi todo el producto de la hermosa piedra. En los últimos años el ónix ha empezado a emplearse en cantidades considerables en la ornamentación de edificios en este país y su precio se aproxima a $14 el pie cuadrado. En esto precisamente estriba la buena suerte de los capitalistas del Oeste citados, y si han logrado como dicen sus amigos la posesión de las minas de México, son dueños de los mercados del mundo para este producto importante y se encuentran en estado de dictar precios, pagar los jornales que les plazca y hacer su real voluntad en el negocio que tienen exclusivamente en sus manos.

La historia de estas ligas financieras en este país encierra una advertencia oportuna para los hombres de estado de México. Tan inmensa concentración de dinero, envolviendo el poder de reglamentar la producción, la venta y los precios de los artículos de primera necesidad y hasta de lujo, ha causado indecibles perjuicios en estos últimos años. Como poco a poco la ley priva de su personalidad legal a esas ligas en los Estados Unidos, no extraña oír la noticia de que están preparándose para tomar posesión de la República vecina. Si México no tiene leyes de qué valerse, los tribunales para ahogar ligas y combinaciones destinadas a retardar, perjudicar y eventualmente arruinar su progreso industrial, ya es hora de que esas leyes se hagan. Las minas de ónix son las primeras en ser explotadas por un monopolio. ¿Cuánto tiempo tardaremos en oír que a las minas de plata les ha cabido igual suerte? ¿Y qué decir de las demás importantes industrias de la República Mexicana?

Pero el sermón pasó desoído en México y el problema fue arrinconado otra vez. Quizá por tratarse de un artículo de lujo, la prensa prestó poca atención al monopolio del ónix, que no era de las industrias importantes del país, aunque interesaba por reunir el monopolio triple de producción, consumo y distribución; ni siquiera la admonición de que los *trusts*, proscritos por la ley Sherman en los Estados Unidos, se preparaban a pasar la frontera y apoderarse de la débil e indefensa economía mexicana despertó eco en la prensa, ni mucho menos en el gobierno, que confiaba en las barreras arancelarias para cerrar el paso al monopolio americano, y *El Monitor* se quedó con el papel de profeta predicando en el desierto en 1890. Por coincidir con el clero, el profeta no mereció siquiera la atención de *El Siglo*; pero como el arancel amparaba el monopolio mexicano y el monopolio era tendencia congénita del capitalismo colonial, *El Siglo* atacó la tenencia de la tierra mexicana tratando el problema desde el punto de vista del consumidor y responsabilizando al hacendado de la desnutrición y pesimismo del pueblo mexicano.

> El hacendado mexicano procede del modo que peor pudiera imaginarse para la alimentación pública, partiendo del principio de que el maíz extranjero no ha de venir a competirle a causa del derecho protector arancelario. Si las trojes se llenan con abundante cosecha, se guarda la mayor parte y el resto se da a los cerdos para mantener el precio. Nada para los hombres, el ciudadano con su soberanía, sus libertades, su *habeas corpus*, y con todo su magnífico mecanismo político inglés queda muy por abajo de los animales de labor. Viene un mal año y los precios suben de 2 o 3 pesos la carga a 10, 12 y hasta 18; el hacendado vende y saca hasta el interés de sus grandes utilidades guardadas. Para el consumidor no hay buen ni mal año, todos son peores; para él la civilización existe en nombre, el progreso no se hace sentir en su alimentación, la rutina y la usura están fuertemente protegidas hasta por la preocupación popular, y los propietarios de haciendas no tienen necesidad de defenderse de la competencia, porque ésta no existe; ven impasibles el

cielo sereno o tempestuoso, a las mazorcas helarse, quemarse, pudrirse; el consumidor ni se hiela, ni se quema, ni se pudre; paga y enriquece; para eso sirve, para eso lo formó el sistema colonial, preciosa institución económica que debemos conservar para imitar a nuestros padres, que si eran hacendados cuidaban de la dieta de los que no lo eran. Viene la crisis y con la crisis la única solución posible: la reforma arancelaria, válvula de seguridad por donde se escapa en denso vapor la inflexibilidad del hacendado ante las leyes económicas que regulan la existencia de las naciones.

Cambiar el carácter del hacendado mexicano tenía capital importancia porque, heredero del español, conservaba con sus propiedades la mentalidad del conquistador, perpetuaba las costumbres coloniales, y representaba un régimen económico hostil a la modernización de México; pero el problema era intocable porque, conforme a la doctrina del liberalismo económico profesada tanto por el gobierno como por *El Siglo,* el gobierno no debía intervenir en la modalidad de producción, ni dirigir la empresa privada, ni fijar precios al producto, ni dictar reglamentos contrarios a las leyes de la oferta y la demanda; y como el único remedio conocido a las consecuencias del dogma liberal era la reforma del arancel, *El Siglo* increpó a *La Semana Mercantil* por defender los altos derechos que amparaban los abusos gástricos del hacendado, y el patriotismo, disputado por la ciencia de las escuelas contrarias, transformó el problema en polémica, la polémica en altercado, y el altercado en riña erudita; y al impugnar *La Semana* los conocimientos científicos del colega, *El Siglo,* ofendido, replicó reprobando la falta de educación de *La Semana.*

> Recurrir a insultos es vulgar para todos los que defienden privilegios que no tengan razón de ser. Nunca nos hemos visto apurados por lo que nos dice *La Semana* al grado de que nos falta qué contestar por no tener a la mano qué consultar: primero, sabemos que *La Semana* si no es el órgano de la Cámara de Comercio, sí es el órgano oficioso que sostiene todas las maquinaciones que el agio, la usura y los monopolios producen en contra de un pueblo esquilmado por los privilegios del sistema colonial, y que lo que nuestro colega dice es *lo que debe decir por orden superior,* pues está subvencionado no para discutir, sino para ofender a los que molestan a nuestros millonarios, que desean la paz sabrosa de los explotadores idiotas del tiempo de la conquista; como librecambistas respondemos a nuestras convicciones y somos órgano de la repugnancia

que en México tiene ya el pueblo consumidor por el grupo feliz de compañeros industriales de Hernán Cortés.

Y sin recurrir a vulgares personalismos, *El Siglo* sacó sus obras de consulta, citó a Gladstone que calificaba el proteccionismo de arma de dos filos, vulnerando a la vez al productor extranjero y al consumidor doméstico, y hojeando el *Journal des Economistes,* que decía la misma cosa en buen romance, reiteraba que el *proteccionismo es el dinero de los otros:* pero *La Semana,* sin darse por aludida, siguió defendiendo el dinero del hacendado, y con el libre cambio de acaloradas críticas la disputa se esfumó en denso vapor sin cambiar nada.

En el parlamento de la prensa los problemas se resolvieron con pura palabrería; pero la cuestión era demasiado grave como para dejar burlado al consumidor. El alto costo de la vida acusaba la baja productividad del país, el aumento de la producción era condición indispensable del progreso, y *El Siglo* cambió de hoja y recurrió al cultivo intensivo del ramié para salvar las deficiencias del agro.

No cabe duda de que el porvenir del ramié es cambiar la faz agrícola de la República Mexicana y el mal estado de sus habitantes —aseguró categóricamente en 1890—. En menos de diez años pueden llegar a producirse doscientos mil millones de toneladas anuales de fibra de ramié, lo que ocupará a muchos ociosos y afirmará la paz, puede decirse, para siempre. En este año se resolverá el gran destino de la República por el cultivo de la fibra más preciosa que conoce la industria moderna.

Tanto fue así y tan poderosa era la panacea ofrecida por el ramié, que el mismo presidente de la República se dignó aceptar la presidencia honoraria de la planta que producía la paz perpetua. Sobre la paz *El Hijo del Ahuizote* pidió la palabra.

La paz es un hecho. Y sin embargo hay miseria espantosa. Nada más que esta miseria no se ve, no trasciende siquiera a las espléndidas moradas de los poderosos. ¿Se quiere una prueba? Las altas contribuciones, las gabelas de toda clase designadas con engañosos y altisonantes títulos: el despojo descarado de las pequeñas propiedades; la persecución desvergonzada, a veces por personales odios; las promesas de respetar derechos adquiridos, promesas no cumplidas, tantos y tantos más detalles de *buen gobierno* en este venturoso país de la rifa zoológica. ¿Qué más pruebas pueden darse? Se promete la repartición de los ejidos y a título de bienes de comunidad varios pobres se ven despojados de sus pequeñas propiedades... Varios agricultores en el Nazas tienen propiedades desde sus bisabuelos y el uso de las aguas del río desde hace más de cien años, pero viene una compañía poderosa de Tlahualilo y los despoja de las aguas, porque sí, porque es muy señora y sobre todo, de las grandes de hoy. Los pobres agricultores van y vienen y se mueven más que la ardilla de la fábula de Iriarte y logran al fin como premio de tantos afanes, una promesa del presidente de la República de que sus quejas serán atendidas y se hará pronta y eficaz justicia; pero, ¡oh desengaño! después de esa promesa, las cosas continúan en su primitivo ser, y los pobres agricultores ponen una cara más larga que la cuaresma para los deudores insolventes. Los ejemplos podrían multiplicarse hasta el infinito y los abusos señalarse con todos sus detalles, si no fuera por mamá psicología; pero basta con lo dicho para que quede demostrado hasta qué punto somos felices los buenos hijos de México. Esta felicidad se completa con los famosos ferrocarriles, que hacen más estragos que el cólera morbo o que la campaña contra los yaquis. Estamos sin embargo en paz y paz octaviana. ¿Se podrá sostener por mucho tiempo como hoy existe? Que resuelvan esta pregunta nuestros vates cortesanos.

La interpelación tuvo, por toda respuesta, el informe presidencial de septiembre, facsímil fiel del anterior, revisado y aumentado por el autor, que reiteraba con feliz monotonía su satisfacción, con la marcha regular del progreso y declaraba una vez más que la crónica "demuestra que el país sigue con seguro paso la vía de prosperidad que lo conduce al cumplimiento de sus altos destinos". Y por carecer de novedad, el presidente del Congreso contestó sin gastar palabras:

Señor presidente: Vuestro mensaje demuestra a la representación nacional que el país sigue con seguro paso la vida de prosperidad que lo conduce al cumplimiento de sus altos destinos. Podéis estar seguro de que en tan notable camino, el Ejecutivo contará siempre con el concurso del Poder Legislativo.

En noviembre, en un apéndice al informe presidencial, el general Pacheco rindió al Congreso un informe personal sobre los progresos del ramié que, aunque todavía en plan de estudio, comenzaba ya a reemplazar el ramo del olivo en el monumento al héroe de la paz y formar la base más firme de su reelección indefinida.

La industria agrícola del ramié propalada por la Secretaría de Fomento, ha sido de felices resultados en sus ensayos, los que hacen fundamentalmente esperar halagador porvenir para esta planta fibrosa. Pero no basta que el cultivo sea satisfactorio, así como la producción; es indispensable que el beneficio sea económico. El gobierno, siguiendo el proceso de propaganda conveniente para vulgarizar y generalizar el cultivo del ramié como para estudiar su mejor beneficio, ha venido desde hace varios años trabajando sin descanso en la investigación y en las pruebas que exigen el planteamiento de esa industria, y sus trabajos han sido de tal manera eficaces que actualmente se tienen probabilidades de favorable éxito y la confianza de que en breve se implantarán en México gran número de empresas organizadas para la cultura y limpia de tan valiosa fibra.

Mas para estimular la inversión de capital en el movimiento rápido y benéfico al desarrollo de nuestra riqueza y bienestar, el gobierno tiene el deber de otorgar en nombre de la nación el apoyo que demanda el trabajo entre los límites del bien general. Y eso es mucho más justificable cuando se trata de una industria como la del ramié, adquirida desde su nacimiento en un periodo de dudas, de obstáculos, de vaguedad, y no envejecida en otros países por el éxito. La industria nacional de ramié no podrá desarrollarse sin el aliciente de exenciones y prerrogativas que atraen los primeros capitales que se aventuran en esta nueva empresa. Si por falta de apoyo y franquicias los primeros capitales acusan pérdida y quebranto, todos se retractarán y los iniciadores serán sacrificados en el capital y en el trabajo puestos al servicio de esta industria. No es conveniente por lo mismo crear una situación de expectativa, sino estimular con favores especiales a las empresas creadas en vista de fomentar la empresa de ramié. La Secretaría de Fomento ha adquirido el convencimiento de que sería de incalculable beneficio para la República la implantación de tan valiosa industria, pues la producción de la planta de ramié en nuestro país sería tan barata que de seguro México podría llevar a todos los mercados del mundo esta valiosa fibra, después de llenar las necesidades de su consumo interior y sosteniendo por muchos años tal vez una competencia casi invencible.

Éste *tal vez* parecía tanto más seguro cuanto que ningún otro país había pensado en aprovechar la planta china y no había competencia. Por lo tanto el ministro pidió al Congreso el mismo apoyo y la misma protección que se concedía a las empresas extranjeras, o sea dispensa de derechos arancelarios a la maquinaria, los útiles y los ingredientes empleados en la confección de la fibra por espacio de diez años, así como la exención de impuestos por igual periodo. Accediendo a la petición del ministro, el Congreso declaró industria nacional el cultivo del ramié y elevó a la categoría de ley la investigación y propaganda de sus virtudes, pero redujo el periodo de exención de impuestos de diez a cinco años.

Para celebrar tan feliz porvenir el general Pacheco invitó a una gran cacería en su finca campestre de Motzorongo, a la cual asistieron el señor presidente con sus amigos cinegéticos de la Suprema Corte, los gobernadores de los Estados, y los curiosos del Cuerpo Diplomático a caza de ramié y reelección. Como todo el mundo vive todos los días en expectación del futuro, nada de particular tenía la expedición, pero *El Hijo del Ahuizote,* pesimista empecinado, dedicó a la caza de Motzorongo una caricatura triste, y siguió salmodeando su cantilena con infeliz monotonía hasta el fin de año. Para la oposición ya no había porvenir.

> Un año se va y otro viene. Las elecciones las hacen los amigos a su imagen y semejanza; el pueblo está agobiado de contribuciones; el hambre invade con pasos agigantados todo el territorio de la República; el que piensa es un criminal, el que critica va a dar a Belén; el que censura se le apalea; el pueblo libre e independiente ya no existe; nadie puede tener otra voluntad que la del caudillo; los gobernadores cometen atropellos que asombran y nadie se atreve a acusarlos; vemos todos los días levantarse capitales maravillosos entre los favoritos, y vemos todos los días al pueblo infeliz abatido y triste. ¡Un año más y con la amenaza de los cuatro que le siguen para conservar una administración que todo nos ha quitado!

Menos el ramié.

A principios del año más *El Monitor,* cansado de callarse, sacudió su modorra, se reincorporó y se puso a revisar los logros del gobierno, según sus corifeos —telégrafos, ferrocarriles, colonización, crédito— hasta la fecha: 3 de enero de 1891.

Lento, tardío, caro, irregular el servicio telegráfico, le faltaba una póliza de seguros para garantizar la llegada de los mensajes a su destino y lo mismo podía decirse de los mensajes presidenciales y del destino nacional.

> Los ferrocarriles, venas de hierro por donde circula la vida de los pueblos, han sido para nosotros un signo engañoso de actividad. Dicen que han desarrollado la industria, y a no referirse a la industria de decir, no vemos sino el empobrecimiento de nuestra incipiente producción, porque en países tan despoblados como el nuestro, en donde los centros unidos por las vías de hierro se encuentran a tanta distancia unos de otros, manteniendo un comercio poco

activo, los ferrocarriles no pueden subsistir, sino sobre fletes y pasajes altos, que menguan evidentemente la ganancia del cultivador y el salario del campesino. Y ¿para qué? para engrosar después las cajas extranjeras de las compañías que explotan nuestro sudor, porque al ramificarse esos ferrocarriles por donde se sienten las débiles palpitaciones de una vitalidad embrionaria, absorben nuestra sangre para robustecer cuerpos que no son el nuestro, cuerpos vigorosos que en su tendencia de asimilar todo a su tremenda economía, han principiado su obra de absorción, abriendo esas inmensas vías que una administración contempladora ha tenido a bien consentir. Y mientras que nuestros productos tropiezan con grandes dificultades, ya sean éstas *Bills McKinley* o cualquiera otra, sin que se ocupe de hacerlas desaparecer, déjase franco paso a la invasión abrumadora de un trabajo que tiene sobre el nuestro y en nuestro propio territorio el doble privilegio con que se le favorece por obra de una civilización superior y benignidad de una ley indiferente.

Del Norte nos viene lo que deberíamos enviar a él, lo que ni consentir deberíamos; al paso que centinela de su interés y opresor del nuestro deja caer el celador norteamericano sobre las frutas nacionales todo el rigor de un sistema arancelario que parece hecho especialmente para hostilizar nuestra producción.

Y luego hablan del desarrollo de la industria; pregunten por ella en los talleres cerrados y los desiertos campos, allí sabréis que en aquellos lugares tiempo hace ya que cesó el animado trajín de la maquinaria, que el ganadero abandonó la inútil cría y sabréis, por último, que el salinero, ayer holgado y feliz, se abandona ahora, miserable y hambriento, junto al triste charco en que se cuaja inútilmente el antes rico producto, fuente en otros tiempos de su prosperidad.

Luego, hablan de colonización, y en este punto hay que recordar dos épocas; en una, la colonización no fue sino una de tantas manifestaciones de ineptitud administrativa y después fue otra cosa; entonces vimos levantarse en nuestras calles, que ya no en los campos, esa miseria flotante que solicitaba de la piedad pública el pan que no quería amasar con el sudor de su frente. La colonización, luego, se resolvió en el gran pretexto para fraccionamiento de las tierras nacionales. Pero ¿qué han sido las leyes agrarias sino la intrusión impía del interés particular en la viña ajena que un derecho secular debiera proteger, el despojo injusto y calculado que ha venido dictando ante cada cabaña y cada propiedad órdenes de lanzamiento, mandatos de abandono que van dejando alto clamoreo, protestas desesperadas contra ese allanamiento de la morada tradicional de los pueblos?

Nos hablan de crédito, en fin, como si no fuera mejor no hablar de este asunto. Para lo que realmente significa en nuestro caso esta palabra, *crédito,* cuánto mejor sería habernos mantenido siempre en el *descrédito* en que Juárez tuviera a la nación. Para todos, las grandes y pequeñas obras que hoy son gloria y ornato del gobierno se ha empleado el crédito; se hacen ferrocarriles, se levantan puentes, edificios, columnas, etc., pero todo es a cargo del porvenir; desde ahora se dispone de la bolsa de una generación que está muy lejos de aparecer.

En esta tierra, por cada ciudadano que produce hay cien individuos que consumen solamente; y el conjunto de esos seres es algo así como un minotauro que necesita vivir, pero que para vivir en paz necesita devorar. ¿Qué es lo que haría un gobierno fuerte y heroico frente a tan grave dificultad? Lucharía con ese monstruo hasta reducirlo a proporcionar por sí mismo el pasto de que debe subsistir. ¿Qué es lo que hace un gobierno débil? Alimentar la fiera para mantenerla en paz. Pero en vano; el apetito voraz que en términos de hacienda lleva el nombre de empleomanía aumenta cada vez más y más. ¡Quiero pan! aúlla por todas sus bocas esa hidra de 500 000 cabezas... El sudor heroico de los pocos que trabajan en este país sirve para mantener la tranquilidad de los que viven para devorar: las bayonetas y los rémington que el gobierno se ha empleado el crédito; se hacen ferrocarriles, se levan los contribuyentes que se resisten a la exacción fiscal. *Dura pax sed pax.*

El lamento lírico expiró con un suspiro de resignación. Las jeremiadas del quejumbroso *El Monitor* ya no impresionaban a nadie; su resistencia a la marcha del progreso se imputaba a una oposición sistemática al gobierno; su añoranza del pasado lo relegaba a la nostalgia de los días idos; y no estaba lejos el día en que, por seguir denunciando la conquista lenta pero segura de la economía del país por compraventa norteamericana, *El Siglo* denunciaría su concordancia con el clero y diría textualmente: "Tenemos el sentimiento de anunciar al público que después de cuarenta años de decantado liberalismo, nuestro colega *El Monitor Republicano* acaba de pasar a las filas del periodismo clerical."

El Hijo del Ahuizote, en cambio, relevando al camarada de la ingrata tarea de impugnar al gobierno, renunció a sus propios lamentos y reaccionando contra la inercia moral que le producía la desesperación, recibió al año nuevo con renovados bríos:

El Hijo del Ahuizote saluda afectuosamente a sus fieles suscriptores, deseándoles en el nuevo año felicidades de todo género, menos del género de las que nos dará el excaudillo de la no reelección a quien bien puede decirle el pueblo: "o ya no me quieras tanto o quiéreme con más talento". El año 91 se presenta en estado interesante para los financieros, viene lleno de embarazos hacendarios; la crisis fiscal rueda por los Estados como la bola de nieve, aplastando en su camino a los causantes de contribuciones, que no son por cierto los causantes de sus tribulaciones. Nosotros volvemos a la carga —hemos de seguir poniendo el dedo en las llagas de los pueblos que no conocen de la paz más que el zas, pero no renunciaremos al derecho de pataleo, que es el único que le queda al ahorcado.

Y siguió pataleando, incansable, contra la reelección unánime y la identificación del Presidente con el pueblo.

El Rey Sol, como llamaban sus amigos a Luis XIV, dijo a los franceses: El Estado soy yo. El caudillo tuxtepecano ha parodiado al rey con su reelección. No hay cabeza para gobernar más que la suya. Es el presidente sol y un sol sin nubes, según sus amigos, sin eclipse, según su plan, y sin ocaso, según su soberana voluntad... Los legisladores han hecho una especie de declaración dogmática de la infalibilidad de don Porfirio; es el hombre que no yerra, y si alguna vez ha errado, como cuando proclamó la no-reelección, ha corregido su yerro y para siempre, y lo ha corregido no una, sino tres veces: en 76, en 87 y en 90... Todo eso, por supuesto, es lo que piensa don Porfirio en su infalibilidad, no lo que piensa ni cree el amado pueblo. Lo que éste piensa y cree lo manifestó ya de una manera elocuente en la guerra anti-reeleccionista, y si hoy no manifiesta su opinión, es sencillamente porque o no se le pide, o no se le permite opinar, por aquello de que pudiera errarlo, puesto que no es infalible.

A fuerza de reiterar siempre la misma cantilena, caía en fatal monotonía; pero a fuerza de machacar el monumento recogió el premio de la persistencia y descubrió una grieta. En marzo el general Pacheco renunció y el iconoclasta, cogido de sorpresa, exclamó, incrédulo:

¿Conque también los necesarios renuncian? Pues sí, y lo ven ustedes. El pánico es general y las opiniones múltiples. Figúrense ustedes que en el tren de Tuxtepec, Pacheco representó la leña que alimentaba la locomotora; si falta la leña, el tren viene cuesta abajo. Pacheco, opinan otros, ha dado cima a su tarea fomentadora y se retira, nuevo Cincinato, a laborar sus campos de ramié, con lo que podrá seguir siendo útil a la patria. ¿No era también ministro de Industria y Comercio? Pues quiere seguir en el comercio y la industria sin más cartera que la que guarda el producto de las cosechas de ramié. Ya se ha sacrificado bastante para la nación; ahora quiere sacrificarse por la industria nacional. Pacheco no baja sino sube en la estimación de los mexicanos: Motzorongo es la tierra de promisión de los mexicanos. Murmuran que el ministro renunció espantado por la bola de nieve de contratos y subvenciones ferrocarrileras y que ya teme morir aplastado por el tren del progreso. Creen otros más que la cuestión agraria o de *apeos* y deslindes se pone color de Zacatlascala y que el señor Pacheco se lava las manos. La colonización, opinan algunos, ha dado tantos frutos como la cría de avestruces, las franquicias, el fomento de pescaditos, el desagüe del Valle y la industria de ferrocarriles, y el ministro está fatigado de tanto sembrar para que otros recojan. Cuentan aquellos que el creador de la nueva industria quedó tan mortificado por los agudos ensayos de ramié, hecha cuestión de Estado, que ahora los ha hecho cuestión de honor y se ha retirado al desierto para entregarse en cuerpo y alma a su industria que verá florecer el que viviere.

La renuncia de Pacheco en vísperas del informe de abril indicaba que algo andaba mal en Motzorongo y provocó casi tanta especulación como lo hubiera hecho la renuncia del mismo general Díaz; y si bien el iconoclasta no presumió de haber causado la caída, la aprovechó para asestar otro golpe al Presidente con una parodia anticipada de su perenne *Discurso del trono*.

Gracias, amado pueblo. Pues sí, hijitos míos: han de saber ustedes que mi espíritu se rellena de gozo al informaros de la gubernatura desde la última vez que nos vimos. Nuestra armonía con el resto del mundo no se alteró, y el amor sublime de los gobiernos amigos para con nosotros crece a ojos vistos. (Suspiritos.) Ya tenemos comisión de límites con nuestros queridos primos, reformado el tratado de extradición y una comisión monetaria en la ciudad capitalina. La paz tampoco se altera en el reino, la tranquilidad no se arruga, impera la reelección unánime, ni se asesina, ni se fusila con la ley fuga, ni con tributos, ni se juega, ni se derrocha, ni se banquetea por todo lo alto, ni se hace carnitas a la Constitución y chicharrón a la Reforma. Las obras del desagüe desaguan al tesoro y no dan chispas pero esperamos en Dios que darán. El Montepío no presta, ni da, ni fía, pero lo hará otro día; la justicia brilla hasta con música por dentro; el Segundo Congreso Pedagógico no hizo nada práctico, pero cuando haya escuelas, tiempo y dinero, se ensayará su obra; mientras, se ha vendido un gran edificio que ocupaban una escuela nacional primaria, una escuela *ídem* preparatoria y una Sociedad Científica para que los primos hagan un gran hotel. (Aplausos.) Tenemos millas y millones de ferrocarriles, billones de subvenciones y trillones de empréstitos ferrocarrileros; nuestro fomentador está ya rendido y ha tirado la carga y el cargo; mientras descansa va a hacer adobes con el ramié y la vicepresidencia. (Hurras.) La industria está floreando; las minitas se están laboreando por manos inteligentes; el deslinde es el gran filón encontrado por nuestro gobierno y el que más felices hace a nuestros hijos. (Aplausos con pies y manos.) El ramo de hacienda se troncha al peso del fruto: la gran cosecha se hace en paz y hay para dar y prestar. Lo que sobra lo estamos embodegando para la seca y hemos podido tomar prestados treinta millones de pesos, para hacer más economías. (Machincuepas de júbilo.) El Congreso de Economistas nos prepara una gran sorpresa: ya verán. En cuanto a la oliva o sea el ramo de guerra, también se dobla al peso de los cañones, bombas y fusilatas pero la paz impera con sable al cinto y no hay quien le tosa.

Tan poco se diferenciaba la parodia del informe oficial leído por el Presidente el primero de abril que resultaba difícil distinguir el original de la copia o saber cuál de los dos plagiaba al otro: las mismas declaraciones estereotipadas, la misma satisfacción con la situación, la misma poesía política leída en voz alta, los mismos aplausos complacidos del Congreso, y ante tanta indiferencia oficial, tanta impasibilidad presidencial, tanta insensibilidad soberana el pobre bufón, burlado por el fiasco de su caricatura renunció a la irrisión y prorrumpió en un grito de protesta incontenible:

¡Cáscaras!, y qué mal cariz tiene la actual situación, vista a ojo de pájaro, a pesar del velo de oro tendido sobre ella por el último mensaje presidencial. Pero cuando se dice que el estado actual del país es un estado de no-revolución, creo, si se me permite creer, que o estamos en plena revolución o que vivo en un manicomio de cuerdos. La paz impera con imperio absoluto, pero el presupuesto de guerra se lleva a más de doce millones de duros, rompecabezas que no podemos explicarnos los paganos que sudamos a la sombra de la oliva. Los trenes de los ferrocarriles vomitan diariamente en los cuarteles grandes cuerdas de consignados al servicio de las armas; los consejos de guerra, las fusilatas de ordenanza menudean por todas partes; algunos gobernadores, como los de Chiapas, Coahuila, Puebla, Guerrero y Tabasco, son tan acendradamente odiados por los pueblos, que un gobernador, Carrascosa, ha tenido que matar para defenderse del cariño popular; la ley fusil deja los caminos sembrados de muertos con el esqueleto mortajado a plomazos; en Yucatán, Guanajuato, Jalisco, Durango, Guerrero y México, se sublevan algunos *díscolos* que son reducidos al silencio como por arte de magia plomiza; en el Estado de Puebla las gavillas ponen sitio y tienen en jaque a las haciendas, dando terribles *mates* en los asaltos y cobrando peaje por días enteros a los caminantes; en Durango se hace una emboscada al conductor de un expreso, la empresa pone *a* precio las cabezas de la cuadrilla como en los tiempos feudales; en el fondo de una barranca se descubre el cadáver de un periodista con el cráneo solfeado a muerte; la población de Tamaulipas emigra en alas del hambre, al *tucarre* o degüello fiscal, y se dispersa como cuando se da la voz de "sálvese el que pueda".

Los hacendados de Chiapas, Yucatán y otras felices ínsulas de Oriente son feroces señores feudales, dueños de vidas y haciendas, que tienen secuestrados de por vida a sus feudatarios, y hacen con ellos ejecuciones que ponen los pelos de punta aun a los calvos; los hacendados del resto del país, armados hasta las muelas, defienden sus fincas contra los asaltos de un ejército de gavillas tras las que corren, como los carabineros de los Brigantes, las fuerzas de seguridad pública. La *gloriosa* guerra del Yaqui hace de aquellos pueblos una parodia del panteón de don Juan Tenorio. El comercio de San Luis Potosí, de Jalisco y de Puebla tiene conflictos con las prepotentes empresas ferrocarrileras y con los paternales gobiernos, en las cuestiones de tarifas y derechos de patente; los empréstitos envuelven en sus anillos constrictores a casi todos los Estados, como lo hacían los *préstamos forzosos;* las columnas deslindadoras conquistan palmo a palmo el territorio, la criminalidad ha crecido en Puebla y en el Distrito Federal y hace pensar en la resurrección del *garrote* y de la suspensión de garantías por su mucho poder y las formas que reviste; el gobierno general y los locales, a pesar de que la paz, el crédito y las grandes empresas vuelcan sobre ellos el cuerno de la abundancia, no dan tregua a la jeringa del aumento de impuestos y no pueden prescindir de las subvenciones que les da Birján con los productos de los garitos y las loterías, que ponen la riqueza al alcance de todas las fortunas. Finalmente, la libertad de pensamiento sigue en estado de sitio, y con el tintero por cárcel, haciéndole los honores de un conspirador y revolucionario temible y se declaran necesarios para la conservación de la paz y de la dicha de los actuales gobernantes.

El catálogo sonaba a sedición, los cargos al gobierno merecieron los honores de un conspirador y revolucionario temible, y a fuerza de insistir el iconoclasta acabó por recibirlos. Daniel Cabrera fue condenado a Belén, sin acusación formal ni sentencia determinada y por lo tanto sin posibilidad de defensa, pero por tiempo indefinido antes de celebrarse las próximas reelecciones. La catilinaria acusaba un malestar general que no llegaba aún a revolución, pero que distaba muy poco de ella y que podía calificarse de fermento prerrevolucionario, y de haber sido tan concentrados los hechos como corrían acumulados en las columnas del periódico, tal vez la revolución latente hubiera estallado por combustión espontánea; pero faltaban las condiciones previas de un movimiento concertado y de un cabecilla con arrastre popular, condiciones que por cierto no llenaban la actividad de un satírico ni la incitación de un agitador como Daniel Cabrera. Su periódico no estaba a la altura de la tarea; al nacer llevaba el epitafio: *Semanario feroz, aunque de nobles instintos, político y sin subvención, matrero y calaverón;* pero a poco andar, cambió de marbete y se dijo *periódico de agua tibia como la piden los tiempos, travieso y calaverón,* y con el agua tibia no se hacía la revolución; la técnica era inferior a la inspiración, el estilo trivial, el tono charlatán, la parodia pueril, la conmiseración patética y el fatal diminutivo mexicano mimaba la resignación en vez de armar la resistencia del pueblo y convirtieron la misma calavera en juguete convencional. Si no obstante, el gobierno creyó digno de castigo al más anodino de sus adversarios, fue porque la situación misma tenía un carácter potencialmente revolucionario. En 1890 se suscitó en Guerrero un brote de rebelión, improvisado por un grupo de militares y sofocado en su cuna, que el presidente perdonó para prevenir toda publicidad desfavorable a la paz; desde entonces, con el mismo silencio sistemático el general Díaz había derrotado a dos o tres insignificantes incursiones subversivas en la frontera, y la vigilancia de la policía puso coto a la propagación del contagio y el contacto de los desafectos, pero la fermentación del malestar, difuso y disperso, favorecía la formación de la revolución sorda, y el agitador divulgándola, dejaba constancia de la efervescencia que cundía bajo cuerda, para que el historiador oficial no fuera a engañar a la posteridad sobre la tranquilidad del país y la identificación del presidente con el pueblo. A ninguno de los males de su gobierno era insensible el general Díaz. La mala administarición de la justicia era un problema al cual dedicó detenido estudio. Escribiendo al gobernador de Oaxaca en mayo de 1891, en relación con un proyecto de su paisano de restablecer el sistema del jurado popular, le avisó de los riesgos y le dio razón de sus reparos al proyecto.

El juicio por jurados tiene sus ventajas sin duda, ya que se funda en el honor, la conciencia y la inteligencia del pueblo llamado a ejercer la más delicada de todas las funciones públicas; pero tiene también grandes desventajas porque, por desgracia, tales virtudes no son comunes a todos los pueblos y muy a menudo la carencia de ellas ha ocasionado la impunidad de los más serios crímenes y los fundados temores y alarma de la sociedad. Para entender eso pudiérase citar varios casos que tuvieron lugar en esta capital, donde reside el grupo más culto del país, y no faltarían ejemplos recientes en una República notable por sus progresos y sobre todo por su educación democrática, que demuestran que el veredicto de jurados no siempre es la expresión de la justicia y con frecuencia provoca la ira popular y fomenta conflictos internacionales. Por favorable que sea la opinión que tenemos de nuestra patria, todavía no estamos convencidos que sus hijos, hasta muy reciente fecha empeñados en la defensa de la independencia y las instituciones del país, hayan adquirido el desenvolvimiento moral e intelectual suficiente para sentenciar en un juicio oral sobre las circunstancias de un delito y aplicar la ley correctamente con las debidas consideraciones. El medio social que coloca al pueblo en condiciones de superioridad para que cada ciudadano pueda ejercer sus derechos y cumplir con sus deberes, es el lento y laborioso trabajo de la civilización. No es posible modificar instantáneamente nuestro temperamento tradicional, y los beneficios de la paz no son tan completos e inmediatos como los desearíamos. Si es fácil educar un pueblo políticamente, no pasa lo mismo bajo otros respectos, porque cuando elige, toma en consideración los antecedentes y los servicios prestados por los hombres públicos, que son generalmente conocidos y pueden evaluarse oportunamente; pero para juzgar, para pronunciar una sentencia que absuelve o condena, hace falta mucho más y sólo puede conseguirse con la difusión de la educación, tarea noble a la que deben dedicarse todos los esfuerzos de los poderes públicos y la sociedad con preferencia a cualquier otra. Mientras estamos preparando tan sólida e indispensable base, sería poco aconsejable y peligroso imponer obligaciones con la convicción de que no serán cumplidas. El restablecimiento prematuro del sistema de jurados desprestigiaría la institución por sus consecuencias deplorables, y sería preferible aplazarlo y no exponernos por una exhibición impaciente de liberalismo a demostrar que los principios que profesamos son deficientes e impracticables. Por deferencia a vuestra sugestión y a causa de la gran importancia de la cuestión, he creído de mi deber hacer estas observaciones. Yo aspiro tanto como cualquier otro al ejercicio de todas las libertades, a la realización de todas las mejoras, a la práctica de todas las conquistas del progreso, y lo he comprobado en el curso de mi carrera pública; pero la experiencia enseña que deben preverse todas las dificultades y no ilusionarse con teorías sino obrar con la probabilidad, por lo menos, de obtener resultados satisfactorios. En vista de estas consideraciones —terminó diciendo— hará usted bien reflexionando detenidamente sobre el proyecto mencionado, fijando su atención en las condiciones sociales del Estado, y si, como puede ser, encuentra usted razones para fundar su iniciativa, puede usted hacerlo para abrir la discusión, en la inteligencia de que someteré gozoso mi opinión a la de mis conciudadanos.

Conforme a tal criterio, pendiente de la educación del pueblo, dejó la mala administración de la justicia en manos de las clases cultas.

Las mismas consideraciones dictaban la perpetuación de la leva, la consignación al servicio de las armas, de peonaje en las haciendas de sirvientes adeudados, y otras formas tradicionales de tiranía social.

En cuanto a la cuestión de los sirvientes adeudados —avisó a otro pasante de reformas (el gobernador de Chiapas)—, no haga usted un esfuerzo exagerado todavía, ya que se trata de defectos formales en nuestra manera de ser que no pueden corregirse de la noche a la mañana. No hay nada más horripilante en nuestra organización social que el sistema de reclutamiento de nuestro ejército y, sin embargo, tenemos que pasar por esa vergüenza que causa su ejecución, mientras el país no se encuentre constituido tan sólidamente que pueda soportar una ley de quintas o sorteos. Con tal propósito hemos hecho algunos intentos de variar el presente sistema de peonaje en la Península, pero por lo pronto no pueden tener más que un carácter preparatorio, poniéndolos a prueba para algún efecto perceptible en cada caso en que ésta pueda hacerse sin provocar una conmoción social.

En cada caso la razón era la misma: el temor de perturbar la paz y provocar una conmoción social con la corrección de un abuso demasiado arraigado en el carácter y las costumbres mexicanas para extirparlo fácilmente. La disculpa aclaraba el problema: sobre los abusos intocables pesaba la paz despótica, impuesta para proteger el capital extranjero, fomentar la prosperidad del país, y educar al pueblo inculto. Cauteloso pero de ninguna manera insensible, el gobernante era intensamente consciente de los males que toleraba, pues, progresista por convicción, era humanitario por aspiración, pero la cabeza gobernaba el corazón y la cabeza era práctica y pragmática: el remedio sólo era posible mediante la larga y lenta evolución de la civilización y la educación popular, y por consiguiente la reforma fecunda tenía que diferirse hasta un futuro remoto e indefinido. Entretanto, transigiendo inteligentemente y contemporizando concienzudamente, conservaba los abusos que deploraba y perpetuaba los males que reprobaba, y corriendo el riesgo de perder hasta el deseo de corregirlos, se engañaba a sí mismo y recogía lenta pero seguramente la retribución del conservador involuntario. Rehuyendo los grandes problemas que detenían el progreso del país para conservar la paz a toda costa, tuvo que renunciar a la ambición de hacer todo el bien posible a su patria y se conformó con el modesto mérito de un buen gobierno burocrático.

Pero de vez en cuando una sorpresa violentaba la marcha lenta y laboriosa del progreso posible. En 1891 las cosechas fueron pobres, abundaba el hambre, y escribiendo al gobernador de Oaxaca, le comunicó la preocupación que le causaba un problema que lo cogió de sorpresa.

> Ha llegado a mi conocimiento la noticia alarmante de que existe en vuestra capital un grupo de comerciantes que se autodenominan una Sociedad Industrial y que acaparan los efectos de primera necesidad. Veo tan grave tal control que no vacilo en decirle a usted que lo considero más serio aún que el cólera o todas las calamidades que pudieran sobrevenir, porque acabaría con el Estado, con usted y hasta con el prestigio del gobierno federal. Por consiguiente, recomiendo con la mayor insistencia, y todo lo que pudiera decir sería poco, que busque usted el *medio legal* que le parezca

más rápido y eficaz para destruir dicha asociación y si encuentra dificultades, avíseme por telégrafo, proporcionándome detalles de la organización y fundando esas mismas dificultades.

Si tan grave le parecía un monopolio local y tan alarmante la falta de *medios legales* para destruirlo, era de suponerse que, respondiendo al rebate tocado por *El Monitor* año y medio antes, el estadista habría preparado la legislación necesaria; pero no fue sino hasta año y medio más tarde cuando, perfilándose la amenaza de un monopolio inglés en los ferrocarriles, el burócrata despertó y dictó medidas improvisadas para destruirlo.

La legislación social moderna escaseaba y la que existía era producto menos de planificación que de improvisación, estimulada por emergencias y adoptada bajo la compulsión de circunstancias apremiantes. En 1891 el gobierno tenía preparado un código sanitario para resolver el grave problema de la salud pública. La proliferación de enfermedades endémicas de la capital, sobre todo en los infectos barrios bajos del proletariado, acusaba un aumento anual alarmante; la mortandad excedía a la natalidad; murieron más víctimas de tifoidea en una semana que en meses enteros con anterioridad; y para colmo de desgracias, una epidemia mundial de cólera amenazaba con invadir el país, obligando al gobierno a poner en cuarentena el comercio con el exterior y al Consejo de Salubridad a tomar providencias extraordinarias contra el contagio en el interior. De común acuerdo, el único remedio radical de la insalubridad pública era el desagüe del Valle, pero la compañía constructora había tropezado con dificultades técnicas que obligaron al Presidente a aplazar su promesa de inaugurar la obra de los siglos en 1892. Entretanto, pendiente de la construcción de un nuevo hospital general, el viejo Hospital Juárez, sobrepoblado de pacientes, daba un espectáculo pavoroso de la congestión de enfermos, en contravención flagrante del Código Sanitario, y el Consejo de Salubridad, extremando las precauciones para el porvenir, ordenó el traslado a los suburbios de fábricas, talleres, industrias, depósitos y todo foco de infección populosa, providencia que aún sin cumplir, introdujo los gérmenes de reformas sociales en el sistema fabril y trataba dos enfermedades a la vez. La atención prestada a la salud del obrero por el código mereció las felicitaciones de *El Siglo*.

No se emplearán en las fábricas a niños de menos de diez años cumplidos. Y las disposiciones del código no modifican, sino que corroboran y cumplimentan los preceptos de la enseñanza obligatoria. El artículo 117 aborda con valentía una de las cuestiones sociales y económicas que más preocupan a nuestra época. "La duración de los trabajos en las fábricas", dice este artículo, "no podrá exceder en general de doce horas por día, quedando comprendido el plazo de una hora, cuando menos, que se concederá a los operarios para su comida". "Reglamentos especiales —dice el artículo 115—, expedidos después de oída la opinión del Consejo de Salubridad, podrán restringir la duración de los trabajos en algunas fábricas o aumentarla, según el género de trabajo de los obreros". Como se ve, la fijación del tiempo de trabajo ha entrado ya en nuestra legislación, si bien apegándose más a la costumbre de emplear doce horas diarias que a la aspiración universal de los obreros de reducir a ocho las horas de trabajo. Verdad es que el socialismo industrial aún no se manifiesta entre nosotros, cosa que no es de extrañar, supuesto que tampoco se ha desarrollado entre nosotros la grande industria.

Pero ambas cosas sobrevendrían sin falta con la modernización de México, y más valía prevenir el peligro con sabias y oportunas concesiones. "Piden hoy los jornaleros que se les reduzcan las horas de trabajo. Quieren que se fijen en ocho horas al día. No nos parecen exageradas estas pretensiones." Pero suscitaban otros problemas.

Mas ¿es el Estado el que ha de satisfacer estas pretensiones? En la individualista Inglaterra se empezó por el trabajo de los niños y mujeres y se acabó por limitar el de los adultos. La Inglaterra dio primero la ley de diez horas, más tarde la de las nueve. Ni a tontas ni a locas sino después de largos y borrascosos debates en la prensa y en el Parlamento, siguió Francia el ejemplo, apenas estalló la revolución de 1848. El Estado, aun considerándose incompetente para la determinación de las horas de trabajo podría hacer mucho en pro de los obreros con sólo establecer el *maximum* de las ocho horas en cuantos servicios y obras de él dependieran. Tarde o temprano habrían de aceptar la reforma los dueños de minas, de campos, de talleres y de fábricas. El socialismo ha concentrado sus esperanzas y sus esfuerzos en la realización de los cuatro ochos contenidos en una famosa canción inglesa que dice:

Eight hours work, eight hours play,
Eight hours sleep, eight bobs a day.

Nada mejor para los obreros, y es lo que piden por medio de las manifestaciones del primero de mayo y de otros días. Nosotros, sin ser socialistas, sino por el contrario enemigos de esa peligrosa utopía, creemos que los obreros tienen razón en algunos puntos.

Así, bajo el signo de una crisis sanitaria, el Consejo de Salubridad, cuyas disposiciones tenían fuerza de ley, inició una reforma social, y *El Siglo*, sumamente interesado, siguió la pista más y más lejos. Era ya una tendencia. El socialismo estaba en el aire que se respiraba como el paludismo, la fiebre tifoidea, la influenza asiática o el cólera morbo, un mal mundial, y no había modo de ponerlo en cuarentena. Ni la misma Iglesia Católica estaba inmune a la epidemia. En su reciente Encíclica *Rerum Novarum,* el papa liberal León XIII acababa de plantear el problema decisivo del mundo moderno, y *El Siglo,* bien que anticlerical, se asoció a su iniciativa.

En medio de este gran movimiento, cuyas olas han subido hasta la altura de la cátedra, del púlpito y del trono; que está apoyado por las predicaciones del evangelio, de los santos padres y aun de una parte del clero católico y protestante moderno, ¿era extraño que León XIII en su Encíclica acabara por pronunciarse en favor del socialismo del Estado? De ningún modo: él no ha hecho otra cosa que seguir la corriente y va sin duda atrás. Las palabras en que más francamente se declara en favor del socialismo de Estado, son, en nuestro concepto, las siguientes: "La equidad pide, por lo tanto que el Estado se preocupe de los trabajadores y haga de manera que de todos los bienes que procuran a la sociedad les toque una parte razonable, como la habitación y el vestido, y que puedan vivir con menos penas y privaciones. De donde se deduce que el Estado debe favorecer todo lo que de cerca o de lejos parezca propio para mejorar su suerte." Aquí tenemos a León XIII pidiendo que el Estado procure al obrero habitación. Pero ¿de qué medios se debe valer el Estado para lograrlo? Esto es lo que León XIII no nos dirá nunca. En la cuestión fundamental del carácter de la propiedad, León XIII, queriendo quedar bien con capitalistas y socialistas, se contradice de un modo evidente. "Por lo que acabamos de decir —escribe—, se comprende que la teoría socialista de la propiedad colectiva debe repudiarse en absoluto, como perjudicial a los mismos que quiere socorrer, contraria a los derechos naturales de los individuos, desnaturalizando las funciones del Estado y turbando la tranquilidad pública. Queda, por lo tanto, bien establecido que el primer fundamento para todos aquellos que quieran sinceramente el bien público es la inviolabilidad de la propiedad privada." Pero a pocos pasos agrega: Ahora, si se pregunta en qué debe consistir el uso de los bienes la Iglesia responde sin vacilación que bajo este aspecto, el hombre no debe considerar las cosas exteriores como privadas sino comunes, de manera que fácilmente dé una parte a los demás en sus necesidades. Por lo cual el apóstol ha dicho: "Manda a los ricos de este siglo dar fácilmente y comunicar sus riquezas."

Así las cosas, mal podía México quedarse a la zaga del santo padre en materia de progreso social y *El Siglo* ponderó el problema a su vez. Pero antes de abordar la cuestión social, convenía definir términos y saber de qué se trataba. Según el antisocialista Villar, el socialismo de Estado "consiste sobre todo en la intervención del legislador y de los poderes públicos, con objeto de corregir los abusos y las iniquidades que puede ocasionar la competencia de los intereses individuales puestos en lucha, sin freno y sin regla". De acuerdo con esta definición, México no corría peligro de incurrir en el socialismo de Estado. Aunque poco dado a pontificar, el general Díaz dejó bien sentada su propia doctrina en su conocido programa de gobierno, y fiel al dogma del liberalismo económico que vedaba la intervención del Estado en la lucha de intereses individuales, dejaba hacer a los capitalistas sin meterse en lo que no le tocaba, ni mucho menos en el caso de conciencia de *Rerum Novarum*, cosa que por modestia no le competía; de modo que no había problema en México, o mejor dicho, no lo había todavía; pero ya lo había en el mundo... y ¿mañana? Convenía al estadista ser previsor y *El Siglo*, haciendo las veces del Presidente, hizo suyo el problema.

Para ahuyentar al socialismo urgía corregir los abusos e iniquidades de la lucha de clases con legislación preventiva, aunque la prevención implicaba la intervención de los poderes públicos: el Consejo de Salubridad ya había dado el primer paso limitando las horas de trabajo, y en cuanto al jornal, *Le Journal des Economistes* pedía en Francia una ley que obligara al patrón a pagar un salario mínimo, medida de prevención social adaptable a México donde "los intereses particulares de las clases ricas son protegidos por las tarifas aduanales o por enormes primas y no es justo que el trabajo, única y legítima propiedad del obrero, no participe también de la protección social". Si esto sabía a socialismo de Estado, siempre podría declarar el general Díaz que el Estado soy yo. Pensando por el Presidente, *El Siglo* se preocupó por el problema obrero. La recomendación eclesiástica dejaba la solución a la caridad de los ricos, y el Papa salvaba su conciencia sin salvar el problema; *El Siglo* confiaba poco en la caridad del capitalista y ya había recomendado al obrero, más de una vez, la ayuda propia. Tratando el problema obrero decía:

> Como hace notar Stuart Mill en sus *Principios de economía política*, sólo convencionalmente se puede hacer uso de la frase *clase obrera*, pues en realidad la mayoría de los hombres entra hoy en ese rango, y en el porvenir la totalidad de los seres humanos tendrán que hacer uso de su actividad física o intelectual. Pero en un sentido más estricto se llama hoy generalmente clase obrera a la parte de la sociedad entregada al trabajo industrial, reservándose el nombre de jornaleros a los individuos ocupados en las labores agrícolas.
>
> El obrero, habitando en las ciudades fabriles, limado por el trato de la sociedad, disponiendo de escuelas en su infancia y en su edad adulta es generalmente muy superior al jornalero, al campesino, que no tiene otra sociedad que la de los animales, ni recibe frecuentemente otra educación que la de la ruda naturaleza. Esa diferencia marcadísima se observa en casi todos los países civilizados y mal podríamos nosotros desconocerla. Esto no quiere decir, sin embargo, que el campesino sea un salvaje, ni que el obrero industrial sea un sabio a quien la suerte ha conducido al taller. Si eso acontece en Europa y los Estados Unidos, en México, donde el nivel intelectual es tan bajo desgraciadamente en todas las clases sociales, con más razón se observa, entre los trabajadores industriales o agrícolas, una gran falta de cultura.

Por lo tanto, tocaba a la prensa proletaria coadyuvar a *El Siglo*.

La Convención, en lugar de pretender dividir a la sociedad en castas, debería llenar más cumplidamente su misión de órgano de las clases obreras, procurando la asociación de los trabajadores; pero no bajo la forma de esas raquíticas sociedades mutualistas que resucitan la cofradía del virreinato, sino bajo la forma regeneradora y moderna de sociedades cooperativas de producción y consumo. Esa sería la manera de ilustrar a las masas, de procurar su bien positivo, de aprovechar la publicidad periodística, sin entregarse a disparos de pólvora, a defensas líricas y declamatorias de la clase obrera, que necesita menos música celestial y aun terrenal, menos bailes y discursos y más cómodas e higiénicas habitaciones, más aseados vestidos y más nutritivos alimentos.

Providencias de tal índole constituirían una verdadera garantía de seguro social. Para salvar al obrero del socialismo, convenía fomentar el socialismo; pero en una forma segura. En Topolobampo, Sinaloa, una colonia de norteamericanos practicaban los principios del cooperativismo y sin comprometerse a la idea, *El Siglo* le prestó el apoyo de la publicidad y abrió sus columnas a la propaganda de un movimiento que, aunque afín al socialismo, parecía con mucho el mal menor y hasta podía servir de antídoto a la cosa auténtica. El fundador de la colonia, Albert K. Owen, seguía el ejemplo de su tocayo, Robert Owen, el célebre socialista inglés que creó la colonia en New Lanark, Escocia, un nido de pensadores que vivió y prosperó por espacio de veintinueve años, pese a las más viejas y arraigadas preocupaciones de la humanidad, sin necesidad de jueces ni de abogados, ni de imponer un solo castigo, ni de crear contribuciones para los pobres; sin un solo caso de embriaguez o de animosidad religiosa; proporcionando una buena educación a los niños desde la infancia, mejorando la condición de los adultos, reduciendo las horas de trabajo, pagando réditos sobre el capital invertido en la empresa; y gracias a una mezcla armónica de capitalismo y socialismo la colonia produjo utilidades por valor de £300 000 en 29 años. Aunque el primer ensayo fracasó, no por eso fue menos provechoso: un testigo reciente a la prosperidad de Rochdale, una comunidad cooperativa en Inglaterra, dio fe de las virtudes del movimiento en aquel lugar.

> Cuando por primera vez conocí a Rochdale, *todos* los obreros necesitaban quien más quien menos, los auxilios de la caridad municipal; gran número de ellos la recibían y la principal esperanza de los demás consistía en que el asilo no estuviera muy lleno cuando les llegara su turno. Hoy la escena ha cambiado: aquellos obreros contribuyen a todas las obras de caridad, construyen y dotan hospitales, regalan fuentes públicas a la ciudad, y en todo se comportan como verdaderos *gentlemen*. Así es como la cooperación, mejorando las condiciones sociales, transformó una vieja civilización e implantó un nuevo orden de cosas.

De ser así, el cooperativismo sería una profilaxis contra el socialismo, y tal vez un caso benigno de semisocialismo no sería cosa tan mala para México; pero al llegar a tal conclusión, el facultativo se dio cuenta de que estaba al borde del abismo y que con un paso más caería en el insondable socialismo mismo; y abandonando el problema, dejó a la previsión del Presidente el remedio al mal del siglo.

A fines de mayo murió Manuel Dublán, privando al Presidente del más indispensable de sus colaboradores. Así lo reconoció el Congreso al declarar día de luto nacional la fecha de su deceso (31 de mayo de 1891). *El Siglo* dedicó a la memoria del ministro desaparecido —"el mejor y más leal de los amigos del Presidente"— un obituario recordando los señalados servicios prestados a la patria al reorganizar la hacienda pública y lograr el reconocimiento de la onerosa deuda inglesa, a pesar de su tremenda impopularidad, y terminó diciendo: "Por fortuna el señor Dublán había aprendido de su leal amigo el señor Juárez a tener paciencia, después de haber aceptado un partido: he aquí la gran ciencia en política como en todo." Leal hasta la muerte, Dublán dejó de existir en un momento sumamente inoportuno y su deceso parecía casi una deserción pues desaparecía cuando más se necesitaba de su ciencia y paciencia. La crisis fiscal vaticinada por Daniel Cabrera en enero se vislumbraba en agosto y *El Siglo,* revisando el balance de las grandes empresas en México, dio con la sorpresa desagradable de constatar que los ingleses daban marcha atrás. De los 25 000 000 de pesos invertidos en la industria minera, la más importante del país, las utilidades sacadas por las compañías no pasaban del 1.5% en cinco años; los valores mexicanos bajaban en Londres y el *British Mining Journal* desaconsejaba más inversiones en la minería mexicana.

> Si nos fijamos en los boletines de las bolsas de Londres, París y Nueva York, vemos los valores mexicanos de origen privado en baja notable; sólo la Compañía Colonizadora de la Baja California ha perdido más de cuatro millones de pesos, y las demás cotizadas en Londres, acusan una pérdida del 5.5%. Por consiguiente, tenemos de capitales extranjeros en oro: perdido en ferrocarriles, $61 millones; en minas $19 millones; en colonización y explotación de tierras $9 500.000; total en oro: $89 500.000. *¡Cantidad que en plata viene a representar modestamente una pérdida de 110 millones de pesos!*

Y como si eso fuera poco, la plata bajaba a un punto nunca alcanzado en los peores días de la cotización del metal blanco en Londres. ¿A qué atribuir este fenómeno? ¿Por qué esa desconfianza en las riquezas naturales de México? Nadie sabía decirlo, ni siquiera *El Siglo,* pero lo que todo el mundo sabía a ciencia cierta era que la pérdida del capital extranjero minaba el puntal más firme del puente tendido hacia la prosperidad y amenazaba la estabilidad del monumento.

Tan desconcertante era la desconfianza del socio extranjero que *El Siglo* tuvo que aleccionar a dos colegas que protestaron patrióticamente contra la despedida de algunos empleados mexicanos de los ferrocarriles. En primer lugar, les hizo notar que los contratos celebrados con el gobierno no obligaban a las empresas a ocupar mexicanos; en segundo lugar, a falta de obligaciones legales ¿los había tal vez de orden moral? Tampoco.

¿Creen nuestros colegas que el capital tiene deberes de cortesía, como los diplomáticos, de caridad como los filántropos, de afabilidad como los seductores? Entonces olvidan lo que es *capital* y nos permitimos recordarlo. Sólo la riqueza consagrada únicamente a la producción de objetos útiles o de servicios es *capital;* la ley de gravitación que universalmente rige los negocios es el egoísmo en toda su pureza, en todo su cálculo, con su frialdad despreciativa, con su voracidad ardiente, con sus principios inexorables y su táctica de lucha con el medio que más le conviene. Pero, en cambio, sólo con el egoísmo hay producción, hay servicios, hay reproducción de riquezas y hay trabajo; la caridad, la generosidad, el despilfarro y el vicio no hacen más que consumir bajo títulos diversos. Después de muy pocos años de caridad en todos los hombres, la civilización desaparecería en una miseria inmensa. El egoísmo es duro como las rocas, pero no hay que olvidar que es la base necesaria sobre la que descansa el género humano.

Por lo tanto, la duda del capital extranjero prestó un servicio a la educación económica del pueblo mexicano.

Sin embargo, la retirada no había alcanzado aún dimensiones alarmantes y ninguna sombra de duda alteraba el tono tranquilo y sereno del informe de septiembre ni la ecuanimidad del Presidente al concluir la lectura de su mensaje a la nación.

En la reseña anterior —expresó una vez más— veréis la confirmación de lo que se dijo al principio, que el país continúa progresando en el desarrollo de sus elementos naturales. Sin precipitación, sin convulsiones de ningún género, y de consiguiente sin riesgo de crisis ni pánicos en la industria o el comercio, nuestro país ofrece al mundo el espectáculo de una nación satisfecha con sus instituciones, dedicada al desenvolvimiento pacífico de sus riquezas por medio del trabajo, y a la consolidación de su crédito mediante una prudente reserva en los negocios y un religioso respeto a las obligaciones.

El informe era firme; tanto que redujo la baja de los valores mexicanos en Londres a una fluctuación pasajera y normal, sin mayor importancia. Pero en la respuesta ritual del presidente del Congreso hubo, por primera vez, una nota desacostumbrada y extraña. El informe septembrino tenía especial interés, porque iniciaba la campaña para la reelección del Presidente de la República, y después de tocar la gama de los grandes beneficios recibidos por la nación bajo su gobierno, vino la voz del presidente del Congreso:

> La nación sabe, señor Presidente, que os seguiréis haciendo acreedor a la confianza insigne con que os ha honrado, persistiendo sin desmayar en vuestra magna tarea de orden y progreso. En esta obra fecunda porque empieza a ser duradera, el primer mérito y el homenaje supremo corresponden, sin duda, al pueblo mismo. Pero, inmediatamente después del pueblo, es vuestro el honor de la empresa. Por eso la historia os será propicia, cuando vuestros errores y vuestras virtudes entren en comparación en su infalible balance, y la patria no os negará su adhesión mientras sigáis sirviéndole como hasta aquí, mientras permanezcáis fiel a los orígenes radicalmente populares de vuestra sangre, de vuestra gloria, y de vuestro mandato.

La ratificación condicional del informe, la insinuación de una duda, las reservas que se permitió el presidente del Congreso, eran cosas tan raras que daban en qué pensar; la invocación de la historia sonaba a intimación de mortalidad, la pretensión de regatear su gloria a presunción, y tales irregularidades, camino a la reelección, no dejaban de sorprender al público, ya que el orador en turno era don Justo Sierra y el ilustre historiador, disfrutando de los fueros de su oficio, demostraba ya la autoridad precoz y la independencia de criterio de su privilegiada profesión.

El mismo día en que el Presidente leía su informe, murió el general Pacheco, llevando consigo bajo tierra su cosecha de ramié; y con la pérdida de la planta de la paz perpetua coincidió la pérdida de las cosechas normales del país. La pérdida de Dublán y Pacheco no significaba la pérdida de la reelección, pero la pérdida de las cosechas redoblaba la insistencia de Daniel Cabrera en la inconformidad del pueblo, y desde su celda en Belén, expidió su informe minoritario:

> La situación, por más que los periódicos amistosos siguen obcecados en negarlo, la verdadera situación del país es ésa que todos conocen: intranquilidad pública por todo el país, irritación de los ánimos, sublevación de grandes masas indígenas por cuestiones de terrenos, terror sobre la prensa por todas partes, miseria alarmante en Puebla, Guanajuato, Jalisco, Coahuila, Querétaro y Yucatán, hambre en Guerrero y Chiapas y un monopolio escandaloso en esta capital, sin contar con las plagas de las "consignaciones" al ejército, los mil impuestos onerosos y el juego que como gangrena se extiende por todas partes. ¡Y se canta la paz y la dicha en los festines oficiales!

No obstante, la paz siguió imperando en toda la extensión del territorio, con excepción de la frontera del norte, donde la guerra del Yaqui recrudecía y un tal Catalino Garza incursionaba con una gavilla de forajidos en busca de apoyo para agitar al país. Con motivo de este conato de rebelión, bastante insignificante por cierto, pero bastante eficaz para llamar la atención fuera del país, el *New York World* mandó a México un enviado especial encargado de investigar la verdadera situación: el enviado cumplió con la misión entrevistando al Presidente, y éste aprovechó la oportunidad de convencer a sus vecinos del norte que la paz en México estaba a prueba de tontos. Impresionado por el físico soberbio y el aspecto varonil del Presidente, el periodista informó que representaba ser un hombre de cuarenta años aun cuando se sabía que tenía sesenta, y si bien las apariencias engañan, que sus razonamientos revelaban la franqueza y la ingenuidad del soldado y demostraban una sinceridad acrisolada. Al abordar la cuestión que motivaba el largo viaje del corresponsal a México, el Presidente le ofreció un informe personal que puso fin a todas las versiones falsas y los borregos banales que circulaban respecto de Catalino Garza. Garza no era ni un yaqui ni un yanqui, ni un rebelde ni un filibustero, sino un periodista con las armas en la mano y un aventurero mercenario que merodeaba entre Texas y México, como una abeja al servicio de intereses extranjeros. Corría la voz de que excursionaba a favor del clero: el general Díaz lo negó enfáticamente. "No, la llamada revuelta de Garza no tiene nada, absolutamente nada que ver con el clero. Este partido ya no tiene jefes y Garza indudablemente no es el escogido, que los tiempos que corren no les son hostiles." No: los que incitaban al abejón eran los especuladores de la Bolsa.

Esta asonada que se intentó llevar a cabo corría a la cuenta, sin duda alguna, del interés particular de los corredores de bolsa. El mismo día en que Garza pasó la frontera a territorio mexicano, se telegrafió a Londres una versión muy exagerada de lo sucedido antes de que se recibiera la noticia aquí. Es probable que antes de que el despacho anunciando la supuesta invasión llegara a su destino, ya Garza estaba de regreso en territorio americano. Pero estas noticias lograron el efecto apetecido, los bonos mexicanos al 6% bajaron tres o cuatro puntos, pero sólo para recobrar su valor al conocerse la intrascendencia de la revuelta. Los especuladores perdieron, y no tengo que decirle a usted que cuando un hombre puede ganar miles de libras esterlinas con un golpe de bolsa, no tiene empacho en pagar algunos miles de pesos a un aventurero torpe para que le sirva de instrumento.

Especular con la paz era, pues, juego de tontos.

En realidad —prosiguió— una revolución en México por ahora es imposible. Con nuestra organización perfecta del ejército y nuestro sistema de ferrocarriles y líneas telegráficas una revolución no podría nacer y tener tiempo de desarrollarse. Sin embargo, no quiero decir con eso que, contando con un ejército disciplinado y los elementos necesarios para movilizarlo, pueda el gobierno cortar de raíz cualquier movimiento revolucionario; por el contrario, creo que cuando prevalece el descontento contra un gobierno, va adquiriendo poco a poco fuerza tan irresistible que no hay obstáculo capaz de contenerlo.

Pero también a ese respecto su confianza era absoluta.

No, la mejor prueba de la paz en estos tiempos se encuentra en la satisfacción y el contento de la gran mayoría de nuestro pueblo. El solo hecho de que la tentativa de Garza no haya encontrado eco en México es la evidencia más patente que mis conciudadanos no simpatizan con movimientos revolucionarios. Una revolución por ahora sería tan difícil como lo sería jugar una partida de ajedrez sin peones. Verdad, no hay quien la secunde.

Con esa versión volvió el enviado a Nueva York. Vino a México en busca de noticias y volvió con una buena: no había novedad en México y la paz estaba a prueba de tontos.

Al llegar al último año del cuatrienio y hacer el balance de los méritos y los males del gobierno del general Díaz, sus buenas obras no pasaban de ser buenas intenciones y sus malas, la miseria congénita de México, dejaba un triste promedio de mediocridad insuperable, y como la meta estaba todavía remota, había que renovar la marcha del progreso. Puntualmente a principios de 1892 se puso en marcha la campaña para la reelección del presidente y los funcionarios públicos, y se consultó la opinión pública por un motivo poderoso que diferenciaba la reelección de 1892 de todas las anteriores. El Presidente dio la prueba más convincente de la satisfacción y contento de la gran mayoría del pueblo mexicano al extender la política de conciliación a lo poco que quedaba de la reducida oposición política, prometiendo por conducto de *El Diario Oficial* que el sufragio libre y efectivo sería respetado en los próximos comicios; pero *El Monitor Republicano* rechazó el ramo de oliva y denunció la razón poderosa que inspira la concesión:

> La libertad de sufragio dicen que será un hecho. En las críticas circunstancias por que atraviesa el gobierno, cuando se ve precisado a fingir una elección popular para demostrar a los tenedores de bonos y prestamistas europeos una vitalidad política artificial, una solidaridad nacional que está muy lejos de ser cierta, y una popularidad porfirista que se extinguió en la conciencia del pueblo al mismo tiempo que la esperanza de ver realizadas las grandes obras prometidas ayer; cuando las convenciones organizadas para el triunfo de la perpetuidad han iniciado su política de sorpresas y a cambio ya no de simpatía, sino de un poco de interés, ofrecen al público el tímido obsequio de restablecer un efímero dominio constitucional, como un oasis de tolerancia en medio de un desierto de inseguridad y hechos consumados, surge otra vez, airada y vengativa, la justicia psicológica, abre una nueva campaña contra la prensa, y arranca a la lucha a un periodista de la diezmada oposición. El señor Filomeno Mata ha sido encarcelado; un escritor independiente, el señor Daniel Cabrera, acaba de abandonar la prisión. Un periódico ministerial ha tenido la ocurrencia de decir que el papel más triste en la historia es el que representa en estos momentos nuestra escasa, nuestra insignificante oposición.

Nada más cierto, la oposición —la vocal y visible— estaba reducida a cuatro periódicos, *El Monitor Republicano, El Diario del Hogar, Las Novedades* y *El Hijo del Ahuizote:* tal era la triste verdad y Daniel Cabrera, al salir de Belén, casi resignado a la realidad de las cosas, dijo por su parte:

> Cada día se estrecha más el círculo de acción de la prensa independiente. Acaba de ponerse en libertad a un periodista y luego es llevado otro a las mazmorras de Belén. Se trata de mantener viva la llama del terror y por más energía moral, por más resistencia física que tenga el periodista, va haciéndose imposible sostener un programa de oposición franca, no digamos sirviendo de órgano de un partido enemigo del gobierno, ni como simple relator de los desmanes de éste. Se sofocan en su cuna movimientos revolucionarios como el de Garza. Se realizan operaciones de crédito como los empréstitos de Berlín y Londres; se atrae al círculo reeleccionista a personalidades como Alatorre, Escobedo y Zamacona; en menos de un mes se establecen clubes simpáticos a la tendencia del partido dominante en casi toda la República; surgen por todas partes periódicos que apoyan y secundan en fanatismo esas tendencias, en una palabra, la campaña para la reelección está ganada. Pocos políticos habrá en la historia de las contiendas electorales que cuenten con un triunfo igual, como habrá pocos gobiernos republicanos de quienes se diga como del actual nuestro, que tan pronto y con tanta facilidad lleguen a altura semejante en la conquista de sus designios, sin esas agitaciones de las masas que engendran el tumulto, sin esos debates encarnizados que encienden las controversias del parlamentarismo, sin esas rebeliones sangrientas que produce la clase militar protegida, y sin choques de partidos políticos, en fin. Y a pesar de tanta excelsitud conquistada por el poder tuxtepecano, aún deja caer su mano de hierro sobre un elemento reducido a la menor expresión: sobre la prensa independiente. Es inexplicable este proceder.

No era inexplicable para *El Monitor*. La retirada del capital extranjero, la baja de los valores mexicanos en Londres, la depreciación de la plata, la pérdida de las cosechas, la muerte de Dublán, crearon una situación tan difícil que para inspirar confianza al capital extranjero el gobierno se vio obligado a empeñar al general Díaz y demostrar su popularidad en las plazas extranjeras, estimulando una elección libre y popular. Con tal fin sus amigos organizaron una serie de demostraciones y el gobierno se comprometió a respetar el voto. La campaña comenzó temprano con el informe de septiembre de 1891 y la convocatoria de todos los presidentes municipales del país para celebrar su onomástico, que caía en el 15 del mismo mes, coincidiendo con las fiestas patrias. La segunda, fijada para otra fecha memorable, sería un gran desfile popular para conmemorar el vigésimoquinto aniversario de su toma de Puebla en 1867; y la tercera, la organización de la llamada Unión Liberal, destinada a coronar la campaña electoral con una convención de la intelectualidad del país. Todas estas demostraciones de su popularidad decepcionaron a los amigos del general Díaz. La primera era prematura: los 245 presidentes municipales, agasajados con un banquete en el Teatro Nacional y ridiculizados en la prensa por su rusticidad, regresaron a sus regiones de origen y cumplieron con su cometido, organizando clubes reeleccionistas; pero la reacción de la provincia era tibia, cuando no apática. Sorprendidos, los amigos del presidente renunciaron a la tarea de movilizar la inmensa mayoría del pueblo mexicano y limitaron la consulta a la opinión pública de la culta capital. La prensa abrió una *investigación* de las causas de la pasividad del pueblo, y *El Siglo* salió con un "Perfil de Nuestro Estado Social", que echó la culpa al paternalismo del gobierno.

> Leemos en un periódico que en San Cristóbal de las Casas se va a establecer una sociedad para proteger a la raza indígena contra las vejaciones que sufre de las razas criollas y mestizas. La noticia merece toda atención por parte de nuestros periodistas del género lírico, que nos hablan cada veinticuatro horas del pueblo, abstracción metafísica sobre la que se han elevado grandes castillos en el aire. Después de setenta años de independencia política, y al cumplirse el trigésimo quinto aniversario del reconocimiento de los derechos del hombre, nos encontramos con que es necesario establecer una sociedad para proteger a los ciudadanos. La necesidad de proteger a la raza indígena, a la que no basta haber avanzado, como ha avanzado la República en el elevado orden de las instituciones políticas, cuando por abajo hay un grupo social para quien el progreso es una esfinge, y que reclama el auxilio de los filántropos por no haberse elevado hasta la altura en donde la piedad es sustituida por la cooperación.
> Se ha dicho ya en la tribuna de nuestro parlamento: un artículo constitucional decide que no habrá esclavos en la República, y hay Estados en donde las deudas de los padres pasan a los hijos, como la maldición bíblica, y una cédula a favor de un hacendado pone el grillete al pie del hombre libre. Nuestros estadistas han alzado a todo un pueblo al nivel de ciudadano, pero nuestras últimas capas sociales continúan surcando el campo con el arado de los faraones y están remachados al postrer eslabón de la conquista.

Y todavía se pide más del Estado, padre perpetuo de nuestros dolores, cuya tutela se ha enraizado profundamente en la conciencia popular de este extraño estado social.

Una compañía monopolizadora produce la carestía oficial del pan: ¿Qué se necesita hacer? Un horno cuesta muy poco, un grupo de hambrientos puede a costa de algún sacrificio instalar el aparato salvador, y si no lo hace, nuevas quejas se dirigen al gobierno: Padre nuestro que estás en Palacio, haznos también dignos de ser libres, ya que nos has hecho libres.

El establecimiento de una sociedad protectora de algo no nos admira: nuestro estado social hace posible toda clase de sociedades protectoras, desde la que reclama por el mal trato aplicado a los indios, hasta la del millonario dueño de fábricas. Queremos vivir artificialmente y encontramos cómodo que el Estado acuda a nuestras necesidades y nos asegure la existencia, no la existencia del hombre que lucha por la vida, tonificado por todas las temperaturas al aire libre, sino la del mendigo enfermizo que ha menester del auxilio del transeúnte. Éste es un gran hospital en que todos reclamamos algo: pan, vino, caldo, trabajo, ferrocarriles; estamos malitos, mucho, Padre nuestro que estás en Palacio. La obra emprendida por el gobierno de tomar la dirección del progreso, que *El Monitor* ha envuelto en sus críticas al socialismo de Estado, tiene su razón superior en este inmenso asilo de paralíticos en donde la vida es considerada como un favor, el alimento como una dádiva y el aire que respiramos como un regalo que nos concede Dios, la Providencia, la Constitución de 57 y la administración pública.

El Monitor, en cambio, echaba la culpa de la inercia del pueblo a la perpetuación del Padre nuestro en Palacio.

Es necesario rectificar, decirlo de una vez: aquí no hay más pueblo ni más República, ni más poder que la voluntad del general Díaz. Nos amenaza un terrible obstáculo: el gobierno indefinido del general Díaz. Él sabe muy bien que México necesita prescindir de él, así como creó y obró para que el pueblo prescindiese de Lerdo, Lerdo de Juárez y Juárez de Santa Anna. Él sabe que no hay nada eterno; él sabe lo que sufre la nación, cuando el poder oprime sus tendencias y estanca el movimiento natural de su prosperidad; él sabe hasta dónde perjudica a las costumbres democráticas, sustituidas hoy por las instituciones personales de la *necesidad* que es un concepto impuro e indigno de la conciencia de un verdadero republicano; él no puede alegar ignorancia o error; ni la experiencia ni los hechos son para tales subterfugios. Y sin embargo el señor Díaz será presidente cuatro años más; lo será contra las necesidades de la nación. Seguirá como hasta hoy en una política decadente, de conservación, no de progreso. Seguirá violentando la naturaleza de una generación que necesita la actividad y exige vivir como han vivido las demás.

La necesidad, la verdadera necesidad, era la renovación constante de las fuerzas vivas de la nación; en tal sentido la democracia era un sistema político nacido de las mismas leyes de la naturaleza, necesidad biológica de un pueblo en vías de desarrollo; y al entrelazar el desarrollo político y económico de la nación y hermanar el espíritu y la materia, *El Monitor* tocaba el fondo del problema del progreso del pueblo. Más aún, al matar el espíritu de empresa de toda una generación y frenar la ambición de un pueblo para satisfacer la ambición de un individuo con la reelección indefinida, Díaz atentaba contra el porvenir de la patria; y tergiversando los términos de la ecuación patriótica, *El Monitor* revisó la formación, el desarrollo y la consolidación del obstáculo personal.

Cuando el general Díaz no era presidente de la República, sino aspirante a este puesto, que no consiguió sino bajo la condición de cumplir las promesas de la última revolución; cuando era un simple diputado al Congreso de la Unión y su personalidad política empezaba a formarse, como el candidato de una fracción social que se oponía a la continuación de Juárez en el poder, cuando el triunfo de las aspiraciones del señor Díaz era muy dudoso y antes bien se juzgaba como imposible, entonces el señor Díaz no pasaba de ser un buen soldado, un buen patriota, respecto de quien nadie decía sino aquello que corresponde a un hombre común y corriente, adjetivos modestos, palabras sencillas, etc., etc.

Desde que el señor Díaz ocupó el primer puesto entre los más elevados del país, desde que ha dejado de ser un hombre indiferente al interés personal, desde que su gratitud asegura un beneficio inmediato, hanse confeccionado un número ya incalculable de biografías, semblanzas, perfiles, rasgos y demás piezas de esta naturaleza.

No tenemos otro objeto que el de producir la impresión del contraste entre el relativo abandono en que se encontraba esta personalidad en tiempos menos felices para él, y la época actual en que, como es bien sabido, su poder es ilimitado y se extiende por todas partes, sin encontrar las barreras de la ley, ni las resistencias que la independencia constitucional de las atribuciones opone en los países gobernados por principios y no por hombres.

Todavía más: podríamos señalar los periódicos en que se hacían del hombre de que nos ocupamos, apasionados juicios y referencias exageradas, pero tan exageradas contra él como las que hoy se hacen en su favor. No las reproducimos aquí, la prensa de aquella época trataba de halagar a Lerdo, desprestigiando al revolucionario con *argumentos* vulgares: el ultraje personal, la injuria sangrienta. Basta decir que respecto al señor Díaz se dijeron cosas tan fuertes como de Catalino Garza. Algunos escritores *condescendientes* siempre han sido así; ayer y hoy, *Business is business*. También se lucra de esta manera.

Hoy las cosas han cambiado completamente: se deprime a Lerdo para exaltar a Díaz. Hoy, no se dejan pasar muchos días sin que la vida y los hechos de éste no salgan en artículos cuidadosamente escritos. Hoy estudian cada uno de los movimientos de su cuerpo. El arte de biografiar se ha hecho un negocio, pero un verdadero negocio. No basta decir que el señor Díaz ganó tales y cuales batallas, que hizo esto, aquello y lo de más allá, no; ahora se hacen biografías de todo. *Biografías* de una mirada, de un *estornudo,* de un *bostezo* de don Porfirio. Para cada una de sus actitudes, hay una biografía. Parece que cada uno de los que se encargan de esta clase de trabajos lleva su biografía dispuesta ya y cargada, que dispara con ocasión de cualquiera oportunidad o anda con sus aparatos de biografía instantánea para *biografiarle* un saludo a don Porfirio, en el interesantísimo instante en que dice: "Buenas noches".

Hay algo más grave y es la manera de considerar al funcionario de las mil biografías. En cada uno de estos trabajos se puede observar la tendencia a exagerar de una manera decidida las prendas que se le atribuyen, de las que son muchas las que no posee el biografiado, y notablemente mejoradas las que le corresponden justamente.

Ninguno de aquellos trabajos es capaz de sufrir ni los más benignos ataques de la crítica. Nada tienen de lógicos, nada tienen de graves, ni nada digno de fe. De esta manera se consigue un objeto: engañar. Hoy se engaña sobre todas las cosas. El lenguaje nos da una muestra de esta verdad. De una situación más o menos pasadera, cuando mucho, se hace una situación próspera y feliz; de su crédito que viene a menos día con día se hace un crédito envidiable y firmísimo; de un estado crítico y penoso se hace un estado bonancible, y de un hombre como otros muchos, se hace un dios.

¿Y por qué? Porque así conviene, porque el personalismo necesita satisfacer sus aspiraciones de perpetuidad.

Hay muchas pasiones, muchos intereses particulares, muchas tendencias ruines, muchos propósitos innobles, ávidos todos de ponerse al servicio de la ambición. Nos estamos engañando constantemente. El error traspasa de una manera insidiosa los linderos que se mantienen cuando hay un medio social, enérgico y sensible a la reacción... Los que dicen la verdad, ésos no tienen garantías, son perseguidos, encarcelados y mal vistos. Para los primeros, las subvenciones, los empleos y los favores. Para los segundos, el rigor, el proceso y la cárcel.

Así se formó, se cristalizó, se consolidó, a fuerza de publicidad mercenaria, de propaganda interesada, de adulación servil, el obstáculo al progreso del pueblo; y la única crítica eficaz y capaz de provocar una reacción popular era la mala situación financiera del gobierno.

Se inicia una época de indigencia; los recursos se agotan y es necesario comenzar a pagar los abonos para la amortización de los empréstitos de Berlín y Londres; hasta se piensa ya en recurrir a impuestos sobre industrias tan protegidas como la minería. No es posible subvencionar y construir más ferrocarriles. ¿Qué hará el gobierno?

El Presidente también reconoció la gravedad de la situación. En unas declaraciones dadas a la prensa ministerial, relativas a la reelección, dijo:

> Tanto en la prensa como en los discursos que acabo de escuchar y en otros de objeto análogo, descuellan estas ideas; el cambio de personal que debe ejercer el jefe supremo del país entraña un peligro: se cree, según he escuchado a algunos, que pudiera interrumpirse la paz y que, interrumpida la paz, se perdiera el crédito y con el crédito el bienestar y la prosperidad relativa de que gozamos en la actualidad. En cuanto a que, interrumpida la paz, se pudiera perder el crédito y con el crédito la prosperidad relativa y tal vez el porvenir, no hay para qué discutirlo.
>
> Por ser evidente.
>
> Pero sí creo de mi deber llamar la atención de ustedes sobre cuestiones que surgieron de las expuestas. Cualquiera podría decirme que yo, con una sola palabra pude resolver la cuestión.

Es decir, renunciando a la reelección.

Esto es verdad y tanto es cierto que ya lo he hecho otra vez, pero no me considero libre de que mañana, tanto los que hoy sostienen el *pro* como los que sostienen el *contra,* me hagan cargo de haber rehusado un servicio a la nación que, en opinión de la mayoría de mis conciudadanos, puedo prestar con buen éxito.

Argucia u obligación, el argumento era acertado. En política no había tal cosa como el libre albedrío; cautivo de su propia creación, el gobernante tenía la responsabilidad indeclinable de sostener todos los intereses creados que reclamaban su permanencia en el poder —el comercio, la industria, la banca, la burocracia, el ejército, el capital extranjero— y no le era dable renunciar a la reelección, so pena de dejar trunca la obra en vías de desarrollo y echar a perder el crédito, base indispensable y precaria de la estabilidad del monumento.

Por lo mismo, los amigos del general Díaz organizaron la Unión Liberal a favor de su reelección, bajo el lema *Por lo que ha hecho; por lo que hará.* La Unión Liberal, según sus proponentes, debía

> realizar un gran programa de agitación electoral, combatir el ausentismo (enfermedad por excelencia del organismo electoral que obliga a la acción oficial a tomar el papel electoral) y defender la libertad de sufragio a toda costa y con todos los medios legales.

El Siglo encabezó la campaña electoral en defensa del gobierno.

Hay un género de razonamiento que la prensa oposicionista al actual orden de cosas ha agotado en artículos interminables. *El Monitor* de ayer lo reproduce con infantil alegría: se nos dice que los hombres que han combatido en otra época contra el principio de la no reelección y apoyan en la actualidad al señor general Díaz desertan de la causa de la República. Para ciertos publicistas, los programas políticos son una especie de relicario que debe conservarse cuidadosamente, sin introducir en ellos las modificaciones que reclama la evolución de un pueblo en la obra de transformación que opera en el planeta... El principio de la no reelección puede ser necesario y útil en determinado momento para el progreso del país; pero lo que era útil y conveniente en 1876 ¿es conveniente y útil en 1892? ¿Qué había detrás de la reelección en 1876?

La guerra civil y el descrédito. ¿Puede decir *El Monitor* que en 1892 se encuentra la República en igualdad de circunstancias? Por fortuna hay más sensatez ya en la masa de la nación.

Por fortuna, *El Siglo* contaba con la cabeza de Bulnes, ascendido de colaborador a redactor del periódico, y Bulnes se echó a cuestas la tarea de defender el revisionismo político. Una manifestación reeleccionista realizada por representantes del comercio, de la industria y del banco le sirvió de tema para burlarse benévolamente del cándido *El Monitor*.

que nos dice que los capitalistas manifestantes están interesados en la continuación del general Díaz en la Presidencia, *porque así conviene a sus intereses particulares* y no porque a tales personas les importa un comino el bien público. ¡Pero amigo *El Monitor!* Esto es el mundo. No hay, ni ha habido nunca en ninguna parte del mundo gobierno que emane de la libertad popular. Ahora, si el general Díaz ofrece garantías de prosperidad a los capitalistas, éstos están en su derecho, y este deseo honra a la administración tan injustamente atacada por *El Monitor*. *El Monitor* es más que adulto, no debe andar con niñerías pensando en que en cada voto que cae en las urnas electorales debe haber *un corazón de madre*, en holocausto a la humanidad doliente. Le repetimos, los comicios electorales son y han sido siempre campos de lucha de intereses, no vergeles donde retozan púdicamente las más interesantes virtudes humanas.

Enemigo del político romántico y del demócrata sentimental, Bulnes aleccionó al cándido colega sobre las realidades de la vida política, y bajo el rótulo de *El Monitor y el Pueblo Mexicano*, consagró todo un artículo al tan traído y llevado problema del sufragio libre y efectivo y la indiferencia del pueblo al voto. Por comenzar:

"Es indiscutible que el adulto está montado a la antigua en materia política." Y para modernizar a *El Monitor, El Siglo* eliminó la masa de la nación del electorado.

Así es que, cuando una masa humana se abstiene de ejercer el sufragio, es porque no puede ejercerlo. ¿Por qué no puede ejercer sus derechos para engendrar el poder público? *El Monitor* contesta y nos ha dicho cada vez que la cuestión electoral está a discusión; "porque el gobierno se lo impide", "porque el elemento oficial se apodera de las casillas", "porque los agentes del poder violan la libertad de sufragio". El tema de la culpabilidad del gobierno en la abstención de las masas ante los comicios ha servido a nuestro colega para fabricar 600 boletines y algunos millones de párrafos de gacetillas, tiempo es ya que nos entendamos... *El Monitor* no comprende que si nuestro pueblo no puede ejercer el sufragio, no es porque el gobierno se lo impida; es disparatado creer que un gobierno puede impedir a un pueblo que vote, si este pueblo quiere votar. ¿Sabe *El Monitor* lo que realmente sucede? Que no hay pueblo político para el sufragio, y que lo único que tiene delante *El Monitor* es una abstracción con que rellena unos conceptos sobre la democracia y la generación del poder político. La masa nacional no puede hacer sentir su influencia en los comicios, porque le es imposible por ahora hacerlo, no ante la ley escrita, ni ante los ideales de los candorosos, sino ante hechos formidables y seculares que no se dejan destruir en una noche con las palabras del plan de Ayutla. El súbdito de los bárbaros emperadores aztecas, *protegido* por la conquista española, que castró todas sus actividades para formar un ser insípido, sin pasiones y muerto para todos los estados sociales, no ha podido convertirse repentinamente en el súbdito inglés removido por la carta magna del rey Juan. La gran clase indígena, característica de la masa nacional no tiene condiciones para sufragar en la actualidad; su indigencia está al nivel de las más soeces miserias, su indiferencia se mantiene sobre los sufrimientos y sus necesidades se muestran inviolables por hallarse más abajo aún de la rapiña de los más ávidos despotismos. Los animales que han crecido en obscuridad no son sensibles a la luz aun cuando tengan ojos; los pueblos que se han formado en largos años de abyección no son sensibles a la libertad, no obstante que la necesitan.

Por otra parte, un poder público de carácter permanente tiene que salir de algo organizado y en México, como en la mayor parte de las naciones hispanoamericanas, lo único verdaderamente organizado es el Estado; de allí tiene que surgir el poder, es decir, debe reproducirse a sí mismo a riesgo de disolverse en la anarquía, cuando no existe un pueblo, una clase social, o un partido que lo engendra.

El Monitor no debe perder su tiempo en corregir al gobierno, sino que patrióticamente debe dedicar sus trabajos a construir ese pueblo político que tanta falta nos hace. Ésta es la obra emprendida por la Unión Liberal.

Mas como *El Siglo* recurrió al truco de confundir la masa indígena con la clase culta de la República, *El Monitor* siguió inconmovible, y para convencer al *colega de las inmutabilidades* (así catalogaba al colega) de la necesidad de reelegir al general Díaz, Bulnes invocó un argumento más fuerte, destinado a reducir a la razón a todos los *nuevos retrógrados,* como le gustaba calificar a los demócratas dogmáticos del pasado.

En materia de democracia y elecciones, se hace simplemente *lo que se puede,* pero nunca se ha podido formar en el mundo una voluntad nacional, representando la integración de todas las voluntades individuales convergentes para promover el bien público. La *democracia* es sencillamente una forma transitoria de gobierno que será desecha por el mismo avance de la democracia, por la concentración de las fuerzas de las grandes masas industriales que aspiran en las naciones poderosas a la dirección de los negocios. El proletariado, sujeto a la misma ley de desenfrenada ambición que las demás clases sociales, hará lo que éstas han hecho, ver por su propia prosperidad, aun cuando sea con perjuicio de las demás. La democracia, es decir la soberanía de Demos, no existe en ninguna parte; pero es cierto que el Demos tiene forzosamente que alegar a ser soberano y destruir la civilización existente. El Demos coronado, ejerciendo el poder supremo y cayendo con los desplomes que producirán sus ciegas ambiciones, se llama también el *socialismo.*

Y llevando el revisionismo político hasta sus últimas consecuencias con el espantajo del socialismo, *El Siglo* puso al *colega de las inmutabilidades* en el caso de optar entre la dictadura del proletariado y la dictadura del general Díaz; pero *El Siglo* con su manía precoz corría tan adelantado a la historia, y *El Monitor* andaba tan atrasado, que resultaba del todo imposible modificar la mentalidad del anacrónico colega y siguió resistiendo la marcha de *El Siglo.*

Por pura casualidad en estos momentos *El Siglo* recibió una carta, que rindió tributo al talento de Bulnes, escrita por un admirador suyo y dirigida a otro redactor del periódico.

Querido Argos:
Es una verdad inconcusa que el estilo es el hombre, y puedo afirmarte que al leer los escritos y discursos de don Francisco Bulnes, lo hubiera conocido entre mil; viniendo la realidad a confirmar mis suposiciones. Es don Francisco Bulnes un orador vehemente y apasionado; su saber es infinito, su memoria prodigiosa; un santo discutiendo con él perdería la paciencia. Conoce todas las teorías; es matemático, pensador, economista y quién sabe cuántas cosas más. El modo de acentuar las *erres* imprime vigor a su oratoria y más bien que producir palabras, las *muerde.* Ningún autor le es desconocido, conoce los que existieron, los que viven aún y los que están

por nacer. A estas dotes agrégale facilidad para emitir ideas, dicción clara y gran oportunidad para apreciar a punto exacto el lado vulnerable del contrario. Muchas veces es tanta su afluencia que, hablando con él me venían ganas de taparle la boca para lograr que me escuchara. Todas estas loables cualidades que debe a la naturaleza y al estudio, las aquilata y esmalta con ser hombre influenciado por las ideas modernas; es liberal y está lleno de patriotismo, pero de ese patriotismo ilustrado que no denigra al extranjero sólo por ser extranjero, y jamás lo he visto entregarse a hacer alardes de *brocha gorda*, tocando la cuerda de la sensiblería con que otros embaucan y engañan a las multitudes. Tal es, en breves rasgos, el hombre.

Y siendo hombre, Bulnes cedió a la tentación de publicar la carta, sin conocer los autores todavía por nacer.

El general Díaz contribuyó a la campaña electoral con el informe oficial del primero de abril, regular como las estaciones del año, sin novedad más que la fecha, pero continuo como el ritornelo de un carrusel.

El corto periodo transcurrido desde septiembre a la fecha no es bastante para que en la marcha progresiva de la República se adviertan notables adelantos, pero la exposición que he tenido la honra de haceros con lealtad y franqueza os convencerá, por lo menos, de que no se oponen a esa marcha obstáculos insuperables, ni se detiene el Ejecutivo un solo instante en procurar la remoción de los que inevitablemente tienen que presentarse. Para ello cuenta con vuestra indispensable cooperación y abrigo la mayor confianza en el porvenir de la República, basada en la paz ya felizmente asegurada, en el crédito considerado como elemento primordial y, sobre todo, en el buen sentido del mexicano que defenderá siempre, al par de sus instituciones, la posición que ha adquirido en el mundo civilizado, merced a las pacíficas conquistas del orden y el progreso.

El mismo presidente parecía cansado de cabalgar siempre sobre el mismo corcel y el Congreso aburrido por la monotonía de la música; pero el día siguiente vino a variar el tedio la segunda manifestación oficial de la popularidad presidencial. Organizada por el Comité Central Porfirista para conmemorar su toma de Puebla el día 2 de abril de 1867 y al mismo tiempo su postulación para la Presidencia de la República en 1892, el desfile de fechas sincronizadas mortificó profundamente a los redactores del republicano *El Monitor* que concurrieron a la función.

No vamos a negar la verdad ni a desfigurar los hechos —informó uno de los redactores—. La manifestación del día 2 del actual fue numerosa; hemos visto desfilar a una multitud monótona de individuos entre los cuales distinguimos algunos grupos conocidos como lo veremos después. Para decir con toda claridad y acierto lo que revela esta manifestación, es necesario clasificar a las personas que la componían. Un número muy escaso de diputados y algunos funcionarios del ramo penal. Un buen contingente de oficinistas y demás empleados del gobierno. Después de esto, el personal de los ayuntamientos de los pueblos, cerca de mil individuos de la obrería; cargadores de la ciudad, aguadores, y sobre todo eso, la gran mayoría de indígenas de los pueblos, reclutados de una manera muy expresiva. Aquella multitud infeliz que marchaba exponiendo sus andrajos en la primera avenida de esta capital *manifestaba* tres cosas: su miseria social, su miseria política, y su miseria moral.

Pasaban centenares de individuos y siempre lo mismo; todos muy desgraciados, muy pobres, muy sucios. No sólo impresionaban tristemente, sino que para quienes no están obligados a la condescendencia y al disimulo iban despertando ideas de repugnancia y vergonzosa conmiseración.

¡Oh! es muy cierto que la pobreza no es motivo de vergüenza, pero aquélla no era pobreza: era miseria, ¡horrible miseria!

Hemos presenciado el desfile de estos hombres y nos ha dejado en el espíritu una impresión de pesadilla. En vano quisimos dominar el curso de nuestras reflexiones atribuyéndolas a un sentimiento exagerado de celo y mortificación por nuestra humildad; pero el gesto y los comentarios de los que nos rodeaban, así como la sonrisa llena de sarcasmo de los extranjeros que contemplaban la multitud, revelaban que la desgracia era cierta y nuestra sensibilidad justamente excitada bajo la influencia de aquel espectáculo de insoportable degradación.

¿Cómo se encontraban reunidos esos habitantes de las aldeas y cómo se explica su presencia en condiciones absolutamente extrañas a sus costumbres? Fácil es comprenderlo. Nosotros diremos lo que nos consta, lo que hemos consultado a un gran número de esos infelices de quienes supimos, no con asombro porque lo esperábamos, pero sí con tristeza, que se encontraban allí sin saber por qué... ni para qué.

—Pero ¿quién les paga a ustedes el trabajo de este día?

—Nadie, siñor.

—¿Han venido ustedes por gusto?

—No, siñor.

—Entonces ¿por qué?

—Nos dijeron que nos juntáramos todos.
—¿Quiénes dijeron eso?
—Los del pueblo.
—¿Quiénes son los del pueblo? ¿Los señores del ayuntamiento?
—Sí, siñor.

He aquí la manera, el procedimiento empleado por las autoridades para hacer *leva* de individuos obligados a *manifestar espontáneamente* la mucha admiración que les causa el aniversario de un hecho de armas que no conocen ni les importa, y el exagerado empeño que tienen porque don Porfirio Díaz permanezca en el poder. Tal parece que los organizadores se propusieran reunir en un solo cuerpo la mayor cantidad de miseria, la mayor cantidad de indolencia, la mayor cantidad de impotencia social... La manifestación del 2 del actual es fecunda. Si en ella se apoya el general Díaz para creer en su popularidad se engaña lamentablemente. Los ilotas no tienen voluntad.

Otro redactor, igualmente indignado, lanzó amargos reproches a los organizadores de tan indecente espectáculo.

Sólo ellos parecen estar suficientemente desprovistos de pudor para pasar por las calles de la culta México los enjambres de infelices indios, habitantes de los pueblos de los alrededores, para obtener, a cambio de grosera mascarada que pone en manifiesto la miseria y la degradación nacional, la sonriente promesa de una curul, con que el jefe del Ejecutivo pagará sus afanes.

Jamás *El Monitor* ha pedido al gobierno otra cosa que no sea el cumplimiento de las leyes y el buen manejo de los intereses públicos; hoy, sin embargo, sale de su programa para suplicar atentamente, que se prometa, se garantice y se obsequie a todos y cada uno de los señores que en la actualidad organizan esas farsas, con un puesto público. Que esa promesa sea inmediata y a trueque de que no sigan *manifestando*. Hacemos esta petición para evitar que se repitan los tristes espectáculos que se están sucediendo en nuestros días. Como mexicanos amantes de nuestra patria cáusanos profunda pena observar cómo se conducen ante la presencia del *candidato* esas cuerdas de infelices indios que al ser arrancados de sus hogares para pasearlos por las calles de esta capital, revelan en su atonía, en su silencio, en su azoramiento, que ignoran si serán conducidos a Belén, a Palacio, o a un cuartel. ¿Con qué objeto se hacen semejantes manifestaciones? ¿A quiénes pretenden engañar? ¿El actual jefe del Ejecutivo ha perdido a tal grado la sensibilidad, que no sepa hoy distinguir la enérgica y vivificadora expresión de la confianza nacional que tantas veces experimentó antes de 1876, del nauseabundo vaho con que un grupo reducido de aduladores solicita en 1892 un mendrugo del presupuesto? Pues ni al jefe del Ejecutivo agradan ciertas manifestaciones que llevan en sí impreso el sello del ridículo.

El Comité Central Porfirista prestó, pues, un pésimo servicio al presidente.

Las consecuencias que se desprenden naturalmente de las manifestaciones hasta hoy organizadas, para probarnos que don Porfirio goza de asombrosa popularidad, han demostrado precisamente lo contrario. Si el general Díaz está engañado, ya tendrá motivos para volver a la realidad, ya tendrá motivos para comprender que su nombre está muriendo en el corazón de los mexicanos. Allá, desde el balcón en que aparece el *hombre necesario* para ser calurosamente aclamado, habrá comprendido que la decadencia empieza. Sus amigos tienen la misión especial de llevarle, inconscientemente, la expresión más desconsoladora de su desprestigio político. ¡Gran Dios! habrá dicho don Porfirio, como han dicho todos, ¿será posible que fuera de empleados, funcionarios, ignorantes y vagos, no encuentran mis amigos un mexicano que venga a manifestarme su entusiasmo? Y es la verdad, no los hay: las manifestaciones son el claro espejo en que se retrata la independencia nacional. El señor Díaz se ha visto a través de ellas su primera cana política.

El Comité Central Porfirista prestó, en cambio, un tremendo servicio al triste *El Monitor*.

Ha llamado la atención en esos días la completa indiferencia, el supremo desdén con que la juventud de las escuelas ha respondido al llamamiento que en tono lírico-dramático le dirige un grupo de empleados del gobierno, que alguna vez acariciaron la idea de poner a los pies de su señor el homenaje de la juventud estudiosa. No concurrió a la manifestación del domingo un solo estudiante, y para mayor irrisión sólo se logró hacer marchar a los infelices de la Escuela de Ciegos: su simbólico estandarte de ancha franja negra se distinguía entre los improvisados trapos de los otros grupos manifestantes, y las gentes al verlos exclamaron: ¡Pobres! ¡Están tan ciegos los unos como los otros! Los estudiantes han hecho bien en no dejarse alucinar por un mentido alarde de patriotismo, y harían mejor si, preocupándose más de las cuestiones políticas y sociales que en la actualidad comienzan a conmover a la República, manifestasen enérgicamente, como en otras épocas, su opinión.

Sólo faltaba la voz del clero, y cinco días más tarde *El Tiempo* salió con la anhelada noticia.

Los estudiantes han comenzado al fin a dar señales de vida y pruebas de que no se ha extinguido en ellos aquel espíritu patriótico que en 1884 los llevó a protestar contra la deuda inglesa. De un grupo numeroso de estudiantes nació la idea de hacer una manifestación antirreeleccionista. La inmensa mayoría de ellos —dicen— jamás han sido porfiristas y se presentan en ejercicio legítimo de una prerrogativa constitucional para manifestar hoy en una reunión pacífica sus opiniones. Reuniéronse pacífica y ordenadamente el 5 del actual en el patio de la Escuela de Jurisprudencia unos 20 o 30 con el objeto de acordar lo que debería hacerse en la manifestación pública que proyectaban; no hubo en la reunión ni *la más ligera señal de desorden* y sin embargo, intempestivamente, ante el grupo el señor licenciado Justino Fernández, director del establecimiento, con gesto descompuesto les ordenó saliesen inmediatamente del edificio, "pues no ignoraba lo que en aquellos momentos estaban pensando". Los estudiantes, acatando esta orden violenta y arbitraria, se ausentaron inmediatamente y resolvieron hacer la manifestación *hoy a las nueve de la mañana*, dándose cita en las inmediaciones de la Montaña Rusa. La manifestación tendrá lugar si, como es de temerse, la policía no la impide.

Animado por el despertar estudiantil, el impresionable *El Monitor* concurrió a la manifestación antirreeleccionista con renovada confianza en las fuerzas vivas de la juventud mexicana.

La primera cosa que impresionó fue el inusitado concurso de agentes de la policía secreta y gendarmes, apostados por todas las regiones y lugares de la alameda; parecía que ese pacífico recinto se encontraba bajo las condiciones excepcionales de un estado de sitio.

Nosotros vamos a consignar aquí un fenómeno de espontaneidad admirable: casi a la misma hora, casi al mismo tiempo, vimos aparecer por todas las calles de la alameda, en gran número, grupos estudiantiles diseminados al principio y luego concentrados todos en un solo cuerpo por un movimiento incomparable de actividad.

¿Qué quería esa multitud? ¿Cuál era el pensamiento que los agrupaba?

Oigamos su primer grito:

¡Muera la reelección!

Bien decimos al asegurar que la patria no es quien exhorta al general Díaz para que convierta la silla republicana que lo sustenta en disimulado trono de una ambición inextinguible y tumba funesta de sus pasados méritos.

Aquí está la lección de los hechos: el libro de los acontecimientos se abre de improviso a los ojos del prócer que leerá, si quiere leer, el horóscopo fatídico del porvenir. Él comprenderá, si quiere comprender, que se encuentra sumergido en una atmósfera densa de gobierno, en que las emanaciones de todos los organismos, de todas las pasiones, de todas las miserias oficiales han ofuscado el horizonte de sus concepciones políticas... Las exclamaciones que la juventud acaba de lanzar en las vías públicas contra los proyectos de reelección significan en medio de la opinión vendida algo así como un relámpago de la voluntad nacional, que muestra en un solo instante el fondo de que procede y deja en las conciencias la impresión de un rumor extraño: es la voz de la República que al mismo tiempo protesta y aconseja.

Realizada la manifestación antirreeleccionista, los estudiantes emprendieron la marcha e hicieron la ronda de la prensa de oposición, buscando y ofreciendo apoyo a sus amigos; haciendo alto primero ante la puerta del conmovido *El Monitor,* donde un estudiante de Jurisprudencia "pronunció frente a las oficinas de nuestro diario una entusiasta y patriótica *poesía".* Los verdes y los veteranos se abrazaron y el viejo porta-estandarte republicano, que tantos años había tremolado en balde la bandera floja de la libertad que ya había perdido fe en ella, comenzó a reverdecer en los brazos abiertos de la nueva generación. La marcha siguió hasta la casa de *El Diario del Hogar,* para presentar sus respetos al director don Filomento Mata, que se encontraba en Belén, y terminó en el despacho de *El Hijo del Ahuizote,* donde Daniel Cabrera dio también la bienvenida a los muchachos y publicó, bajo su nombre, un saludo cordial al movimiento en cierne, al repetirse el ensayo cuatro días más tarde.

> Acaba de presenciar la capital de la República una de esas manifestaciones de escasísima realización en México, donde espontáneamente interviene el espíritu público. Nos referimos a la manifestación **antirreeleccionista de los estudiantes, verificada en la mañana del** último jueves. Notable contraste hacían los grupos de estudiantes con los manifestantes de leva exhibidos por los amistosos reeleccionistas. En éstos notábase el abatimiento, la carencia absoluta de una pasión que alentara sus pasos, la falta de conciencia de lo que estaban haciendo; parecían más que los manifestantes de un entusiasmo como se pretendió que fueran, los dolientes de un funeral. No así ese grupo de jóvenes a quienes vimos llenar de animación a la ciudad cuando recorrió las calles. Agrupación bulliciosa, intrépida ante el círculo de gendarmes con que se la rodeó, llevaba el entusiasmo tras de sí, y a gran distancia ensanchábase el clamoreo de

aquellas ochocientas gargantas agitadas por el patriotismo de los veinte años, sin que entre todos estos manifestantes se notara el menor síntoma de desorden. ¡Feliz acontecimiento! Los últimos ecos de vitalidad democrática que Tuxtepec ahogó en las calles de México fueron los de los estudiantes que combatían la deuda inglesa el año de 84. Los primeros que oímos hoy son los vítores de la nueva generación. ¡Que los escuche el porvenir! *Daniel Cabrera.*

Pasada la sorpresa, la prensa gobiernista reaccionó con cautelosa cordialidad, cuyo motivo *El Monitor* no tardó en interpretar:

> La prensa reeleccionista ha demostrado dudoso interés en la manifestación estudiantil. Además, se trata de la parte más simpática, más ilustrada, y más expresiva de la sociedad, se trata de la juventud, y toda causa emprendida contra ella fracasa desde luego: quien la ataca, pierde. ¿Cómo habrá de soportar el escritor gobiernista ese mentís con que la juventud ha puesto en evidencia todas las conclusiones sobre la popularidad atribuida al hombre de la eterna reelección? La prensa porfirista ha preferido transigir con el terrible suceso en la apariencia y lo ha minado sorda e hipócritamente en el fondo. Ha fingido admiración, hasta ha batido palmas para *alentar* por un parte a la juventud, a quien atribuyó por la otra, con intención mal disimulada, propósitos y acciones que, a ser ciertas, la deshonran y desacreditan.
>
> "Nosotros somos los primeros en aplaudir a la juventud que tiene el valor de manifestar sus opiniones", dice un periódico. "Es digno de todo género de alabanzas el empeño con que se apresta a ejercitar sus derechos", dice otro. "En honor de la verdad, que los estudiantes dieron muestras de orden y corrección", agrega el de más allá, y así sucesivamente... La abrumadora verdad dio primero el tono obligado de la alabanza, no por equidad sino por cálculo, no por justicia sino por conveniencia. Y entonces uno dice que los estudiantes no pasaban de cincuenta y el pueblo que los acompañaba, compuesto de *unos cuantos granujas.* Otro dice que eran más de cien, pero que marchaban todos bajo la influencia de una sugestión personal para servir de instrumento a una acción innoble. Otro agrega que eran *quinientos,* pero casi todos *menores de edad.* Otro se reserva el número, pero arroja la insidiosa especie de haberse externado pensamientos subversivos contra poderosa y temible personalidad.

Pasado el desconcierto, la prensa gobiernista cerró sus filas y reaccionó con una actitud más astuta, menospreciando la manifestación con la burla. "Un periódico —siguió denunciando *El Monitor*— pretendiendo ridiculizar la manifestación de los estudiantes, llama a la reunión que éstos verificaron en la alameda: *el plan de las montañas rusas*. No hay que olvidar que las pequeñas causas producen a veces grandes efectos; recordemos que el Plan de la Noria, que al principio se pretendió ridiculizar también, dio por resultado el actual estado de cosas." *El Siglo* recurrió a la misma táctica.

Nuestro buen amigo *El Monitor Republicano* debe haber llegado al paroxismo de la dicha y al éxtasis del asombro. Ayer, un grupo de estudiantes organizó una manifestación antirreeleccionista y la *fuerza bruta* —esa fuerza bruta que tal espeluznamiento causa a nuestro colega— permaneció tranquila y serena. ¡Oh, fuerza bruta, cómo te han calumniado! Los jóvenes se reunieron —nos cuenta *El Monitor*— en la glorieta de la alameda. Allí, el señor Joaquín Clausell les pronunció un discurso, y el general Carballido, el jefe de la fuerza bruta, se acercó al orador y lo abrazó. ¡Oh, terrible fuerza bruta! Los estudiantes —nos sigue informando *El Monitor*— se dirigieron a la redacción de nuestro cofrade y allí se lanzaron al aire otros discursos. Un joven —habla siempre *El Monitor*—, buscaba sitio para dirigirse al público y un cochero —cochero antirreeleccionista cuyo nombre pasará a la historia— le invitó a subirse al pescante, ¡y la *fuerza bruta* cruzada de brazos! La manifestación se disolvió después de haber recorrido varias calles de la ciudad y ya no hubo nada más. *El Partido Liberal* de hoy opina que estos jóvenes están en su derecho para manifestar sus opiniones en forma correcta y ordenada. Lo mismo piensa *El Siglo XIX*. Por lo demás, esto va en serio, ya hablaremos más despacio acerca del alcance político de la manifestación de ayer, dando a conocer la significación que debe darse al grupo estudiantil como elemento social.

Cuatro días más tarde Bulnes cumplió con su palabra.

Para *El Siglo* lo esencial es estudiar la significación que debe darse al grupo estudiantil como elemento social del progreso de una nación. Es lo que vamos a examinar.

El desarrollo en la primera edad de la vida es rápido, los movimientos acelerados, hay exceso de sensibilidad, sobra de ideales, entusiasmos inconscientes, mucho lirismo, palabras amontonadas a tropel, fogosidad y pasiones exageradas hasta el delirio, accesos de fiebre reiterada o ímpetus desordenados. Así es la juventud, de la que ha dicho Lamartine, ¡Viva la juventud — con tal de que no viva siempre! En política la juventud representa al extremo radicalismo; el grupo que avanza más, extremando las opiniones, el que vive en lo ideal, sin abandonar las *regiones de las tormentas,* repleto de fe y rellenando simas insondables con esperanzas desenfrenadas, y una suma suficiente de ciencia para hacer atendibles sus opiniones. He aquí el elemento estudiante como factor político; en él se realiza la evolución observada en la historia de la humanidad; el estudiante cree que con algunas cátedras se modifica la condición social de un pueblo; juzga que basta decir al hombre: eres libre, para que lo sea inmediatamente; hace un *himno* de cada uno de los derechos reconocidos por las legislaciones y piensa que el código penal es una *materia de plomo* en sociedades fabricadas con *pasta de héroes,* de mártires, de pensadores y de virtuosos. De aquí que cada vez que el *elemento estudiantil* interviene como fuerza en la resolución de un problema político, las conclusiones se presentan caldeadas como una fragua.

El progreso no se realiza jamás con soluciones radicales: es la resultante de fuerzas opuestas, derivadas de todos los intereses individuales y sociales en movimiento. No hay que olvidar que la política no es más que la ciencia de lo posible en vista de lo probable. Los partidos de pura especulación política van siendo cada día más condenados por la ciencia, la escuela metafísica va hundiéndose en el desprestigio, después de haber reducido a la humanidad con estrofas de lirismo desbordante. El ensanche del criterio positivo ha salvado a la Inglaterra; y si las repúblicas americanas, escribe un publicista contemporáneo, hubiesen podido imitar a esta nación, su propio progreso político habría sido más efectivo en los cincuenta años que cuentan de independencia. No rechazamos al elemento estudiantil como fuerza social; al contrario, lo consideramos extraordinariamente útil; pero rechazamos las soluciones radicales que nos ofrecen. Que manifiesten los estudiantes sus opiniones; *El Siglo XIX* que ha aplaudido las colonias extranjeras en el mismo orden de ideas, se complace en saludar energías sociales que la República ha menester para su completo desarrollo. Creemos, como el orador Clausell, que de los estudiantes es el porvenir; pero que cuando reciban éste ya no serán estudiantes, sino que en su gobierno seguirá la resultante legítima de todas las fuerzas sociales. No aprobamos el que presente como un *fiasco* que sólo asistieron a la manifestación cincuenta estudiantes con todo y los párvulos; si sólo uno manifestase su antipatía por la reelección, ése sería digno de encomio por la entereza de descubrir abiertamente sus ideas, y por mostrarse digno de usar de sus derechos, puesto que no los abandona en el momento en que debe hacerlos valer. Desearíamos que no sólo los estudiantes sino que todas las corporaciones y todos los individuos manifiesten su opinión para así dar al poder público el gran asiento de la voluntad popular.

Según dice *El Monitor*, para el 5 de mayo próximo se prepara una gran manifestación antirreeleccionista, organizada por los estudiantes. Les deseamos el más grande éxito; es decir, desearíamos que todos los que no están por la reelección lo manifiesten libremente, queremos contarlos y saber a qué número ascienden en toda la República; y si son más que nosotros, dispuestos estamos a acatar su decisión respecto de la elección del primer magistrado de la nación para el próximo cuatrienio. Nadie ha pretendido la continuación del general Díaz en la Presidencia de la República por la fuerza ni por la corrupción, sino por el asentimiento nacional.

Autorizados pues por Bulnes, los estudiantes se pusieron a trabajar la opinión pública, organizando clubes, repartiendo propaganda y llamando a la combinación clásica, estudiante y obrero —las dos clases que el progreso no había logrado castrar— a combatir la reproducción monstruosa del Estado por sí mismo. La agitación cundió; *El Hijo del Ahuizote* empujó con una caricatura que representaba al presidente despertando sobresaltado y buscando sus botas, desquiciado por el despertar estudiantil; corrió la voz de que estaba resuelto a renunciar a la reelección, pero *El Monitor* puso en guardia a los incautos contra una patraña tan obvia.

Más de una vez hemos oído decir que el mismo señor Díaz había tomado la resolución definitiva de sustraer su personalidad de los asuntos políticos de la nación y que nos devolvería en consecuencia la libertad de formar el poder público, fenómeno constitucional que su presencia hace muy difícil o para hablar con toda propiedad, casi imposible de producir. Es necesario demostrarse indiferentes o incrédulos contra tales especies. Las circunstancias que nos rodean son excepcionales; las prácticas que quince años de porfirismo han reducido a la más triste expresión parecían haber muerto para siempre. El interés que don Porfirio Díaz tiene de darles apariencia de legitimidad a sus propósitos lamentables de indefinida y personal dominación, no para honra de las formas legales, sino para sugerir nueva confianza entre los prestamistas extranjeros, ha inspirado la ocurrencia infeliz de invitar al pueblo para el próximo periodo electoral. Con este falso alarde de tolerancia y democracia, el gobierno ¿qué perdía? Nada. ¿Qué ganaba el gobierno? Mucho. Tal es el concepto ministerial.

El Monitor vacilaba entre el escepticismo prudente y la esperanza irresistible.

Lo que hemos apenas logrado expresar aquí por medio de la palabra, tiene gráfica representación en una de las más inspiradas caricaturas de nuestro colega *El Hijo del Ahuizote*. Nuestro colega previó lo que iba a suceder. Tanto ruido se ha hecho al fin que el espíritu público empieza a despertar.

Pero el escepticismo se impuso. "Fuera de eso, puede asegurarse que es imposible que don Porfirio abandone el poder. Si alguna vez lo veremos fuera de él, no lo hemos de creer."

17

La prueba más evidente del desconcierto del gobierno era la conducta de la Gran Convención Nacional de la Unión Liberal, llamada a dar cima a la campaña electoral. Organizada por Romero Rubio con el objeto de estimular la opinión pública, e integrada por delegados de todos los Estados de la República, la Convención convocó lo más selecto del partido porfirista y congregó la flor y nata de la intelectualidad del régimen; redactores como Bulnes, historiadores como Sierra, diplomáticos como Zamacona, militares como Alatorre y Escobedo, codeándose con economistas como Bulnes, educadores como Sierra, oradores como Zamacona, militares como Alatorre y Escobedo, cambiando impresiones con ingenieros como Bulnes, literatos como Sierra, publicistas como Zamacona, militares como Escobedo y Alatorre, consultaban a veteranos como Zamacona, sociólogos como Sierra, y sabelotodos como Bulnes, además de setenta y pico supernumerarios y un grupo de científicos dirigidos por el conocido catedrático José I. Limantour; y para hacer número, la prensa periódica. Zamacona presidió la sesión inicial y puso de manifiesto el problema de la convención en su discurso inaugural:

> Lo que mata la libertad, lo que prepara las vías del despotismo —dijo— es la inercia de los partidos, es la inmovilidad apática de los pueblos, es el olvido de la máxima vulgar que el buen sentido pone en la boca de todos, que no hay peor lucha que la que no se hace; es la profesión del sistema adoptado por un personaje de una

novela que en las grandes ocasiones tomaba la enérgica resolución de quedarse quieto.

Agitar esa materia inerte, sacudir la apatía del público mexicano, movilizar el espíritu nacional, tal era la consigna de la convención; y

esa aspiración ideal y sublime que nos levanta sobre las pasiones mezquinas y que viriliza nuestro conocimiento es la que nos hace sonreír, cuando algún escritor misántropo se permite insinuar que con estos trabajos patrióticos y de porvenir no servimos sino a mezquinos intereses de actualidad.

El Monitor, creyéndose aludido con el mote de *algún escritor misántropo,* lamentó la inconsecuencia de Zamacona, enemigo de la reelección de Juárez en 1872 y corifeo de la de Díaz en 1892, pero se quedó quieto en espera del resultado.

La convención, solemnemente inaugurada el 5 de abril, terminó sus labores el 25 del mismo mes con la publicación de un manifiesto, escrito con su característica cordura, elocuencia y elegancia por Justo Sierra. Para popularizar al presidente ante el pueblo, la convención recomendó varias reformas —la abolición de las alcabalas; la liberación del arancel; la reducción del presupuesto de Guerra; la abolición de la leva; el fomento de la instrucción pública; el respeto a la libertad de prensa; la inamovilidad de los magistrados para satisfacer el hambre y sed de justicia que, según Justo Sierra, se resentía en toda la República— y formando votos por la adopción de las mismas, el documento terminó haciendo la apología de la reelección.

Nuestros votos, por lo tanto, pueden concretarse en este pensamiento: la paz efectiva se ha conquistado por medio de la vigorización de la autoridad; la paz definitiva se conquistará por medio de su asimilación con la libertad. Seguros, a pesar de pueriles y sistemáticas denegaciones, de representar el gran deseo de la mayoría de nuestros coterráneos, los delegados a la convención no tenemos embarazo en afirmar la magnitud del sacrificio que se impone nuestra democracia, naciente aún pero consciente ya, con una reelección reiterada. Bien sabemos que no es de buen consejo para un país que se organiza, la renovación frecuente de sus funcionarios; bien sabemos que lo que en un pueblo democrático importa mantener incólume es el derecho de renovar y no el ejercicio constante de la renovación; pero tampoco es discutible que por tratarse del puesto en que se poseen mayores recursos para suplantar o bastardear el sufragio, la reelección presidencial sólo es excepcionalmente recomendable. Este caso excepcional ha llegado, lo decimos con profunda convicción. No por ser nuestro candidato el hombre indispensable; cuenta la patria con excelentes servidores, dignos de la primera magistratura; pero se trata de conducir al fin de su periodo más delicado, una obra por extremo compleja en que se compenetran profundamente la cuestión de nuestro crédito, factor de nuestra prosperidad, la de nuestra organización fiscal, garantía de ese crédito; la de nuestro progreso material, fuente de la fortuna pública y de nuestra potencia financiera, y sobre todo la de la transmisión de la paz, base de toda solución de estos problemas que, en realidad, son uno solo.

Cree el país, dada esta situación, cuya gravedad es inútil ponderar, que sería un crimen descuidar de los elementos primordiales de éxito para sobreponerse a ellos y salir airosa la República de la crisis. Este elemento encarna en el ciudadano Porfirio Díaz: su nombre en nuestros votos significa la decisión invencible de eliminar al ciego azar de una solución que trascenderá a todo nuestro destino.

Mas para que así sea, para que no resulte frustráneo y estéril el sacrificio, es preciso, es indispensable que se palpe la voluntad nacional traducida en actos. En este resultado puede ser parte muy principal el gobierno, y sobre todo, la firme resolución de nuestro candidato. El gobierno no puede crear hábitos electorales, no puede improvisar una democracia política, precisamente cuando tratamos de organizar sus centros de creación; el gobierno no posee el filtro mágico que puede precipitar y anular en el tiempo los periodos normales de la evolución de un pueblo que, nacido ayer, no es demócrata en su mayoría, hija de la mezcla de dos razas, sino por instinto igualitario y que hoy apenas despierta a la conciencia racional de su derecho.

Pero sí puede despejar y abrir caminos a la expresión de la voluntad; sí puede y es todo lo que puede, pero también todo lo que debe, llegar a este resultado extremando el respeto a las libertades democráticas, a la libertad electoral, a la libertad de prensa y a la de reunión, que por tal modo condicionan la realidad del sufragio que, donde falte éste, podrá siempre ser tachada de una impía y audaz suplantación del verbo y del pensamiento de un pueblo y por consiguiente de la verdad superior, de donde toda verdad legal emana.

Hijos de la generación que formuló el derecho en la Constitución y emancipó los espíritus en la Reforma, los ciudadanos que hoy representamos, la mayoría del pueblo liberal, nos levantamos ante la nación invitándola, no a la lucha de los comicios, porque la opinión pública es unánime, sino a la demostración de su voluntad y de su potencia.

La primera Convención Nacional se disuelve, pues, llamando al pueblo al derecho, es decir, al sufragio, y llamando al gobierno al deber, es decir, a la libertad. Y en la plenitud absoluta de su conciencia y de su mandato, presenta como candidato del partido para la Presidencia de la República en el próximo cuatrienio, al ciudadano Porfirio Díaz, *por lo que ha hecho; por lo que hará.*

Lo que había hecho ya todo el mundo lo sabía de memoria; lo que haría era problemático; y al ofrecer a su candidato la oportunidad de sincerarse ante el pueblo, concediéndole el sufragio libre a una generación viciada por la simulación de las prácticas democráticas, pervertida por la hipocresía oficial, desmoralizada por el escepticismo político y resignada a la indiferencia y al fatalismo, la convención condujo al autócrata a la crisis de su carrera política. De lo que haría dependía el porvenir; de lo que había hecho, la petición, formulada en un medio tono entre reto franco y súplica tímida, daba la prueba triste. El manifiesto sonaba a transacción y parecía regatear la reelección con el apoyo condicional, pero la componenda era tan equívoca que dejaba en la duda si la convención obedecía la dirección del gobierno o de la opinión pública, y el hecho de que provenía de un cuerpo oficial, cuidadosamente seleccionado por Romero Rubio, hizo pensar que tal vez los hilos se habían cruzado.

De todos modos, la convención cumplió con su cometido y el parto de los montes produjo un ratón. *El Monitor* leyó el documento con sentimientos opuestos de satisfacción y desconfianza. Impresionado por la composición, así como por los nombres respetables que calzaban el texto con sus firmas, el avezado escéptico concedió la sinceridad, pero no la independencia, de los autores de la obra y volvió a poner en guardia a los incautos contra el engaño orgánico del régimen.

> El manifiesto abandona al fin las pobres argucias, los ridículos sofismas, las eternas paradojas que, cual un Misisipí de disparates, veíamos deslizarse día a día en la inmensa corriente de la prensa ministerial... Comprendiendo y adaptándose perfectamente bien a las formas republicanas, los autores de ese escrito al ofrecer al presidente el holocausto de sus votos, pídenle en cambio un programa liberal y democrático que garantice y consolide la paz. ¡Un programa político y liberal que queda en libertad, hoy más que nunca, de

no cumplir! Pero así y todo complácenos la forma altiva y digna del manifiesto, la rectitud y la profundidad de sus conceptos, la noble intención que parece entrañar. Exponiéndonos a los rigores de una venganza oficial, hemos dicho repetidas veces que se concluirá con la paz a fuerza de negar la libertad, la libertad política. Lástima que ese grupo no pueda tener hoy ningún derecho de exigir de su candidato la realización de sus aspiraciones, para imponer el cumplimiento del hermoso programa que le ofrecen. Porque en efecto, reuníndose han ellos por voluntad y consigna de su supremo jefe, y el presentar el programa que hoy presentan, lo hacen —y a ello se ven precisados en su condición humildísima de empleados y colaboradores subalternos del Ejecutivo— en la forma anhelante y débil del que pide sin derecho, no del que puede exigir en virtud de un principio moral o jurídico. El general Díaz, por su parte, puede reírse de semejante petición y aun enojarse por ella. Y puede también encogerse de hombros y seguir como hasta aquí sin programa político, dedicado exclusivamente a sostener la paz y el crédito, a fuerza de empréstitos y con la presión de cuarenta o cincuenta mil bayonetas, o como dice *El Partido Liberal,* puede concretarse simplemente, en su nuevo periodo, a cumplir las leyes que él mismo se da.

El manifiesto, pues, era la caricatura de la convención que lo compuso, pero daba margen para explotar sus contradicciones.

Bien, si el general Díaz ha regido durante un periodo de dieciséis años con su enérgica voluntad los destinos del pueblo mexicano, y a su colaboración no han concurrido ni dos cámaras compuestas de sordomudos, ni un gabinete compuesto de nulidades, a él, sólo a él hay que hacer responsable hoy de esta situación política que es tal que los derechos más preciosos, que las libertades más sensatas son el desiderátum *del pueblo electoral.* Precisamente lo que pide la Convención Nacional es lo que no ha hecho ni podido hacer el general Díaz, y caso de aceptar ese programa que tan gratuita como noble y elocuentemente le ofrece, y proponerse realizarlo esta vez (esta vez, decimos) tendrá que comenzar por formar un gabinete totalmente nuevo, pues los actuales secretarios de Estado, encanecidos (algunos de ellos gastados) en las prácticas de una política dominadora, poco liberal y democrática, son perfectamente ineptos para coadyuvar a la realización de sus votos, la que no es ni puede ser obra de un hombre como él, tan avezado y hecho al rigorismo de la disciplina y mando militar y a quien eternamente importunarán los consejos y las observaciones de los ministros, las opiniones de los diputados, y las censuras de la prensa. De manera, señores, que para la realización de vuestro programa, tendréis que hacer del general Díaz un nuevo hombre. Ya lo vimos transformarse de héroe y caudillo en vulgar dominador. ¿Presenciaremos acaso su nueva evolución atávica?

Firmaba el reto el orador de la alameda, el estudiante Joaquín Clausell, recién graduado e incorporado a la redacción de *El Monitor*.

Sin embargo, "los niños viejos de la convención" —como los calificaba *El Hijo del Ahuizote*— sorprendieron a los escépticos. La recomendación del manifiesto era precisamente lo que esperaba *El Monitor;* pero ahora se produjo la sorpresa. La invitación a votar, autorizada por la convención, hizo vibrar al espíritu público que, lejos de estar muerto, no estaba sino entorpecido y aletargado, y el hilo echado por los agitadores cogió a los incautos. Los primeros que tragaron el anzuelo fueron los muchachos que redoblaron sus esfuerzos para movilizar la opinión pública; y el público convidado a votar por la invitación de la convención, la complacencia del presidente, el permiso de Bulnes y las incitaciones de los estudiantes, comenzó a despertar en serio. Midiendo los progresos de la campaña desde la primera manifestación estudiantil hasta la publicación del manifiesto, *El Monitor* resumió el resultado en el cuadro indicador:

> La prensa servil que por obedecer a diestra y siniestra incurre en groseras contradicciones, pero sin reconocerlas para no llegar al amargo resultado de que está al servicio del error y de la iniquidad, hizo heroicidades al día siguiente de la primera manifestación para desacreditar con payasadas el verdadero objeto de los estudiantes antirreeleccionistas. Pero llama la atención la ineficacia de estos innobles esfuerzos. La opinión pública está en complicidad con los que señala con el cariñoso nombre de muchachos y esta actitud ha sido suficiente. Tratándose de los estudiantes que no simpatizan con el gobierno, discutiéronse punto por punto su espontaneidad, la personalidad de cada uno de sus miembros; se fue tomando nota de la edad de cada uno, se investigó cuidadosamente quiénes figuraban y sobresalían entre ellos, se les puso uno, dos o más jefes, se adulteró el carácter de la reunión, suponiéndoles bajo la influencia de mezquinos propósitos, se les atribuyó un candidato, y muy contados fueron los periodistas que por ser gratos a su señor no aprovecharan la oportunidad de ridiculizar a los estudiantes, haciendo el papel de bufón del rey.
> El contraste de esta conducta se manifestó después de una manera

significativa. Ya que el patriotismo reunió a los dignos jóvenes que protestan contra la perpetuidad del general Díaz en el poder, el gobierno con su cortejo de medios vulgares se encargó a su vez de hacer estudiantes reeleccionistas. Entonces se acordó de que los hay en las escuelas con becas, pensiones y empleos; se acordó de que entre millares no deben faltar algunos que sean sensibles a la oferta, a la perspectiva de un favor, etc. La intriguilla produjo su resultado, alcanzó su triunfo de ratón, produjo el pequeño cisma y creó el nuevo tipo político: el *estudiante gobiernista.*

Parece que, entre estas dos palabras se interpone no sabemos qué idea de contradicción y de términos irreconocibles. *Estudiante* siempre ha significado patriotismo y aquí parece tener otro valor. *Estudiante* significa independencia de carácter, y aquí revela sumisión. *Estudiante* significa juventud, porvenir, y aquí parece vejez y pasado. Tales son los abortos de la intriga oficial.

Pero ni el soborno ni el espionaje produjeron la reacción apetecida. En el Colegio de Minería un agente del gobierno pronunció un encendido panegírico del Presidente, santo patrón de la educación, y prometió a los que se adhiriesen a su reelección que sus nombres figurarían en grandes cartelones fijados en las esquinas de las calles, así como los de los contrarios, por lo cual quería recoger sus firmas; pero al tomar la votación, la mayoría absoluta se pronunció en el sentido académico de no meterse en política, y el comisionado salió echando pestes de la mala educación del estudiantado. Ante una actitud tan negativa como neutral, el presidente tomó el partido de prohibir la circulación de propaganda en cualquier sentido en las aulas; y en cuanto a su propia reacción al manifiesto de la convención, *El Monitor* señaló su reserva. "El general Díaz se ha hecho hasta hoy de *la vista gorda* ante tal manifiesto, a pesar de su importancia y resonancia; la prensa ministerial con ese motivo, *ha perdido los estribos"*

Pero el gobierno contaba todavía con dos elementos leales y seguros de adherirse como cataplasma a la causa reeleccionista —los empleados públicos y los comerciantes extranjeros.

En el campo reeleccionista llegan unos a considerar al general Díaz como una calamidad fatal, ineludible, creada y robustecida por secretas y poderosas combinaciones políticas, y otros, los más avanzados, hablan, al tratar de la cuestión, de históricas y eficaces dictaduras que han salvado a otros países en épocas aciagas y difíciles. Aquéllos dicen que el general Díaz es como una poderosa compuerta que contiene e impide el desbordamiento de la impetuosa corriente de ambiciones políticas, que hoy permanecen ocultas por el respeto a aquel hombre, y al exponer sus teorías agregan triunfantes: a no ser él, ¿a quién pondrías? y en la expectativa de la respuesta, esperan anhelantes que brote de vuestros labios un nombre para cubrirle de dicterios o cuando menos para objetarle que no sea popular ni conocido; los otros dicen: para dominar a un pueblo turbulento e indisciplinado como el mexicano, se necesita un hombre de *machete* (es la frase corriente) enérgico y hasta cruel como se ha mostrado el general Díaz en algunas ocasiones, la necesidad más apremiante de este país es la paz, es lo único que debe proponerse un gobierno; la consecución de este fin debe perseguirse a todo trance, la paz no tiene precio, obténgase aun a costa de la libertad, del progreso político y de las formas legales; "si a un sable se debe la inmovilidad, la inercia política del pueblo mexicano, acatemos y bendigamos a ese sable".

A ese grupo pertenecen sobre todo los negociantes extranjeros radicados en la República que han tomado parte en las cuestiones políticas del país y que no tienen otro anhelo que la conservación y el auge de sus capitales, ni otra preocupación que el goce tranquilo y reposado de sus bienes; impórtales muy poco todo lo demás ¿Qué significación tienen para ellos las libertades y los derechos de un pueblo que no es el suyo? ¿Qué puede interesarles el progreso de una sociedad que les es extraña? Venda el comerciante de mantas su mercancía, aunque el pueblo, o una fracción de él que debe comprarla permanezca en la ignorancia y la abyección, ¿qué importa al negociante extranjero que se comprometan la riqueza y el territorio nacional en aventuras financieras, en empréstitos onerosos, con tal que así se conserve una paz que le permite la explotación y fomento de sus caudales?... Fácil es que se identifiquen y presenten su apoyo a un gobernante a quien se considera autor de la paz, los que no tienen más preocupación que su lucro individual y propio, aquellos nacionales y extranjeros cuyos sentidos sólo parecen ser sensibles a las cualidades del metal monetario, creyendo que las libertades y los ideales políticos, que tanto esfuerzo y tanta sangre han costado a nuestro pueblo, sólo son delirios insanos de una raza revolucionaria y torpe.

La denuncia, firmada por el estudiante Joaquín Clausell, estaba fundada en datos positivos. Lo que aseguraba el apoyo del comercio nacional y extranjero era la aproximación de una crisis económica que se acercaba a pasos de gigante.

¡No hay dinero! ¡Las ventas son malas! ¡Falta dinero! ¡Tenemos nuestras bodegas llenas! ¿Quién no ha escuchado éstas o semejantes frases prorrumpidas en amargo desaliento por nuestros comerciantes al por mayor? Y esta confesión sincera no es en la actualidad una vana frase de encarecimiento, una argucia de *mostrador:* obedece hoy a una verdadera crisis económica que amenaza acentuarse más y más. Basta comparar, recordando el movimiento comercial y financiero de cinco años atrás, por ejemplo, para comprenderlo así. La ciencia económica al explicarnos las causas del malestar actual, nos enseña que si no es éste el principio de una crisis, ésta no tardará en presentarse. Trataremos de demostrarlo.

Y el viejo *Monitor,* más versado en materia política que en ciencia económica, encomendó la tarea a Joaquín Clausell, inclinando la cabeza cansada sobre el hombro del joven y robusto estudiante:

> Han desconocido un axioma proclamado por la ciencia jurídica moderna, demostrado irrefutablemente por la ciencia social, a saber: el mundo moral, económico o político, está como el físico sometido a leyes precisas, inmutables, invariables. El inmenso grupo de políticos personalistas que en la actualidad y por desgracia dominan en nuestra patria, deslumbrado por una gloria militar que no discutiremos en este momento, satisfecho con haber podido llenar los bolsillos y el estómago durante dos décadas próximas a terminarse, ha llegado a creer que "el Estado puede hacerlo todo, puesto que hace las leyes..." Han erigido al Estado en una Providencia y encarnado esta Providencia en un hombre, en un individuo que tiene todas las cualidades: fuerte, robusto, valiente, terrible, y con una voluntad de hierro que corresponde a un cerebro probablemente del mismo metal. Uno de sus biógrafos más apasionados ha dicho que llamarlo erudito sería infamarlo y que casi sería un insulto decirle sabio; de su rudeza militar, podíamos decir épica, se han sacado ventajas para hacerlo aparecer superior a otros gobernantes de mucho talento y saber, de muchas prendas intelectuales; es, a semejanza de la trilogía católica, un Dios todopoderoso y vengativo. Su cualidad eminente es la fuerza. Ha podido hacer la paz, los ferrocarriles, el crédito. ¡Hacer el crédito! No es una buena frase, pero pertenece a las otras. ¿Cómo puede hacer un hombre todo? Con su voluntad, responden.

Pues bien, este hombre todopoderoso, esa voluntad invencible, aquel individuo indómito que todas las leyes morales y políticas había violado para conquistar el poder, tenía que vencer ahora las leyes precisas, inmutables, invariables de la ciencia económica para eludir la crisis inminente de su política.

Gran prosperidad, empresas y especulaciones de todos géneros, alza de precios de las tierras, de las casas, demanda de obreros, alza de salarios, baja de intereses, credulidad del público, gusto y amor al juego y al azar, tales son, según observa un economista francés, los síntomas precursores de las crisis comerciales. Stuart Mill ha dado la explicación siguiente: la acumulación de capitales está limitada por la tasa de los provechos que dan; cuando son demasiado abundantes, buscan empresas que les ofrecen beneficios más fuertes. Entonces se desarrolla una especulación desenfrenada que conduce a la bancarrota, pero la verdadera explicación no es ésta; las crisis comerciales no son debidas a la superabundancia de producción, provienen de un exceso de consumo. Pero, dice Guyot, ¿qué cosa es exceso de consumo? ¿Acaso todas las riquezas, todas las cosas no se consumen? Sí, todos los productos son consumidos y destruidos, unos muy rápidamente, como los alimentos, y otros lentamente como las máquinas, los edificios, etc.

Se ha comprobado que las malas cosechas provocan las crisis económicas: comprobación justa. Pero ¿por qué?, porque una mala cosecha representa un exceso de consumo; si la cosecha es buena; reemplaza todo lo destruido o gastado y además queda alguna cosa: esta cosa es el provecho; es el *aumento del poder de compra* del cultivador; si la cosecha es mala, entonces el consumo no es reemplazado por nuevos productos; hay destrucción de capital: el poder de compra del cultivador es disminuido; esto ha sucedido en estos últimos años en México.

Todo el gran movimiento económico y financiero de nuestra patria, en los últimos tiempos, no es debido a un exceso de producción, sino a un exceso de consumo; se han consumido los recursos presentes y los porvenir. Un ministro de Hacienda, ya finado, lo declaró. Don Porfirio parece haber dicho también, en su fiebre de construcción y de grandes ejércitos, *después de mí, el diluvio.* Y en efecto, ¡un diluvio de miseria, de conflictos, vamos a deber a ese hombre! Ha hecho, en efecto, grandes trabajos, pero ha convertido gran parte del capital circulante en capital fijo, y como alguno dice: "todo establecimiento de capital fijo es un exceso de consumo; durante un tiempo más o menos largo, representa más consumo de riqueza que de producción; la diferencia es una disminución de los medios de compra por un tiempo más o menos largo. La máquina hecha, el camino establecido, el canal abierto, reparan y compensan, en verdad, esta producción pero sólo lenta y gradualmente. Cuando este estancamiento de la riqueza pública antes circulante se complica con las pérdidas o malas cosechas de una agricultura valetudinaria, las crisis adquieren una intensidad asombrosa". ¿Quién negará, por patriota que sea y por más que le pese, que el pueblo norteamericano es, bajo el punto de vista de la producción, incomparablemente superior al nuestro? Pena da hacer la comparación, y sin embargo, los Estados Unidos de Norteamérica han sufrido terribles crisis, a consecuencia de sus inmensas líneas ferrocarrileras, y cuenta con que allí la agricultura tuvo siempre proporciones colosales, llevándose la palma el pueblo norteamericano, entre todos los pueblos del mundo, en lo que respecta a la invención y aplicación de máquinas para la agricultura.

Boname Price, en una obra clásica publicada en la *Contemporary Review* en 1879, explicaba así la crisis de los Estados Unidos: "Los norteamericanos han cometido una grave falta formando una enorme cantidad de capital fijo bajo forma de ferrocarriles. Han obrado a semejanza de un propietario que, teniendo una propiedad que le produce 10 000 francos al año, gástase 20 000 francos en componerla. Así ha hecho la América. Los ferrocarriles son un poderoso instrumento de riquezas para las naciones; pero tan gigantesco exceso de consumo, no provisto sobre el ahorro, sino sobre el capital, produce la pobreza, la depresión comercial y la miseria..."

Pues bien, reponer el capital costaba tiempo y trabajo.

Es cuestión de siglos. Lo hemos visto en los Estados Unidos: allí la crisis duró dos o tres años, mientras que los capitales destruidos se reconstruyeron; pero nosotros no estamos en las mismas condiciones; en ferrocarriles nada más se han gastado $82 000 000, ¿cuándo podrá la producción nacional reponerlos netamente? Y téngase en cuenta que nuestros ferrocarriles producen y favorecen más a las naciones con quienes nos relacionan que a nosotros mismos que los costeamos. Todos los días los hombres de Estado hacen un elogio de la destrucción del capital; pretenden que el derroche hace y ha hecho marchar al comercio y a la riqueza nacional. Existe una teoría en favor de la utilidad del dolor. Tiene sus lados ciertos. ¿No sufre hoy el pueblo? Que sufra eternamente, y si el dolor ha de existir siempre, ¿a qué mitigarlo? En nuestro país la lucha por la vida tiene un aspecto repugnante; hay un inmenso grupo de empleados —no todos— que chupa inhumanamente la sangre del pueblo: gana dinero, o mejor dicho, se lo regala por no hacer nada; pero se ha dicho que el hombre no se resuelve a sanar sino cuando siente vivamente su mal. Algunas veces es demasiado tarde. *Joaquín Clausell.*

La crisis financiera obedecía, pues, a un cúmulo de causas; a la prosperidad coja, al exceso de consumo sobre producción, a la inevitable inflación, a la imprevisión prevista por Dublán, a la pródiga subvención de ferrocarriles, a la novedosa teoría del derroche fecundo, a la descapitalización del país, a la retracción del capital extranjero, a la pérdida de las cosechas —a todas las causas de la catastrófica crisis de 1884 que volvía a presentarse infaliblemente en 1892 y llevaba otra vez a la depresión y la miseria al desvalido pueblo mexicano—; y especulando sobre la justicia inmanente que derribó a González para hacer otro tanto con Díaz, *El Monitor* cifró sus esperanzas sobre la ciencia del estudiante precoz y pidió, enardecido, la dimisión de Díaz.

Volvieron a volar los rumores, ya no de la abdicación voluntaria del caudillo, sino de una voz tan verosímil que el periódico no dudaba de su veracidad.

> Se dice que muy pronto partirá para Europa un conocido banquero con el objeto de arreglar un nuevo empréstito de cien millones de pesos, o de conseguir una prórroga para los abonos, réditos y amortización de nuestra enorme deuda extranjera, asegurándose asimismo que de estas combinaciones financieras depende la estabilidad del general Díaz en el poder, pues la situación del erario nacional será precaria bien pronto, y sin dinero no se podrá sostener al ejército y sin ejército no se podrá sostener la paz.

De ser así, un tirón a la bolsa bien pudiera desquiciar el monumento.

Entre tanto, el movimiento estudiantil cundía y cobraba fuerza cada día más; pero para ser eficaz le faltaba un candidato y un periódico gobiernista le retó a producir el suyo. Como la convención había declarado que su candidato no era indispensable y que la patria contaba con excelentes servidores, *El Hijo del Ahuizote* salió con una lista de *posibles candidatos a la presidencia,* acompañada de una biografía instantánea de cada uno de ellos, esbozada a vuelo de pluma.

El primero era Romero Rubio. "No hay lente capaz de retratar

esta figura política. El señor Romero Rubio se parece a uno de esos diablos que pinta Alberto Durero con una pata en el cielo y la otra en la cumbre de la montaña. Y de allí sólo *una mano* lo podrá hacer rodar. ¡La de González!"
El segundo, pues, era González.

Entre todos, el que ocupa el primer lugar en el escaparate de candidatos que pasan *inter nos* o *a sotto voce* se postula en silencio, es el general González. Y no se crea que lo es porque lo merece, sino porque en eso de una eventualidad es el que tiene más posibilidades de llegar a la Presidencia. Hoy el soldado ya es viejo y el político parece un niño a quien se acaba de destetar.

Sin embargo, tenía también sus méritos.

González, sea cuales fuesen sus errores, dejó enseñanzas muy grandes para la República y atentados que sólo él ha reportado. En su tiempo se reformó el Artículo 7o. y en ningún periodo se ha escrito con más virulencia sin que se diera un solo caso de prisión por delito de prensa. En las asonadas del níquel bastó sólo el disgusto de los placeres para que se retirara de la circulación la enorme suma de catorce millones. A la sombra de este infausto negocio se enriquecieron tres o cuatro extranjeros, con menoscabo de los intereses nacionales; pero el principio republicano *vox populi vox Dei* se salvó. Después, en las asonadas de la deuda inglesa, se levantó el patriotismo con menosprecio de su persona, y sin embargo la deuda inglesa se retiró por la voluntad de González. A la sombra de su amistad se fabricaron los mayores capitales que han escandalizado a Europa y sin embargo él no ha mandado un solo peso en comisión de descrédito fuera del país. Bien o mal adquirido, lo que es de él nos lo ha enseñado sin escrúpulos.

El tercero era el tutor que soñó una vez con suceder a Díaz.

¡Paso a una divinidad caída! ¡Misericordia para un arrepentido! Cuando lo vemos pasar con su eterno chaleco blanco, con sus lentes montados a fuerza sobre sus escasas narices, como rebelándose a llevar esa carga, y las dos retinillas vivas como las de las serpientes girando en el estrecho círculo de vidrio, preguntamos ¿quién es? y notamos con sorpresa que el rubor colorea los acolchonados cachetes de don Justo Benítez, estornudando en esos momentos el señor Chavero, y después que ha pasado nos dice al oído: "es don Justo

Benítez". Don Justo Benítez es un remordimiento ambulante de Tuxtepec, que pasea su pobreza catoniana por la Vía Apia de las conveniencias. En la calle ríe con todos, pero parece que llora y en su casa llora a carcajada abierta... Hoy, pasa con sus hijos de la mano y no hay quien le dé la acera ni le ofrezca un coche y si por casualidad alguno le dijese, "tú conoces a ese hombre", respondería como Pedro, temeroso de perder la digestión de la última cena, "juro que en mi vida no lo he visto". Con todo, el señor Benítez sería uno de los candidatos a la Presidencia que, sin ser indispensable, llenaría con más o menos popularidad y sobrada razón las exigencias de un pueblo y que, a falta supuesta de otros, vendría a personificar por su honradez inquebrantable, su conocimiento íntimo de los hombres que viven de la política, una esperanza de buena administración para México, en donde la mala fe y la ambición desatada de muchos están forjando *indispensables* con menoscabo de hombres como Benítez, que difícilmente sacrificaría a su personal ambición los principios democráticos que confiara a su carácter honrado no un círculo de amistosos sino la República entera. Nosotros, sin haber sido sus partidarios políticos, ni habernos inclinado ante su omnipotencia cuando estuvo en el apogeo del prestigio, sin esperar nada de él, nos descubrimos con respeto a su paso saludando a un apóstol de la libertad caída.

El cuarto era el compadre de Benítez, inseparable en la desgracia, así como en el poder. "Sólo uno le acompaña en la soledad: el señor Tagle que, como él, es víctima de su honradez y de su inquebrantable firmeza de principios. Y uno y otro saben que es muy peligroso levantar la frente honrada cuando todos se arrodillan."

El quinto era el general Vicente Riva Palacio, padre del finado *Ahuizote* y abuelo del vivo *Hijo*.

Si Benítez formaba el cerebro de Tuxtepec, Riva Palacio bien pudo ser el corazón. Su personalidad simpática a los pueblos, como infiltrada en el espíritu público a través de mil estrofas o incontables artículos de periódicos galanamente escritos, formaba aureola a la cabeza polvorosa de Díaz, tiznada con fogonazos de dos motines para conquistar la Presidencia. Su complexión de poeta no le permitió resistir la rudeza del "cerebro" Benítez ni la brusquedad del "machete" Porfirio. Rodó de los primeros, maniatado con sus propias ilusiones, de aquel pequeño Olimpo que la opinión pública creó bajo la sombra del Plan de Tuxtepec... ¿Será capaz de desempeñar el puesto? Creemos que sí.

El sexto era otra sombra del primer periodo de Tuxtepec, José María Mata retirado también a la vida privada, pero digno de una mención pasajera.

El séptimo era Zamacona, renegado del principio antirreeleccionista, y eliminado por lo mismo con una plumada.

¡Como hombre administrativo es un soñador, un poeta, que imagina torpezas para darse el gusto de ponerse en ridículo... Hoy, después de un retraimiento a que estuvo condenado por Tuxtepec, vuelve a la mesa de éste, como el hijo pródigo, no por amor al padre sino por el instinto de conservación.

El octavo era el general Mariano Escobedo quien, a pesar de militar en el campo reeleccionista, era un candidato viable.

No se puede pensar en Escobedo sin recordar a Querétaro, como Austria no olvidará jamás mientras exista Miramar. Con todo, hecho a un lado su desliz político, si alguna emergencia se suscitase en el actual estado de cosas, ninguno con más méritos para ocupar la Presidencia que el general Escobedo; a lo menos entre los candidatos que pudiesen figurar para la Presidencia, sería sin duda el que tuviese más méritos para llegar al supremo de los honores.

El noveno y último: el licenciado Ignacio Vallarta vino a cerrar el desfile de sombras en la penumbra del pasado. "La lección del desengaño es inflexible; y como Benítez y Tagle, pasea su figura política entre el hogar y la lucha por la vida."

¿Ubi est homo tuo? Es la pregunta eterna, inmutable, que nos hacen los partidarios del necesarismo. Les hemos respondido presentándoles una galería que hoy debemos terminar. En ella han figurado eminentes patriotas y honrados ciudadanos como el general Escobedo, políticos como don Protasio Tagle, inmaculados como Benítez, humildes pero dignos como el señor José María Mata, republicanos como el general González.

Por la galería de tiro al blanco pasaron nueve cabezas presidenciales, pero ninguna levantaba la frente; todas se cuidaban de salud y un supernumerario, fuera de concurso, el general Alatorre, demandó a un periódico que lo postuló, sin su permiso, para el puesto; y cerrada la marcha, se quedó Daniel Cabrera con Porfirio Díaz.

No obstante, el movimiento reeleccionista, acéfalo, amorfo, anónimo, siguió su curso impetuoso, precipitado, ciego. Los estudiantes y obreros convocaron al pueblo a la gran manifestación anunciada para el domingo 15 de mayo; la policía arrancaba los cartelones de las paredes de las casas, y a las protestas de los estudiantes contestaba con un seco *porque sí*, o con la boca de una pistola y un seco *porque no*.

Pero, ¡qué libertad se respira en este país! —exclamó, indignado, *El Diario del Hogar*—. A los reeleccionistas se les ofrece el Congreso para quemar incienso y dirigir plegarias al Necesario. Mas a los verdaderos estudiantes que no quieren en su patria al padre perpetuo, se los corrió de Jurisprudencia, porque *platicaban* se les negó un local, se les prohibió tener reuniones en los colegios, se ponen presos los pegadores de anuncios, y se les prohíbe a los músicos que toquen en sus manifestaciones.

La gran manifestación del 15 de mayo se realizó pacífica y ordenadamente, salvo por uno o dos incidentes sin importancia. Al desfilar frente a la catedral, algunos militantes abandonaron la columna con la intención de subir al campanario y repicar, y empezaron a forzar la puerta cuando la policía intervino y dirigió a los muchachos a Belén. La columna de los mayores siguió marchando, disciplinada y compacta, por las calles céntricas, apiñadas de gente de acera a acera, engrosando sus filas cada curioso que, para pasar adelante, tenía que declararse manifestante y unir su grito a la voz de mando, *muera la reelección;* y un mirón fuereño, vestido de charro y haciendo gala de su espléndido sombrero, al saber que aquéllos eran los antirreeleccionistas, se descubrió y lanzó, a voz en cuello, el grito de Zamacona: "¡Bravo, muchachos! No han ustedes de ganar nada, pero no hay pior lucha que la que no se hace." No obstante, no pasó nada hasta que un agente de policía, asumiendo una actitud agresiva contra la corriente incontenible, recibió una lluvia de piedras en la cabeza y hubiera perecido, según *El Monitor,* a no ser por un estudiante que, cubriéndolo con su cuerpo, logró retirarlo a un lugar seguro. Un poco más adelante el incidente se repitió: otro policía sacó su pistola para acallar a un mirón que vociferaba su aversión a la ley y al orden y a la reelección, y sólo se salvó el guardián del orden corriendo a la columna estudiantil y acogiéndose a sus banderas. Así y todo, la manifestación dominical terminó más o menos pacíficamente.

Pero el lunes la tensión iba en aumento. El gobierno lanzó sus propios estudiantes a la calle, y al pasar frente a sus condiscípulos abucheándoles en las aceras, los conscriptos rompieron filas, desertaron en tropel y confundidos con sus contrarios, corrieron o fueron corridos hasta el palacio municipal, donde una turbamulta de manifestantes pedía a gritos la puesta en libertad de los presos del día anterior. El jefe de la policía recibió una delegación y accedió a la petición; pero mientras parlamentaban, la policía montada irrumpió en la Plaza de Armas, corriendo a los manifestantes y cazando a los dispersos, que volvieron a congregarse en las calles circunvecinas, cargando hasta ponerles en fuga una y otra vez y restablecer el orden. Pero durante la noche la efervescencia cundió en los barrios bajos de la ciudad, y de las casas de vecindad salieron, como ratas famélicas, familias de rateros y vagos que saquearon una tienda y se entregaron al vandalismo y al escándalo —señales infalibles del tumulto por venir.

Al día siguiente el comercio cerró sus puertas; las horas tempranas del martes pasaron sin disturbios hasta que, acatando órdenes del jefe de la policía dictadas para conjurar la alarma y restablecer la normalidad, los tenderos levantaron las cortinas de hierro y estalló el tumulto. Los manifestantes de la víspera se reagruparon, movilizando los de abajo en pie de guerra, y con las bien organizadas y aguerridas pandillas de los barrios bajos dieron la batalla a la policía montada, llevando el tumulto hasta la Plaza de Armas y las mismas puertas del Palacio, y siguiendo alborotando hasta muy entrada la noche; sesenta estudiantes y gran número de obreros amanecieron en Belén, y el regente de la ciudad echó bando prohibiendo toda manifestación política en lo sucesivo.

Restablecido el orden, la policía hizo una redada de agitadores conocidos y cateó las oficinas del amotinado *El Monitor* en busca de dos de sus más connotados colaboradores sin localizarlos; pero antes de ponerse a salvo, uno de los dos publicó una defensa de los estudiantes digna de Joaquín Clausell.

> Hemos vuelto a los antiguos tiempos de asonadas y motines, al grito de *muera la reelección* hanse entregado las multitudes al pillaje y a la destrucción; no han bastado a contenerlas ni los disparos al aire, ni la sangre vertida, ni los sablazos, ni las prisiones. Ha entrado nuestra sociedad en el estado de excitación y alarma que siempre ha

coincidido con las grandes crisis y con este motivo se han hecho las más absurdas suposiciones y los más estúpidos comentarios. Personas hay que, acostumbradas a observar todo bajo el estrechísimo punto de vista de la especulación monetaria, juzgan los actuales desórdenes como resultado de mezquinas y criminales combinaciones financieras, imaginadas por los jugadores bolsistas que esperan por estos medios, haciendo que bajen los bonos del crédito nacional, obtener pingües ganancias. Semejante explicación demuestra el total desconocimiento de las pasiones populares y de sus móviles. ¿Cómo congregar y conservar a la parte más altiva y perspicaz de nuestra sociedad —la de los estudiantes— al solo impulso de una especulación monetaria? ¿Cómo hubieran podido éstas a su vez atraer y poner en actividad, no a las turbas de rateros y escandalosos que han últimamente desfigurado y entorpecido el movimiento de los estudiantes, sino al grupo de obreros y honrados ciudadanos que los han secundado y obedecido en la organización legítima y ordenada que tuvo y conservó el movimiento hasta las primeras horas del lunes 16 del actual? Las otras pretendidas explicaciones que se han dado al movimiento político de los estudiantes y obreros: *afición al mitote*, cuando los propios estudiantes protegieron a la policía; o que los obreros celebraban el San Lunes; o que los autores intelectuales del tumulto eran políticos resentidos como Benítez y Tagle, eran igualmente absurdas.

No podía faltar tampoco la voz de Daniel Cabrera, levantada en defensa de los amotinados y reclamando su parte de responsabilidad, su derecho inconcuso, su vocación de agitador.

La prensa ministerial ha insultado a los antirreeleccionistas, agitando todos los términos en servilismo impune del partidario, ridiculizando a los oradores que improvisaron tribunas de los carros de mercancías, de los carruajes encontrados en la calle, y de las azoteas, sin ver que precisamente esos detalles al parecer prosaicos imprimían a la manifestación el sello de la espontaneidad y la expresión del alma popular, desalojada de los palacios por los usurpadores de sus derechos. No comprenden aquellos insultadores del pueblo que cuando aquél no tiene tribuna en la Cámara o justicia en un gobierno, improvisa a la primera en el guardacantón de una esquina, y busca a la segunda en una barricada. En las grandes luchas por la libertad muchas veces el andrajo del proletario ha sido el estandarte victorioso del heroísmo.

Y recordando los días idos, en que Díaz andaba prófugo por sublevarse contra la reelección de Juárez.

No conocieron sin duda estos periodistas al general Díaz en 1872, cuando pobre y casi abandonado de todos, peregrinaba entre las montañas de Puebla y Zongolica, perseguido por una brillante caballería juarista, rodeado de un pequeño grupo de soldados casi desnudos que a través de sus andrajos dejaban ver una patriótica fe contra la reelección de Juárez. Eran aquellos los tiempos en que no teníamos Jockey Club, ni brillantes casinos que perfumaran el uniforme del general. Eran los tiempos en que recostados sobre las paredes del Palacio, y en varias esquinas de la capital, habían enormes pizarrones en que el pueblo leía escritos con gis terribles sonetos de don Joaquín Villalobos contra la reelección, contra el presidente Juárez y sus ministros, con frases y apóstrofes que sobrepasaban en energía a los *mueras* que los tuxtepecanos escuchaban en las calles de México el penúltimo domingo. Pero quince años de mutismo impuesto al pueblo ya hicieron olvidar a los gobiernistas de hoy los modestos atavíos del pueblo cuando reclamó sus derechos; pero quince años de opresión no han ahogado en nuestro pueblo sus instintos de libertad, y respondió al llamamiento de los estudiantes y obreros con un *muera la reelección* inmenso, dando muestras al mismo tiempo de amor al orden, pues fue hecho evidente para México que el 15 no se dio en toda la ciudad y durante todo el día la más pequeña señal de desorden como las del lunes 16, pues el desliz de unos cuantos, queriendo abrir las puertas de la catedral no reviste los graves caracteres de los motines del 16 y 17.

Tampoco era un motín una revolución.

Pasada la alarma, la prensa se puso a deslindar responsabilidades.

El Monitor deploró los desmanes de un movimiento, guiado sólo por la fuerza de una idea, y confesó consternado, que le faltaba organización, dirección y disciplina:

> Ya hemos visto que aunque los estudiantes y obreros tienen un comité directivo y un presidente, hay entre ellos individuos insumisos que van a gritar *mueras* frente a las imprentas de los periódicos gobiernistas, o que pretenden escalar la torre de la catedral para echar a vuelo las campanas con objeto de dar más fuerza a sus manifestaciones, o que arrojan *pambazos* en señal de desprecio a los que en procesión cívica manifestaron su adhesión al gobierno y al principio de reelección indefinida. Se ve, en fin, que no hay dirección y que esas manifestaciones que podrían hacerse sin peligro para las personas ni alarma para los intereses, sin perjuicio para la propiedad, resultan nocivas, contraproducentes para la idea que

se trata de defender ante la razón, de propagar y de inculcar en las masas; hombres del bajo pueblo, alentados por el triunfo obtenido por los antirreeleccionistas sobre sus contrarios, a quienes obligaron a entregar sus banderas y pasar a sus filas; hombres, en fin trastornados por las emociones de la mañana, se han amotinado antes de anoche, cometiendo toda clase de desórdenes; han arrojado piedras sobre los faroles de alumbrado, han atacado la propiedad del conocido comerciante español, señor Ambrosio Sánchez, destruido los cristales de su aparador y sustraido gran cantidad de botellas de vino y comestibles; y en seguida han recorrido las calles centrales gritando *mueras* a la reelección y al Presidente de la República; han desafiado a la policía arrojándole algunas piedras.

El Siglo acogió los descargos del contrito *El Monitor* pero sin perdonar su responsabilidad por el tumulto.

"Los estudiantes y los obreros, según *El Monitor,* no robaron ni maltrataron a nadie. Convenido; pero excitaron a las turbas, y a la hora del desorden vieron que no podían dominarlo. Nos complace que *El Monitor* reconozca y confiese todo lo que ha sido repugnante para la sociedad en las manifestaciones antirreeleccionistas. Ayer la opinión era unánime para decir: 'Aún cuando el general Díaz fuese un dictador, preferimos la dictadura a ser despojados y maltratados por un pueblo sin la menor cultura democrática y todos los vicios correspondientes a su ignorancia'. Como lo dice *El Monitor,* los estudiantes y los obreros se consideran aparte de la plebe viciosa y desenfrenada, volvemos a convenir; pero sí diremos muy claramente que cuando una agrupación política se deja convertir en juguete de la *hez social,* no merece la simpatía de la sociedad.

Los periódicos sensatos de esta capital, sin distinción de color político, reprueban unánimemente los sucesos de los últimos dos días. Un diario conservador, *La Voz de México,* cuyo testimonio no es nada sospechoso en la materia, supuesta la divergencia de sus opiniones políticas, se expresa en los términos que siguen...

El referido diario decía que las manifestaciones públicas, tanto de un bando como del otro, eran igualmente censurables.

Estas pudieran ser más espontáneas que aquéllas, pero ambas son siempre un pésimo ejemplo y pudieran causar si no trastornos de importancia, sí algunas descalabraduras y vidrios rotos; y lo que es peor, cierta alarma que traería por consecuencia la baja de los valores mexicanos en el extranjero. Los especuladores se prevalen de cualquier cosa, la más insignificante, para provocar la baja y esas manifestaciones van a ser explotadas, exagerando mucho su importancia por los bolsistas; el que pagará será el país. Los negocios duermen y los negocios son la vida de los pueblos. Cuando se paralizan, el hombre asoma su horrible cabeza y tras del hambre vienen como inseparables otras muchas calamidades. Ser, pues, coadyuvador de ese mal estado de los negocios, sembrando mayor desconfianza, no es ser patriótico; y esas manifestaciones por fuerza siembran la desconfianza aquí mismo en la capital, mucho mayor en los Estados, y enorme en el extranjero.

Pero el más ofendido era *El Siglo*.

Hay un dato para apreciar la baja intelectualidad de un pueblo: el desprecio por los agentes de la autoridad. Cuando la policía es desconocida, burlada y escarnecida por todo un grupo social, ese grupo no está a la altura de tener elevadas instituciones, ni de ejercitar los derechos que se conceden a un pueblo libre. Jamás Inglaterra el *policeman* es vilipendiado por las multitudes; se le respeta como un agente del orden, investido de facultades para la conservación de la seguridad.

Conducta tan incorrecta, imposible en Trafalgar Square, demostraba que los estudiantes mexicanos eran indignos de sus derechos políticos ingleses. *El Monitor* también mereció la censura de *El Siglo*:

El Monitor nos habla hoy del partido antirreeleccionista que deben organizar los estudiantes. Por quinta vez nos vemos obligados a decir a nuestro *colega* que está *tallado a la antigua:* se complace en agitar palabras y de buena fe cree que los *estudiantes* pueden hacer lo que nadie ha logrado hacer hasta ahora: organizar en toda la regla un partido político. Extravagante es querer que la plebe haga lo que no han podido hacer los políticos de profesión con sus teorías, sus levitas, sus principios, su dinero, su ilustración y sus intereses. El primer paso de un liberal que ha vociferado ser *demócrata de corazón, de sangre y de principios,* consiste en elegir un candidato para la Presidencia de la República proclamando en voz alta que si su candidato no triunfa, tendrá que apelar a la revolución. Es regla general y acertada asegurar que cuando determinado candidato no triunfa, es porque se cometieron en su contra fraudes electorales. Una vez que el demócrata mexicano escoge su hombre, el *cerro* en que debe pronunciarse si ese hombre no triunfa, y después de haber redactado la proclama inherente al acto revolucionario, piensa y decide formar un club. Hasta el momento de convocar a los amigos a formar el club, en todo piensa el *demócrata mexicano* menos en honrar su título de demócrata, acatando la obligación de inclinarse ante la decisión de la mayoría de sus conciudadanos; al contrario, se mantiene resuelto a combatir la voluntad de la mayoría y al imponer la suya con las armas en la mano, con la injuria en la boca, con el odio en el corazón, con la hiel en su sudor y en su ambición.

En suma, con la misma historia de Porfirio Díaz *ad infinitum*.

Entonces, al fin, *El Monitor* no pudo más. Mortificado, reprobado, descalabrado, acusado, agotado de paciencia, dio rienda suelta a su indignación y lanzó, exasperado, su propia acusación:

Sesenta y tantas víctimas de sus convicciones políticas permanecen en los calabozos de Belén por haber creído en una libertad fingida, en un derecho que no existe; el gobierno, asombrado por su impopularidad y en el paroxismo de una rabia reprimida y de un despecho poco disimulado, encontró por fin un pretexto para continuar su sistema de represión, y se ha logrado producir un silencio absoluto. Las elecciones se efectuarán, sin embargo, próximamente, cuando todavía repercute por todos los ámbitos de la República el formidable grito de *muera la reelección*. Veracruz y Jalisco, los Estados más progresistas de la República, secundan el movimiento antirreeleccionista de esta capital; en Puebla y Guanajuato se nota igual tendencia y en otros muchos Estados comenzaba el pueblo a ilusionarse y se aprestaba a la lucha pacífica y legal de los comicios; el sufragio parecía despertar de su profundo letargo, cuando un terrible golpe dado con un pretexto vulgar vino a paralizar de nuevo todo movimiento, a reconcentrar los odios, a producir la más completa desilusión, el más infundado y pernicioso temor por el ejercicio de las prácticas democráticas.

Violado el pacto, el cómputo estaba hecho y el voto dado.

La lucha es desigual... Se nos dice: es antipatriótico no reelegir al general Díaz; mientras exista, su nombre es una garantía para el crédito nacional, es una condición exigida por los prestamistas de Berlín y Londres. ¡Gran Dios!, he aquí una situación bien triste: ¡la libertad y la soberanía de un pueblo dependiendo de un grupo de agiotistas, de especuladores extranjeros!

Se le dice al pueblo mexicano: 'de hoy en adelante, para elegir a tus mandatarios, tendrás que consultar al Barón H., al banquero G., al negociante L.'

Horrible situación: en las urnas de las desiertas mesas de los comicios mexicanos, se verá solamente en el porvenir una bayoneta y las manos, o mejor dicho, las garras de un prestamista europeo!

¡A lo que nos ha conducido la patriótica tarea de fundar el crédito nacional!

Los movimientos políticos de la democracia mexicana se cotizan en Londres, y en la voluntad de nuestro pueblo tendrá que entrar de hoy en adelante como factor indispensable la chicana de los jugadores de bolsa!

Nos preguntaremos:

¿Qué dirá Bleichoder de este presidente? Le convendrá, por ejemplo, González o preferirá a Romero Rubio? ¿ Y como ministro de Hacienda no sería mejor que nos enviasen uno de allá? Lo que ha ganado México en crédito lo ha perdido en independencia y soberanía. ¿Qué vale más? ¿En cuántos millones de pesos podrá estimarse la libertad de un pueblo?

Borrad, señores reeleccionistas, del catálogo de vuestros sofismas la asquerosa argucia de nuestra venta al extranjero; si es un hecho, ocultadlo y desempeñad a la nación; si es una mentira de las muchas que usáis para engañar a imbéciles, calladla porque es infamante para vuestra patria, porque habla muy alto en contra de vuestro candidato.

Presentad si podéis a vuestro héroe como el fundador y fomentador de la democracia mexicana, como un esforzado defensor de la libertad y del derecho, pero nunca como habilísimo estadista, como financiero tal que ha empeñado nuestro porvenir, que ha logrado valorizar en los mercados extranjeros las escuálidas formas de nuestra democracia incipiente. Si no lo hacéis así, si persistís hablando del crédito de vuestro candidato vinculado al modo de ser político de la nación, y alegando como razón de peso para justificar su permanencia en el poder, que así lo exigen y conviene a los prestamistas europeos, ¿qué diferencia podíais señalarnos entonces entre Díaz y Santa Anna?

Ahora nos dirigimos al gobierno, a sus agentes: cuando está consumada la reelección unánimemente, cuando el telégrafo pueda comunicar a nuestros tutores los ingleses, *ingleses* para nosotros en toda la acepción de la palabra, la funesta nueva de la reelección de su candidato, cuando entren los organizadores de la elección a saborear los platillos del presupuesto colmados por los pingües rendimientos del nuevo empréstito, ¿entonces reserváis poner en libertad a los sesenta ciudadanos que tan injustamente han sido encerrados en las bartolinas de Belén? ¿Los pondréis en libertad por falta de méritos? Pues entonces que sea cuanto antes, de otra manera se calificará y con razón, a vuestro candidato de miedoso o de innoble. Como medida política para conservar el orden, ya no es necesario, la ciudad está absolutamente tranquila. Por honra del gobierno y como una prueba de cordura, fortaleza y sensatez, debe restituirse la libertad que tan injusta y violentamente se ha arrebatado a los ciudadanos obreros y estudiantes que hoy sufren las consecuencias de la torpe conducta de un grupo de policías, ¿arrojaréis sobre ellos la fea mancha de rateros?

Reto, requisitoria, denuncia, desahogo, la protesta cayó en el vacío; pero por unos cuantos días más *El Monitor* mantuvo alzada en su mástil la bandera negra, acompañado por un colega de provincia.

Nuestro colega, *El Estandarte* de San Luis Potosí, dice: Las manifestaciones hechas el domingo y el lunes por el pueblo en contra de la reelección del general Díaz ponen una vez más de manifiesto que, cualquiera que sean las circunstancias, no se juega impunemente a la democracia. Para conseguir que el actual presidente se perpetúe en el poder se han agotado los medios de hacer creer en la popularidad de su reelección, y se han fundado clubes, círculos, etc, que no han logrado más que provocar la burla y el desdén de los que permanecen alejados del presupuesto, y las manifestaciones de que la capital acaba de ser testigo. Imposible es que la reelección llegue a ser popular. El general González lo dijo poco después de su caída; en México más que en ninguna otra parte el poder gasta a los hombres públicos. Prescindiendo de sus defectos, de sus errores, de sus abusos, jamás ninguno de ellos logrará persuadir al pueblo mexicano que hay hombres necesarios a su felicidad. No hay libertad de prensa, ni libertad de sufragio, ni libertad de asociación. Falta pues la válvula de seguridad, y no es extraño que la asonada y el motín reemplacen el voto que se defrauda y la expresión que se ahoga.

La Gran Convención Nacional pagó el precio de jugar a la democracia, cerrando su breve carrera con una explosión —explosión de un globo de ensayo pinchado en plena carrera o de un buscapiés reventando con estrépito entre batidas de palmas—; pero sea que el malogrado ensayo fuera un fraude premeditado o un fiasco decente, las consecuencias fueron funestas: los figurantes marcharon de vuelta a sus perchas en el monumento y no fue hasta diez años más tarde cuando el general Díaz se atrevió a convocar otra Convención Nacional del Partido Liberal.

Fracasada la campaña para estimular una elección popular, no le quedó más remedio al gobierno que el simulacro de costumbre; dos meses más tarde los comicios se iniciaron en silencio absoluto, y *El Monitor* se consoló con la reflexión de que la abstención era el voto auténtico del pueblo mexicano. "Nosotros sabemos que alrededor de aquellas urnas reinaba el silencio y el abandono más completo, y que en las casillas no se escuchaba otro rumor que el producido por los bostezos de los que instalaban las mesas". Lo mismo decía un periódico gobiernista. "Si a los ciudadanos se les ha metido en la cabeza no votar, no votarán, y mientras la instrucción no esté suficientemente difundida en las masas, vale más que no voten".

Pasadas las elecciones, los estudiantes y obreros fueron puestos en libertad, pero la víctima vulnerable de la campaña electoral recibió el golpe de gracia, rematado por *El Siglo* el mote, El hipocondríaco de la prensa.

> Por el título de este artículo, ya comprenderán nuestros lectores que se trata del periódico pesimista por excelencia, atrabiliario por carácter, bilioso por temperamento, que todo lo ve negro, que todo lo encuentra malo, que niega toda evidencia, y que no puede llamarse más que *El Monitor Republicano*.

Los síntomas clínicos eran de todos conocidos:

> un estado general de delirio melancólico con abatimiento, tristeza, temores infundados, escrúpulos, etc.; una lesión moral de la inteligencia que los hace ver todo bajo un punto de vista malo —oyen voces que los acusan y les injurian, ven figuras que los amenazan— nacen en ellos ideas de suicidio para salvarse de las persecuciones de la policía —se limitan a repetir las mismas frases, oponiendo la negación a todos los argumentos, ninguna evidencia puede convencerles de su error. Los enfermos, agrega Chisolle en su *Traité de Patologie Interne*, son sombríos, inquietos, desagradables, inconstantes en sus afecciones; el más ligero contratiempo les contraría, son de un comercio difícil, se quejan sin cesar...

Y de todos estos síntomas adolecía el colega.

El tumulto antirreeleccionista de 1892, al igual que el motín estudiantil contra la deuda inglesa en 1884, no realizó más que una asonada fugaz, pero llevaba en sí la levadura de una sublevación popular. Reducido a un alboroto abortado, carecía no sólo de preparación, organización, disciplina y dirección sino de otra condición esencial para calificarlo de conato de rebelión. Según un mexicano que formuló la ley en la materia, un pueblo pobre, débil, anémico, por oprimido que fuera, sería siempre incapaz de sublevarse por falta de energía vital, y sólo podría alcanzar, cuando mucho, el tumulto espasmódico y el motín convulsivo; para llegar a la revolución, sería menester que conquistara la prosperidad y con la prosperidad la fuerza y la confianza en sí mismo, o sea que alcanzara a la vez las metas mismas del régimen y de la revolución; y los requisitos previos fueron obra de los años por venir.

Toda la gama de problemas sin solución en el cuatrienio 1888-1892, el pauperismo de las masas, la inercia de las clases, el paternalismo del gobierno, la dependencia del capital extranjero, el acaparamiento de tierras, la apropiación de los recursos naturales del país, la pérdida de independencia política y económica con la prolongación de la dictadura — todo el complejo de problemas inherentes al progreso material iba a repetirse regularmente y madurar en los años venideros hasta culminar, enriquecido por fecundas experiencias, en las elecciones de 1910; y a ganar tal altura de desarrollo cooperaban dos movimientos antagónicos, el uno a favor de la plutocracia doméstica y extranjera, el otro en defensa de la miseria mexicana; ambos nacidos en la cuna de los comicios de 1892.

Nada se resolvía con la reelección del régimen. La corriente de la crisis económica corría, caudalosa, turbia, incontenible, bajo el puente en construcción hacia la prosperidad y el puente pandeaba cada vez más. Lo mismo que en 1884, la crisis tenía alcances mundiales; comenzando en Europa, cundiendo en los Estados Unidos, pasando la frontera indefensa de México llegaba al país con fuerza acumulada y en un país semicolonial, colonizado por el capital extranjero, el impacto era catastrófico. El mercado se vino abajo, suspendiendo la industria, deteniendo el comercio, frenando el tráfico, cortando el crédito, encareciendo los artículos de primera necesidad, y paralizando el progreso que comenzaba apenas a reponerse de la depresión de 1884; y la crisis se agudizaba con la pérdida de las cosechas y la depreciación de la plata, las dos columnas de la economía doméstica. La gravedad de la situación la reconoció el presidente al quitarle toda importancia en su informe de septiembre, 1892. "No obstante la pérdida casi total de las cosechas, el alza extraordinariamente grave del cambio al exterior, ocasionada por la gran depreciación de la plata, y el mal estado de los negocios dentro y fuera del país —afirmó— la fuerza vital de nuestra riqueza pública permitirá, aun cuando se prolonguen desgraciadamente estas desfavorables circunstancias, cubrir los intereses de la deuda, los sueldos de los servidores de la nación, y las demás atenciones administrativas." Valido de esta promesa, el Congreso aprobó el presupuesto sin debate; pero *El Monitor* impugnó la exactitud del informe presidencial, citando al corresponsal del *Frankfurter Zeitung*, quien informaba, por su parte, que en México "no se publican balances anuales VERDADEROS. La política de este gobierno consiste, en consecuencia, en ocultar a los acreedores nacionales y extranjeros todo aquello que pueda conducir a una clara y exacta inteligencia de las finanzas del país".

La confianza oficial en la fuerza vital de la riqueza pública era un sarcasmo cruel y *El Monitor* la pagó con la misma moneda.

> Cuando en los mercados extranjeros llega la plata a vil precio de grano, y el grano en nuestras plazas a exorbitante precio de oro; cuando a cada día corresponde una quiebra, a cada quiebra un desastre, y a cada desastre un triunfo de la miseria; cuando la escasez tiene en nuestros días manifestaciones alarmantes hasta arrojar de sus chozas a nuestros indígenas, que en algunos lugares ha congregado el hambre para invadir las vías públicas y satisfacer sus necesidades con las yerbas arrancadas a la orilla del camino; cuando sucede todo esto, el Ejecutivo se muestra muy satisfecho de la fuerza vital de nuestras riquezas y en que se cubrirán con puntualidad los enormes intereses de la deuda y los gastos exorbitantes de un presupuesto pródigo; este sarcasmo, esta amarga ironía, contrasta terriblemente con las angustias de los pobres, que sienten ya los acerbos dolores de la miseria. Cuando se contrató el último empréstito, operación financiera que enriqueció sin duda algunas cajas particulares, *El Monitor* previó desde luego que la suma contraída no bastaría para cubrir el enorme presupuesto de una administración que en sus egresos tiene tantas partes innecesarias... La situación financiera es peor cada día. El llamado crédito de México no existe. Circunstancias meramente transitorias y especialísimas hicieron que

Bleichröder prestara a México los cincuenta millones que recibió el gobierno y que no han servido gran cosa a nuestra patria. El desastre se anuncia.

Fresca todavía la bofetada de las elecciones, *El Monitor* no dejó piedra por mover para quitar confianza en el gobierno que las ganó a nombre del crédito extranjero.

Por fin, los temores de *El Monitor,* sus fundadas previsiones que para la prensa de la Tesorería no fueron ni serán nunca sino declamaciones, espíritu rutinario de oposición, dislates del periódico decrépito que se ha entregado en manos de la niñez'; esos pronósticos, decimos, que entre nosotros concitaron a *El Monitor* el calificativo de *alarmista,* se han realizado por la fuerza de los hechos, hechos que no podrán negar los aduladores de oficio, por más que el rubor los haya abandonado."

La crisis fiscal era el castigo condigno del voto fraudulento y el hipocondríaco de la prensa pintó la situación en los tonos más lúgubres. Las dos columnas de la economía mexicana se derrumbaron al mismo tiempo y el desastre se acercaba. La pérdida de las cosechas impuso nuevas privaciones a los perpetuos pobres; el espectro del hambre merodeaba por todo México; en la misma capital se sorprendió a un hombre revisando al vómito de otro; en la campiña turbas de indígenas famélicos arrancaban raíces del suelo como otras tantas bestias del campo; en Oaxaca los aborígenes bajaban de la sierra, como los lobos en invierno, y asaltaban y saqueaban haciendas no para robar sino para comer; en todo el país se abrieron comedores públicos y en algunos lugares las colas llegaban a cuatro mil mendigos al día, pero ni la asistencia pública ni la caridad privada bastaban para cubrir la demanda; el gobierno autorizó la importación de maíz americano, libre de derechos, hasta la próxima cosecha, pero a los pobres hambrientos el maíz americano les pareció menos sabroso que el mexicano, y como nada tenían tan patriótico como el paladar, los especuladores acapararon las reservas e hicieron su pacotilla, y la plaga del monopolio prosperó en las mazorcas de la escasez.

Si la pérdida de las cosechas era desastrosa para la agricultura, la baja de la plata era funesta para el comercio. El metal blanco era la columna vertebral y el barómetro de mercurio de toda actividad comercial, y hacía ya quince años que venía bajando; en

1892 tocó fondo sin rebotar, y la baja era catastrófica porque México, según *El Financiero,* no era ni un país agrícola ni un país industrial, sino un país minero, y muchas empresas, marchándose con los ingleses, se retiraban o suspendían sus operaciones durante la crisis; en suma, según *El Monitor:* "Si México no puede comprar con plata, no compra. La crisis para México es una postración". Las transacciones mercantiles se limitaban a la liquidación de existencias, la plata dormía en las bodegas de las casas de moneda y las cajas fuertes de los bancos, y los banqueros miraban hacia Londres y se orientaban de la ceca a la meca en espera de la solución eventual reservada a la banca británica.

Lejos de negar la gravedad de la crisis, el gobierno la proclamó por las providencias adoptadas para superarla. "La muerte de Dublán dejó consternada a la administración —subrayó *El Monitor*— porque se tenía gran fe en su idoneidad para salvar ese enorme abismo en que parecía próximo a hundirse el crédito nacional." Acababa de renunciar un sustituto sin experiencia; y reducido al último recurso, el presidente llamó a consultas a su ministro en Washington. Bastaba la llamada para revelar el peligro, pues don Matías Romero era el médico de cabecera, siempre llamado de urgencia en los días críticos del fisco, y Romero leyó ante el Congreso un informe franco que dejó poca duda de la verdad. Llamado por Díaz en su primer periodo de gobierno, Romero recapituló los gravámenes acumulados por el régimen de Tuxtepec desde entonces hasta la fecha.

> La necesidad de promover el desarrollo de los elementos nacionales de la riqueza del país por medio de la construcción de ferrocarriles, por un lado, y el de restablecer el crédito de la República, por otro, obligó a las administraciones que han regido a la nación desde 1880 a contraer fuertes compromisos pecuniarios, cuyos réditos a lo menos en una parte considerable se tienen que pagar en oro, que por la grande depreciación que está sufriendo actualmente la plata y el consiguiente recargo en el cambio, viene a aumentar fuertemente las obligaciones de pago periódico de la nación. A medida que los subsidios otorgados a los ferrocarriles y otros empréstitos de mejoras materiales maduran, estas obligaciones aumentarán en un grado notable, y todo eso causará necesariamente un incremento considerable en las obligaciones del tesoro federal. Por otra parte, a medida que la nación progresa, necesita mayores y más costosos servicios, así para la recaudación de sus rentas como para garantizar la vida y la propiedad de sus habitantes, para propagar la instrucción

primaria, construir obras públicas, atender a las mejoras materiales, etc., y por más que esos servicios sean crecientemente onerosos, no es fácil, prudente ni patriótico, prescindir de ellos.

Por otra parte, las rentas del gobierno, en vez de tener el aumento progresivo de los años anteriores, bajaban bruscamente con la depresión, la interrupción del comercio, y la depreciación de la plata, cuyas grandes fluctuaciones inglesas imposibilitaban todo cálculo exacto en la elaboración del presupuesto; y ya no bastaban los remedios caseros.

Examinando imparcialmente la situación creada para el erario federal por las circunstancias expresadas, parece que el mejor y más eficaz remedio sería el de reducir los gastos y establecer una estricta economía. Es seguro que éste debe ser, como ha sido ya, el primer paso que dé el Ejecutivo en vista de la situación que he procurado bosquejar, y ésta seguirá siendo la norma de su conducta hasta donde se lo permitan sus otros deberes, pero ese remedio no es ni puede ser suficiente para sobreponerse a las dificultades indicadas, puesto que la reducción del ejército, por ejemplo, no sería posible sino en una proporción moderada que no pusiera en peligro la paz y seguridad públicas, y reducciones en otras ramas podrían disminuir la eficacia de los servicios públicos que están a cargo de la federación.

Aunque en estas condiciones las economías parecen naturalmente indicadas, y deben adoptarse sin vacilar, en cuanto fueron compatibles con el servicio público, ellas también ofrecen dificultades de un carácter más o menos serio que no deben desatenderse. La reducción de los sueldos, por ejemplo, a los empleados públicos, vendría a ser inconveniente y hasta injusta, porque los sueldos tienen el objeto de satisfacer las necesidades de una familia y los actuales se fijaron cuando la vida era en México probablemente un cincuenta por ciento más barata que en la actualidad. La construcción de ferrocarriles, la baja de la plata y otras circunstancias conocidas de todos, han ocasionado que no sólo los artículos extranjeros sino también los mismos productos y manufacturas nacionales, la renta de las casas y todo lo demás que constituye el gasto indispensable para la subsistencia de una familia, hayan subido de una manera considerable tanto en la capital de la República, que es el centro comercial de ella, como en los Estados, y especialmente en aquellos que están ya enlazados por nuestra red ferrocarrilera. En esta virtud muchos de los sueldos existentes ahora son realmente insuficientes para cubrir las necesidades de la vida de una familia, en condiciones normales, y su reducción haría que no se encontraran personas competentes para desempeñar los empleos públicos o que no pudiera contarse con la absoluta dedicación y honradez de los nombrados, quienes no pudiendo satisfacer las necesidades más urgentes de la vida con sus respectivos sueldos, tendrían que buscar otros arbitrios para llenarlas.

Como el costo de la vida subía con la construcción de ferrocarriles y las mejoras materiales, y los bajos sueldos de los empleados públicos propiciaban y casi legitimaban el robo, el progreso costaba caro.

México ofrece graves dificultades en sus problemas económicos porque sus condiciones especiales hacen muy difícil aun en circunstancias normales la solución de esos problemas. La población de la República es de cosa de doce millones de habitantes, y por estar diseminada en una gran extensión de territorio, y sin vías fáciles de comunicación entre sí, equivale por lo que hace a las necesidades públicas a una población acaso doble. Para sufragar los gastos que esas necesidades requieren, no cuenta la República más que con unos tres millones de habitantes como población productora y consumidora, capaz, por lo mismo, de pagar los impuestos que se decreten. El resultado de semejante estado de cosas es que, al paso que las necesidades del país son las que corresponden a una nación de doce o catorce millones de habitantes, los medios efectivos para cubrirlas apenas corresponden a una población de cosa de tres millones. Si a esta difícil y precaria situación se agregan las circunstancias que actualmente hacen más difícil la condición del país se comprenderá cuán graves son los obstáculos con que se tiene que luchar para satisfacer debidamente las necesidades públicas.

Es evidente que no conviene seguir con el sistema de cubrir el déficit anual de los gastos públicos por medio de préstamos pagaderos en oro y con réditos relativamente altos, aun cuando esto fuera posible. Ninguna nación debe abusar de su crédito, porque el abuso trae su pérdida completa, y con ella males sin cuento, cuyas consecuencias no se pueden reparar sino con el transcurso de muchos años. Es, pues, indispensable revestirse de la suficiente energía para nivelar nuestros presupuestos, haciendo por una parte todas las economías compatibles con la necesidad de conservar el crédito del país, mantener la paz y la eficacia de los servicios públicos; y aumentando por la otra, los impuestos hasta donde lo permita la crisis por que atraviesa la nación.

De los remedios caseros Romero recomendó los más duros. En primer lugar, la abolición de las alcabalas.

Las ventajas que el país espera de la construcción de los ferrocarriles por los que tantos sacrificios ha hecho, serían nugatorias si subsistiera por más tiempo el sistema de alcabalas que la Constitución trató de suprimir desde su promulgación, y que constituyen una rémora invencible para el desarrollo del comercio y para el progreso material del país.

En segundo lugar, una pausa en la subvención de ferrocarriles, y de otras mejoras materiales; "por ahora, y algún tiempo, es indispensable adoptar como regla de conducta, la resolución invariable de no conceder un centavo más de subvención a ninguna obra o empresa, cualquiera que sea su objeto y propósito". Por ende, la modernización de la agricultura y el aumento del jornal del peón de campo.

Primera necesidad de nuestra agricultura, para producir efectos exportables, es, pues, abaratar el costo de su producción, y esto no podrá lograrse sino aplicando cultivos inteligentes y económicos, con la introducción de maquinaria moderna que abarata la producción y con el aumento de los jornales; supuesto que la experiencia ha demostrado, y es a mi juicio una verdad incontrovertible, que por regla general los jornales bajos están equilibrados con los altos, esto es, que un jornal de veinticinco centavos diarios, por ejemplo, produce la cuarta parte de lo que rinde otro de un peso, o la octava parte del jornal de dos pesos. Nuestros jornales bajos no abaratan nuestra producción, y solamente producen el resultado de privar a nuestros jornaleros de los medios necesarios para proveer a su subsistencia y a la educación de sus hijos, manteniéndolos sumergidos en la ignorancia y la pobreza, con grave detrimento del progreso del país.

La diagnosis del médico hacía el juego a la prensa de oposición, y *El Monitor* cantó victoria, señalando en primer lugar que "este gobierno no puede pagar sino con dinero ajeno", y que "la prosperidad inyectada en las venas del país a fuerza de préstamos, deudas, especulaciones y otros recursos que al fin producen el agotamiento de la economía", conducía inevitablemente a la bancarrota. Con los gastos siempre en aumento, con un déficit cada vez más hondo, con la marcha del gobierno claudicando a merced del crédito extranjero, y con una raquítica economía casera tropezando a cada rato con periódicas depresiones, tal conclusión parecía ineludible, y el fatalismo del crítico contaminó al gobierno. Romero era, según *El Monitor,* "cuando menos un tuerto en una administración de ciegos" y su informe anunciaba el juicio universal y resultaba tanto más inaceptable cuanto que era incurable: contador público irrecusable, Romero no era taumaturgo y no sabía salvar la situación sino con los mismos remedios heroicos o caseros de siempre, recomendando drásticas economías domésticas para conservar el crédito extranjero, así como un nuevo impuesto, a cargo de los tres millones de sufridos contribuyentes que cargaban con el peso de los nueve millones improductivos y todo para seguir peor que antes.

Ahora sí estamos salvados —prorrumpió *El Hijo del Ahuizote*—, ya habló don Matías Romero y dijo que andamos mal. Por supuesto que nadie lo sabía y vale la pena otorgarle un premio por su descubrimiento asombroso. Pero veamos el informe romerista que vale la pena de conocerlo en sus puntos principales. Empieza el buen señor haciendo profesión de fe y dice que 'siempre he creído que la lealtad y la buena fe constituyen la mejor política'.

Pues, cuénteselo al caudillo y verá cómo opina de usted. Hablaba usted de lealtad y buena fe y luego añade: 'Acaso mis conclusiones no están de acuerdo con las miras de la representación nacional'. Pero dígame señor Romero ¿estaba usted en sus cinco sentidos cuando hablaba? Mire usted que eso de ir a decirle a la Cámara que la lealtad y la buena fe acaso no están de acuerdo de ella! ¡Cascaritas! Nosotros lo hemos dicho cien veces, pero aparte de los muy serios disgustos que nos ha costado, no se ha puesto el remedio; por eso nos congratulamos que usted, que es incondicionalmente ministerial se los diga ciento una vez. Bien se ve acto continuo que usted quiso dorar la píldora tratando de disculpar los empréstitos de la administración. En fin, usted conviene franca y lealmente en que la situación financiera del país no puede estar peor, y no para aquí el mal, sino que probablemente se agrava. ¿A qué se debe esta situación? A que la administración que a última hora lo llamó a usted, quiso tener ferrocarriles cuando no tenía qué exportar a semejanza del que compra caballo antes de tener coche; es decir, que le pasó lo mismo que al que se sacó el elefante en una lotería. También se debe en gran parte a que se quiso cimentar el crédito pidiendo prestado sin tener con qué pagar, crédito que naturalmente no se consiguió y sí el descrédito, toda vez que usted para tapar un agujero se ve en el ineludible caso de abrir otro, y luego otro, hasta que todo sea un socavón de padre y señor mío, incapaz de taparse con su buena fe y lealtad unidas.

No obstante, el gobierno acababa de tramitar otro empréstito en Europa, y en muy favorables condiciones, lo que parecía comprobar la solidez de su crédito; pero el endiablado *El Hijo del Ahuizote* siguió demostrando lo contrario.

> ¿Por qué la plata baja? —pregunta Daniel Cabrera, imperturbable e implacable. Pues, claro, porque el crédito del gobierno flaqueaba. "No hay quien le preste ni al cien por ciento. Y es por una cosa muy sencilla: porque la prenda que da ya está empeñada y reempeñada: vamos, casi vendida. Esta prenda es el pueblo. Y vamos a los números para que no haya mentiras y para saber con certeza en cuánto estamos empeñados todos y cada uno de los paisanos. Según el señor Bulnes, que es como yo candidato a la cartera de Hacienda, se debe en empréstitos y deudas o trampas la cantidad de 220.000,000 pesos. Según nuestro antecesor (del señor Bulnes y mío), según nuestro colega don Matías, sólo debemos 115.000,000. Según la Tesorería 153.932,659 pesos. El presupuesto anual: 40.000,000. Y si no valemos ya ni lo que debemos, ¿cómo queremos que nuestro peso, que es tipo de cambio, valga lo que representa? Aquí tienen ustedes resuelta la baja de la plata. ¿Qué tal está *El Hijo del Ahuizote* para ministro de Hacienda?" Además, la devaluación del peso obedecía a un siniestro plan preconcebido. Desde que la nación recibió el primer *check* de los bancos de Europa, desde ese mismo instante comenzó a indicarse la depreciación de la moneda mexicana. Fácil es convencerse de esta verdad, trayendo al examen los tipos que en desfavorable graduación ha representado el peso de águila.. Los judíos, esos reyes de la bolsa que poco se diferencian del de *bastos* y del de *oros,* en el naipe, concibieron esta idea tan sencilla como pérfida: Negociemos con México y depreciemos poco a poco su moneda hasta nulificarla.

En la empresa de Bleichröder, Porfirio Díaz había dado con su igual en perfidia:

Ocho meses pasó Romero sudando en la Secretaría de Hacienda, y en febrero de 1893 regresó a Washington, despedido por sus colegas con inquina y por *El Monitor* con condolencias.

> El señor Romero ha tropezado con todos los inconvenientes de un estado incorregible de pacífica y sorda anarquía. El señor Romero, llamado a nuestra Hacienda como Licurgo al magisterio, para dictar leyes salvadoras y resoluciones eficaces, nos hace el efecto de un general a quien se le ha encomendado la disciplina de un ejército insubordinado y vicioso. No encontró el ministro quién le ayudara

en su obra, ni podía ser así desde el momento en que traía el señor Romero divisa de enemigo. ¿Podrá, acaso, considerarse de otro modo a un hombre que venía *a moralizar*? Don Matías Romero no encontraba una sola voluntad que simpatizara con sus ideas, en su presencia misma manifestábanse de una manera hostil todas las susceptibilidades, intereses y tendencias que él vino a lastimar. Y bien, don Matías ya se va. ¿Qué ha hecho? En el terreno de los esfuerzos teóricos, mucho; en el terreno de las mejoras prácticas, nada. Se va y las cosas quedan como antes.

Romero se fue, dejando el problema en manos del oficial mayor de Hacienda, José I. Limantour; y los economistas oficiales pronosticaron con confianza el fiasco ineludible del sustituto, pues, como dijo uno de ellos:
"Limantour no hará nada, porque no hay nada que hacer." No había nada más contagioso en México que el fatalismo, y nunca financiero alguno se enfrentó a un reto más formidable para salvar una situación y un gobierno. Arrastrado por un poder tan fatal como la fuerza de la gravedad, y a punto de sucumbir a su peso irresistible, el gobierno no perdonó esfuerzo para conjurar el pánico económico antes de caer en el político. La prensa propuso la suspensión del servicio de la deuda extranjera, y pese a las consecuencias memorables de la moratoria declarada por Juárez en 1861, el gabinete debatía la proposición; los ministros estaban de acuerdo, los banqueros estaban de acuerdo, el presidente estaba de acuerdo, y se preparó el decreto presidencial; pero la última palabra se la reservó Limantour, rehusándose a firmar el decreto antes de gastar el último peso de águila descalza en las arcas del gobierno. Jugando el todo por el todo para salvar el crédito del gobierno, el encargado del despacho practicó la prédica de Romero y recurrió a los remedios caseros más heroicos, castigando los egresos con economías crueles, reduciendo sueldos, sacrificando sinecuras, sacando dinero al agio, aligerando el ejército, sangrando la burocracia, rascando huesos, raspando nervios, operando quirúrgicamente y arriesgando abominación para evitar que se derrumbara el puente de Londres; y a fuerza de tenacidad salió airoso. Al finalizar el tercer año económico de su gestión, tenía nivelado el presupuesto, proeza casi sin precedente en los anales del fisco mexicano; el año siguiente produjo un pequeño excedente y ya para 1896, cuando quedó vencida la crisis, el hacendista

que defraudó la fatalidad tenía ganada la confianza absoluta del presidente, del país, y de la banca extranjera.

Lo que logró y cómo lo logró, nadie lo sabría decir mejor que su bienamado discípulo, Pablo Macedo:

> La formidable pérdida de cosechas de 1892, cuyas consecuencias tanto se resintieron en 1893, en que fueron también muy escasas, y una tremenda baja de la plata, sin precedente en la historia de los metales preciosos, hubiesen de ponerlos sin hipérbole alguna, al borde del abismo, en que habrían naufragado una vez más los adelantos tan laboriosamente alcanzados, y acaso el porvenir entero de la República, sin el acierto del señor presidente para confiar el timón de la nave, en medio de la borrasca, a los señores Romero y Limantour, sin su firmeza para apoyarlos incondicionalmente, y sin el patriotismo, la inteligencia y la abnegación de los expertos pilotos.
>
> No fue posible narrar pormenorizadamente las peripecias de aquella lucha en medio de la cual no sólo hombres de criterio superior y aun del gobierno mismo, sino la opinión pública casi unánime, llegaron a perder la confianza, preconizando como único remedio una nueva suspensión de pagos, especialmente de nuestros compromisos en oro, diremos, pues, solamente que la crisis se salvó, ocurriendo no a expedientes ruinosos ni a estériles paliativos, como antes se había hecho, sino a remedios radicales, orientando nuestra política general y en particular la hacendaria por los rumbos que la ciencia social y la economía política aconsejan. Medios provisionales, sí fueron empleados para sortear las grandes dificultades de momento, como no podía menos de ser; se contrataron con el Banco Nacional varios adelantos, algunos de ellos en oro, porque el mercado de los valores en México estaba exhausto y no se quiso recurrir al eterno medio del devorador agio nacional; se redujeron los sueldos de los empleados y se adoptaron otras medidas de transición; pero no se perdieron de vista, ni por un momento, los grandes principios en que la salud económica del país estaba vinculada y las medidas transitorias jamás levantaron obstáculos infranqueables para la marcha futura del gobierno. El sueño dorado de otros tiempos, el rescate de las casas de moneda, se realizó para devolver al erario los recursos que los arrendatarios absorbían y, sobre todo, para que la nación recobrara la libertad, que durante años había perdido, de modificar los irracionales impuestos sobre los metales preciosos; se suprimieron por centenares los empleos inútiles; se redujeron las dotaciones excesivas y desproporcionadas; se buscaron nuevas fuentes de ingresos en el gravamen racional de actividades, especulaciones y riquezas que antes no atribuían a los gastos públicos, se regula-

rizó la percepción de los impuestos existentes por medio de una vigilancia activa y sistemática, así sobre los empleados como sobre los contribuyentes; se introdujeron en todas partes el orden, la disciplina y la moralidad; se perfeccionaron las cuestas del erario, que desde entonces son absolutamente verdaderas, sin artificios ni engañifas; se suprimieron del presupuesto de egresos las partidas abiertas o sin cantidad determinada que lo desvirtuaban por completo; y, en suma, por primera vez desde la Independencia, o más bien desde el Grito de Dolores en 1810, los presupuestos se nivelaron al tercer año de emprendida la gigantesca labor; es decir, en el año de 1894-1895.

Pero el más elocuente tributo al servicio prestado por Limantour al país lo rindió Bulnes.

> Tan pronto como el señor Limantour se hizo cargo de la Secretaría de Hacienda en febrero de 1893, se vio obligado a aceptar una operación de agio de las más deplorables: contrató con la banca berlinesa un empréstito de tres millones de libras esterlinas, 6 por ciento, tomado en firme por la casa prestamista al 60 por ciento. Sin el dinero de ese préstamo el gobierno mexicano hubiera tenido que declararse en bancarrota y hundirse con sus créditos en la guerra civil, que ya estaba preparando en el sur el general D. Canuto Neri. El producto del empréstito debía emplearse en devolver los anticipos que había hecho la berlinesa, para cubrir el servicio de la deuda pública y para otros gastos legales vigentes; esa fue la única operación de agio realizada por el señor Limantour, con el fin de salvar a la dictadura de su ruina y al país de un gran desastre.

Ascendido a ministro de Hacienda en mayo de 1893, Limantour recibió también la acolada de Berlín, donde se anunció un libro sobre México, próximo a aparecer, que llevaba el subtítulo: *Cómo se ha hecho financiero el señor Limantour; motivos por los cuales es apoyado por el presidente Porfirio Díaz, que no es financiero.* Los motivos que merecieron todo un libro de Berlín, los comprendió en México *El Monitor* con cuatro palabras. "El instinto de la propia conservación obligó al gobierno a abrir las puertas de la administración pública a un hombre de buena fe. El señor Limantour se hizo cargo de una Hacienda en bancarrota."

Al día siguiente a la elevación de Limantour al Ministerio (9 de mayo de 1893) murió el general González. Hacía tiempo que desfallecía; el mal que minaba su salud desafiaba la ciencia del médico más eminente de México, los síntomas no correspondían a la diagnosis de diabetes; decaía lentamente, su memoria divagaba, a veces discurría incoherentemente, confundiendo una palabra con otra y una idea con la contraria, y poco a poco se aislaba y consciente de su condición, rehuía el trato de la sociedad y resguardaba su retiro contra la intromisión de los vivos, los que raras veces violaban su retraimiento, pero siempre que se restablecía el contacto, la invasión le provocaba un acceso de alucinación febril y violenta actividad. Al acercarse su última hora, vino a anunciarla como debía ser el silbido de una locomotora; en el pequeño ramal de ferrocarril que ligaba la capital con su finca de Chapingo un tren descargó a la entrada del dominio eminente del recluso un grupo de caballeros, quienes se pusieron en marcha, encabezados por el general Díaz, hacia su casa de campo. Al tocar a la puerta les sorprendió la aparición en una ventana de algo o alguien que espiaba, no se sabía bien si el dueño o el duende de la hacienda, y que les hacía señas inhóspitas y buscaba a todo trance ahuyentarlos. "Pero, compadre, somos amigos —protestó el presidente— venimos a saludarte." Sin embargo, la presencia en acecho siguió prohibiéndole el paso, y se entabló un breve diálogo entre los dos. "Vete, vete, tenemos la muerte en casa..." se le oyó decir al que hacía de custodio de la casa del que fuera el general González.

> Pero compadre, cuántas veces en el campo de batalla hemos conocido la muerte, los dos juntos —insistió el presidente, dándole la contraseña. Y reconociendo la voz y tomándolo siempre por amigo, contestó el alucinado que pretendía proteger al presidente vivo: Sí, sí, muchos qué escoger los tenía entonces, pero hoy no le quedan más que nosotros dos, y a ti no te debe coger, a ti no... vete...

Pero el presidente, insensible al aviso, insistió en penetrar en la casa. Su séquito, sabiendo que el mal que mataba al uno era el otro, se quedó afuera, y pasado un rato, el intruso salió, muy deprimido y regresó a la capital, sin pronunciar una sola palabra.

Algunos días más el moribundo tardó en desaparecer, dormitando en una casona vasta y vacía donde, dueño de su duende, daba la espalda al mundo; pero al fin vino el segundo silbido de la locomotora y al recordarle su hijo que ya era hora de tomar su medicina, abrió los ojos y murmuró:

"¿Hora de morir? ¿Hora de morir?" y puntualmente, casi como

si cumpliera una orden, el cuerpo rindió el alma de Manuel González. Por orden del presidente de la República, los restos mortales recibieron sepultura en la Rotonda de los Hombres Ilustres, y sobre la lápida sepulcral sus hijos grabaron un epitafio sencillo y suficiente: "Aquí yace Manuel González; tuvo un brazo no más, pero de hierro, y una mano no más, pero de amigo." Y la tarea de ángel de guarda de Porfirio Díaz, abandonada por González, recayó en Limantour.

La depresión económica, que Díaz sorteó, se escurrió lentamente, como la que castigó a González, dejando huellas profundas de su paso. En 1892 la Convención de la Unión Liberal, reunión que fue, en rigor una convención económica disfrazada de consulta política, recomendó la reelección condicional de Díaz y puso como condición la observancia de cuatro libertades democráticas; las de sufragio, asociación, prensa y justicia. De dichas libertades las dos primeras fueron nulificadas por las elecciones y la tercera fue reglamentada por la depresión; pero la cuarta era tan popular y correspondía a una necesidad tan general y tan insistente que el presidente convino, a instancias de Bulnes y Justo Sierra, en someter un proyecto de reforma al Congreso y aceptar el resultado, cualquiera que fuera. Tomándole la palabra, Bulnes y Sierra prepararon un proyecto de ley que fue sometido al Congreso en diciembre de 1893; destinado a asegurar la independencia del Poder Judicial mediante la inamovilidad de los magistrados, mereció la aprobación unánime de la Cámara de Diputados, pero al pasar al Senado, donde también fue recibido favorablemente, el presidente intervino y retiró la iniciativa; y como los interesados manifestaron su irritación sin ambages, los convocó y les explicó por qué no pudo permitirse el lujo de respetar su palabra empeñada. Bulnes dejó constancia de su defensa como sigue:

> En el memorable debate que tuvo lugar en diciembre de 1893 con motivo de la enmienda constitucional, que debía colocar a la judicatura en un pie independiente, el señor Justo Sierra y yo éramos los oradores más fuertes a favor de la medida. Pasó a la Cámara de Diputados, pero el general Díaz impidió la discusión de la saludable reforma en el Senado. Como el dictador había prometido solemnemente que dejaría perfectamente libre en la materia al Congreso y que cumpliría con su decisión, cualquiera que fuese, su acción final mucho nos encolerizó, y sabiéndolo, llamó una reunión a la que los señores Rosendo Pineda, Joaquín Casasús, Justo Sierra y yo asisti-

mos. El general Díaz dijo: Yo les debo una explicación. Estoy convencido de que he podido gobernar con éxito para preservar la paz y asegurar algún progreso para México, porque me he valido de la ayuda del capital extranjero. Sus representantes tienen muchos enemigos en el país, y sus peores enemigos se encuentran en los tribunales, porque son venales o porque tienen una noción equivocada del patriotismo. Innumerables jueces han venido a manifestarme que, debido a su inmenso patriotismo, encuentran imposible dictar una sentencia a favor de extranjeros o de compañías extranjeras cuando contienden con intereses mexicanos. He recibido quejas del embajador de los Estados Unidos respecto a las demandas hechas por jueces, escribanos, abogados, tinterillos, gobernadores de los estados y sus favoritos: toda esta masa de depravados traficantes está resuelta a sacar dinero de cualquier empresa que creen bastante rica para que valiera la pena un fallo pronunciado a su favor.

Después de haber tratado durante ocho años y por todos los medios a mi alcance de poner fin a tan deplorable estado de cosas, he llegado a la conclusión de que el único camino que me queda abierto es el que he adoptado. Siempre que se presenta ante los tribunales un pleito importante en el que están implicados los intereses de una compañía extranjera, lo pongo en manos de honorables y distinguidos abogados, acaso los más competentes e inteligentes en México, tales como los señores Ignacio Luis Vallarta, Luis Méndez, Edilio Velasco, Emilio Pardo, Manuel Inda y Rafael Dondé. Estos caballeros, sin formar una comisión especial, en grupos de dos o tres o más si fuera necesario, revisan los procedimientos de los tribunales de Primera Instancia, mientras la apelación a los tribunales superiores está pendiente. Si los jueces de la Corte de Primera Instancia a quienes he dejado perfectamente libres, y si la Corte de Apelación a la que también he dejado libre para sentenciar, dan un veredicto injusto, según la opinión de mis abogados de consulta, faculto a mis amigos para que usen mi nombre a fin de que se haga justicia, si ven que la Suprema Corte de Justicia va a dar un veredicto injusto.

Estoy convencido de que si los capitalistas extranjeros no encuentran en México garantías seguras de protección contra las maquinaciones de un determinado elemento, huirán y con ellos la paz y el bienestar del país.

La explicación dejó satisfechos a los proponentes de la reforma, convencidos de la validez de la razón de Estado; pero *El Monitor,* glosando tan grave concesión al capital extranjero, dio una interpretación diferente de la defensa.

La verdad es que bajo el gobierno del general Díaz no se han formado ciudadanos porque, paternal hasta la exageración, dulce y protector hasta la hipérbole con los miembros de las colonias extranjeras, ha sido cruel e implacable, injusto y terrible con los hombres del país. Es triste decirlo: Los extranjeros tienen en México más garantías que los propios; la Constitución llega a ser una realidad sólo cuando el abuso lesiona derechos que no son del país; es la nuestra una noción de justicia ¡fundada sobre la base del terror de los conflictos internacionales!

En efecto, una nación cuya administración de justicia obedecía a intereses ajenos andaba perdiendo rápidamente su independencia y el patriotismo del presidente cedía al servilismo político sin que nadie interpusiera una mano amiga que lo detuviera, pues la presencia tutelar de González estaba bien muerta.

La supeditación de la justicia a la diplomacia era la primera fatalidad de la depresión. La segunda era el amordazamiento de la prensa. Corolario de la crisis económica, la disciplina de la prensa volvió a imperar y los tribunales recurrieron a los mismos frenos que en la depresión anterior. Aleccionado por la dura experiencia de '85, *El Monitor* se guardó de reincidir, pero tres periódicos noveles, recién llegados a las filas de la oposición —*La República, El Demócrata* y *El Noventa y Tres*— pagaron cara su ignorancia de lo permisible en días de crisis. La redacción de *La República* se fue a dar con sus huesos a Belén por incurrir en flagrantes infracciones a la ley —delitos de injurias, difamación, provocación a delinquir y propagación de especies falsas para hacer bajar los valores nacionales— cuando se cotizaban los bonos mexicanos al 60% de su valor nominal en Londres. *El Demócrata* y *El Noventa y Tres,* por tomar demasiado en serio sus títulos e incurría en las transgresiones previstas en la tabla de la ley, merecieron el mismo correctivo y siguieron al camarada a la cárcel; los periódicos dejaron de existir, pero a medida que la situación mejoraba los periodistas recobraron paulatinamente su libertad; el último en salir libre era el dueño y redactor de *El Demócrata,* Alberto García Granados, quien, ingresando a Belén novato, salió veterano de las vicisitudes de la vocación. Su hermano, Ricardo, se expatrió y al regresar dos años más tarde fue llamado a la casa del presidente, donde recibió algo parecido a una disculpa por lo pasado.

El general Díaz me recibió con mucha atención, diciéndome que tenía mucho gusto en saludarme y que sentía mucho lo que había pasado entre nosotros, pero que a la verdad no sabía cuál había sido el motivo de que él causara el disgusto del círculo periodístico a que yo había pertenecido. No fue poca mi sorpresa al oír las palabras que me dirigió sin preámbulos y en tono de camaradería jovial; pero sin vacilar le contesté que no sabía si se habría tomado el trabajo de leer el periódico en que yo había colaborado, pero que si así lo había hecho, no habría dejado de observar que nunca le habíamos atacado personalmente; que habíamos criticado los actos de su gobierno que nos habían parecido reprensibles y que habíamos defendido los principios que a nuestro juicio eran los más sanos y conducentes al progreso del país, Agregué que no me correspondía a mí juzgar si habíamos estado en lo justo o si nos habíamos equivocado, pero que podía asegurar que había sido el patriotismo el que nos había guiado en todos nuestros esfuerzos. Sonrió entonces el presidente, asegurándome en seguida que en su juventud, allí en los tiempos de Santa Anna, él se había estusiasmado también por los ideales de la democracia, pero que cuando uno entraba en edad, iba comprendiendo lo irrealizable que eran y que le apenaba realmente no poderlos aplicar como deseaba.

La explicación dejó satisfecho al presidente, pero poco contento al periodista, y al día siguiente éste recibió del presidente sendas cartas de recomendación para favorecerlo en sus negocios con los banqueros —prueba inequívoca de que la crisis había pasado y que ya no había motivo para guardar rencor: lo pasado, pasado.

Sin embargo, la persecución de la prensa —error político en que nunca incurrió González— era contraproducente, y *El Tiempo* hizo notar que el mismo gobierno depreciaba los valores nacionales con las providencias adoptadas para protegerlos.

Los esfuerzos sobrehumanos hechos por el gobierno para pagar el último centavo de la deuda extranjera son inútiles, dado el descrédito causado por la presecución de la prensa, que no puede tener sino uno de dos motivos: o una administración que teme que sus combinaciones salgan a la luz o bien una administración débil que teme por su existencia. La opinión pública en las naciones civilizadas, al ver que en México se encuentran constantemente veinte o treinta escritores públicos en la cárcel, y que a éstos se les impone penas verdaderamente inusitadas en un pueblo culto y que ni el mismo Czar de Rusia ni el Sultán de Turquía se atreverían a dictar, concluye que esta República se encuentra en un estado anormal. Y esta conclusión es enteramente lógica y ella acarrea el desprestigio y el descrédito que pesa sobre nuestro nombre en el extranjero.

En lo económico la crisis dejó huellas aún más marcadas que en lo político. La coincidencia de la pérdida de las cosechas y la depreciación de la plata era catástrofe que favorecía el fatalismo; pero entre los dos desastres medía una diferencia fundamental. La pérdida de las cosechas era un desastre natural, debido a las sequías, y contra la voluntad de Dios no había remedio; la baja de la plata era un desastre financiero, debido a la voluntad de la banca británica, y provocaba resistencia humana. El sindicato bancario que buscaba la abolición del bimetalismo en las transacciones internacionales obligaba a los países deudores a aceptar el yugo del becerro de oro, y como los deudores abarcaban tanto los Estados Unidos como México, la desgracia común asociaba a las víctimas vecinas. Pero los norteamericanos no eran fatalistas: indignación, resentimiento, irritación, rebeldía agitaron al pueblo vecino y un periódico texano, tomando la iniciativa, propuso como el remedio indicado una asociación panamericana, formada con el fin de estabilizar el tipo de moneda internacional y contrarrestar la prepotencia financiera de la Gran Bretaña.

> A cuyo capricho estamos todos sometidos, americanos europeos, asiáticos, africanos y australianos. La arrogante, astuta y artera política de Inglaterra basta para reducir al silencio y para matar las esperanzas de la República norteamericana, y quedamos más firmemente presos que nunca en los grillos de un poder que, por casi dos siglos, ha dominado con rapacidad ilimitada todo el mundo conocido.

Con la denuncia el periódico lanzó una nueva declaración de independencia, en escala continental, y llamó a parlamento a todo el hemisferio, declarando que

> los Estados Unidos deben de invitar a todas las Repúblicas de este hemisferio a reunirse en la ciudad de México. Este congreso deberá de fijar la proporción entre el oro y la plata, excitar la buena fe y el crédito de todas las naciones soberanas para mantener esa proporción firmemente. El congreso aprobará un acuerdo para una reducción general de aranceles aduaneros entre ellas mismas; pero establecerá aranceles prohibitivos, prácticos contra la Gran Bretaña y en efecto contra toda la Europa. Con un artículo provisional se

acordará que si cualquiera nación europea, dentro del término que se fijará, se compromete a sostener el *peso* panamericano, quede exceptuado de las tarifas prohibitivas y en pie de igualdad con las repúblicas americanas. Se enviará una excitativa a Francia, España, Italia y de ser posible a todas las naciones que forman la unión latina, para que se hagan representar en el Congreso Internacional. Éstos son, por supuesto, los países amigos del metal blanco. Si se unen a nosotros, tanto mejor para ellos; si no, actuaremos solos. Basta nuestro poder, sin la ayuda de un solo gobierno o nación europea, para establecer la plata para siempre y honrarla como soberana al igual que el oro.

La empresa parecía ambiciosa; pero no tanto para un texano. Enormes serían las ganacias. "Para nosotros los Estados Unidos, tan fuertes manufactureros, los beneficios serían incalculables. Cosecharíamos instantáneamente los millones que han volado y van volando hacia Inglaterra, Alemania, Francia, España e Italia. Cada fábrica paralizada en los Estados Unidos se pondría en marcha y surgirían miles más." Más aún, los confederados acudirían todos al mercado norteamericano.

Sólo aquí harían sus compras, y sólo por dos motivos; 1⁹ porque sus *pesos* los tomaríamos a la par; y 2⁹ porque los aranceles prohibitivos acabarían con la importación europea. La democracia, la digna y sabia democracia, que llevaría a cabo este plan, sería para siempre victoriosa, el mundo la contemplaría con admiración, y las facciones que hoy en día la combaten se adherirían a ella y la adorarían.

Salvado así el peso mexicano. *El Monitor* aprobó la iniciativa sin reservas.

La Inglaterra ha realizado la paradoja de Proudhon haciendo que todos los pueblos se empobrezcan para enriquecerla. Si como quiere el periódico que citamos, los pueblos que forman la unión latina se unen a la América toda para levantar la plata haciéndose representar en este congreso internacional, la cuestión quedará resuelta con exclusión de la pérfida Albión, que ha originado la crisis y de Alemania que siguió sus pasos.

Pero el plan tenía en su contra la iniciativa norteamericana; la rebelión monetaria contra la Gran Bretaña a provecho de los

Estados Unidos sabía demasiado a la diplomacia del finado James G. Blaine, y la diplomacia del dólar conquistó pocos amigos en el continente. Para coadyuvar a México a solucionar su problema monetario el *U. S. Financial News* le aconsejó, en el interés común de los dos países que buscaban una salida para su plata en Asia, "dando así un golpe de revés a Inglaterra, autora de todos estos disturbios económicos". El consejo era atinado pero el estallido de la guerra chino-japonesa cerró el comercio con el mercado oriental, y México quedó en espectador inerme de su impotencia metálica.

Buscando otras soluciones, *El Monitor* propuso uno que le valió la rechifla de *El Siglo*.

> No comprendemos que un periódico como *El Monitor* que ha escrito 452 variaciones políticas contra la reelección; que ha sostenido los *derechos del hombre* en diversos tonos; que ha hablado de libertad y de garantías individuales hasta enervar a sus lectores haya hecho formalmente la siguiente pregunta: "¿Puede considerarse como un ataque a los derechos de un Estado, la depreciación que se haga en otro de su moneda, dándole un valor menor del que tiene por las leyes del Estado de que procede?" Lo chusco de la pregunta consiste en que el boletinista cree que el valor de las cosas lo forman las leyes; si esto fuera cierto, para hacer nuestra dicha no tendríamos más que obtener del Congreso de la Unión una ley por el tenor que sigue: *Artículo único.* —El valor del peso mexicano será, desde esta fecha, igual de 3.000,000 libras esterlinas. Con esta hermosa ley, el poseedor de un peso mexicano podría entrar a la primera joyería de Londres, comprar alhajas estimadas en 200,000 libras esterlinas, sacar su *peso* mexicano para pagarlas, y pedir el vuelto hasta el completo de 3.000,000 en libras; valor del peso fijado por la nación mexicana en uso de su soberanía, y como por el *Tratado de Comercio* que propone *El Monitor,* los súbditos ingleses no podrían despreciar nuestra moneda, el joyero quedaría obligado a mandar *cambiar* al Banco de Inglaterra el *peso mexicano* por el valor de 3.000,000 en libras, fijado por nuestras leyes en virtud de la soberanía nacional. Vamos ahora a la pequeña lección en economía política. Bueno es que sepa *El Monitor* que en ningún país civilizado el gobierno se permite fijar el valor de la moneda. El valor de la moneda está como el de todas las mercancías bajo la indestructible y poderosa ley de la oferta y la demanda. El Estado, al hacer moneda con un metal, no le da ni le puede dar, ni pretende darle *valor ninguno.* Al hacer moneda el Estado, *fija*

la ley de un metal, es decir, su estado de *pureza;* fija su peso en determinado fragmento y le da poder liberatorio...

Siguió la lección y dilucidada la diferencia entre el *poder liberatorio,* o sea el valor de la moneda para liquidar deudas, y el valor económico de la misma, determinado por la relación de una comunidad a otra, siempre relativo y variable, y el valor adquisitivo que obedece a las leyes de la oferta y demanda, *El Siglo* siguió reprobando al colega.

Los gobiernos de la vieja Europa han tenido los errores actuales de *El Monitor.* Hace algunos siglos se creía en el poder del Estado para dar valor a la moneda, como se creía en su deber de salvar las almas por la calcinación de los cuerpos, y como se creía en la facultad de los reyes de curar la ceguera con saliva. Es cierto, y esto disculpa el vacío científico de *El Monitor,* que hasta algunos exministros de Hacienda han creído, y continúan creyendo, que si el *tejo de plata* acuñado que llamamos *peso* tiene valor, es por la omnipotente voluntad del gobierno. Esto mismo creen las amas de casa, las cocineras, los cocheros de sitio de *bandera amarilla,* y hasta algunos altos empleados de Hacienda, que han oído hablar de *curso forzoso* de moneda, y que cuando *El Monitor* rehúsa aceptar la *moneda legal* por su justo valor, se llama al gendarme y éste arregla la ardua cuestión sobre valores. Como nuestro colega no sobresale aún de estos conocimientos *caseros* en materia de finanzas, nos vamos a complacer en hablarle del valor de la moneda.

El valor de la moneda o de cualquiera otra mercancía no puede nunca ser *abstracto* ni *absoluto.* El valor es siempre una relación de una cosa respecto de otra. El valor de una cosa respecto de otra no es más que el *poder* de adquisición de esta cosa respecto a la que se quiere en determinado momento. Las mercancías no tienen justo valor; decir esto es un gran disparate; tan justo es el valor y cuando abunda, *justo,* muy justo es que baje de valor; y esto es cuando una mercancía *escasea,* justo, muy justo es que suba de valor, del maíz cuando vale un peso la carga como cuando vale 10 ó 20 pesos. El valor está regido por la ley de la oferta y la demanda, y justo porque es necesario, porque de otra manera no habría producción desde el momento en que la autoridad dispusiese de los *valores* y tuviera el poder de *expropiar* a los *unos* en beneficio de los otros. Esta monstruosidad la estamos viendo llevar a la práctica en Michoacán, donde la autoridad pretende obligar a vender en determinado tiempo el maíz que tienen almacenados los hacendados.

Triste es ver tan descuidada la educación económica de los habitantes de la República. Las personas que parecen más sensatas son las que discurren más barbaridades en materia de la depreciación de la plata, cuyo principal efecto ha sido perjudical para el·crédito de nuestro país, pues ha descubierto la verdadera depreciación de la intelectualidad colectiva. Afortunadamente para el porvenir de la República, el alto personal de la actual administración es verdaderamente ilustrado y opondrá la mayor resistencia a dejarse conducir por las inspiraciones de intrépidos periodistas que, con más caridad que ciencia, dan soluciones a un asunto cuya gravedad consiste en los remedios que proponen.

Y cuando para colmo *El Minero Mexicano* recomendó que se aumentase el valor del peso, incurriendo en el mismo error elemental que *El Monitor,* el árbitro descalificó a los dos, desesperado por la educación del pueblo mexicano.

Lamentamos que con periódico especialista como *El Minero Mexicano,* al tratar la cuestión de la plata, se haya puesto al nivel de *El Monitor Republicano.* Y con esto hemos dicho bastante.

Pero el último golpe a la plata lo dio el gobierno de Washington al suspender la ley Sherman para la compra de la plata.

La ley Sherman por la que el gobierno de los Estados Unidos estaba en la obligación de comprar cada mes cuatro y medio millones de onzas de plata, ha sido derogada sin votación lo que contrarresta sus efectos, es decir la libre acuñación de ella en los Estados Unidos —señaló *El Hijo del Ahuizote,* cuya especialidad era la burla—. En cambio, el ministro de Hacienda de la vecina República, que no se llama Limantour como aquí, ha dado órdenes a las casas de moneda para la inmediata acuñación de oro. Con esto, y con lo de más allá, y con lo que ustedes quieran, vamos sin zumba a la miseria. México vendía una buena cantidad de plata mes por mes a los Estados Unidos. México, donde merced a la *protección* de los gobiernos no se conocen los beneficios de la agricultura, lo único que tenía para pagar su consumo era su plata. Depreciada ésta en Europa, quedaban los Estados Unidos, y si se cierra ahora esa última plaza, nos vemos en el caso de hacernos zapatos de plata, pantalones, de *idem,* y comeremos *beefsteaks* de la misma.

Condenado a la miseria de Midas, México tenía el consuelo, cuando menos, de saber que el país vecino andaba no menos mal parado. Los monometalistas y los bimetalistas luchaban en Europa, en los Estados Unidos se agitaba el problema políticamente, y *El Monitor* tenía a sus lectores al corriente de las peripecias de la contienda entre banqueros y naciones con los informes de un corresponsal calificado, colocado en Washington. En una conferencia monetaria celebrada en Bruselas y dominada por los ingleses, los banqueros y los pueblos libraron la batalla; la plata sucumbió y las repercusiones en los Estados Unidos fueron tan funestas como en México.

> El primer país que padeció los efectos de esta gigantesca conspiración fueron los Estados Unidos, pues a los dos meses de cerrada la Conferencia de Bruselas, la plata principió a bajar, y con ella el valor de las mercancías. Fábricas y minas cesaron por completo sus operaciones, los salarios disminuyeron, el comercio languidecía, entre tanto que el oro rebozaba en las cajas de la Tesorería. A consecuencia de ese pánico surgió un estado de miseria jamás presenciado en Norteamérica, ni aun en los tiempos mismos de la Guerra de Secesión, y aún hoy mismo el pánico es general en todas las clases y el dinero se encuentra por las nubes. Y no es que no lo haya, mas quienes lo poseen en abundancia no quieren invertirlo en especulaciones hasta tanto que la crisis monetaria desaparezca. Estadistas eminentes y financieros sagaces estudiaron en las prensa ese fenómeno y de mancomún llegaron a la conclusión de que la baja de la plata era el factor esencial y único del pánico económico. Los republicanos, aprovechando la oportunidad, se asieron del metal blanco como un arma de partido contra los demócratas, y muchos de éstos se asociaron al movimiento bimetalista, y así en la tribuna como en el periodismo manifestaron abiertamente sus opiniones. Y fue tal el clamor en la opinión pública, que hubo de formarse una coalición entre republicanos y demócratas y una nueva agrupación política que se llama el *Silver Party*. Mas esa rebelión del espíritu nacional nada podía hacer de efectivo contra una situación creada por los banqueros europeos, pues que los Estados Unidos, como país deudor, depende de los grandes centros europeos, particularmente de Inglaterra. De suerte que, si la iniciativa no partía de Europa, los americanos tendrían que beber el agua turbia como está, o derramarla.

Pero de Europa vino no sólo el mal, sino el remedio.

> La liebre salió donde menos se esperaba —en Alemania. Antes de la guerra con Francia la nación alemana era bimetalista; mas después, y quizá en oposición a la política económica de Francia, entró en liga monometalista con los ingleses. Fue una espada de

dos filos torpemente esgrimida, porque Francia, en vez de arruinarse, prosperó, y Alemania, lejos de enriquecerse, fomentó inconscientemente el desarrollo del socialismo, merced a su escasez monetaria. Recientemente, y en el Parlamento, se ventiló la cuestión financiera, adoptándose medidas en favor de la plata y de la convocación de una conferencia, acto que fue secundado por las bolsas de Berlín y Hamburgo en gran mayoría. Un mes más tarde y debido a la iniciativa de Alemania, se discutió el mismo asunto en el Parlamento, donde tuvo como resultado la creación de una *Liga Bimetalista,* de la cual forman parte no solamente diputados y escritores, sino también banqueros y estadistas de renombre. Y si en Inglaterra, baluarte de los monometalistas se organiza una corporación semejante, es porque la lumbre ha llegado al colchón. Los especuladores y banqueros ingleses, que cuentan con billones, harán guerra sin tregua a esa liga, retardando cuanto puedan la ley internacional que equilibre los dos metales de circulación, mas no por eso se dejará de llegar, más tarde o más temprano, a una solución equitativa y justa. A esos discursos pronunciados en Berlín y en Londres se debe al alza de la plata, más todavía a los preliminares de paz entre el Japón y la China. Esto prueba que la cuestión de la plata es el resultado, no de un dislocamiento económico por la superabundancia del metal, sino del capricho arbitrario de una confabulación de especuladores.

Más tarde o más temprano era cuestión de vital importancia para México, el más vulnerable de los países afectados y el menos capaz de resistir un prolongado sitio de hambre. En 1895 la guerra chino-japonesa terminó con la victoria del Japón y el corresponsal de *El Monitor* se puso a especular, con cautela, sobre el mercado asiático para la plata mexicana.

He dicho anteriormente que Japón, por consejo de la mefistofélica Inglaterra, exigirá a China, como indemnización de guerra cuatrocientos millones pagaderos en oro. Si este hecho se confirma, afectará en algo al mercado de la plata, aunque no tanto como ansían los banqueros ingleses. Ahora bien, Japón no tiene más tipo de moneda que el de la plata, medio de circulación que ha empleado por centurias, y no cambiará su sistema monetario tan fácilmente, pues que en los pueblos asiáticos la tradición y rutina son casi inmutables. Lo probable es que China sitúe los cuatrocientos millones de yenes al crédito del Japón en los centros de Europa, y no es aventurado suponer que con gran parte de ese oro la nación vencedora comprará plata en barras para acuñarla en la efigie del Mikado.

Pero la batalla estaba ganada sólo a medias; los enemigos de la plata eran formidables y no se daban por vencidos.

Esos enemigos son los banqueros ingleses y neoyorkinos, especialmente los primeros, que gobiernan desde Londres el mundo de las finanzas. Ellos influenciaron a los miembros británicos de la Conferencia Monetaria de Bruselas de tal suerte que el resultado de las sesiones fue perfectamente negativo. Ellos también, con el carácter de acreedores, han impuesto leyes económicas a los pueblos de Sudamérica, obligándolos a redimir sus deudas bajo el tipo de oro. Fueron ellos quienes conspiraron por la clausura de las casas de moneda de la India; quienes sembraron la semilla monometalista en el parlamento americano; y quienes, por último, aconsejaron al Japón que requiera en oro la indemnización de guerra al imperio chino.

Sin embargo, la victoria nipona inclinó la balanza vacilante, la plata comenzó a subir, y por raro que parezca, la familia de naciones resultó más fuerte que los banqueros ingleses. Las fluctuaciones del metal blanco, repercutiendo en todos los pueblos afectados, reaccionaron como azogue sobre sus economías, y ninguna era más vulnerable que la de México; lo que salvó la plata mexicana fue la batalla librada y ganada en el extranjero, pero un triunfo tan fortuito no ofrecía garantía alguna en caso de repetirse el desastre, y mientras el metal mercurial variaba bajo el arbitrio de sindicatos financieros y guerras internacionales, el país se encontraría siempre a merced de contingencias incalculables. La defensa competía a Limantour. Durante la depresión, librando la batalla del presupuesto y dependiendo de Londres y Berlín para salvar el crédito nacional, nada pudo hacer, pero el problema de la plata figuraba entre sus planes para el porvenir, y diez años más tarde, para evitar otra calamidad, se rindió a discreción a la banca británica y adoptó el talón oro.

La recuperación de la depresión era lenta, larga, laboriosa, y puso de manifiesto una vez más la debilidad intrínseca de la economía del país. "Desgraciadamente en nuestra patria la iniciativa particular es muy débil y sólo despierta estimulada y alentada por el poder público" —reiteró el Presidente en 1892. Un año más tarde, haciendo eco a la preocupación del presidente, *El Monitor* volvió a poner el dedo en la llaga, y recalcó una vez más la relación moral entre la apatía del pueblo y el sistema de gobierno.

No hay iniciativa, falta el espíritu de empresa. La absorción de las libertades por los hombres del poder ha dado por resultado que la indolencia y la inacción se apoderen de los espíritus y la preponderancia del poder y su ingerencia en todo lo poco que se inicia para el bien del país ha hecho degenerar nuestro carácter... El progreso de la República, en lo que ha merecido algún impulso al gobierno de los hombres de Tuxtepec, ha traído al país a una situación deplorable. Los impuestos que han llovido y la miseria que se ha agravado son efecto del medio de impulsar el progreso que puso en práctica el gobierno de los hombres de Tuxtepec. A eso debemos el gran aumento de nuestra deuda pública, a él debemos los sacrificios impuestos al pueblo para cubrirlo, a él deberá por mucho tiempo la nación el desequilibrio en los presupuestos y las exacciones que, al pasar sobre la producción, retardarán el progreso de nuestra industria, de nuestra agricultura y de nuestro comercio.

Y a eso debíase la importancia política de Limantour. En una nación en que nada se hacía sin la iniciativa, el patrocinio, y la protección del gobierno, la Secretaría de Hacienda era el corazón del cuerpo político, y el facultativo que restableció el funcionamiento regular del órgano vital, ejerció una saludable influencia moral en la opinión pública. El pesimismo, la depresión, la confusión, el fatalismo se evaporaron como una pesadilla y con la solvencia y la recuperación normal que sucedía regularmente a cada crisis económica renació la confianza en la fuerza del gobierno. El mismo *Monitor* se rindió a la evidencia, reconoció el talento de Limantour, elogió sus méritos excepcionales, su laboriosidad, su probidad, su cordura, su patriotismo, y mal que le pesara, se aficionó al ministro que frustró sus esfuerzos de minar confianza en el régimen en los días críticos cuando se encontraba vulnerable, desprestigiado, y a punto de sucumbir a la crisis económica.

Para *El Monitor,* pues, la crisis fue fatal. La eficiencia del financiero aseguraba la eficiencia del régimen y el doctrinario *Monitor,* a punto de capitular a la dictadura, se vio en el caso de regatear para conservar su independencia. "Ya que el pueblo no disfruta de libertad, que al menos tenga el bienestar material que proporciona el trabajo —dijo en 1894— y ya que ha perdido sus derechos políticos, que al menos tenga seguro el pan." Apostasía no era la concesión, no; nada más falaz que trocar la libertad por el pan, pero más valía algo que nada, y siendo incurables los males del régimen, se resignó a sacar ventaja del trueque. Reducido a transacciones, el intransigente ideólogo conoció una derrota amarga, pero se salvó del reproche denunciando la falacia que aceptaba a contrapelo: "Aparente es el bienestar proporcionado por la tiranía, porque el pueblo cuyos derechos no están garantizados, cuyo destino depende de una voluntad caprichosa, es siempre víctima de catástrofes que truecan en males permanentes goces de escasa duración." Víctima de su propia casuística, el veterano antagonista del gobierno siguió impugnando la dictadura, pero sin apoyo; abandonado por la opinión pública, confesó que ya no representaba nada sino su propio parecer. Pero ¿no era eso lo que siempre había hecho? La opinión pública, ¿qué cosa era?, ¿dónde estaba?, ¿no era también un engaño, un espejismo, una fuerza ficticia?

> La gran dificultad para conocer el sentido de la mayoría —dijo, recurriendo a la última evasiva ante una duda tan fatal— es la falta de contacto entre la mayoría y el periódico. Lo exacto sería decir que en México el periódico no puede ser órgano más que de sus redactores. Es materialmente imposible marchar de acuerdo con una opinión pública que nunca nos comunica su parecer y que, cuando nos lo comunica, estamos fatalmente obligados a no publicar por las terribles responsabilidades que contrae el periódico. A nuestra redacción llega correspondencia en que se denuncian abusos, transgresiones a las leyes del país, atentados que manchan la justicia; pero nada de eso podemos publicar por falta de libertad de prensa. Nosotros creemos que en nuestro país, lejos de pensar en ser el eco fiel de la opinión pública, debemos empezar por formarlo, porque en verdad no sabemos todavía dónde está esa opinión ni dónde se la encuentra.

Pero ya era tarde para empezar a formarla de nuevo. Abandonado, después de dedicar más de tres décadas a indoctrinar la opinión pública, *El Monitor Republicano* se dio por vencido.

En octubre de 1896, de vuelta de unas breves y bien ganadas vacaciones en Veracruz, Limantour fue recibido en la terminal del Ferrocarril Mexicano por una multitud que lo aclamaba, acompañándolo en la calle y ovacionándolo con serenatas ante su casa. De acuerdo con *El Monitor,* el consenso de las opiniones públicas convino en que el mayor acierto del gobierno en el pasado cuadrienio fue el descubrimiento del financiero que garantizaba la perpetuación indefinida de la dictadura; y fue esta la última fatalidad de la depresión.

18

Con la cuarta reelección en 1896 tocó a su fin la dictadura de Díaz y comenzó el gobierno de Limantour: tal fue el desenlace final de la depresión. En lo sucesivo la dictadura será doble: de nombre, Díaz seguirá siendo el amo indiscutible de México, pero *de facto* el poder pasa a manos del financiero que desempeña una función tan imprescindible que el Presidente depende absolutamente del ministro; y tanto es así que en 1896 se habla ya de resucitar la vicepresidencia y nombrar a Limantour para ocupar el puesto. Limantour rechaza la idea por boca de su órgano en la prensa.

> El señor Limantour sólo se preocupa de cifras y la cuestión de cifras aparte, no nos preocupamos con el señor Limantour —asegura *El Universal*—. Tenemos entendido que en el presente gobierno el secretario de Hacienda, sea voluntariamente, sea por convicción, ha reducido su papel al de un financiero leal, muy alejado de toda intriga, y que le horroriza el menor murmullo político.

Sin embargo, Limantour era lo bastante político como para negar que lo fuera, y lo demostraba desmintiendo una idea que no pudo menos que despertar la desconfianza del Presidente, siempre sensible a un sucesor y enemigo declarado de la vicepresidencia.

> Bastaba con que la opinión pública indicara a determinado persona para determinado cargo, dice Bulnes, para que el general Díaz se considerara lastimado en su fiera divinidad, en su prerrogativa de infalible, y con cólera sorda y semblante duro de dios azteca, distribuía miradas aterradoras. El país era suyo, como una cosa, y las cosas no hablan, ni proponen, ni manifiestan deseos, ni sienten, ni perturban con impertinencia la augusta tranquilidad de sus sueños.

Bien lo sabía Limantour y cuidándose de turbar el sueño, rehuyó la atención pública, retirado en su rincón del gabinete; pero aquel rincón era la piedra angular del gobierno, y si algo quedaba demostrado por la reciente crisis, ese algo era que la seguridad del régimen descansaba ya no en el militar ni en el político, sino en el financiero, y por más que lo negara Limantour, la posición que ocupaba era virtualmente la de Vicepresidente de la República porfiriana. Bastaba su eficiencia para transformarle en figura política, y si bien respetaba lealmente la fórmula de *mucha administración y poca política,* su administración magistral de la Secretaría de Hacienda le aseguraba el control de todas las dependencias del gobierno, la colaboración de sus colegas, la dirección de la cosa pública, y la confianza del presidente que no era financiero.

Los talentos de Limantour no se limitaron a las obras de salvamento llevadas a cabo durante la depresión. Una vez conjurada la crisis y despejado el horizonte, el ministro emprendió la revisión y dirección de la política económica del régimen. La política económica era un programa, no un plan: impuesto por las circunstancias y dictada por imperativos políticos, era empírico y experimental, y al revisarlo Limantour transformó la improvisación original en algo parecido a un plan estratégico, desarrollando el programa de trabajo sistemáticamente y reformándolo conforme a los preceptos de la Economía Política, disciplina que había impartido en una escuela comercial antes de introducirla en el gobierno; y corrigiendo errores iniciales hasta donde fuera posible, aflojando los *grillos* impuestos al desarrollo del país por la necesidad y librando al gobierno poco a poco del régimen de la fatalidad, al acometer esta empresa, Limantour dio la medida de su maestría y reveló las cualidades que tan valioso colaborador técnico hizo de él el caudillo.

Limantour era de ascendencia francesa y la eficiencia que puso al servicio del gobierno era eficiencia francesa. La frugalidad era la regla de su administración y la base de toda su carrera; pero no era su única ventaja. La economía con que salvó la crisis era de carácter conservador, pero también constructivo, y puesta en orden su casa, realizado el milagro del presupuesto nivelado, ambición de todos los gobiernos mexicanos, logrado un excedente anual, y estabilizado el gobierno dictatorial, Limantour procedió a reformar el progreso nacional y reveló reservas de iniciativa, previsión e ingeniosidad dignas de un estadista de categoría. Uno tras otro, acometió los problemas capitales que dificultaban el progreso del país y adoptó una serie de medidas encaminadas a manumitir la economía de las cadenas que detenían la construcción del puente proyectado hacia la prosperidad. Todos estos problemas —las alcabalas, el sistema bancario, la plata, los ferrocarriles, los monopolios extranjeros— pertenecían a su dominio y dependían de su ciencia pero, llamado tarde a recomponerlos, los atendió en el orden inverso a su trascendencia y a intervalos que correspondían a la posibilidad de manejarlos, pues el ritmo de reformas obedecía también a la regla de la fatalidad. Lógicamente —y la lógica formaba parte también de su herencia francesa— la reforma hubiera debido comenzar con el principio, o sea con el vínculo ferrocarrilero, política indispensable para el progreso del país, pero que desviaba la prosperidad hacia el socio americano, y adeudaba al gobierno cada vez más profundamente para costearla; pero la comunicación ferrocarrilera era un compromiso irrevocable y Limantour, recién llegado al gobierno, estaba cronológicamente impedido para corregir el hecho consumado; y siendo tan sensato como lógico, comenzó con los obstáculos internos y terminó con los externos.

En 1896 abolió las alcabalas. De todos los impedimentos internos el más resistente era el arcaico sistema de aduanas interiores, que remontaba a los días de la Colonia y que había desafiado todos los intentos de erradicarlo bajo la República. Lo absurdo de un sistema fiscal que estorbaba el libre intercambio del comercio interno, oponiendo a la circulación de los productos de un Estado la protección de otro, no necesitaba demostración: reconocido, deplorado, denunciado a la unanimidad, la Constitución prohibió el tropiezo nacional e internacional, comisiones oficiales lo condenaban, congresos económicos lo acusaban, pero nada pudo la razón contra el absurdo mientras las alcabalas proporcionaban las rentas de las entidades federales tan seguramente como las aduanas exteriores, los ingresos del gobierno federal. Las alcabalas eran un mal necesario hasta que fueron un mal obsoleto. Originadas en el sistema impositivo de la Colonia, representaban un anacronismo flagrante y contraproducente en la era ferrocarrilera y el empuje de la locomotora acabó por socavar la barrera; González dio el primer paso, otorgando al Ferrocarril Central los privilegios de fianza y depósito en la capital para pagar los derechos de tránsito, arreglo que no era más que un acomodo sin circunvenir el obstáculo; Díaz derogó las alcabalas durante la crisis sin lograr más que el respeto parcial al decreto federal; y no fue sino hasta 1896 cuando la barrera cedió al fin al sentido común. El momento era propicio: castigado por una larga depresión, el país estaba preparado para reformar uno de sus errores y la reacción normal del comercio y el reflujo de una ola de prosperidad con el retorno del capital extranjero, facilitaron la creación de nuevas fuentes de ingreso a los gobiernos y el paso a nivel de la reforma; y Limantour la inició con las precauciones del caso, en plan experimental, limitándola, para comenzar, al Distrito Federal y los Territorios bajo jurisdicción federal, con la promesa de modificarla si fuera necesario, pero la cansada iniciativa pasó sin accidentes y el comercio nacional e internacional hizo caudal del ministro que quitó la barrera a la siempre difícil convivencia económica de las naciones. Con esta medida Limantour satisfizo una de las exigencias originales de Foster y prestó al mismo tiempo un señalado servicio político al Presidente; las alcabalas perpetuaban el provincialismo y la reforma contribuyó a la centralización del poder, siendo la abolición de las alcabalas a la vez la reducción del regionalismo, la limitación del federalismo y la integración fiscal esencial para la unificación nacional.

La eliminación de las alcabalas llevaba lógicamente a toda una serie de reformas fiscales, y un año más tarde Limantour reorganizó el sistema bancario que adolecía de defectos de tipo alcabalatorio —el monopolio del Banco Nacional y las consiguientes dificultades de competencia, la concurrencia del agio en la forma de bancos con concesiones irregulares y reservas insuficientes para garantizar la circulación de sus notas, y la conversión del servicio bancario en una actividad especulativa e irresponsable, con perjuicio a su función social de promover el comercio y alentar la empresa; y también en este dominio Limantour introdujo ciencia y eficiencia con leyes y reglamentos que, disciplinando el servicio bancario y vigilando sus operaciones en beneficio de su función legítima, inspiraron confianza al público, despertaban el tímido espíritu de empresa y alentaban la iniciativa privada bajo la supervisión y control del gobierno.

Lógicamente también todas estas diligencias técnicas debían conducir a la reforma monetaria, pero el ministro no estaba preparado aún para abordar el gran problema mercantil de la plata y, aunque lo tenía en plan de estudio, su previsión estaba limitada por su impotencia. El otro gran problema internacional que pedía su intervención era la dirección ferrocarrilera, y en un memorando sometido al Presidente y al Congreso de 1898 el precavido ministro pasó revista a las crecientes y prolíficas dificultades que acompañaban la construcción de los caminos de hierro. En ninguna parte eran más evidentes el derroche y dispendio que caracterizaban la primera fase de la política económica del régimen; en ningún renglón del programa de trabajos eran tan claras la falta de planificación y coordinación sistemática y la necesidad de corregir los errores iniciales. Las faltas señaladas por el ministro eran las que naturalmente debían esperarse, tratándose de una empresa pionera, y revisadas en retrospectiva eran perfectamente previsibles: subvenciones excesivas, rutas dispendiosas; duplicación de vías por rumbos paralelos; favoritismos y especulación en el trazo de las líneas; costosos rodeos para beneficiar alguna propiedad particular o para aumentar el kilometraje y el subsidio; ramales iniciados y abandonados entre una región poco productiva y otra; incumplimiento de contratos por empresarios irresponsables; y cuando hubo planificación, ésta obedecía siempre al interés del vecino y sólo incidentalmente a las necesidades del país; en suma, prisa, precipitación, imprudencia, prodigalidad, desperdicio y falta de experiencia. Tarde ya para corregir tales errores, todavía había tiempo para prevenir su repetición en lo futuro; y el ministro reservó su don de previsión para el porvenir. El memorando puso de manifiesto los rasgos más relevantes de su carácter: previsión, prudencia, frugalidad, eficiencia y —coeficiente de tales cualidades— la consumación lógica de ellas— Limantour era tímido.

Para 1898 el ministro tenía fijada su meta, pero el ritmo de progreso estaba sujeto a las rémoras y al retraso de la revisión, de suerte que el ferrocarril y el monopolio vecinales, en vez de ser los primeros fueron los últimos problemas abordados. Después de su llegada al gobierno el progreso se medía ya no por las piedras miliares entre un periodo presidencial y otro, sino por el intervalo entre una crisis económica y la siguiente, y si el ciclo seguía su curso normal, Limantour tenía diez años para alcanzar la meta.

Acompañando la elevación de Limantour al Ministerio, se inició la ascensión de sus amigos, los llamados científicos. Ellos formaron un grupo de intelectuales que sesionaron en la convención electoral de 1892 sin llamar mucho la atención hasta que uno de ellos (Pablo Macedo) pronunció un discurso que les valió su apodo popular. Según el orador, el grupo abogaba por la dirección científica del gobierno y el desarrollo científico del progreso del país, corrigiendo el curso empírico y experimental perseguido hasta aquí; y la insistencia puesta sobre el término *científico* y la presunción que implicaba les merecieron el mote. No era del todo desmerecido, ya que lo que entendieron por ciencia era simplemente eficiencia en el oficio, y como la eficiencia en ciencia de gobierno era un secreto buscado sin éxito por todos los sistemas conocidos desde que el mundo fue mundo, el mundo mexicano los motejó con razón; pero no hacían más, en realidad, que sintetizar en una palabra la pretensión de aquella convención de intelectuales porfiristas que, al recomendar la reelección del general Díaz, solicitaban algunas reformas democráticas bajo el concepto de que la práctica era más eficaz que la simulación de la democracia, y al poner en tela de juicio la experiencia política del Presidente cometieron un error que él tardó mucho en perdonar. Pero se corrigieron. Si había un ramo de la administración en que la ciencia era indispensable, no era otro que la Secretaría de Hacienda, y al tomar posesión del despacho en 1893 Limantour dirigió el gobierno del general Díaz con una eficiencia que vindicaba su contención: su gestión les daba la razón, y se dedicaron a colaborar con el brillante ministro, asociándose con su influencia, convirtiéndose en sus corifeos y transformándose en ecos coeficientes de sus triunfos. La relación hubiera sido comprometedora para un ministro que rehuía la política y la publicidad a no ser por su discreción; pero evitando otro error, se dedicaron al mismo tiempo a exaltar la experiencia política del Presidente. En el curso de una polémica con los demócratas dogmáticos en 1893 su órgano en la prensa (*El Universal*) salió en defensa de la dictadura progresista e hizo gala de su cambio de convicciones y de su genealogía ideológica.

> El progreso del país ha sido impuesto por un grupo avanzado, por una minoría científica —ya que se ha empleado esa palabra— contra los anhelos de la gran suma de ciudadanos, largamente manifestados en periódicos que se han complacido en acumular obstáculos a nuestro progreso. ¿Cómo realizó el general Díaz el reconocimiento de la deuda inglesa? Contra la democracia. ¿Cómo se establecieron los ferrocarriles en el país? Contra la opinión pública —es decir, contra la democracia. ¿Qué cosa ha significado la opinión pública en la marcha del país? La opinión pública ha rechazado toda manifestación de nuestro desenvolvimiento, y si los gobiernos hubieran escuchado su voz, la República se encontraría todavía en sus pri-

meras etapas, con el bienestar tocando en balde a nuestras puertas y nuestra riqueza pública latente en espera de un impulso.

Defender todos estos aciertos impopulares de la dictadura resultaba difícil durante la depresión; pero para 1903 el talento de Limantour había vencido y convencido a la opinión pública, sus propagandistas prosperaban a ciencia y paciencia del Presidente, que contaba con los aciertos del financiero, y los científicos eran el grupo avanzado, que buscaba el poder tan evidentemente que la opinión pública les atribuyó la idea de postular a Limantour para la vicepresidencia de la República.

En ninguna parte era tan evidente la influencia tonificante de Limantour como en el tono de *El Monitor,* que alababa sus talentos con la independencia e imparcialidad que se preciaba de conservar, pero que molestaba tanto a sus colegas que el converso fue acusado de lamer las manos de Limantour, de halagar a un ministro a expensas de otros, de glorificar a Hacienda por motivos perfectamente comprensibles, y sobre todo de olvidar el crédito que merecía el señor Presidente por el progreso del país; y *El Monitor* se vio obligado a negar con su último aliento que se había vuelto un cortesano y un sicofanta. En 1896 el Presidente reorganizó la prensa: adoptando una medida de economía política muy suya, quitó los subsidios a los periódicos ministeriales, que formaban las rivalidades del gabinete, y los sustituyó con un solo órgano semioficial, bien subvencionado para venderse a precio ínfimo y fuera de competencia, y dotado de maquinaria y mentalidades modernas para facilitar su más amplia circulación. Este periódico, titulado *El Imparcial,* adoptó un programa absolutamente apolítico.

> El gobierno —explicó en su primer número— no necesita ya un periódico dedicado especialmente a su política por la simple razón que actualmente no hay dinámica política. No hay miembros del gabinete, no hay gobernadores de Estados, no hay corporaciones sociales, no hay partidos que hacen política. El gobierno no tiene dificultades, ni obstáculos, ni preocupaciones, ni borrascas, ni amenazas de resistencia qué vencer. Sin lucha no puede haber política, el programa del gobierno es puramente administrativo y es un programa muy bueno para una nación que ha pasado la mayor parte de su vida desafortunadamente a causa de una dedicación inmoderada a la política, olvidándose del axioma que no puede haber sólido progreso político sin enorme progreso administrativo.

En tal estado de felicidad apolítica el general Díaz alcanzaba al fin y al cabo la beatitud de todo dictador, aunque *El Monitor* calificaba la paz de comatosa y señalaba que "hay estados adinámicos que traen consigo la muerte". De todos modos, la purga de la prensa política traía consigo la muerte de la vieja escuela de periodismo, dedicada a la defensa de filosofías políticas, y obligaba a los viejos diarios doctrinarios a desaparecer: el primero en sucumbir fue *El Siglo XIX* que, a pesar de los valiosos servicios ideológicos prestados al régimen, terminó su carrera sin que se le echara de menos. Poco después desapareció *El Monitor Republicano,* cerrando así una época memorable en los anales del periodismo mexicano; en el penúltimo número el hijo del dueño del viejo periódico de combate recordó la larga y tenaz carrera de su órgano, contemporáneo de la Constitución que defendió con constancia incansable, y reconoció que el republicano *Monitor* ya no tenía razón de ser.

> Buscamos apoyo para resistir y encontramos el vacío alrededor de nosotros. *El Monitor* se equivocó cuando coadyuvó al triunfo de la revolución de Tuxtepec, y en política equivocarse quiere decir morir. La mordaza impuesta a la prensa sofoca y agobia mis esfuerzos, y para hacer esta breve declaración y despedirme de los perseverantes lectores que me han acompañado en esta lucha diaria por la libertad, debo realizar un esfuerzo para gritar como el gladiador romano: *Ave, César, morituri te salutant.* Vicente García Torres.

Moral y materialmente incapaz de competir con *El Imparcial,* tanto por el precio regalado como por la calidad comercial que abarataba la vocación periodística, sustituyendo el ideario político con la noticia del día, el reportaje insustancial, y la ilustración gráfica al gusto del lector moderno, *El Monitor* se retiró de la palestra, lamentado por *El Universal.* El portavoz de los científicos, rindió tributo al venerable error del vencido.

> El decano de la prensa liberal, el esforzado campeón de la democracia, el defensor inmaculado de los principios contenidos en nuestra Constitución, acaba de consumar un hecho inaudito: *El Monitor* se ha suicidado. Las importantes declaraciones en su último número son un grito de duda y desesperación, y desgraciadamente confirman completa y sinceramente el que *El Universal* estaba en lo correcto al juzgar la futileza de los esfuerzos hechos por aquel periódico a favor de un ideal demasiado hermoso para realizarse en una nación como la nuestra.

El Monitor dejó de existir; pero no sin consuelos. En uno de sus últimos números citó un discurso pronunciado por el Presidente en Guadalajara, donde fue aclamado como el autor de la paz —título que rechazó con su acostumbrada modestia.

> No, señores —protestó— no soy el autor de la obra de paz. Por mucho que se me suponga dotado de cualidades excepcionales, no sería posible que labor tan colosal fuera la de un solo hombre. No, señores, la paz no la he hecho; la ha hecho el pueblo, tan valiente, tan grande, tan heroico en la guerra, y tan trabajador, tan cuerdo, tan fuerte, tan honrado y tan generoso en la paz. El país trabajado por las guerras que emprendió para conquistar vida independiente, y por las desoladas y tremendas luchas intestinas que tanto lo desgarraron, tomándome un día como órgano, pidió, solicitó, planteó, llevó a cabo esa paz tan deseada por todos, y de la cual yo, como todos los ciudadanos, me aprovecho.

Por ser rigurosamente exacta y absolutamente personal la apreciación de su obra hecha por el Presidente, *El Monitor* se dio por satisfecho.

> Aunque tarde ha por fin triunfado el criterio de *El Monitor* tocando a la paz de la nación. Nuestras opiniones fueron contestadas con ultrajes... por decir que, en nuestro concepto, el general Díaz no era el autor de la paz en México, nos llamaban a nosotros autores de una explotación inicua del pueblo —mercachifles del periodismo, especuladores de cierto espíritu de oposición de todo el que está abajo contra todo el que está arriba. Hoy, cuando menos lo pensaban, el mismo general Díaz, el llamado autor de la paz, el Washington mexicano, como a porfía lo han llamado desde los redactores de los periódicos del gobierno hasta el presidente del Ayuntamiento de Guadalajara, acaba de decir que no ha hecho la paz.

Poco después, *El Mundo* (suplemento dominical de *El Imparcial*) puso a discusión la cuestión de la permanencia de la paz y la dio por resuelta, ya que la paz estaba fundada en la prosperidad. *El Monitor* tenía casi cerrados los ojos en paz cuando tanta confianza oficial vino a despertar su inveterado espíritu de contradicción.

> Desde nuestro punto de vista —contestó en su lecho de muerte— más fácil, menos aventurado sería pronosticar que la paz en México presenta grandes escollos, ofrece grandes peligros para el porvenir. Comienza a leerse en México, que equivale a tanto como a decir

que comienza a formarse opinión pública. Estamos, pues, en los albores de una inevitable lucha de intereses. El señor Bulnes ha dicho en *El Mundo* que es muy difícil que un ignorante vea que no son las espinas de su lecho, sino los privilegios de las leyes, los que hacen harapos de sus vestimentas, muy difícil que ese ignorante medite que su hambre lenta y tradicional, que atrofia más y más cada generación de su raza, viene no del cielo vengador, sino de algún fraude hábilmente inventado por una corporación o clase superior; que es muy difícil, en suma, que un espíritu aislado por una ignorancia de hace dos mil siglos, lea, sin saber leer, y sepa, sin saber pensar, que su destino, antes de todo, está trazado por legisladores, quienes a su vez han trazado la prosperidad a toda costa de esas clases privilegiadas de donde emana su poder, su prestigio y su existencia. Apenas habrá conceptos mejor aplicables a nuestra situación económica. Aquí existen las clases privilegiadas para las cuales son todos los bienes, y existen las clases ignorantes y oprimidas para los cuales son todas las adversidades. Cuando esa ignorancia desaparezca, cuando nuestras clases oprimidas vean hacerse la luz en el fango en que se revuelven y sobre los abrojos en que se desangran, bien puede la paz venir por tierra como castillo de naipes. ¡Qué saben los redactores de *El Mundo,* individuos pertenecientes a las clases privilegiadas de este país, los caracteres que puede presentar esa tremenda lucha en perspectiva! El general Díaz ha llegado a obtener en esta nación una obediencia sin reserva, pero lejos de hacer pedazos el secular poder de las clases privilegiadas, lejos de prevenir una lucha que puede ser desastrosa para la obra de la paz, sus esfuerzos han tendido y tienden a mantener la más irritante desigualdad social, y esto lo comprendemos perfectamente; el general Díaz no puede destruir su propia base de sustentación. Nuestra estructura económica no nos augura por cierto la estabilidad de la paz. Muy al contrario, la observación y la experiencia nos obligan a creer que nuestra lucha de intereses será aún más sangrienta que nuestra lucha de principios.

Comenzaban ya una lucha sorda de intereses las clases privilegiadas. Colaborando con Limantour, los científicos aprovecharon su privanza con el poderoso personaje apolítico para practicar la ciencia del ascenso por su propia cuenta y formaron no un partido político, cosa impermisible, sino algo mucho más eficaz: un círculo financiero girando alrededor del ministro de Hacienda, acabildando actividades, absorbiendo poderes, manejando negocios y cobrando fama y fuerza de influyentes. Infiltrándose en el mundo de las finanzas, representaban al gobierno en función de

consejeros en los bancos y oficiales de enlace en los negocios, asesoraban problemas fiscales, redactaban decretos, patrocinaban determinadas empresas y apoderándose de la fuente de prosperidad más copiosa, sirvieron de intermediarios entre el gobierno y el capital extranjero; y así revestidos de las facultades inherentes al patronato real, integraban una facción favorecida que gozaba de todas las ventajas y padecía todas las penalidades de un auténtico partido político. Las penalidades eran sus privilegios odiosos. Protegidos de Limantour, provocaron la envidia de todos los otros grupos concurrentes para el favor oficial, y la opinión pública que tanto despreciaban tendía a apoyar o condenar en turno toda facción que luchaba para alcanzar el poder; de suerte que los amigos del secretario de Hacienda estimulaban el pulso abúlico de la vida pública, despertando pasiones y prejuicios populares que fomentaban una forma rudimentaria de actividades políticas. Los contados elegidos, conocidos vulgarmente como el carro completo, llamaron la atención y atrajeron la animadversión de todos a las camarillas rivales, las aspiraciones insatisfechas, y los intereses creados que integraban el cuerpo político, y la influencia del corrillo, cundiendo en círculos cada vez más amplios pero siempre concéntricos, alcanzó una eficiencia fuera de toda proporción a su corto número, pues pocos eran en efecto, apenas una docena de cabezas, visibles cuando mucho, pero aquellos pocos formaban el foco dinámico, el centro nervioso, el polo magnético que excitaban todas las afinidades latentes, las repulsiones prolíficas, y las reacciones científicas de la materia inorgánica al gobierno organizado. A medida que la prosperidad oficial andaba en aumento y con ella el ascendiente de los científicos, el prejuicio popular los confundió, los identificó con los intereses del capital extranjero, aunque no eran más que sus apoderados, y de la plutocracia mexicana, aunque no eran más que sus parásitos, y los culpaba de todos los errores de sus antecesores. Bulnes demostró, cifras en mano, que en la venta de terrenos nacionales y los chanchullos de negocios oficiales los científicos no tuvieron parte, llegando tarde para participar en el tráfico escandaloso.

> Debo advertir que, antes de los "científicos", la administración porfirista de 1885 a 1893 fue una sentina administrativa, política, militar y judicial. Se vendieron a los extranjeros, a vil precio, todos los bienes nacionales que quisieron comprar. Prida en el primer tomo de su obra, *De la dictadura a la anarquía,* presenta la lista de

las concesiones y contratos leoninos, señalando correctamente que los favorecidos no fueron científicos, quienes después de haber robado a su país consideraron conveniente atribuir el robo a sus enemigos políticos, y pedir para ellos la pena de muerte, de confiscación de bienes, de inhabilitación para figurar como seres humanos.

Científico también pero no de los mercenarios, Bulnes ratificaba el testimonio de Ramón Prida, un abogado liberal asociado brevemente a la agrupación, quien decía por su parte:

> Hombres inteligentes, medraban naturalmente en el ejercicio de sus profesiones, y ese medio, ganado legítimamente, hacía daño a los fracasados, lastimaba a los ineptos, y fue pretexto para llamarlos ladrones. ¿Qué habían robado? Nada. Si se llamara a cualquiera de los que vociferaban contra los científicos, seguramente que nada podrían precisar; pero eso no importa, continuaron llamándolos ladrones y arrojando sobre ellos el odio de las multitudes. No quiero decir con esto que todos fueron inmaculados. En toda agrupación hay hombres buenos y los hay malos. Que algunos de los políticos alrededor de los científicos o de sus amigos hicieron negocios que les produjeron utilidades cuantiosas, es un hecho; pero no como acción de grupo, sino· como favor directo del general Díaz, y esos negocios, la mayor parte de las veces, eran fuera de la acción del gobierno.

Pero bastaba el medro de algnos para condenar a todos; la maledicencia popular, siendo poco científica, no investigaba la verdad, y la credulidad de la calle y la falibilidad de la opinión pública les fueron fatales.

Tampoco fue la antipatía popular la única penalidad del ascenso. Consentidos de Limantour, pasaban por ser favoritos también del Presidente, pero nada estaba más alejado de la verdad. Aunque prosperaban con su permiso, no gozaban de su confianza, y eso por dos motivos de peso: pecaban de intelectuales y adolecían de su vicio de origen. No olvidó el general Díaz y tardó mucho en perdonar su participación en la malhadada convención política de 1892 que pretendió regatear su reelección, y manifestó su resentimiento encomendando su próxima reelección en 1896 a un grupo de puros e incondicionales porfiristas, quienes cumplieron con su cometido a su completa satisfacción. Este grupo, organizado por un tal coronel Tovar que no obstante fue coronel por toda la vida, pese a los servicios de ordenanza prestados al Presidente, se llamó el *Círculo Nacional Porfirista,* y desempeñó sus funciones sin discusión y con disciplina, repartiendo propaganda y organizando una gran manifestación patriótica en honor del general Díaz; aunque el coronel cometió también sus errores, reclutando para la marcha hacia las urnas un contingente de comerciantes extranjeros y un noble mexicano quien, poniéndose leal y literalmente a los pies del Presidente en busca del besamanos, desconcertó su pudor democrático —cosas que dejaron muy mala impresión en el público. Pero los errores del coronel los pagaron los científicos.

> El general Díaz —dice Prida— que había eludido el cumplimiento del programa de la Convención Liberal, temió que si encomendaba a los organizadores de aquélla los trabajos electorales, fueran a pedirle cuenta de la falta de cumplimiento del programa, o cuando menos a reprocharle públicamente, aunque de modo indirecto, tal falta. Además, había que evitar que el grupo científico formara realmente un partido que pudiera imponérsele y contrariar quizá su próxima reelección. No hubo desórdenes ni pronunciamientos, pero comenzaba a sentirse cierto malestar, inquietudes y zozobras, reveladores del sentimiento público, que en el fondo no tenía mala voluntad para el gobierno que había hecho progresar materialmente al país, pero que abiertamente reprobó los procedimientos que seguía el general Díaz.

Y el general Díaz sabía defenderse.

> ¿A quién culpar del estado de ánimo en que se encontraba la opinión pública? Había que confesar que el país ya no quería la reelección, o buscar una víctima que cargara con todas las odiosidades que la política del Presidente de la República comenzaba a engendrar. El general Díaz, que sintió el vacío que las convenciones de 1892 habían hecho a la farsa del Círculo Nacional Porfirista, señaló como culpables a los organizadores de la Unión Liberal: ¡A los científicos! ¡A los que querían que la administración cambiara de rumbo y el Presidente, de política; a los que se atrevían, aunque sólo fuera en lo privado y no muy a las claras, a censurar la obra de don Porfirio Díaz; a hacerle saber que la reelección no era ya popular, y llegaban en su audacia a decirle que había descontento en el país! ¡A los que querían forzar la mano para que entrara en el camino de la verdadera democracia y ansiaban porque cesara la dictadura! Desde aquel instante, todo el que tuvo un enemigo, todo el que quería hacer un agravio llamaba a su contrincante "científico". La naciente agrupación, que se había quedado inmóvil durante la campaña electoral juzgó conveniente despreciar los ataques que se le

hacían, y ante la impunidad, las injurias se recrudecieron. Así nació y así fue creciendo esa ola de desprestigio contra un grupo de hombres que representaba la aspiración de un progreso, en cuyas almas había un deseo, el mejoramiento de los procedimientos empleados en el gobierno de la nación, cuyo programa político significaba un adelanto, cuyos planes tendían a que el mismo general Díaz evolucionara, y a la sombra de su dictadura fructificara el árbol de la libertad, y que a su muerte entrara el país en un gobierno netamente civil. Pero las odiosidades, la impopularidad y el fracaso de los científicos no fue obra exclusiva del general Díaz; ellos tuvieron también gran culpa. Porque llevaron hasta la exageración el proverbio político de que el que sabe esperar es quien gana al final y les faltó audacia y decisión. Por lealtad o por miedo, principalmente a la intervención americana, nunca se enfrentaron al general Díaz, ni jamás llegaron a organizarse como partido en forma, y por tanto, les faltó fuerza... Todo lo dejaron para la muerte del general Díaz, pero no contaron con que la ola de odiosidades que se arrojaba sobre ellos los mataría políticamente. Querían ser muy serios y solamente tuvieron lo que más lastima, una gran soberbia, y lo que hiere más profundamente, un gran desprecio para sus enemigos, especialmente para los ataques de la prensa. Por último, les faltó lo único que atrae simpatías en favor del poderoso, lo que forma prosélitos: ser dadivosos.

Además de su vicio de origen, el general Díaz tenía otro motivo de aversión hacia los científicos:

Nunca quiso que se enriquecieran los intelectuales —observó Bulnes, que era uno de ellos y de los principales y más antipáticos. Un día, dijo al general Pacheco, cuando supo que éste le había dado a ganar veinte mil pesos a un intelectual: "a esa gente es preciso tenerla siempre colgando de la tripa". No se puede citar a un intelectual que se haya enriquecido por el afecto o por la política del general Díaz. Procuraba atraerse a los hombres de gran talento, porque los temía, y en consecuencia le eran antipáticos, y los colocaba en puestos secundarios o terciarios, detrás de una nulidad, para que la opinión pública no se fijara en ellos. Su sistema era dar a los intelectuales una curul con *freno,* haciéndolos suplentes de un diputado propietario militar, más un sueldo de profesores y alguna otra comisión, para que vivieran regularmente, sin obtener por la fortuna su independencia. Esa política lo dejó casi sin partidarios verdaderos, siendo innumerables los falsos. Juárez, por el contrario, casi todos sus partidarios eran sinceros, recibían lo que les daba, no temía a los hombres de talento, los halagaba y estimaba en lo que valían.

Jamás consintió Juárez que un periódico de gobierno atacase en lo más mínimo a uno de sus amigos. No conocía la perfidia.

Sucedió todo lo contrario con Díaz. Preciándose de tener inteligencia propia, se quejaba de que los intelectuales *profundizaban*, y ese pecado lo pagaban también los científicos: impopulares con el Presidente, impopulares con el público, protegidos por Limantour pero sólo a título de amigos apolíticos, no les quedaba más remedio que colaborar con el régimen con toda la inteligencia que tenían en sus tripas. Marcaran el paso, pues, hasta la muerte del Presidente y contando con la sucesión de su santo patrón, se congraciaron con el general Díaz para preparar su última voluntad, y afanándose en recuperar como cortesanos la confianza que perdieron como críticos, cantaron la palinodia del error cometido en 1892; ya no tenían idea más que la suya, y constituidos en apoderados de su gloria, conquistaron su perdón, pues el Presidente, por modesto que fuera, conocía sus méritos y se dejó convencer del arrepentimiento de sus críticos, y el resultado fue el triunfo de la asimilación mutua. Aprovechando la experiencia ganada, los científicos fueron lo bastante inteligentes como para no serlo con exceso; pero hubo excepciones. Los del carro completo eran puros mercenarios, pero hubo otros que, sin renunciar al pecado original, pretendieron todavía guiar su ciencia de gobierno, y de este grupo "que era un grupo noble de principios" según Bulnes, Bulnes era el portavoz y el autor de un breviario de crítica póstuma que llevaba por título *El verdadero Díaz y la revolución*.

El 16 de septiembre de 1897, el Presidente, acompañado de su familia oficial, marchaba a pie por la Alameda Central, camino a la celebración de las fiestas patrias, cuando un individuo salió de la concurrencia popular y le asestó un golpe en la cabeza. El golpe le hizo perder el equilibrio y el sombrero, pero nada más, y ordenando a la policía que llevara al individuo a la delegación sin hacerle daño, siguió su camino. De la identidad del individuo lo único que trascendió fue su nombre, Arnulfo Arroyo; de su motivo nada, ya que al día siguiente amaneció muerto en su celda. Según la policía, una turba enfurecida por el atentado irrumpió en la delegación y acabó con el preso durante la noche, pero la versión de la policía hizo tan poca justicia a su inteligencia que provocó un escándalo general. Abierta una investigación, resultó responsable del pretendido linchamiento el inspector de policía, motivado por su devoción al Presidente; pero, por hacer méritos con exceso, él también amaneció muerto en su celda. Su ayudante, Antonio Villavicencio, y siete de sus cómplices, fueron sentenciados a varios años de prisión; pero antes de compurgar la pena completa, uno de ellos fue amnistiado y nombrado jefe de la Comisión de Seguridad del Estado. El amnistiado era Antonio Villavicencio.

La contusión en la cabeza del presidente tuvo importantes repercusiones políticas, recordándole bruscamente que, de haber muerto, el gobierno habría quedado acéfalo y el problema de la sucesión sin solución. El asaltante parece que era un pobre diablo desequilibrado y hasta se llegó a decir que salió de una cantina para cumplir una apuesta y que el atentado no fue sino una bravata de beodo; pero Arnulfo Arroyo llevaba la representación de Cronos, y antes de terminar el año, el general Díaz ofreció la sucesión presidencial —reservadamente— a Limantour. Limantour eludió la invitación, protestando que no tenía ni la preparación ni la vocación presidencial, que no era más que un financiero, sin experiencia política ni militar, y carente de las dotes para ocupar tan elevado puesto; pero el Presidente, poco acostumbrado a la resistencia a su voluntad y menos aún a su última voluntad, insistió en la invitación y para vencer la modestia del ministro le propuso una combinación: llamaría a la Secretaría de Guerra a un militar leal, encargado de apoyar al futuro Presidente, y recomendó como el más indicado al general Bernardo Reyes, gobernador de Nuevo León, un soldado burocrático que tenía alguna experiencia de la guerra y que practicaba la política de paz en su Estado. Limantour siguió resistiendo la invitación, pero para complacer al Presidente, cuya voluntad era irresistible y su última voluntad venerable, se fue protestando a Monterrey, donde fue recibido con los brazos abiertos por el general Reyes, encantado de ponerse a sus órdenes y realizar el proyecto del Presidente; y tan satisfactorio fue el primer sondeo que el Presidente preparó un manifiesto recomendando la candidatura de Limantour y lo puso en reserva, pendiente del momento oportuno para darlo a conocer. La oferta no llevaba fecha, todo marchaba bien, no había prisa, y tomadas las disposiciones necesarias, el general Díaz dejó dormir el proyecto. Un año más tarde se fue también de visita a Monterrey y quedó gratamente impresionado por los progresos realizados por el gobernador del Estado. Siguiendo el ejemplo dado a la nación por el Presidente, el general Reyes había invitado al capital americano a trabajar en Monterrey transformando la ciudad en una próspera cabecera de provincia, apenas inferior a la misma capital de la República, adornada de elegantes edificios públicos, incluso un nuevo palacio de gobierno, una penitenciaría moderna y la gran fundación Guggenheim, y ocupada por una población laboriosa y contenta que de 18 000 habitantes originales había llegado a ochenta mil en tan pocos años que, en un banquete oficial, el general Díaz saludó al gobernador con el brindis: "General Reyes, así se gobierna". Al día siguiente, Monterrey amaneció con la noticia de que el general Reyes era presidenciable.

Así las cosas, Limantour se fue a Europa en la primavera de 1899 para negociar otra conversión de la deuda y conseguir un nuevo empréstito, y apenas alejado, el proyecto tropezó con dificultades. Según las malas lenguas, el *lord* —así apellidaban sus amigos a Limantour por su corrección aristocrática— era ya tan presidenciable que su *lady* participaba a sus amistades que muy en breve celebrarían sus tertulias en el Castillo de Chapultepec, y que la primera dama de la República, al conocer sus ilusiones, se arregló para desvanecerlas. Fuera lo que fuera de tales habladurías, lo cierto es que un ministro del gabinete, presidenciable también, llamó la atención del Presidente al artículo constitucional, según el cual todo candidato a la Presidencia de la República tenía que ser mexicano de nacimiento; y como Limantour era hijo de un francés que nunca se naturalizó, y tampoco cumplió con la condición antes de llegar a su mayoría, quedó en la duda si podía suceder legítimamente a la presidencia. La dificultad no era para tanto. La ascendencia extranjera no había impedido a varios presidentes nacidos o naturalizados en México ocupar la silla; la condición era aplicable también a ministros del gabinete; y de todos modos, el general Díaz guardaba o ignoraba los mandamientos constitucionales según su soberana voluntad; sin embargo, sufrió un ataque de escrúpulos y al regresar Limantour de Europa con el empréstito, le participó con pena que durante su ausencia había surgido una dificultad imprevista y por el momento insuperable. Limantour sacó la conclusión lógica de que se le había tomado el pelo, y siendo a la vez tímido y orgulloso, se tragó la ofensa pero sin perdonarla jamás.

Por consiguiente, la campaña electoral de 1899 fue confiada otra vez al coronel Tovar y al Círculo Porfirista Nacional, combinados con algunos otros grupos de la misma persuasión, organizados para diversificar la unanimidad del voto; diversos de nombre pero idénticos de carácter, estos contingentes formaban una falange compacta de grupos de presión, rivalizando entre sí por el favor del candidato, llamando su atención y reclamando su respeto por el volumen de su aclamación, y desempeñando las funciones de una auténtica campaña electoral, que sólo se diferenciaba de una verdadera movilización popular por la falta de oposición y el conocimiento previo del resultado. La única dificultad era la de dar con un problema importante para librar una campaña política; pero hubo uno y formidable. El candidato tenía ya sesenta y nueve años y su edad injertaba una duda grave en la gastada rutina de sus reelecciones indefinidas. El pasado cuatrienio se diferenciaba de todos los anteriores bajo un aspecto importante: fue un lapso de tranquilidad absoluta y prosperidad impresionante, que cumplía al fin con las tantas veces repetidas promesas del régimen. La brillante administración financiera de Limantour, los excedentes anuales acumulados en la Tesorería, el constante incremento del producto nacional bruto, el despertar del espíritu de empresa mexicano estimulado por el capital extranjero, todo indicaba que se llegaba a la meta y que el caudillo de Tuxtepec cumplía tarde o temprano con su palabra; así como la terminación de dos importantes obras públicas en marcha. La construcción de una penitenciaría moderna y la obra colosal del desagüe del Valle de México, ideados desde siglos atrás, fueron realizados a tiempo para celebrar el advenimiento del siglo XX; pero la coincidencia con el despuntar de una nueva centuria suscitaba por asociación la cuestión de la longevidad del general Díaz. Los albores del siglo XX prometieron hacer de México un país tan próspero y tan contento como Monterrey, pero a medida que avanzaba el anciano caudillo en años y gloria, la duda que preocupaba la opinión pública era la dificultad de adivinar hasta dónde era posible el progreso del país sin su presencia y qué tan interminable podía ser su presencia y su reelección indefinidas.

La campaña electoral se basaba, pues, sobre todos sus periodos previos combinados y la regla de *suma y sigue*. El Círculo Porfirista Nacional publicó un manifiesto que, dando por concedida la conformidad de la opinión pública, declaraba:

> En sólo veinte años, que son un instante en la vida de las naciones, se ha levantado el país a la estimación de los gobiernos y los pueblos del mundo culto. No puede haber al presente candidatos que dividan los votos de los ciudadanos. El hombre de Estado que

ha realizado esa maravillosa transformación es como la encarnación misma, por decirlo así, de la fórmula de la paz y del desarrollo de la nación mexicana. Es el único candidato posible.

Recogiendo la voz de mando, los claques se cuadraron y taconearon al unísono, coreando sus aclamaciones, y el órgano de los científicos tuvo que subir el tono para superar el volumen de sus vecinos y hacerse oír.

> Estudiando atentamente la historia de la República durante los últimos años, se adquiere el convencimiento de que la reelección del actual Presidente no es obra de los círculos que lo postulan, ni de sus amigos, ni de sus partidarios: al general Díaz le reelegían sus hechos que se han fijado sólidamente en la conciencia de todos los grupos nacionales.

Su popularidad era casi deplorable, según otra voz cantante que lamentaba su gloria con un retoque de refinada zalamería:

> El general Díaz está condenado a vivir siempre bajo el peso del amor agradecido de su pueblo. Es una aureola y él no puede apagar su reflejo con la gloria que lo ilumina, haciendo que su personalidad se destaque sola y fulgurante en el deseo de la nación, como la del único hombre a quien quiere para regir sus destinos.

Pero entre las convoluciones doradas de adulación barroca, tanta adoración servil era precisamente el punto negro que preocupaba a los mexicanos, y *El Tiempo,* comentando el manifiesto oficial, puntualizó el peligro.

> Dícese en ese manifiesto que el actual Presidente es la fórmula precisa de la paz. Ésta es una confesión importante, porque va de acuerdo con lo que repetidas veces hemos afirmado, y es que la paz no está aún, por desgracia, asegurada en México, puesto que depende de una personalidad. Y éste es el punto negro en el actual orden de cosas. Toda persona que piensa se hace esta pregunta: ¿qué vendrá después del actual Presidente? Y como nada se hace para preparar el mañana, en este ambiente político artificial en que vivimos, dibújase para México un porvenir tan oscuro como temeroso.

Y otro periódico precavido —*el Diario del Hogar,* una de las pocas voces de la oposición todavía viva— subrayó el punto, instando al glorificado a que se retirara en el momento más propicio para su gloria.

Lo hemos dicho otra vez y lo repetimos ahora, celosos de su honra y de su gloria más que la turba de aduladores que lo abruma, queremos verlo en el apogeo de su grandeza, que será, a no dudarlo, cuando haciendo prácticas sus doctrinas y realizando sus ideales, pueda contemplar, apartado del poder, que su creación es robusta y viable bajo otra dirección y que no es el diluvio que viene, cuando deje las riendas del Estado, sino el progreso y la abundancia que él ha sabido preparar y puede contemplar satisfecho. ¡Qué gloria mayor que poder uno mismo contemplar regocijado los frutos que se han cultivado con amor y abnegación!

Ésta, por lo menos, era lisonja sensata, pero suponía que el candidato había alcanzado la edad de la razón.

19

En 1900 el general Díaz llegaba a los setenta años cumplidos. Ni siquiera la abundancia de homenajes podía disimular el hecho de que, aunque uno pudiera ser omnipotente, nadie sabía ser inmortal, y que sus días estaban contados; por perenne que fuera, *no nació perpetuo,* y el molesto problema de la sucesión, aplazada por su quinta reelección, siguió dominando su sexto periodo de gobierno. La opinión pública, preocupada por un triunfo que por su misma índole era transitorio y perecedero, empujaba al prohombre a superarse, y la cuestión pendiente de la sucesión postulaba el enigma ineludible de toda dictadura, de la cual era el desenlace lógico y el punto muerto. Identificado con el destino de la nación a tal grado que él mismo era el único sucesor viable, se enfrentaba al dilema de un sistema de gobierno provisional y efímero para el cual no había otra solución más que la personal. Por lo tanto recayó en su plan original, sin importarle mucho o poco sus escrúpulos constitucionales, y puesto que nadie sino él inspiraba confianza a la nación con la combinación de prendas que él poseía, optó por dividir su indispensable personalidad política entre Reyes y Limantour, contando con el financiero para garantizar una mitad de la ecuación de la paz y con el militar para la otra; y poniendo a prueba la combinación, anunció un viaje al extranjero con licencia indefinida para observar los resultados. Sin fijar fecha para su salida, llamó al general Reyes a la Secretaría de Guerra y preparó a sus lugartenientes para que trabajaran juntos. Limantour ya no opuso resistencia a la idea del Presidente, reaccionando, por el contrario, como consentido, y Reyes, por su parte, todo respeto y atención, pasaba cada mañana a su casa para llevarlo al despacho en su propio carruaje. Por un año, por dos años, todo marchó bien y los suplentes colaboraron lealmente hasta que la cosa pública provocó la subdivisión de los dos.

El general Reyes no sólo mereció la confianza del Presidente; la sobrepasó. En la Secretaría de Guerra desplegó dotes de iniciativa y eficiencia iguales a las de Limantour en Hacienda, y no menos necesarias para la buena marcha del gobierno, pues, al tomar posesión del despacho, encontró al ejército entregado a las ocupaciones sedentarias y padeciendo los estragos patológicos de la paz. El soldado raso, reclutado de leva y sentenciado al servicio de las armas por un sistema que hacía de la defensa del país una institución penal, purgaba su condena encerrado en el cuartel y salía tan flaco por la falta de actividad adecuada y alimentación suficiente, que resistía mal una marcha prolongada y daba lástima al público al desfilar en las fiestas patrias; la oficialidad, formada de hijos de familias decentes, ganaba ascensos por favoritismo e influencia antes que por servicio y antigüedad; la superioridad, responsable de la paz pública, domesticaba el ardor militar con la rutina reglamentaria; y desde arriba hacia abajo imperaba la mediocridad marcial. Bulnes echó la culpa a Díaz.

La política de debelar los grandes hombres de armas había dado por resultado, dijo, la degeneración del ejército. La paz propiciaba la mentira militar: fraudes y abusos abundaban, la corrupción era cosa común; la nómina rellena daba risa; un regimiento de artillería, dotado de cuatro baterías, tenía un tiro de mulas que hacía las veces del doble en el papel rayado, y en días de maniobras el coronel tomaba prestado a los tranvías urbanos, a cambio de reciprocidad cuando éstos corrían cortas de mutuas mulas; al saber que un coronel de caballería con fama de lucrar con el forraje había sido ascendido contra su voluntad, el Presidente rió de buena gana y felicitó a los caballos por ganar la batalla del bozal; y cosas por el estilo. La marcha del ganado mular, caballar y humano representaba un escalón de ineficiencia que indignó al general Reyes, autor de un manual de armas, y el flamante ministro emprendió una reforma. Una reforma a fondo, comenzando con el soldado raso, era imposible sin eliminar el vicio de la leva, y el

Congreso acababa de rechazar una iniciativa de ley en tal sentido, confesión bochornosa que después de veinte años de paz el gobierno no confiaba en ella lo bastante para abolir el salvaje sistema que remontaba a los días de la Colonia; sin embargo, el ministro nombró una comisión para estudiar el asunto de nuevo. Una reforma parcial, inofensiva a la oficialidad y satisfactoria a la superioridad, era difícil pero no imposible y el ministro puso mano a la obra, dando una limpieza ligera a su dependencia del gobierno, sacudiendo el polvo del servicio inactivo, castigando la corrupción y la incompetencia, instruyendo la tropa, disciplinando al oficial, mejorando el sueldo para calmar el prurito de percances, y produciendo a fuerza de persistencia un ejército presentable que marchaba, maniobraba, evolucionaba, lucía y redundaba en crédito del general Reyes, cuando desfilaba en las fiestas patrias ante el Presidente, impresionado por el espectáculo.

Pero el ministro no se contentó con tan poco. Convencido de que el mexicano era o debía ser un guerrero nato, y que convenía despertar su ardor bélico, organizó una milicia civil, llamada la Segunda Reserva, que debía suplementar el ejército regular y defender la patria en caso de guerra extranjera, sublevación interna, o cualquier alteración de la paz. Integrada por voluntarios de todas las clases sociales, la Segunda Reserva respondió con entusiasmo a la llamada del general Reyes, dedicando un día de la semana al entrenamiento militar y concurriendo cada domingo en la mañana al Campo de Marte para hacer de la domingada una fiesta patria semanal. La innovación dio la razón a Reyes y se popularizó rápidamente; y desde la capital se extendió a la provincia.

Alarmados por la popularidad de Reyes, los amigos del Presidente le comunicaron las dudas que les inspiraba esta obra de super-erogación patriótica: organizada ostensiblemente con fines patrióticos, no era difícil que ocultara cálculos políticos y que Reyes, con una legión de partidarios a su disposición, pretendiese un día dominar el gobierno y hasta derribarlo. Siendo el recelo segunda naturaleza en el pecho del Presidente, no les costó trabajo despertar la duda de toda su vida; y un domingo, al contemplar el desfile de veinte mil reservistas frente al Palacio, presenció el espectáculo con una mirada que Rodolfo Reyes, el hijo mayor del ministro reconoció inmediatamente.

Yo leí en los ojos del viejo caudillo la desconfianza y se lo dije a mi padre. Aquel hombre sobre quien las luchas, los trabajos, los años, los venenos del poder y de la adulación no habían pasado en vano, sintió celos al ver que hasta las pulquerías se cerraban, porque la misma plebe indisciplinable de la capital marchaba entusiasmada en las filas reservistas, y a ellas acudían los indolentes señoritos de nuestra seudo-aristocracia, sin tener que decir que la medular clase media era el corazón y la fuerza de esa institución, como de todas las vitales. Yo estoy seguro de que la primera tentación de deslealtad para con su compromiso de gloria la sintió entonces el general Díaz, y sobraron quienes atizaron la llama, porque coincidiendo con el apogeo de la reserva, comenzaron las intrigas concernientes, más o menos inspiradas, toleradas y en todo caso simpáticas al general Díaz, y más que a él a sus íntimos y aduladores. Limantour, por otra parte, sintió a todas luces que el prestigio nacional de su aliado era bien mayor que el suyo y crecía a ojos vistas. Creyó, pues, que no era fácil que al sentirse tan prepotente fuera leal para respetar su inmediata sucesión presidencial convenida, y él mismo toleró, cuando menos, la campaña contra Reyes, probablemente con ánimo de debilitarlo solamente para que su poder no superara a su lealtad... Era el año de 1902 y ya, el siguiente a más tardar, había que tomar providencias para preparar la elección presidencial de 1904.

Obviamente Reyes avanzaba al paso militar y Limantour, poco dispuesto a secundar su iniciativa, mantuvo una actitud de fría reserva civil. La Secretaría de Guerra siguió cobrando crédito con la conclusión de una campaña venturosa contra los indios mayas de Yucatán, sublevados desde 1847, triunfo que puso fin a la guerra de castas que dejó desolada la península durante cincuenta años, y puso en evidencia la eficacia del aguerrido ejército. La tropa, bien disciplinada y bien mandada por el subsecretario de Guerra, el general Victoriano Huerta, se portó bien en las pruebas del combate y del clima hostil, y para celebrar la victoria el ministro solicitó a su colega de Hacienda una partida para la adquisición de armamento moderno, pero Limantour, siempre renuente a soltar dinero, objetó el gasto y el desacuerdo llegó a debatirse en un consejo de ministros. Limantour insistió en que la requisición era innecesaria e inútil, ya que no había posibilidad de guerra con ninguna nación vecina, siendo demasiado fuerte la del norte y demasiado débil la del sur, con que el general Reyes, colérico y poco acostumbrado a la contradicción, contestó: "Señor Limantour, habla usted de lo que no conoce y no comprende, no siendo mexicano ni patriota". El exabrupto levantó la sesión, guardando silencio el gabinete, guardando silencio el Presidente, guardando silencio Limantour y su presupuesto; Reyes amenazó con renunciar a menos de recibir los fondos, y Limantour cedió para salvar la paz, guardándoselo para otro día; pero la guerra no tardó en estallar en la prensa. Una campaña periodística la emprendió contra Limantour, insistiendo en su inhabilitación para la presidencia y pidiendo su expulsión del gabinete con motivo de su origen extranjero. La campaña era violenta y procaz: todo lo permisible se dijo en público y todo lo demás en privado. Sabido que Limantour era hijo adoptivo de un aventurero francés enriquecido en México, no se supo que era hijo natural de Luis Jecker, hermano del famoso agiotista de la invasión francesa de 1862 y de una mujer galante, amiga de los dos padres, el natural y el putativo, y por lo tanto hijo de las tinieblas por las cuatro costados; pero así lo aseguraban los murmuradores, desenterrando los huesos de su aristocracia de dinero, exhibiendo el signo siniestro en su escudo, y arrastrando su buen nombre en el lodo; sin embargo, Limantour guardó silencio hasta que la policía allanó una imprenta y decomisó un artículo firmado por Rodolfo Reyes y llevando correcciones del puño y letra de su padre; entonces, agotada su paciencia, pidió satisfacción al Presidente. Llamado a cuentas por el Presidente, Reyes padre negó su responsabilidad por el artículo de Reyes hijo, pero defendió el derecho de los Reyes de opinar por la prensa y dijo por su parte: "Señor, si usted cree que me valgo de niños para cosas tan serias, y de piquetes de alfiler, cuando traigo sable al cinto, no vale la pena que me justifique y me limito a pedir mi separación del Ministerio y de la política." Acordada su separación del Ministerio y de la política, pero no del ejército, el presidente lo mandó de vuelta a Monterrey y al gobierno de Nuevo León.

La querella, funesta para todos los protagonistas, lo fue sobre todo para el Presidente por las graves consecuencias políticas que tuvo, y que Bulnes pintó con pleno conocimiento de causa, gracias al conocimiento íntimo que tenía del carácter de cada uno de los actores. Según la versión de Bulnes:

> A principios de 1899, al general Díaz le inquietó la popularidad del general Reyes, a quien la opinión pública, con sumo agrado, consideraba el taumaturgo del porvenir. Para dividir a la burocracia

y desenmascarar al general Reyes, declaró el príncipe al señor Limantour que estaba resuelto a dejar la presidencia y que quería que él fuera su sucesor. El elegido no debió haber aceptado, porque la falsedad de ofrecimiento la mostraba la historia: jamás un dictador plebeyo se ha retirado voluntariamente del poder... El general Díaz quería tomar el pelo a su procónsul con la mano cadavérica de su vicario. Si el general Reyes ponía el más insignificante obstáculo a la presidencia del señor Limantour, descubría su propia ambición, obligando al César a que obrase según ya sabía el general Reyes, como obraba el caudillo contra los ambiciosos rivales. El gobernador de Nuevo León obró con tino y manifestó que, como siempre, haría lo que fuera agradable al "eterno" y que, en lo privado, grata le era la designación...

A principios de 1899 la salud del señor Limantour, quebrantada por una enfermedad crónica desconocida, ofrecía su sepelio antes de un año, según la opinión del doctor Liceaga, médico de la casa presidencial. De manera que el César, a sabiendas, había escogido a un moribundo en el umbral de su cripta, para que fuera electo Presidente un año después de su propia muerte. La intriga era tosca, macabra y pérfida... El señor Limantour hizo su viaje a Monterrey y quedó hechizado de Reyes, todo corazón, abnegación, patriotismo... El señor Limantour, como secretario particular sin sueldo del licenciado Romero Rubio, conoció la deslealtad con que el general Reyes había correspondido a un hombre a quien debía su elección. Celebrar un pacto con tal hombre, desacreditaba las facultades políticas del señor Limantour. Jamás en la historia de México, el Presidente había confiado a un militar presidenciable la cartera de Guerra, más que cuando estaba decidido a que fuera su sucesor. El general Reyes, desde 1896, había revelado toda su ambición, hasta a sus caballos. Su traición al sencillo Limantour quedaba, pues, estipulada en el pacto de Monterrey... Después de la celebración del pacto del inevitable cuartelazo, el señor Limantour se dirigió a Europa para atender a su salud e intentar la conversión de la deuda pública. Hubo carteo caliente entre el César y su vicario, reconfirmando la promesa del primero de soltar la presidencia al segundo; pero el general Díaz se encontraba cada semana más desconcertado; el moribundo mejoraba e iba recobrando toda la salud perdida, y aún mucho más. Tan grave se consideró el funesto acontecimiento, que en los momentos en que el señor Limantour participaba su milagroso restablecimiento, el Partido Nacional Porfirista lanzó la candidatura Díaz para la quinta reelección (octubre de 1899). Limantour, como todo el mundo, sabía que el Partido Nacional Porfirista no era más que la lacayería del César, y que quien se postulaba era el mismo general Díaz. Todos los "científicos", comprendido el subsecretario de Hacienda, creyeron que el señor Limantour contestaría con su renuncia. ¡Vana esperanza! El ministro burlado aguantó el latigazo, probando que sólo con el *saca-ministros,* más eficaz que el saca-muelas, dejaría la cartera. El César, temiendo que la ofensa hiciera renunciar a su vicario, le dijo que había creído conveniente, por "exigencias políticas" reveladas por la nación, aceptar su candidatura, pero que una vez reelecto, duraría tres o cuatro meses en el cargo y pediría al Congreso licencia por tiempo indefinido, ordenando que el señor Limantour fuera nombrado presidente interino... El caudillo tomó posesión de nuevo el 1º de diciembre de 1900; pasaron los cuatro meses y no cumplió su palabra; pasó todo el año de 1901, y tampoco; pasaron los primeros nueve meses de 1902, y nada del asunto. Limantour, de lívido se había transformado en verdoso, y con silencio de culebra de circo empaquetada en una caja, demandaba el cumplimiento de lo arreglado...

El general Díaz se hallaba desazonado por su avidez de perpetuidad. En 1903 debían comenzar los trabajos para su sexta reelección. ¿Qué hacer con los "científicos"? El general Díaz, que estaba muy avanzado en materia de licuación cerebral, creía que a los "cientítíficos", que no formaran en el *"carro completo",* les atormentaba que el señor Limantour no fuera Presidente. ¿Qué hacer con Limantour? Al fin y al cabo, un hombre se cansa de recibir bofetadas, y si no las contesta huye... Declaró el César a determinados amigos que estaba resuelto a entregar la presidencia al señor Limantour, con lo cual el Partido Nacional Porfirista se alarmó, lo que prueba la calidad mental de la desprestigiada asociación, la que nombró comisionados para que se acercaran al demiurga, rogándole que hiciera el sacrificio de continuar en el poder. El César dijo a los comisionados que estaba resuelto a cumplir su palabra empeñada a Limantour, pero que sólo en el caso de que se levantara en el país una *"ola de agitación"* contra el señor Limantour, se vería obligado a no cumplir su palabra, porque ante todo y sobre todo, *la patria.* Los comisionados, cortesanos perfectos, entendieron que se les pedía una *"ola de agitación"* de pestífero cieno, y por de pronto lanzaron al público un libelo periodístico de lenguaje meretricio, demonimado *La Protesta...* Debo repetir que todos los habitantes de México, no identificados con los batracios, sabían que en México sólo era posible una campaña de prensa, autorizada por el general Díaz expresamente, o por consentimiento tácito, realizada con sonrisas y coqueteos de aprobación. Era seguro que, por falta de vergüenza que tuviera el agraciado, no soportaría lo que nunca había soportado en la América Latina, ni tal vez en Turquía, un ministro, que el soberano ordenase la más soez de las campañas, a cara descubierta, contra el mejor de sus servidores, permitiendo que se le ensuciara hasta en su vida privada. No creo que el general Díaz viera lo que ningún taumaturgo en su hora más feliz hubiera podido ver: que el señor Limantour soportaría la afrenta excepcional, única en la historia de las afrentas, porque el caudillo nunca fue taumaturgo en realidad, ni profundo conocedor de los hombres ni de las cosas. En 1902 el general Díaz estaba tan decaído e inservible para el gobierno personal, que era capaz de creer que la nación ignoraba que no era posible hacer una campaña de prensa en México, sin su permiso, y que Limantour y los "científicos" tomaban a lo serio que la "ola de agitación" salía del país. La campaña soez contra el señor Limantour y los "científicos" se abrió con vigor, con audacia, con maldad y con infamia, dirigida por el general Reyes. El señor Limantour, al leer el primer número de *La Protesta*, debió dirigirse al general Díaz y decirle con firmeza de mujer, si no la tenía de hombre: Señor Presidente, en este país desde hace nueve años, sólo se publica lo que usted autoriza con su palabra o dejando hacer. Si el segundo número de *La Protesta* sale, yo al mismo tiempo saldré para Europa. Pero el señor Limantour, no obstante sus millones heredados y su elevada posición social, era un infeliz que hacía ecuación con un empleado decrépito, enfermo, cargado de numerosa familia improductiva y vorazmente consumidora. Hombre tal tiene motivos para tolerar ofensas aún más fuertes, porque el hambre personal doblega como el apretón de manos de la muerte, y el hambre en seres queridos resuelve a su protector a comer inmundicias. El señor Limantour tenía el deber sagrado de nada permitir contra su dignidad. Y sin embargo, se prosternó en el suelo de infamias del Capitolio y entre sus amigos del "carro completo" vociferó, sin hacer gasto de lenguaje meretricio, limitándose a calificar de soldadón ingrato e indecente al dictador, a quien él había sacado de la sentina en que se estaba ahogando.

Y cuando al fin Limantour recibió la satisfación exigida, Díaz mediante, ya era tarde, el daño era irreparable.

El príncipe respondió a su ministro que tomaría providencias contra Reyes, siempre que se le presentaran pruebas de su culpabilidad. Ni una palabra de promesa o de pésame dijo en relación con el pasquín, que cada día era más leído por el público, al que arrancaba en abundancia de frases: "Para perfidia, no hay como don Porfirio; para indigno no hay como Limantour que no renuncia."

Para los tres la querella era una crisis de virilidad. Limantour salvó su dignidad, pero demasiado tarde para borrar la impresión de que, por nacer ilegítimo, no la tenía innata y congénita y aguantaba todo para quedarse con el poder. Reyes, en cambio, pecaba de amor propio y perdió el poder por sobreestimarse a sí mismo; y Díaz que ya no respetaba a nadie, ni siquiera a sí mismo, quedó en víctima principal de la querella.

> El general Díaz, al concebir la intriga que fue el principio activo de su derrumbe, perseguía dos objetivos: investigar si el general Reyes estaba agitado por ambiciones presidenciales y desviar la vista cariñosa del país de un hombre que por medio de su prensa se aseguró la simpatía nacional: lo que significaba peligro de próximo cuartelazo... El segundo objeto de la intriga era "dividir para reinar" y como lo había hecho Napoleón I, explotar las pasiones bajas y las flaquezas de sus altos funcionarios para dominarlos. Pero Napoleón obraba como estadista profundo, no dividía a su partido, no lo desmenuzaba en hielo y orines, no lo volvía rebelde en contra del amo... La política del general Díaz fue la opuesta: dividir a sus partidarios, para ser odiado por todos ellos; transformarlos de amigos en enemigos, unirlos en el pensamiento del cuartelazo y de la anarquía, despertar hasta la última vibración de rencor y su voluntad hacerla esclava de la venganza.

Y eso lo logró con creces.

Reyes se retiró a Monterrey, después de aplacar al viejo con la comedia de la lealtad; Limantour hizo otro tanto por su parte. Baranda, el ministro complaciente que dictaminó en contra de la elegibilidad de Limantour para la Presidencia, cayó en desgracia, observado de paso por Bulnes.

> El ministro Baranda, otro intrigante temible, el primer político de campanario del mundo, era útil al César antes de la intriga, y le consagraba lealmente sus actividades; después de su expulsión del gobierno, a causa de la intriga, odia al César y está resuelto a vengarse *a la campechana,* sin limitación; y al efecto, se ligará con Reyes. El señor Limantour también odiaba al general Díaz, con la misma fuerza que Reyes y Baranda. Nunca me lo dijo; pero desde 1903, jamás le oí hablar bien ni mal del caudillo. Es imposible que un hombre del orgullo del señor Limantour, y de su potencia subjetiva para creerse colosal, sintiendo que tenía derecho a ser respetado por el César porque lo había salvado de la revolución, conteniendo el saqueo de las arcas públicas, haya olvidado que el tirano lo mandó ensuciar públicamente y atacarlo en su vida privada y la de su familia, sin otro fin que hacer más grande la afrenta de burlarse de sus ambiciones, mérito y honor.

Y la indignación de Limantour era tanto más amarga cuanto que contaba con la gratitud de Díaz, a pesar de conocer como todo el mundo la trágica experiencia de Manuel González.

Los "científicos" que no pertenecían al "carro completo" no crearon odio contra el príncipe, dejaron de estimarlo, les pareció que había abusado de la perfidia, disculpable cuando es necesaria para la conservación de la dictadura, imperdonable cuando es innecesaria y glotona, repugnante, que a nada ni nadie respeta. La opinión de esos "científicos" fue que había que aguantar al general Díaz, porque peor era el general Reyes, y esperar a que algo saliera de aquel hospital psíquico de putrefacción. A los reyistas y los porfiristas incondicionales, con raras excepciones en los segundos, les quemaba las entrañas el odio contra el César, que parecía haber derrumbado a Reyes y querer perseguirlo. Los "científicos" del "carro completo" vaciaron sus joyas de elocuencia despectiva sobre el general Díaz, afirmando que con semejante cretino, sin pizca de decencia, no se podía más que escupirle mentalmente, desde la "Torre de Marfil" de la ciencia exquisita. La intriga había dejado al César sin partidarios, convirtiéndolos, casi en su totalidad, en hábiles conjurados. En esa cuna de perfidia nació el odio entre reyistas y científicos, tan funesto para el país. No recuerdo un caso igual de estupidez política, lo que me enseña que ya en 1904 el general Díaz no contaba para gobernar ni para ser gobernado. Era un tétrico demente, que tea en mano, buscaba los depósitos de explosivos para hacer volar hasta la civilización de su país. Si Reyes no hubiese sido Reyes, su cuartelazo en aquellos momentos hubiera significado la salvación del país. No hay, ni nunca ha habido omnipotentes en este mundo. Los omnipotentes valen lo que valen y quieren que valgan sus partidarios... El general Díaz, desde 1892 comenzó la tarea de destruir a sus partidarios y nunca volvió a entender que los partidarios no deben ser exterminados, porque es exterminarse a sí mismo. Creyó en la adulación; él era México, la fuerza infinita. Una de las manifestaciones más tristes de la psicosis del general Díaz fue su abuso de la perfidia; llegó a ser excesivo, inaguantable, suicida. La perfidia es sin duda la más tremenda de las armas, aun de aquellas en cuya composición entra el acero, los explosivos o los tóxicos; mientras dura como arma oculta, sus resultados son eficaces, pero una vez descubierta, es arma que con seguridad mata al que la usa y pierde toda su utilidad. Cuando los partidarios de un príncipe descubren que es pérfido, los que no se retiran del juego a toda trampa, se arman de perfidia y acaban por arrollar al enemigo común. Fue lo que sucedió en 1902. Reyes continuó de gobernador de Nuevo León, preparando inflexible su venganza; Limantour, más que nunca, se aferró a la cartera de Hacienda; y en el año de 1911 la familia del César y los principales porfiristas lo señalarán como el traidor que hundió al general Díaz; todos conservaron sus posiciones de confianza, y todos esos hombres eminentes eran enemigos mortales del que se las daba. Era lógico, porque el juego era a toda trampa, o sea, a toda perfidia y sin cuartel para nadie. Si entre todos no lo derrocaron y ahorcaron no fue por la habilidad del general Díaz para dividirlos, sino por falta del hombre capaz de unirlos. Si Reyes hubiera tenido otra talla intelectual y moral para la dictadura, el general Díaz hubiera sido botado desde 1902, o tal vez desde 1896. La estabilidad del príncipe dependía de los "científicos", representantes del poder intelectual del país. Fueron sin duda fieles al general Díaz, por encontrar peor al general Reyes; y si hubiera surgido un hombre capaz de atraerlos, le hubieran servido de potencia mental. No obstante ser benévolo, acabó por escaldar a todos sus partidarios y por ser el sombrío creador del odio de todos contra todos.

Bulnes no era un testigo imparcial, ya que pertenecía al grupo científico, pero tenía suficiente independencia de criterio como para apreciar la situación con el desprendimiento de un observador científico, y bastante conocimiento de causa como para interpretar a los personajes conforme a la fatalidad de sus caracteres, Si como suponía Bulnes, la querella nació de un plan premeditado del general Díaz para engañar a los dos y seguir con el mando, la bomba hizo explosión en sus propias manos y puso en peligro una vida gastada en engaños. Si por el contrario, el dictador pensaba en serio resolver el problema de la sucesión con la combinación de dos ambiciones acopladas, el resultado era no menos funesto: un niño hubiera previsto el fiasco de una invención digna de su segunda infancia. De todos modos, el fracaso demostraba el deterioro de sus facultades intelectuales y patentizaba que, conociendo tan mal a sus semejantes, andaba perdiendo rápidamente el manejo del gobierno, de los hombres y de sí mismo; y cuando intervino al fin para arbitrar la disputa, ya era tarde para corregir el error, Reyes y Limantour se habían tornado enemigos mortales, vulnerado cada uno en su vanidad vital, la combinación quedó rota y la ruptura consumada agravaba la dificultad de resolver el problema de la sucesión. Al favorecer a Limantour Díaz tenía razón, sin duda, la ciencia del financiero, era esencial para la obra de paz; pero al sacrificar a Reyes arriesgaba una revuelta que fue, en efecto, más que probable. El general Huerta ofreció al ministro caído la revancha normal, mas Reyes rechazó la tentación banal y siguió siendo leal a Díaz —si con la lealtad del vasallo al rey o del realista a lo realizable quedó en duda pero de todos modos leal a su manera. Sin embargo, no se salvó del recelo real: rodeado de espías y vigilado de cerca en Monterrey, el sistema de seguridad militar garantizaba su lealtad, el apagador estaba listo para funcionar, y su sucesor en la Secretaría de Guerra disolvió la Segunda Reserva.

El hijo culpable defendió al padre inocente en los apuntes dejados por Rodolfo Reyes para la posteridad.

> Cuando mi padre me enteró el 24 de diciembre de 1902 de estas ocurrencias, sentí como si algo se quebraba para siempre dentro de mí. Nunca había sido un porfirista nato, porque no era posible a mi edad y con mi educación libérrima, aceptar como doctrina la dictadura, que carece totalmente de ella, ya que sólo puede ser un incidente semejante a la cirugía en la terapéutica; pero desde ese instante comprendí que el general Díaz estaba caduco, que su labor había terminado, que ya no entendía los problemas nacionales. Así se lo manifestó categóricamente a mi padre, y le aconsejé vehementemente que insistiera en su separación absoluta del porfirismo en todos sentidos y que se retirara a la vida privada. Él llegó a tener contactos para ocuparse de actividades comerciales en Monterrey, y concretamente pensó en dirigir alguna gran industria. La idea revolucionaria todavía no pasó siquiera por mi mente, pues todos creíamos que el gigante árbol que había dado paz y prosperidad a la República se secaría de por sí, sin necesidad de derribarlo, y que, cumplido su término histórico, no se transformaría de fuerza en debilidad y de monumento en ruina viviente. Mi padre, sin embargo, tuvo su primera claudicación política, y el general Díaz, sabiéndolo leal, supo mantenerlo encadenado y le devolvió la jefatura política de Nuevo León; pero ya sin las preeminencias antiguas y desde luego vigilado por jefes militares de su intimidad y puesto de blanco a mil agentes rufianescos de todo orden.

La ruptura se verificó el día 24 de diciembre de 1902 y el día 1º de enero de 1903 el *Diario Oficial* publicó un decreto presidencial que confirmaba la naturalización de Limantour y eliminaba la objeción legal a su elegibilidad para la Presidencia, pero el decreto llegaba demasiado tarde, con tres años de retraso, para consolar a Limantour, y demasiado temprano, con sólo siete días, para convencer a Reyes; tanta tardanza en anular el ficticio obstáculo y tanta despreocupación en contradecirse acabaron el último vestigio de confianza en la buena fe del general Díaz y enajenó a Limantour irrevocablemente; y la promulgación precipitada del decreto imprimió a la derrota de su rival el sello de una venganza pública que convirtió a Reyes en enemigo irreconciliable. Antes de retirarse a su propia capital Reyes ofreció una satisfacción formal a Limantour, presentándole sus disculpas y protestando que no era cómplice de su hijo, y "el señor Limantour, ante Reyes, obró con dignidad y recibió sus explicaciones con altivez, estando decidido a sostener un duelo a muerte con su desleal adversario". De esta decisión el decreto presidencial daba la prueba palpable.

> Se me preguntará —prosiguió Bulnes— por qué el general Díaz, verdadero autor de la "ola de agitación", fue tan severo con el general Reyes, hasta exigirle la renuncia y echárselo de enemigo, sabiendo que era terrible, pues el César dijo a su vicario, después de que Reyes salió de la Secretaría de Guerra en un grado de excitación comparable al de los cañones que, cargados hasta la boca, disparan y revientan: "Ese hombre es desde hoy mi enemigo, me odia y me odiará hasta su muerte, y gastará su vida en hacerme el mayor mal posible." Y a un hombre de tal condición no se lo echa de enemigo un príncipe, por estarle prestando eminentes servicios, lo que él deseaba: golpear a Limantour con la "ola de agitación" para que se cumplieran "las exigencias de la política". La respuesta es muy sencilla: el general Reyes torpemente había ya descubierto sus aspiraciones presidenciales...
> El general Díaz fue avisado y su odio a Reyes brotó entonces, antes de que brotara el del desleal ministro. El César esperó el momento oportuno para expulsar al traidor sin dar a conocer al país que había sido traicionado. No fue el señor Limantour quien arrojó al general Reyes de la Secretaría de Guerra, sino su hijo don Rodolfo, director de una política *bebé,* aprendida en la Escuela Nacional de Jurisprudencia.

Pues bien, Reyes padre, todo obediencia, regresó a Monterrey, donde no tardó en meterse en líos otra vez. En 1903 se iniciaron los preparativos para la próxima reelección del Presidente y de los gobernadores de los Estados y Reyes, seguro de su popularidad en Monterrey, ofreció un ejemplo de gobierno democrático digno de su desgracia, autorizando el ejercicio de las libertades de asociación, pensamiento y prensa; pero la prensa de oposición, a pesar de su caída en desgracia, lanzó una campaña violenta contra su reelección, repartiendo propaganda y atacando a su familia en términos tan soeces que parecían copiados de la campaña contra Limantour y fácilmente hubiesen pasado por represalias de los científicos. Todo lo aguantó hasta el día en que cuando paseaba apaciblemente en su *Buggy,* un individuo del pueblo, miembro de un club de oposición, salió de una cantina lanzándole injurias y obligándolo a saltar del *Buggy* y entrar a la cantina, donde le propinó un latigazo tan fuerte que las repercusiones llegaron a la capital de la República. El Presidente, preocupado, llamó a un amigo mutuo y le encomendó una misión confidencial.

> En el acto acudí a su llamada y celebré con él una conferencia muy prolongada —constató el amigo de confianza. Díjome que los enemigos de Bernardo (así llamaba a Reyes) le habían suscitado en Nuevo León una oposición furiosa, que le atacaban mucho por la prensa y que lo ofendían a todas horas y que Reyes, que tenía muy mal carácter, había perdido los estribos y se había vuelto loco; me refirió el suceso de la cantina y me confió que temía fuese Reyes a comprometerse por su impetuosidad, por lo que quería que me pusiese luego en marcha para Monterrey y fuese a calmar su ánimo, asegurándole que contaba con su amistad y que le apoyaría para que saliese reelecto. Muy reconocido quedé al caudillo por la muestra de confianza que me dispensaba; pero, a decir verdad, en el fondo de mi espíritu se habían anidado algunas sospechas respecto a su sinceridad para Reyes, y para mí era evidente que al obrar como lo prometía, en favor del gobernador y en contra de sus enemigos, no lo hacía por afecto a él, pues me consta que ya no lo tenía, sino en obsequio a su política personal. Había permitido al grupo de los científicos lanzar a Reyes del gabinete porque necesitaba a Limantour para la buena marcha de las finanzas, pero no quería, al mismo tiempo, que el gobernador de Nuevo León desapareciese de la escena del todo para poder valerse de él contra los mismos científicos en caso ofrecido. ¡Postergarle, sí; pero aniquilarlo, no! Necesitaba pesos y contrapesos en la balanza de su diplomacia para mantener quieto el fiel de su omnipotencia. Pero si, por cualquier motivo, cambiaba de opinión y llegaba a creer que sus conveniencias le aconsejaban contribuir a la ruina de Reyes, mantendría su palabra o echaría a andar por el atajo de su egoísmo. Para mí era evidente que esto último sería lo que sucediese, pues él nunca fue guiado por principios éticos de carácter inflexible, sino sólo por motivos de orden secundario e individual.

El amigo de confianza se fue a Monterrey, comunicó el consejo del Presidente a Bernardo, le previno contra el peligro de exponerse a provocaciones en vísperas de las elecciones y cumplió con su comisión. Que se preparaba otra provocación lo supo con sólo sentarse en su cuarto de hotel y aguzar los oídos.

> Los oposicionistas habían elegido, casualmente, el mismo hotel que yo habitaba para centro de sus conferencias. Reuníanse determinados días en la planta baja y allí combinaban sus planes. Yo permanecía en mi habitación toda la mañana, trabajando y enviando y contestando mensajes, y a eso del mediodía subían a visitarme jóvenes briosos, que andaban mezclados en la conspiración y no sospechaban que fuera yo comisionado del Presidente.

A los jóvenes briosos nadie les había dicho que no convenía tratar a gente desconocida, y

> por ellos fui teniendo noticia de cuanto se tramaba y urdía contra el gobernador, y todo lo fui poniendo en conocimiento de don Porfirio puntualmente por cartas y telegramas. Supe así que los antirreeleccionistas tenían el proyecto de aprovechar la fiesta nacional de 2 de abril, a fin de organizar una manifestación con la apariencia de porfirista, pero con el objeto real de provocar un motín que, al ser reprimido con mano fuerte por la policía, diera armas a la oposición para acusar a Reyes de antipatriota y asesino del pueblo. Los detalles que tuve fueron tan precisos, que hasta pude decir de qué medios se iban a valer los conspiradores para obtener armas, el dinero de que disponían y los bazares donde iban a proveerse de pistola. Así, estando Díaz al tanto de todo, pudo seguir de momento a momento el desarrollo de la estratagema.

En cuanto a la víctima designada, el emisario del Presidente le aconsejó burlar el complot, cancelando la celebración del 2 de abril o verificándola en la Cámara de Diputados en vez de en la calle; pero esta precaución exponía al gobernador a la acusación de desafecto a Díaz y le pareció preferible correr el riesgo de la manifestación popular. Adoptando las providencias del caso, la policía autorizó el desfile de reeleccionistas y antirreeleccionistas pero por turnos, y a diferentes horas del día, y recorriendo rutas separadas; sin embargo, se buscó y se produjo un choque, la policía hizo fuego, dejando un saldo sensacional de muertos y heridos entre manifestantes y espectadores, y al conocer la calamidad el gobernador exclamó, con razón, que sus enemigos se habían salido con la suya. La matanza tuvo repercusiones siniestras en el país, se acusó a Reyes de ahogar la oposición en sangre, y el escándalo obligó al Presidente a abrir una investigación, pública y privada, de lo ocurrido.

La investigación privada corrió a cargo del amigo (licenciado José Portillo y Rojas) y resultó favorable por supuesto a Reyes. Además de los informes ya comunicados al Presidente por carta y telegramas, el intermediario recogió un rumor en el sentido de que la conspiración había sido fraguada por los científicos y dirigida desde la capital, y con una cartera llena de datos para la defensa regresó a México para informar al Presidente; pero el rumor corrió más rápido que el tren y al abrir la puerta de su casa en la capital, el amigo de Reyes recibió un recado urgente de Rosendo Pineda, jefe científico invitándole a comprobar o abandonar la acusación, y a falta de evidencia material se abstuvo de proceder; pero poco importaba, pues el Presidente, convencido ya de que Reyes había caído en una trampa, dio instrucciones al Gran Jurado del Congreso, encargado de la investigación, de absolverlo; sin embargo, pasó lo mismo que con Mier y Terán y la matanza de Veracruz en 1879, comprometido y condenado por la opinión pública, Reyes estaba perdido, la absolución exasperó el escándalo, el veredicto dirigido en vez de salvarlo lo perjudicó, y bien que salió reelecto bajo la protección presidencial y que Díaz mantuvo en fiel los platillos de la balanza, la aguja sacó sangre.

Ante el dilema de la sucesión, Díaz dijo a un amigo que le recomendó como único remedio la reelección: "No sé si tendré que sacrificarme, porque ya pensaba en dejar todo a Reyes y Limantour; pero éste me resultó francés y Bernardo se dispara solo". Para recomponer su personalidad desequilibrada, se sacrificó; y a los tres meses de la matanza de Monterrey volvió a inclinar el fiel de la balanza en sentido contrario, confiando la representación de su sexta reelección a los científicos. En junio de 1903 se celebró una convención electoral en la capital de la República con el mismo propósito y bajo el mismo nombre que en 1892. La segunda Convención Nacional de la Unión Liberal tenía también el encargo de reelegir el Presidente, pero en circunstancias muy diferentes de la primera: aquélla se efectuó en los días aciagos de una gran crisis económica y abogó por algunas concesiones democráticas para conciliar la opinión pública, muy desazonada a la sazón; la segunda se celebró en tiempos bonancibles cuando el progreso material alcanzaba la meta apetecida; pero esta vez también la convención sondeó la opinión pública y recomendó la reelección condicionalmente. Entre la primera y la segunda consulta había transcurrido un lapso que ganó la distancia entre los años magros de 1893 y los abundantes de 1903, el país prosperaba, la mano maestra de Limantour hacía milagros, la dictadura estaba consolidada y Díaz contaba con los científicos para cumplir lealmente con sus deberes de cortesano; y una vez más lo engañaron.

Tan leal como Reyes era Limantour. Aunque el decreto presidencial lo legitimaba para recibir la sucesión, nada podía inducirlo a que aceptara su postulación. Satisfecho su orgullo con su designación como heredero presunto y su timidez con su triunfo público, se desquitó de la doblez de Díaz dejándolo libre para resolver el problema de la sucesión a solas, y salió para Europa para negociar otro empréstito. Controlaba los cordones de la bolsa y disponía del poder de dirigir la conducta de la convención; y fue en tales condiciones que los científicos emprendieron la faena contagiosa de reelegir al Presidente. Cansados de contemporizar, hartos de transigir, desesperados de esperar, se hallaban al borde de la rebelión y escogieron a Bulnes para desempeñar la tediosa tarea; y de crítico, Bulnes pasó al escenario y representó brillantemente el papel principal en la comedia. Según el programa:

> Al hallarse en Europa el señor Limantour, el general Díaz, desde abril de 1903 acordó que se comenzaran cuanto antes los trabajos para su sexta reelección y que los *científicos* fueran los principales actores en esa ya demasiado fastidiosa comedia, inaguantable hasta para el apuntador y el maquinista que subía y bajaba el telón escénico. Los "científicos" aceptaron el encargo, pero se propusieron hablar por el país y para el país presentando al César, a toda luz, el alma nacional. Yo fui designado para ese discurso de decente y patriótica rebelión, en el que dije: ¿Existe en México un progreso político tan cierto como que existe un progreso material?

Si Díaz carecía de solución al problema de la sucesión, no así Bulnes; y como delegado de la rebelión de los aburridos, abordó el problema en la convención con uno de los más dramáticos y memorables discursos en los anales de la historia política mexicana. Inició su intervención planteando el problema con un análisis arrojado, bizarro, iconoclasta y sensacionalmente científico de la situación del país en 1903.

> Estoy seguro —dijo— que no solo la mayoría, sino la totalidad de los miembros de esta asamblea, son partidarios de la reelección del general Díaz. A los partidarios no hay que convencerlos y mi deber podría reducirse a invitaros a votar con una frase de aclamación y cariño para el Presidente de la República. Pero el elemento extranjero se levanta ante nosotros, con el cual México ha contraído grandes compromisos pecuniarios, enormes compromisos morales, inmensos compromisos de civilización, y ese formidable elemento social desea conocer los fundamentos de nuestros grandes actos públicos. El país escucha constantemente el elogio justiciero de la obra del general Díaz, pero desea saber si es una obra precaria o duradera, si es una obra momentánea o una obra de salvación definitiva. La sociedad ambiciona escuchar palabras que alienten sus esperanzas, que mitiguen sus temores, que fortifiquen su espíritu, que despejen su porvenir. Pero la historia nos presenta páginas en blanco que no debemos llenar con emociones, con afectos, con frases de adulación, sino con razonamientos contundentes para presentar la reelección como acto nacional, indispensable y honroso para el pueblo mexicano. *(Aplausos)*.

El preámbulo dio el tono del discurso y en este contexto corrosivo Bulnes desarrolló el tema dominante.

> Es muy difícil sostener una sexta reelección ante un criterio institucional democrático —confesó— pero si queda demostrado que una sexta reelección es necesaria para el bien del país, entonces debemos concluir, calmada y serenamente, que no hemos logrado aún ser un pueblo democrático. El argumento a favor de la reelección debe buscarse no en instituciones eminentes que todavía no podemos practicar y que debemos venerar como reliquias sagradas que nos dejaron las almas rutilantes de ardientes liberales; deben encontrarse en el campo de las conveniencias y aceptarse sin temor y defenderse sin vacilación con poderosas razones. Desgraciadamente, empero, el argumento principal a favor de la reelección es más aterradora que alentadora. Al pueblo se le dice que la preservación del general Díaz en el poder es esencial para la preservación de la paz, del crédito, y del progreso material. Nada es más apto a poner rápido fin al crédito, que el anunciar al mundo que, después del general Díaz caeremos en el insondeable abismo de miserias de donde hemos

> salido. En efecto, señores, ¿cómo concebir que haya quien nos preste millones de pesos por centenares, al módico interés de cuatro y medio por ciento anual y a plazos largos, de cuarenta o cincuenta años, si hemos de hacer bancarrota, según nosotros mismos, antes de poder pagar la trigésima parte de nuestras deudas? ¿Cómo es posible que los banqueros norteamericanos y europeos, que nos ven, que nos escuchan, que nos observan, que nos estudian, que nos escudriñan y que nos oyen decir todos los días a grito partido: sin el general Díaz la paz se hunde y con ella el crédito? ¿Cómo es posible que esas personas en tales condiciones nos presten cantidades fabulosas en términos que sólo se conceden a pueblos que indefinidamente pueden llenar sus compromisos? No debían prestarnos ni un solo centavo. Una de dos: o los norteamericanos y europeos tienen una idea más levantada, más amplia, más completa, más verdadera de la nación mexicana y de la obra del general Díaz, que la muy miserable que proclaman los políticos efervescentes; o bien el crédito de México reposa en los acorazados, en los cañones Krupp, en los formidables ejércitos, en la inconmensurable potencia militar de sus acreedores. En este triste caso habría que convenir en que las operaciones financieras que estamos ejecutando no son préstamos que nos honran, sino la venta de la patria, que nos envilece. En este triste caso habría que convenir en que los mexicanos somos una cuadrilla de forajidos, que sabiendo muy bien que el límite de nuestra solvencia, que el límite de nuestro honor, que el límite de nuestra civilización es el límite de la existencia del general Díaz, no obstante, hemos contraído y continuamos contrayendo compromisos que a ciencia cierta no podemos llenarlos. En este triste caso hay que proclamar que el crédito de México no existe y que lo que sí existe es el crédito militar de nuestros futuros conquistadores.

Nutridos aplausos saludaron este lance y sin perder ripio el orador prosiguió:

> Hay peor todavía: si la obra del señor general Díaz debe perecer con él, la nación tiene que decir: nada me importa la paz, ni el crédito, ni el progreso material; éstos son beneficios considerables para cierto número de personas, pero para mí cuya naturaleza es la inmortalidad son insignificantes o nulos, si han de durar sólo lo que duren los últimos días de su autor. La nación tiene que decir con indignación: he desterrado de mi memoria mis largos años de lucha por la República, he estimulado mi ambición de libertad, he desheredado mis héroes que murieron por la democracia;

he hipotecado mi trabajo, mi honor, mi riqueza y mi nacionalidad por unos cuatrocientos millones de pesos mendigados del extranjero, y todos estos sacrificios los he hecho a cambio de la paz que quiere decir bienestar, del crédito que quiere decir honor, del progreso material que quiere decir redención; todos estos sacrificios los he hecho para poder sentarme entre las otras naciones civilizadas y decir, yo también he ceñido mi frente con los laureles del orden, del respeto a la ley, y de los afectos; he combatido cien años, buscando la libertad y encontrando siempre la anarquía; veinte años he obedecido ciegamente porque se me decía que la obediencia sería mi salvación. Y decir tranquilamente ahora a esta nación: todos tus sacrificios fueron hechos sólo para conseguir un poco de paz, un poco de crédito, un poco de bienestar, un poco de decencia mientras puedes contar con la existencia del general Díaz, pero tu suerte es la del judío errante vagando de noche en noche, de caos en caos, de dictadura en dictadura, hasta caer —no en las bayonetas, no, porque los esclavos agobiados no pueden combatir, sino en la caldera revolucionaria de cualquier conquistador por venir— decir a este pueblo que responde por los millones que deben con su independencia, que es lo que más quiere, la reelección no es más que el tubo de oxígeno de tu agonía, tu existencia nacional y tu civilización caerán en la misma tumba que la vida mortal del general Díaz. Francamente, señores, presentadas así las cosas, nada más lúgubre que la reelección. (*Expectación.*)

Evocando el porvenir en tonos apocalípticos que prohibieron los aplausos, el profeta recogió la impresión y continuó tranquilamente:

Yo creo que la reelección debe ser más que una cuestión de gratitud para un esforzado guerrero y colosal estadista. Yo creo que la reelección debe ser más que una brillante cuestión de presente, que debe ser algo nacional y *sólo es nacional lo que tiene porvenir...* Si la obra del general Díaz debe perecer con él, no hay que recomendar la reelección, hay que recomendar el silencio como en una escena siniestra; hay que recomendar el dolor como en un espectáculo de muerte; hay que proveerse de escepticismo y resignación para ver y saber que el destino de la patria está hecho ya, que es la ruina inevitable, la conquista sin defensa, la desaparición en la fosa común de los viles y de los esclavos. (*Aplausos nutridísimos.*)

Preparada así la fosa, el sepulturero científico avanzó con paso seguro.

Hay una verdad adquirida en sociología, y es que cuando la obra política de un estadista no puede sobrepasar su vida, es obra fracasada. Todos los que estamos reunidos aquí tenemos la más alta opinión del patriotismo y de la inteligencia del general Díaz, y consideramos imposible que la deje estoicamente perecer... El señor general Díaz ha hecho la paz. ¿Cómo lo ha hecho? Voy a decirlo: con todas las reglas del arte, delineadas por el emperador romano Augusto, que duró cuarenta y cuatro años en el poder, y finalmente percibidas, observadas y enunciadas por Nicolás Maquiavelo (*expectación*)... El general Díaz, como el emperador Augusto, ha prodigado un gran respeto a la forma solemne de las instituciones y ha ejercido el poder haciendo uso del *minimum* de terror y del *maximum* de benevolencia. Como el emperador romano, para acabar con los caudillos ha empleado por excepción los medios terribles... Ha destruido las dinastías de los caciques, disuelto sus guardias nacionales; los ha privado de sus exacciones; prohíbe que tiranicen a los pueblos y derrama torrentes de civilización en sus territorios, para dejar a aquéllos sin prestigio, para conquistar a la sociedad; ha emprendido, como Augusto, grandes obras materiales que dan trabajo a grandes masas, y levanta suntuosos edificios para satisfacer el bienestar, el orgullo y la vanidad de los mexicanos. La fórmula de la paz de Augusto, conocida en el mundo por la paz octaviana, ha sido fielmente cumplida por el general Díaz, en los precisos términos en que la redactó Maquiavelo: *cuando los grandes no pueden gobernar y sólo quieren oprimir, hay que suprimir a los grandes*. Las obras de la naturaleza de las del general Díaz duran lo que dura la vida de sus autores... El régimen personal como sistema es muy malo; como excepción es muy bueno. El régimen personal, como sistema, tiende a convertir al pueblo en una especie de hembra sucia y prostituida por los grandes favores que recibe de los gobernantes virtuosos y crueldades que propinan los tiranos abominables... Bajo el régimen personal, como sistema, el pueblo se acostumbra a parásito, a no hacer nada por sí mismo, a recibir todo por favor o por gracia, a sólo llorar cuando se siente desgraciado, a sólo degradarse cuando se siente feliz, a ser el esclavo del primero que lo estruja y la cortesana impúdica del primero que lo acaricia...

Pronunciando la oración fúnebre de Porfirio Díaz antes de muerto, Bulnes hizo justicia a su obra de gobierno para rematarlo sin remedio.

Cuando el general Díaz triunfó en Tecoac, encontró la sociedad mexicana hundida en un miseria negra y ortodoxa. Era dogma patriótico no progresar para que no se despertasen las ambiciones de nuestros poderosos vecinos. El general Díaz encontró sólo elementos de anarquía, elementos de abatimiento, elementos de terror, elementos de escepticismo, de suicidio. ¿Cuál ha sido el resultado? Los resultados han sido grandiosos: los elementos de anarquía se han convertido en elementos de disciplina; los elementos de abatimiento se han trocado en elementos de orgullo; los elementos de escepticismo, en elementos de fe; los elementos de suicidio, en elementos de ambición de la sociedad de vivir, crecer y exaltarse. Es imposible que el progreso económico no engendre progreso intelectual, y éste a su vez el moral, y los tres juntos el político. ¿Existe en México un progreso político? Tan cierto como existe un progreso material, y este progreso político se manifiesta por los hechos siguientes: el país, despojándose de su vieja y tonta vanidad, ya no pretende copiar fotográficamente la complicada vida democrática de los Estados Unidos.

En seguida, preparando la peroración con el argumento fatal, Bulnes se fue al grano.

El país está profundamente compenetrado del peligro de su desorganización política. El país quiere, ¿sabéis, señores, lo que verdaderamente quiere este país? Pues bien, quiere que el sucesor del general Díaz se llame... la ley! (*Frenéticos aplausos.*) ¿Qué ley? Cualquiera, con tal de que no sea la más hermosa, sino la positiva, la verdadera, la que nos convenga. El Corán, si ése cree que nos conviene un sultán; las leyes de las Indias, si debemos retroceder al régimen colonial; el Rig Veda, si aparecemos a propósito para formar una suntuosa monarquía de castas; la Biblia, si se nos declara judíos; las reformas a la Constitución argentina, si se nos considera propios para una burocracia parlamentaria. Para algo hemos de servir después del progreso obtenido. ¿Para nada servimos aún? Pues, entonces que se nos prepare un hombre de Estado probo, y para que nos gobierne bien o mal, pero civilmente... Si no debemos tener instituciones, que se nos haga la gracia que los americanos han otorgado a sus conquistados en Filipinas; *gobernarnos dictatorialmente, pero sin militarismo.* (*Aplausos prolongados.*) La paz está en las calles, en los casinos, en los teatros, en los templos, en las escuelas, en los caminos públicos, en la diplomacia, pero no existe ya en las conciencias. (*Gran sensación en el público.*) No existe la tranquilidad de hace algunos años. *¡La nación tiene miedo!* Le agobia un calofrío de duda, un vacío de vértigo, una intensa crispación de desconfianza, y se agarra a la reelección como a una argolla que oscila en las tinieblas. ¿Qué es lo que el país ve por delante? ¿Qué le espera después del general Díaz? Hombres y sólo hombres. Después del general Díaz, el país ya no quiere hombres. El país quiere partidos políticos; quiere instituciones; quiere leyes eficaces; quiere la lucha de ideas, intereses, pasiones. A cada naturaleza del Estado corresponde a una naturaleza distinta de la paz. En el Estado tradicional la paz es el resultado de las costumbres. En el Estado personal la paz es mecánica —una paz que aplasta. Al Estado moderno corresponde la paz orgánica. Y bien, señores, la paz orgánica no es más que la lucha organizada. En el mundo orgánico no existe la paz. Sin lucha orgánica es imposible el progreso indefinido. Sin lucha orgánica es imposible la vida sana e indefinida de las naciones. *Sin lucha orgánica es imposible hasta la muerte.*

Y ya por terminar, sintetizó la denuncia con una peroración apasionada y dictó sus condiciones de paz.

Sea como fuera, este pueblo magullado, maltratado, desgreñado, quebrantado, chorreando vicios, chorreando miseria, chorreando sangre, chorreando ambiciones, ha alcanzado al fin la retaguardia de los grandes pueblos... Para concluir: la reelección debe servir para que el general Díaz complete su obra y cumpla con un sagrado deber organizando nuestras instituciones con el objeto de que la sociedad en lo sucesivo y para siempre, dependa de sus leyes y no de sus hombres.

Al concluir, quedaba tan poco de la obra de gobierno del general Díaz que la requisitoria hubiera podido pasar por su obituario político, a no ser por la conclusión constructiva, pero la misma conclusión constructiva era destructora: postulando la ley como un sucesor, lo declaraba fuera de la ley; reclamando la organización política, lo acusaba de anárquico; llamándole a cuentas por el porvenir de la patria, lo pronunció quebrado; y exigiendo la exposición de su mano, le intimaba rebelión inminente a menos de responder a la demanda. Combinando con mano maestra la adulación y la denuncia, Bulnes se mostró más que igual a Díaz en duplicidad, pues el rasgo más lisonjero y más fatal del discurso era precisamente la llamada a la razón. A sabiendas de que las condiciones de paz eran imposibles de cumplir y que el viejo estaba muy acabado para volver sobre sus pasos, dejó colgado al autócrata senil, incapaz de reorganizar una dictadura personal en desintegración progresiva.

La reacción al reto no dejaba duda de que había dado en el hito. Aclamado como un *discurso soberano* y *una obra maestra de elocuencia forense,* la retórica rutilante y la crítica penetrante y profunda del orador apasionaron al público y por decreto de la convención se mandó imprimir y repartir profundamente su oración subversiva. El reto llegaba al fondo del problema y abrió brecha en la dictadura que, al cumplir su misión de conquistar la prosperidad, creaba las precondiciones de la democracia y enardecía el espíritu público, alarmada por el ominoso porvenir pintado por el profeta y el destino de un pueblo que crecía sólo para recaer en la miseria, se sentía ya bastante fuerte para repudiar el paternalismo y reclamar los derechos políticos correspondientes a su desarrollo económico. "Esa mi profecía —dijo el profeta— puede competir con las que anunciaron la ruina del pueblo judío. Mi discurso agradó tanto a la opinión como desagradó al general Díaz." No obstante, Bulnes profundizó con impunidad, lo que comprobaba la certeza de su puntería. El Presidente guardó silencio, siempre callaba cuando se sabía profundamente herido y puesto en un brete, y la reacción vino de la prensa de provincia, que abrió una ruda campaña en contra de los científicos, de concierto con *La Nación,* periódico improvisado por uno de los últimos redactores del difunto *El Monitor,*

> quien debía agotar sus expresivos dicterios —lamentaba Bulnes— contra personas que, en buenos términos, habían indicado a un dictador de setenta y tres años que hiciera algo por su patria, ya que había hecho tanto por él mismo. Al notar que *El Imparcial,* el órgano de circulación y caracterizado como semioficial, callaba, los "científicos" se dieron cuenta de que el general Díaz no quería la ruptura declarada con ellos, sino hacer pueril perfidia de *gato escondido y cola de fuera.* En una junta que tuvimos en el despacho del licenciado Casasús, a la que concurrieron Pinedo, Macedo, Casasús y el autor de este libro, resolvimos no aceptar dobleces; si el César no quería romper, debía ordenar silencio a la prensa que estaba a sus órdenes, y si trataba de romper, nos expatriaríamos para irnos a defender al extranjero con toda libertad. Nuestra resolución fue presentada al caudillo por don Ramón Corral. No sé qué consi-

deraciones profundas hizo el general Díaz para no aceptar la ruptura, pues inmediatamente fue matado el periódico *La Nación*, que había anunciado vida inmortal, y los de Jalapa y Monterrey no volvieron a atacar a los "científicos", sino hasta después de la conferencia Creelman.

Faltaban sólo cinco años para llegar a la conferencia Creelman. En 1903, lo mismo que en 1892, el general Díaz hizo caso omiso de las condiciones propuestas para la convención para su reelección; sondeado por dos delegados, curiosos de saber cuándo creía que el pueblo mexicano sería apto para la democracia, contestó francamente que no sería mientras él viviera. Entretanto la consideración profunda que le hizo eludir la ruptura con los científicos era Limantour.

> Después de la caída política del general Reyes —prosiguió Bulnes— después de la caída moral del general Díaz, después de la caída ignominiosa del señor Limantour enlodado por la campaña reyista y que a diferencia de todos, que prometía la caída del país en alguna catástrofe inmensa, el general Díaz, deseando proteger a sus íntimos, encomendó al señor Limantour que fuera al extranjero y obtuviese los diez millones de pesos necesarios para comprar las acciones sin valor, amontonadas en el cuarto de los trebejos, de los miembros del sindicato asolador que había desquiciado las finanzas públicas de 1882 a 1893. El señor Limantour, después de las afrentas recibidas, obedeció con aparente buena voluntad. A poco de haber llegado a Europa, y tomado contacto con los magnates de la finanza, escribió al caudillo que los banqueros se negaban a seguir proporcionando dinero a México, con la garantía de los residuos de vida de un gobierno ultra-personal de setenta y tres años, y cuya prensa anunciaba al mundo que sin él México se precipitaría en la ruina, en la anarquía, en algo peor, tal vez en el centro de alguna estrella del Can Menor. Era, pues, locura, prestar a plazo de cuarenta y tres años millones a una mísera nación cuya vida duraría tanto como los últimos días de un anciano, con los dos pies sin botas en el sepulcro; los banqueros necesitaban, para prestar, una garantía de continuación de gobierno serio, probo, y en los países dictatoriales no los improvisan las lacayerías llamadas cámaras, a la hora de los funerales del opresor; de esos funerales salen las más seguras y tremendas anarquías.
>
> El César era un enemigo resuelto de la institución vicepresidencial,

porque decía, la tarea de dos vicepresidentes había sido meter la gran zancada a los presidentes, labor que en México siempre había sido coronada por el éxito. El príncipe no podía resolverse a dejar de ser el "héroe del crédito", después de ser el "héroe de la paz", y pretender el puesto de héroe del continuismo. Había también una cuestión de intereses: era el único medio de vender las acciones del Interoceánico, antes de que las ratas las devorasen. Hubo una semana de vacilación, al fin de la cual el señor Limantour recibió el cable tranquilizador para los banqueros, por el ofrecimiento de instituir la vicepresidencia.

Obligado a respetar la banca, el general Díaz se las arregló, sin embargo, para burlarse de los banqueros con dos providencias. La primera era la selección del vicepresidente.

El general Díaz, contra toda su voluntad, se sometió y acordó que se presentara en la cámara la iniciativa de reforma constitucional estableciendo la vicepresidencia. Al llegar a México el señor Limantour procedente de Europa con los diez millones solicitados, y dejando a los banqueros la palabra del gobierno de que se establecería la vicepresidencia, el César la ofreció a su vicario. Afortunadamente, el señor Limantour tuvo un violento acceso de cordura política y la rehusó. Gran satisfacción causó este hecho entre los "científicos". El César concedió entonces a su vicario la prerrogativa de designar a la persona que debía ocupar la vicepresidencia. La banca extranjera no habría quedado conforme con un vicepresidente que no fuera del agrado del señor Limantour, quien por su probidad, rectitud, inteligencia y éxitos administrativos era el hombre de confianza de la banca extranjera. Por otra parte, era imposible después de la ruptura con Reyes un vicepresidente reyista. Para halagar al general Díaz e inclinarlo a la designación de un vicepresidente no "científico", iniciaron los reyistas y socios ante la Cámara de Diputados, una reforma constitucional para que el periodo presidencial se alargara de cuatro a ocho años, lo que fue acogido con agrado por el caudillo, aunque no sumo, porque sus deseos habrían sido colmados con periodos presidenciales de treinta y ocho años o un poco más. Los "científicos" resistieron y se arregló que el periodo fuera de seis años; y así quedó preceptuado en la Constitución. El señor Limantour designó al señor Ramón Corral para la vicepresidencia, quien fue aceptado por el príncipe casi como un cólico de invaginación. Agradaba más al César la candidatura de los reyistas y dehesistas, el señor Mariscal, macrobiota de setenta y siete años en 1904. Fijarse en una persona de setenta y siete años para una vicepresidencia que debía ofrecer al país y al extranjero garantías, energías, salud, robustez y sorprendente fecundidad, demostraba que el dictador quería burlarse sin careta de todo el mundo, sin pensar que si los mexicanos aguantaban su falsedad, la banca extranjera la castigaría; porque no hay que olvidar que la dictadura Díaz era plutocrática, sostenida y prestigiada por la plutocracia extranjera. El señor Mariscal, secretario de Relaciones, no rechazó su candidatura: lo que prueba que contaba con la autorización del Presidente en aquellos tiempos, un funcionario que daba un paso político, por insignificante que fuera, sin la orden o autorización bien adivinada del caudillo, era considerado como traidor con las armas en la mano y los pies en el tablado del patíbulo de la ley fuga. Los "científicos" que no pertenecían al "Carro Completo" ya sabían, ilustrados por el profundo conocimiento adquirido observando al general Díaz, que el asunto de la vicepresidencia había de quedar zanjado con una gran perfidia.

De ahí su satisfacción cuando Limantour rechazó la oferta.

Entre los dos candidatos poco había que escoger. Ambos llenaban los requisitos de un vicepresidente aceptable al Presidente; ambos eran insignificantes, inofensivos, dóciles nulidades. Mariscal, anciano discreto y decente, había trabajado tanto tiempo y tan lealmente al lado de Díaz que había adquirido la misma tendencia a la longevidad y hasta los aventajaba con tres años; pero no podía competir con el Presidente bajo otros respectos. Corral, un poco más joven y considerablemente menos decente, pero igualmente dócil, discreto, no carecía de experiencia previa; gobernador de Sonora como miembro del triunvirato que alternaba en la gubernatura de aquella entidad había llegado a la Secretaría de Gobernación y merecido la gratitud de los científicos por mandar decomisar el artículo de Rodolfo Reyes que provocó la caída de su padre de la Secretaría de Guerra. Los dos candidatos llevaban la desventaja, sin embargo, de representar sus respectivos patrocinadores, y antes de escoger, el general Díaz convocó una convención que debía discutir sus méritos y someterlos a la consideración de la opinión pública.

Aquí, pues, se presentaba una plataforma para la lucha de ideas, intereses, pasiones y partidos políticos pedida por Bulnes en la convención electoral de 1903; pero la convención vicepresidencial celebrada en 1904 era la caricatura de su idea y la representación le dio asco.

Cuando en los Estados Unidos se celebra una convención de partidos para designar candidatos, asisten a ella, respectiva y únicamente, los partidarios de cada partido político. Cuando el partido es personalista, no puede haber tal convención, porque el personalismo exige que el partido emane de una persona y no la persona de un partido. Esas convenciones personalistas no representan más que bandas hediondas de burócratas hambrientos, intrigantes rapaces, piratas y financieros insaciables, que sólo aparecen en países donde las leyes son negocios, los negocios leyes, los jueces negocios, la justicia negocio, la desvergüenza negocio, y hasta la miseria del país se considera el negocio más brillante. Sea lo que fuere, no se concibe que una convención que en 1904 debía postular a don Ramón Corral para la vicepresidencia se compusiera exclusivamente de los enemigos de don Ramón Corral. Si el general Díaz para los mexicanos ilustrados no fuera tan conocido como lo es químicamente el agua destilada y esterilizada, congestionaría el cerebro que una banda personalista, una lacayería que debía postular por orden de su amo a don Ramón Corral hubiera sostenido la sesión de postulación con tres horas de dicterios, calumnias, majaderías, graves injurias, ataques a la vida privada del señor Corral... Todo esto enseña que el decoro del gobierno ya no existe. Pero sobre esas repugnantes cosas sorprendentes, sorprende más que, después de tres horas de rechazar a Corral hasta de la especie humana, y aun de la canina y porcina, no colocándola más que entre los escarabajos en su jugo, haya sido postulado, por mayoría, candidato a la Vicepresidencia de la República. El gobierno había perdido, pues, hasta la última traza de respeto a sí mismo, porque la farsa electoral ya no era de salón, no era de burdel de primera clase, no era de garito de *bacará*, sino de pulquería en la colonia de la bolsa. La "reelección" dejaba de ser pintoresca para decaer en burlesca... Eran los frutos del reeleccionismo de treinta años. ¡Pobre México! La explicación de lo sucedido era que el general Díaz discurrió liberarse de un vicepresidente, siempre peligroso como sucesor, y para no violar su compromiso con la banca extranjera, resolvió nombrar un vicepresidente (Mariscal), de setenta y seis años de edad, dispéptico, achacoso, sin prestigio político; una decepción para lo que el país y el extranjero querían. El compromiso avanzado por él y contraído con Limantour de colocar en la vicepresidencia a don Ramón Corral nada le importaba; bien sabía que su ministro de Hacienda todo lo aguantaría, con sólo presentarle a don Teodoro Dehesa como sucesor. La aceptación de Corral tampoco le importaba, ni la actitud de los científicos; era omnipotente y sentía, como Napoleón I, que todos los demiurgos están sobre las leyes humanas y divinas, con nadie tienen deberes, nadie puede estorbar su voluntad; sus caprichos, sus crímenes y sus estupideces no son ni estupideces, ni crímenes, ni caprichos, porque esos hechos son relativos a la especie humana, y ello independiente de toda ley moral.

Conforme a su modo de ser, el demiurgo llamó a su hombre de confianza, del titulado Partido N. Porfirista; le ordenó que reuniera a la "caballada", como a veces llamaba a sus amigos incondicionales, y que lanzaran la candidatura del señor Mariscal, y le avisaran del efecto producido en el numeroso público asistente a las galerías de la Cámara de Diputados. Fue obedecido y avisado que el efecto era magnífico. La nación en la cámara, eran los estudiantes de la preparatoria y de Jurisprudencia, que ocupaban las galerías, atentos a las órdenes de Rodolfo Reyes. El efecto había sido magnífico para el general Reyes, enemigo implacable del general Díaz. El señor Mariscal era reyista por simpatía, de manera que el demiurgo trabajaba para su enemigo. Sus parientes intentaron desencalabrinarle. Iba a dar orden el príncipe a que se procediera a la votación, cuando uno de los miembros de su familia, el licenciado don Justino Fernández, siempre escuchando no obstante ser enemigo de los "científicos", le hizo observar que el señor Mariscal era reyista, que intrigaba con el reyismo y que en realidad, quien obtenía un enorme triunfo era el general Reyes... Mientras, los vociferadores de la Cámara de Diputados, que ya habían descargado en majaderas arengas el torrente de injurias contra Corral y de alabanzas a Mariscal, sostenían ridícula actitud, esperando la consigna del amo. Por fin, a las nueve de la noche, después de tres horas de sesión, circuló en la asamblea la noticia de que ya había salido de la calle de Cadena el doctor don Gregorio Mendizábal con la consigna; llegó el esperado mensajero, pidió la palabra para apoyar a una candidatura, subió a la tribuna y proclamó la de don Ramón Corral. Una explosión de ira retumbó en el salón, los tres mil estudiantes sisearon, silbaron, aullaron, maullaron, graznaron. Los convencionistas tomaron actitudes heroicamente y al fin escogieron la fecal: ¡Votaron por Corral! Ya en las escenas de tiranía ordenadas por el caudillo, no se aceptaba la condición indeclinable, única que hace posible la estabilidad de las dictaduras en América: el respeto a la forma de gobierno democrático representativo; tampoco se respetaba la forma de decoro rudimentario de cualquier gobierno; la prostitución política era libre, cínica, disuelta y disolvente.

El resultado de la convención era el colmo del descontento y el espectáculo del dictador senil obrando contra sí mismo daba el retoque lógico, la jugada final, la culminación fatal de la doblez de treinta años, y que comprobaba la desintegración de la dictadura: Bulnes la demostró en una convención y Díaz en la otra.

Al otro día de esa noche de festival para la degradación —agregó— encontré al salir de mi casa a don Ramón Corral, disfrutando de un paseo en la calzada de la Reforma. Nada conocía sobre el parto de su candidatura, le puse al corriente de los acontecimientos y le dije: "Esa vicepresidencia no debía usted aceptar, si no quiere decaer en sub-hombre. Se le ha elegido como víctima de una intriga de la que no obtendrá más que deshonor y sufrimiento. Debía usted renunciar también a la cartera de Gobernación y marchar a Europa a ver los toros desde la barrera." Don Ramón Corral me contestó: "No sabe usted cuánto deploro que sea tan pesimista", "Usted aplaudió mi discurso del 21 de junio de 1903; era ciencia, no pesimismo." "El pesimismo rebaja mucho sus facultades políticas, es preciso perdonar al general Díaz sus caprichos de octogenario y tratarlo con dulzura, como a todos los buenos amigos enfermos; y respecto de lo demás, *rira mieux qui rira le dernier.*" Ese mismo día relaté a Pineda nuestra entrevista, y ambos me dispararon la frase usual despectiva, *¡cosas de Bulnes!*

Cosas de Bulnes —manías características, idiosincrasias de excéntrico, pesimismo extravagante de profeta visionario— y los escépticos se encogieron de hombros, sin hacer caso de sus manías supersticiosas. Pero Bulnes tomó muy en serio sus profecías, y con razón, ya que las inspiraba algo más profundo que la pura razón —un instinto animal infalible y sus ojos de lince, que penetraban las apariencias someras tan fácilmente aceptadas por los seudocientíficos.

Referíme en el mencionado discurso a que, fuera del porfirismo, había en la nación un no sé qué amenazador, una promesa revolucionaria que de ninguna boca salió, ni presentaba el aspecto de ninguna fuerza. Y todo ese aflojamiento de las funciones públicas y de los intereses sólidos, emanaba de la tristeza causada por esa política del general Díaz, de no preparar sucesor ni gobierno impersonal cualquiera, empeñándose en preparar la anarquía, durante sus suntuosos funerales. Tampoco me emociona ni sorprende su delicuescencia mental; sí me arrincona en la estupefacción descubrir que desde 1904 la degeneración del príncipe le había hecho perder hasta el irstinto de la conservación, que solamente pierden, en apariencia, ciertos animales, como el gallo al acometer y el caballo brioso atacado por el pánico. Ningún animal anciano pierde el instinto de conservación excepto el hombre, cuando el vicio ha deteriorado las glándulas que rigen tan precioso instinto.

20

El séptimo periodo marcaba el principio del fin. La senilidad del dictador, el resentimiento de los herederos presuntos, la humillación de Limantour, la desgracia de Reyes, la crítica iconoclasta de Bulnes, la sorda inquietud del público provocada por la imprevisión incorregible del autócrata, y el odio reconcentrado de todos por todos, mientras esta combinación, minaba las bases del régimen y acumulaba materia inflamable arriba, una corriente concurrente y popular iba formándose abajo. Esto era lo que con certero instinto animal Bulnes husmeaba desde lejos y divisaba como un *no sé qué de amenazador en la nación* y presentía como una promesa revolucionaria que de ninguna boca salía y que aparentemente no tenía fuerza alguna. El fenómeno comenzó a manifestarse con la formación de un club liberal en la capital en 1901, movimiento embrionario que se difundió en la provincia, donde un semillero de clubes liberales brotó de la noche a la mañana en lugares lientos y oscuros y culminó con la celebración de una convención nacional en 1902 en San Luis Potosí, convocada por el ingeniero Camilo Arriaga, fundador del grupo original, con el objeto declarado de despertar el espíritu público, discutir el estado de la nación y reivindicar las libertades constitucionales perdidas bajo la prolongada dictadura porfirista.

Procediendo la convención oficial de la Unión Liberal en la capital con un año de anticipación, la convención potosina preparó el clima político para la celebración de la otra y puso a discusión los problemas nacionales que los científicos pasaron por alto. Camilo Arriaga era bis-sobrino de Ponciano Arriaga, el célebre diputado al Congreso Constituyente de 1856, que levantó su voz profética en aquel entonces para denunciar los defectos cardinales de una Constitución que, como dijo en un discurso memorable, que nadie que se preciara de ser liberal podía olvidar, proclaman ideas y olvidan hechos.

> Se proclaman ideas y se olvidan las cosas. La Constitución debería ser *la ley de la tierra:* pero no se constituye ni se examina el estado de la tierra. ¿Hemos de practicar un gobierno popular y hemos de tener un pueblo hambriento, desnudo y miserable? ¿No habría más franqueza en negar a nuestros cuatro millones de pobres toda participación en los negocios públicos, toda opción a los empleados públicos, todo voto activo y pasivo en las elecciones, declararlos cosas y no personas, y fundar un sistema de gobierno en que la aristocracia del dinero, y cuando mucho la del talento, sirviesen de base a las instituciones?

Pues bien, si el espíritu de Ponciano hubiese presidido la convención liberal de 1902, todavía hubiera podido decir, como dijo en la Constituyente, que, aunque se habían adoptado algunas reformas sociales en la Constitución,

> fueron desechadas todas las conducentes a definir y fijar el derecho de propiedad, a procurar de un modo indirecto la división de los inmensos terrenos que se encuentran en poder de muy pocos poseedores, a corregir los infinitos abusos que se han introducido y que practican todos los días, invocando aquel sagrado e inviolable derecho, y a poner en actividad y movimiento la riqueza territorial y agrícola del país, estancada y reducida a monopolios insoportables, mientras que tantos pueblos y ciudadanos laboriosos están condenados a ser meros instrumentos pasivos de producción en provecho exclusivo del capitalista, sin que ellos gocen ni disfruten más que de una parte muy ínfima del fruto de su trabajo, o a vivir en la ociosidad o en la impotencia porque carecen de capital para ejercer una industria.

Las ideas proclamadas en 1856 por Ponciano Arriaga eran siempre aplicables y con mucha mayor fuerza a las condiciones del país en 1902, y en la agenda de la convención potosina podría superarse que se daría precedencia al problema agrario y sus corolarios; pero por el contrario, aunque figuraba en el programa de trabajos, se concedió preferencia al problema clerical, enfocando la discusión sobre un artículo secundario y relativamente trivial del credo liberal.

Integrada por liberales atrasados, la convención de San Luis Potosí fue convocada con el fin de salvar lo que Bulnes llamaba "las instituciones que debemos venerar como reliquias sagradas que nos dejaron las almas de ardientes liberales". Los ardientes liberales de 1902, fieles al culto de las reliquias sagradas y resueltos a recomponer las instituciones averiadas en el hospital de la historia, se agruparon, alarmados por las declaraciones hechas en París por el obispo de San Luis Potosí, jactándose de las relaciones cordiales del Estado y la Iglesia en México y anunciando una cruzada de santas mujeres francesas para despertar el alma indolente a recuperar la supremacía sexual del clero en su provincia; y tomando como texto el reto episcopal y como pretexto una nueva y frívola invasión francesa, los patriotas potosinos protestaron vehementemente contra la política de conciliación y la indulgencia escandalosa del gobierno federal en contravención flagrante de las inoperantes Leyes de Reforma. Para estas fechas el anticlericalismo era una cuestión, si no caduca, un tanto pasada de moda, pero bastante actual todavía para apasionar a la aburrida sociedad de provincia donde el fanatismo era siempre inflamable y respetable. Sin embargo, las autoridades potosinas no se opusieron a la celebración del conciliábulo liberal en su territorio, siempre que se respetaran las bases del régimen sin tocar al señor Presidente quien, por su parte, toleraba las críticas académicas hechas a sus subalternos, los señores gobernantes, jefes políticos, obispos, etc., para darle tono de liberal a su administración. Además, el señor ingeniero Camilo Arriaga era gente decente, hijo de un amigo personal del general Díaz, exdiputado al Congreso Federal, propietario de bienes raíces y bajo todos conceptos digno de confianza; los delegados, por su parte, eran discretos y a pesar de mucha y muy acalorada oratorio anticlerical, los debates hubieran pasado a la historia tan inocuos como las discusiones de una mesa redonda de historiadores profesionales, a no ser por un escándalo que se coló entre los académicos de número, desviando la dirección y cambiando el carácter de la convención. El intruso arremetió vehementemente contra Díaz y todas sus obras y terminó su intervención con una invectiva mordaz y agresiva; "porque la administración de Porfirio Díaz es una madriguera de bandidos". Reprobado con un coro de protestas, el ponente contempló la convención potosina y reiteró sin inmutarse: "porque es una madriguera de bandidos". Siempre recordó uno de los delegados la impresión que produjo en aquel momento. Joven, fornido, robusto de cuerpo y alma, impávido y tenaz, más que un intruso parecía un cazador que llegaba a casa teniendo agarrada la presa por el pescuezo y sacudiéndola sin soltarla; al clamor las protestas y siseos respondió insistiendo: "Sí, señores, sí, porque la administración de Porfirio Díaz es una madriguera de bandidos." Y la tercera vez el clamor de protestas volvióse ovación de aplausos. Dominado por la tenacidad, arrastrado por su temeridad, los delegados se pusieron de pie, aclamando al orador, y al bajar de la tribuna, en la sala corrió el nombre del agitador: sí, sí, Ricardo Flores Magón, el redactor de *Regeneración*. De su oración nadie recordó más que el reto, pero el reto todos lo recordaron y para siempre, porque fue el texto de su periódico de combate y la razón de su vida de luchas hasta el fin de sus días.

La intervención del agitador conquistó y comprometió a la convención; las autoridades complacientes de la víspera se volvieron contra los clubes liberales; el obispo de San Luis Potosí, de vuelta de París, excomulgó a los parroquianos; y la policía se fue en busca del botafuego, porque no fue ésta su primera ofensa.

El nombre del agitador salió por primera vez en los registros de la policía en 1892, al caer preso el joven en el tumulto antirreeleccionista estudiantil, y en aquel entonces las autoridades no conocieron más que sus generales: Ricardo Flores Magón, nacido el 16 de septiembre de 1873, en San Antonio Eloxochitla, Distrito de Teotitlán del Camino, Estado de Oaxaca; sus padres, teniente coronel Flores y Margarita Magón; su edad, dieciocho años; su ocupación, escandalizar. Nacido en el aniversario de la independencia nacional, lo mismo que el general Díaz, Ricardo sabía que estaba predestinado a combatir al Presidente por el problema de la tierra. Su padre era indio de raza pura y veterano de tres guerras —contra los americanos en 1847, contra los reaccionarios en la Guerra de Reforma, contra los franceses en la guerra patriótica de 1862 a 1867— y por los servicios prestados a la patria reclutando y mandando un cuerpo de voluntarios indígenas, fue premiado por el presidente Juárez con una dotación de tierras que le hubiera convertido en hacendado, de haberse quedado con ellas; pero nunca conoció ni reconoció otra forma de tenencia de la tierra que no fuera la propiedad comunal de los aborígenes, y fiel a la tradición primitiva de que la tierra era de quien la trabajaba, cedió sus títulos de propiedad a sus hermanos de raza y cultivó la tierra madre con ellos. Venerado por sus vecinos y reconocido por los miembros de su tribu como su *tata* —su padre— con ese título se contentó y se sabía feliz; pero también era padre de tres hijitos —Jesús, Ricardo y Enrique— para quienes su mujer soñaba con un destino muy superior a la condición humilde a la cual los condenaba la abnegación de su padre. La madre, Margarita Magón, era una mestiza despierta e inteligente, hija de un artesano poblano, que el teniente coronel Flores conoció, cortejó y conquistó durante el sitio de Puebla en 1867, y que llevó como trofeo de guerra a su pueblo, donde ella se emparentó con la tribu con la misma lealtad que el *tata*. La tribu practicaba el comunismo primitivo, y casada ella también con sus costumbres,

> su instinto de mujer sagaz —nos relata su hijo Enrique— vio lo que mi padre, con ser tan inteligente como era, no había notado: los veteranos de nuestras guerras libertarias, que desafiaban impávidos la muerte cientos de veces, bajo el mando directo de su *Tata* habían traído a su regreso, ciertos gérmenes de ideas que consideró disolventes y amenazadoras para la cohesión y solidaridad inquebrantable de nuestra tribu. Esa alarma se hizo mayor cuando don Benito Juárez mandó a la sierra jueces y leguleyos que ella consideró como gente de mal agüero, máxime que desde luego construyeron cárceles y nombraron alguaciles, cosas que no existían entre mi tribu, por no necesitarlas. Pero lo peor para ellos fue que las tierras comunales de la tribu fueron divididas entre sus miembros, creando así la propiedad privada y, por ende, una terrible amenaza en contra del sentimiento fraternal que entre mis hermanos de tribu existía. La propiedad comunal los ligaba con un sentimiento de igualdad; siendo sus intereses comunes, se sentían iguales y se prestaban ayuda mutua, mientras que la división de la tierra, para trabajarla individualmente, a más de destruir ese sentimiento, los haría díscolos, holgazanes, egoístas y hasta enemigos unos de otros. Ella se había compenetrado ya del verdadero sentimiento de la propiedad comunal de la tierra; y con su inteligencia natural, bastante desarrollada, vio el peligro que encerraba la división de la tierra para las virtudes innatas de la tribu. Vio cómo los jueces y leguleyos que don Benito Juárez mandó a la Sierra para civilizar a mis hermanos de tribu, desde luego tomaron ventaja de la ignorancia de los indios y les pusieron trampas "legales" para despojarlos de lo que les pertenecía desde tiempos inmemoriales, la tierra, y esclavizarlos, haciéndolos trabajar, después, para el beneficio de los advenedizos. ¿Por

qué —se preguntó— no educar a mis hijos para que contrarresten las artimañas y picardías de esos leguleyos, haciéndoles que estudiasen para licenciados? Pero ¿cómo salir de la Sierra sin que Teodoro se oponga? Sobre todo, ¿cómo hacer el viaje a la ciudad de México y cómo establecernos allá, teniendo ya dos niños?

Aún no había nacido Enrique; pero con tales problemas andaba embarazada su madrecita cuando ella lo concibió en Teotitlán del Camino.

Vino la revuelta tuxtepecana. El teniente coronel Flores se fue otra vez a la guerra con Porfirio Díaz, y con Porfirio Díaz otra vez hizo su entrada triunfal en la capital; y su mujer resolvió ganar también la capital, interceptar su vuelta a la Sierra y cronfrontarlo con el hecho consumado. Mucho se había encariñado con su pueblo adoptivo, y el día de la salida centenares de indígenas bajaron de la sierra para la despedida, llorando las mujeres y suplicándola para que no se fuera, encargándole los hombres recados para su *tata;* y con su prole en la espalda doña Margarita dio el primer paso que iba a determinar su destino. Abriéndose paso a pie hasta Puebla de los Angeles donde, con dinero tomado prestado a sus parientes poblanos, abordó el ferrocarril, y en el tren comenzaron sus problemas. El dinero bastaba apenas para cubrir su pasaje, pero se acomodó con tres criaturas, llevando al nene en su seno y los otros en su chiquihuite, ocultos bajo sus prendas de vestir, y los colocó con cuidado entre los otros bultos que dificultaban la circulación en el coche; mas al llegar el conductor para cobrar los pasajes, sabe Dios o el diablo cómo fue que tropezara con los suyos y el Chucho aulló y Ricardo levantó la cabeza y Enrique lloró y ahí estaba el diablo, cogiendo el cordón de alarma para echarlos a todos en despoblado, cuando el tren dio un sacudido brusco, los pasajeron pusieron el grito en el cielo, que aquí venía el asalto de bandidos, pero siguió corriendo el tren y pasó el susto y en aquel coche de segunda clase, gracias a Dios, ella se encontraba todavía entre los suyos, pues la buena gente se cotizó para pagar el pasaje de itzcuintli y con sus tres pequeños licenciados en los brazos ella bajó en la capital, lista para emprender la lucha por la vida en México.

Sí, nos quedamos radicados en México —presiguió Enrique—. La triquiñuela que Margarita Magón de Flores jugó a su esposo, el teniente coronel Flores, dio el resultado apetecido. Mi pobre padre, como dijo él gráficamente, no pudo hacer nada sino doblar las manos y enfrentarse al hecho irreparable.

Dado de alta y a punto de volver a Teotitlán, el veterano de tantas guerras se llevó la sorpresa de su vida al encontrarse con su familia, pero "el pobre de Teodoro no tuvo otro remedio que aceptar lo irremediable; y tras de los naturales trastabilleos de gente foránea, con la agravante de ser gente sencilla de campo y a mayor abundamiento de raza india, mi padre logró irla pasando como pudo". Consiguió domicilio, gracias a sus relaciones con un general que llamaba su compadre, pero el domicilio era un antiguo monasterio, ubicado en los barrios bajos urbanos y convertido en una casa de vecindad sórdida y maloliente, y para ganarse el sustento se vio reducido a trabajar como cobrador de rentas para el dueño, ocupación contraria a sus principios y repugnante a sus sentimientos civilizados.

Aquí se radicó la familia quince años; los hijos crecieron, Jesús y Ricardo se fueron a la escuela, mientras la educación de Enrique quedaba a cargo de su padre en casa. Autodidacto, su padre había ignorado el español hasta la edad de quince años, pero dominaba la lengua con la determinación del indígena, conversaba correctamente, comenzaba a estudiar el francés y el inglés, y se había familiarizado con varias artes y ciencias, frecuentando los libreros de viejo y coleccionando una buena biblioteca de segunda mano. "Tenía la gran ventaja de un talento enorme y de ser sumamente estudioso, según Enrique. Ricardo heredó aquel talento; era el más inteligente, de los tres hermanos, Jesús le siguió de cerca, y yo... bueno, yo era regular." Condiscípulos natos, padre e hijo estudiaron juntos, y pese a su modestia, Enrique sacó tanto provecho de la asociación que, cuando le tocó el turno de ir a la escuela, aventajó a sus camaradas y terminó seis años de instrucción primaria en tres; más aún, le resultó ventajosa la educación privada en casa porque su padre, añorando su vida pasada y repasándola a ratos perdidos, le dictó sus memorias, y el chamaco, estudiando a su tutor, no tardó en conocerlo de memoria.

Enrique era el cronista de la familia. Dotado de una memoria fenomenal, se preciaba de recordar cuanto le había pasado desde la edad de dos años y medio, y como tenía también talento literario, no le fue difícil evocar la vida que llevaban con su padre y dejar constancia de la influencia fatal que éste ejerció sobre sus hijos. Teodoro Flores era un hombre hondamente desilusionado de la vida: desarraigado de su tierra, trasplantado violentamente a la ciudad, incapaz de hacerse al ambiente hostil, encallado en los fétidos barrios bajos de la capital, se afligía en silencio, consumido por la nostalgia del paraíso perdido en Teotitlán del Camino; y día hubo en que al salir de paseo con su padre, Enrique lo supo todo. En la calle encontraron a un antiguo conocido de su padre que, asombrado por pobreza tan solemne y tan fácil de vencer, le preguntó qué le pasó y por qué no vendía esas tres grandes fincas rústicas en Oaxaca que le obsequió Benito Juárez; pero su padre contestó que no eran suyas, que la tierra era del que la trabajaba, que no tenía derecho a nada, no señor, ¿ni a un elote?, no, señor, ni a un elote, y el señor aquel dándole por indio tonto y loco rematado, se alejó expresivamente. Enrique aguzó las orejas, y camino a la casa suplicó al pobre de solemnidad que le tocó tener por padre, que le diera razón de aquellas tres grandes fincas rústicas de las que hasta ahora no tenía noticias; y su padre prometió satisfacer su curiosidad, muy legítima por cierto, después de la merienda.

Pero terminada la merienda, su padre guardó silencio, sin pronunciar una sola palabra de sobremesa y sin que su hijo se atreviera a molestarlo; parecía haberse olvidado de su promesa solemne y pasaron varias tardes sin que se resolviera a hablar, hasta que, al fin, una noche de tantas, levantada la mesa y alejada Margarita en la cocina, se puso de pie e invitó a sus hijos a salir a tomar el fresco en la azotea.

> Ya ocupábamos una vivienda mejor, la más lujosa del antro del Colegio de San Antonio, gracias a que mi padre fungía como cobrador de ésa y otras dos viviendas más, igual de desaseadas y horribles, que pertenecían a mi señor padrino de pila, general de división don Luis Figueroa, quien, a su tiempo, los había denunciado como bienes mostrencos y obtenido que, por nada, se las titulase el gobierno de don Benito Juárez.

Respirando a plenos pulmones el aire fresquecito de la noche y dirigiéndose hacia un rinconcito donde Margarita tenía algunas plantas de adorno para embellecer su cautiverio, se puso a contemplar las estrellas fugaces y dejó vagar sus ideas en silencio hasta que Enrique se impacientó.

Cuéntame de la sierra, papacito —rogué, viendo la oportunidad para saber lo que quería, oportunidad pacientemente esperada—. Verás, hijo —contestó, introduciendo sus dedos entre mis ensortijados cabellos y "rascándome el piojito" cariñosamente, como llamaba mi madre esa forma de acariciarme—, verás. Ante la inminencia de una narración sabrosa y vívida, los tres muchachos éramos todos oídos. Ricardo y Jesús arrimaron sus sillitas pequeñas de tule, yo acomodé mejor mi cabeza sobre la pierna de mi padre. Los tres chicos mirábamos alelados los labios de mi padre, comprendimos la trascendencia de lo que iba a relatarnos y que sería algo que dejaría en nosotros una huella indeleble por toda nuestra vida.

Para que todos ustedes comprendan lo que Enrique no ha entendido, voy a darles a ustedes y a pasarles las tradiciones y costumbres de vuestra tribu —comenzó diciendo mi padre. ¿Qué es eso de tradiciones? —preguntó. Tradiciones, en este caso, son las leyes no escritas que nos trasmitimos, por palabra, de padre a hijo, para el mejor gobierno de nuestras tribus; costumbres que son nuestro modo de vivir y de conducirnos con los demás. Tras un corto silencio para mejor coordinar sus ideas, comprendí que ya no hablaba nuestro padre, sino el *tata* de la tribu, concretando su pensamiento de esa guisa. Entre nuestra tribu todo es de todos, menos las mujeres —dijo con voz reposada y grave. (Frase misma que más tarde encontré en lugar inesperado, en la boca de San Tertuliano al decir: "Todo es común entre nosotros, excepto las mujeres.") Tras breve interrupción quizá para que su primera frase penetrara en nuestros cerebros, prosiguió el *tata:* Las tierras, las aguas, los bosques, las casas, las bestias, bueyes y demás instrumentos y medios de trabajo son comunes entre nosotros. ¡Repítanlo! —ordenó; y nosotros como quien repasa una lección a viva voz del maestro, repetimos lentamente, para que mejor se grabasen sus palabras en nuestras mentes. Entre nosotros está prohibido coger más de lo que necesitamos —continuó sentenciosamente la grave voz del *tata*. ¡Repítanlo! Todos y cada uno de nosotros debe respetar a sus mayores, a sus padres y su *tata*, y tomar la palabra de todos ellos como palabra de sabiduría y ciencia. ¡Repítanlo! Es un delito grave apoderarse de lo que es propiedad de todos para su uso personal, como la tierra, de lo que otros trabajan, porque eso es de la tribu y no nada más de una sola gente. Todo es de todos, desde lo que Dios creó, como son las tierras, aguas y demás, hasta lo que nosotros producimos. ¡Repítanlo también! Todos somos hermanos: nadie tiene ventajas sobre nadie; nadie tiene autoridad sobre otros, más que los padres sobre los hijos, mientras éstos llegan al uso de la razón. ¡Repítanlo!

Enrique tenía nueve años aquella noche, Ricardo once y Jesús casi trece y como ninguno alcanzaba ya la edad de la razón, los tres repitieron el catecismo al unísono hasta que el padre se dio cuenta de que sus hijos cabeceaban respetuosamente.

> Pero es que a Enrique se le cierran ya sus ojitos de sueño: y quiero que los tres aprendan bien nuestras tradiciones y costumbres. Quizás alguno de ustedes, al volver a la Sierra, sea el *tata* de la tribu, porque tienen derecho a serlo, por ser hijos míos, y deseo que estén capacitados. Mañana seguimos. Váyanse a acostar.

Enrique caía ya de sueño, soñando en las tres grandes fincas rústicas que su padre tan escrupulosamente les quitaba.

La noche siguiente, volvieron a salir al mismo lugar. Todo era idéntico, nada había cambiado; tan alejada como siempre la Sierra, tan sucio como siempre el exmonasterio de San Antonio.

> En las casas de vecindad inmediatas cantan los gallos. Un perro, desmedrado, flaco, aúlla de hambre y doña Chole, la del 12, tiene miedo, tomando como cosa de mal agüero el aullar del perro. "Eso quiere decir que alguien se va a petatear esta noche. Que el perro aulla, muertito seguro." ¿Quién será ora? Y especula sobre si será don Chon, "el de la planta baja, o doña Pioquintita, la del rincón de enfrente, porque de últimas fechas pa'acá andan los pobres muy encanijados y no es difícil que la Pelona se los lleve en un rato."

¿Quién sabe? ¿O será ella misma? En el antiguo monasterio convertido en casa de vecindad profana por las sacrílegas Leyes de Reforma, todos los inquilinos estaban condenados a vivir y reventar en estado de pecado mortal.

> Y doña Chole se inclina y reza con toda unción la Magnífica, como dice ella, seguida de un Padre Nuestro y tres Aves Marías, para apartar la muerte, por si quiere venir a visitarla a ella. Mi padre, que no creía en esas boberías, sencillamente tomó su silla de tule y se fue al corredor amplio que teníamos, lleno de plantas y flores y cuyo techo era la amplia bóveda del cielo, viendo el ir y venir de las estrellas fugaces, que doña Chole aseguraba eran almas en pena, que andaban en los espacios sin tener fin determinado y en expiación de sus pecados cometidos en esta tierra y concluía persignándose y tornando los ojos en blanco, de tanto elevarlos al cielo en actitud beatífica.

Y se fueron a la Sierra. Para percatarse de las boberías de la beata, el padre se abstuvo de catequizar a los hijos y se contentó con enseñarles la razón de las cosas.

> Como les dije —comenzó mi padre—, entre nuestra tribu todo es de todos, menos las mujeres. Cuando llega la época de labrar la tierra, todos los hombres hábiles salen a trabajar menos los impedidos, los ancianos, las mujeres y los niños, que por las condiciones en que se encuentran no pueden desempeñar labores rudas. Terminada la cosecha y conducido todo al centro del poblado, viene el reparto. A cada quien se le da según sus necesidades. Cuando ya se acaba de repartir, se comisiona a varios miembros de la tribu para que vayan a cambalachar lo que sobra; naturalmente que se separa algo del excedente, por si acaso se necesita antes de que venga la nueva cosecha y se lo almacena. Se escogen hombres competentes para el cambalacho; y éstos van a conseguir lo que no se ha producido en la comunidad, como café, arroz, o piezas de manta y cosas que nos hacen falta. Tímidamente dejé ir una pregunta, —¿no hay quién coja de más, papá?

Le pareció bien la pregunta, y se dispuso a contestar, pero consultando el cielo y dándose cuenta de que era hora de acostarse, aplazó la respuesta hasta la próxima sesión. Despertada la curiosidad de sus hijos, supo sostenerla, como buen pedagogo que era, sin cansarla.

Para la tercera noche el maestro encontró ya preparado el sitio, el dispositivo de las conferencias. Bajo el techo eterno "ya teníamos hecho el estrado de costumbre, hasta con un petatito de tule de colores para los pies, a guisa de alfombra" —igual que el Padre Eterno.

> Mi padre sonrió ante nuestra previsión, se acomodó en su silla, nosotros también. —Contestaré a la pregunta que anoche me hizo Enrique. Todos tenemos derecho a vivir, porque todos hemos nacido iguales, encueraditos. Pero —insistió Ricardo, frunciendo su entrecejo de niño serio— supongamos de cuenta que alguno de la tribu coge más de lo que debe, ¿qué sucede? ¿Le meten a la cárcel y le pegan de palos? —Nada de eso, contestó rápidamente mi padre, y siguió. —Ya olvidan ustedes que debemos respetar la vida y la libertad de otros. ¿Quién nos da derecho a matar a un hermano? ¡Y matarlo a sangre fría! ¿Quién? El, como nosotros, tiene derecho a vivir. Por otra parte, solamente entre la gente que se llama de

razón, hay esta costumbre mala de matar a otros... ¡peor que las fieras! —Mi padre estaba indignado e hizo una pausa para entrar en calma; y después: —Eso, por lo que respecta a matar. Nadie tiene derecho a matar a otro, sino en defensa de los suyos, o de los derechos y libertades de todos. En cuanto a mandar a la cárcel al culpable, tampoco lo hacemos. —Entonces, ¿cómo hace uno para castigar y corregir al que hace cosas malas? —preguntó Jesús. —Van a ver cómo. ¿Tú y Ricardo que están en la escuela, saben lo que es la muerte civil? —Sí, contestó Ricardo: que no le hable a uno nadie y todos lo vean con desprecio.

Pues bien, la muerte civil era la única que se usaba en la Sierra y en la Sierra el ostracismo era mortal. Aquí se suspendió el diálogo, pues Jesús comenzaba a roncar, y el padre eterno lo recogió en sus brazos y lo llevó a la cama.

La cuarta conferencia fue consagrada al sistema penal entre la gente de razón.

Ricardo, que como el más reflexivo de los tres era el más terco, insistió sobre el tema de la noche anterior, preguntando: Supongamos que la muerte civil no le importa al culpable de alguna cosa, ¿qué se hace con él? En tal caso, se le expulsa de la tribu. Si no se corrige, se sigue expulsándolo de esa otra tribu y de otra y otra, hasta que siente cabeza. El hombre es un animal al que le gusta el cariño y el trato de las demás gentes; sintiéndose despreciado por todas partes y arrojado de donde quiera, acaba por dominarse y entrar a la razón. —¡Bueno! Ya eso queda sentado y sin discutir —dijo Jesús— pero, si no hay quién sea autoridad, ¿cómo se hace con los flojos? —Si el flojo es un enfermo, se le cura —contestó mi padre— pero si le gusta hacerse tontito, se le corrige de igual manera que al otro delincuente. Y no hallándose en ninguna otra tribu quien quiera mantenerlo, acabará por tomar su coa y salir a escarbar las siembras. —Y cuando viene una nueva familia a vivir en el pueblo, ¿le venden terreno para que haga su casa?, se lo alquilan, ¿o qué? —preguntó Ricardo. —Me gustó tu pregunta, hijo, porque ése es un problema muy difícil de resolver entre la gente de razón. Entre nosotros es muy fácil. No podemos vender un pedazo a los recién venidos ni alquilarla, pero tampoco podemos dejarlos que vivan bajo un palo —quiero decir, un árbol— por más copeado que sea. Lo primero que se hace es buscarle lugar dónde reposar por esa noche, y ya descansados, al día siguiente se procede a acomodarlos. Al día siguiente el *tata* y la cabeza de la tribu salen a buscar lugar adecuado y al gusto de la nueva familia, donde hacer su casa, la que en un abrir y cerrar de ojos se levanta entre todos los hombres hábiles. La nueva familia toma posesión de su nueva casa y se acabó.

Eso de coger piedras y palos no para cazar al extranjero, sino para acogerlo impresionó mucho a los muchachos, pues no fue así como se les recibió en los barrios bajos de la capital.

La quinta lección fue la mejor, no por ser la última, o porque se cansaran de escuchar, sino por ser el *summum* de todas las demás.

> Vean ustedes —comenzó diciendo mi padre— cómo entre nosotros todo es de todos, todos tenemos satisfechas todas nuestras necesidades, y por esa razón entre nosotros no hay envidias, ni odios, ni deseos de venganza. Como todos participamos en las discusiones que se suscitan para resolver nuestros problemas y todos tenemos voz y voto en ellas, no pueden originar odio ni otras pasiones, porque ven que se juega limpio y no hay escamoteos ni perfidias para nadie. Nuestras discusiones bajo la vigilancia, discusión y voto de todos los miembros de la tribu, están basadas en la más estricta equidad y en la más pura justicia, podemos decir que nuestro lema al conocer y resolver un problema que afecta a la tribu en general es el de "Justicia, Libertad y Equidad para Todos". Entre nuestra tribu no hay hambre, no hay miseria, no hay pobres, no hay ricos; por lo mismo, no hay ladrones, ni limosneros. En consecuencia no conocimos jueces, ni cárceles, ni alguaciles, hasta que don Benito nos los mandó, no sé por qué, pero mis muchachos no hicieron caso al juez y despreciaron sus sentencias, si no llevaban el visto bueno mío, como *tata*. No conocíamos más clase de propiedad que la comunal, hasta que el mismo don Benito nos empezó a repartir nuestras mismas tierras entre nosotros; pero creíamos que eso era meter la división y la cizaña entre nosotros y no le hicimos caso a los papeles que nos dio.

Por cinco noches seguidas sus muchachos escucharon con piedad filial lo que su tata llamaba las cinco lecciones fundamentales de democracia 100% y aprendieron la lección para toda la vida. Mucho antes de conocer las doctrinas del comunismo, del socialismo, del anarquismo, o de la fraternidad humana, bebieron sus esencias de los labios del autor de sus días, sentados a sus pies en la azotea de su casa de vecindad bajo la bóveda celeste, y soñando despiertos en el paraíso terrenal que su padre abandonó quién sabe por qué; ahí se compenetraron por primera vez y una vez para siempre de su credo y aceptaron sin discusión los artículos de su fe, y la confianza idílica que les impartió entonces inspiró todas sus actividades futuras. Para Ricardo y Enrique las consecuencias fueron fatales, pues los dos dedicaron sus vidas a la misión de trasplantar los principios del comunismo primitivo practicado en un remoto pueblo de la sierra de Oaxaca al complejo mundo moderno en cuyo seno los echó la sabiduría de su madre para defender a sus hermanos de raza.

Dos circunstancias obraron en Ricardo y en mí —aclaró Enrique— para tener las ideas "avanzadas" que ambos hermanos sostuvieron en la lucha cruenta y desigual que encabezamos durante la época peligrosísima de la dictadura omnipotente del tirano Porfirio Díaz. Antes de todo, las lecciones de democracia pura 100% que oímos de nuestro padre, teniente coronel Teodoro Flores y *tata* de nuestra tribu, descendiente ésta de colonias militares que los grandes capitanes guerreros aztecas inyectaban entre las tribus de otras razas para tener seguro el tributo real; en consideración de cuyo pago las razas dominadas tenían paz y protección de sus vencedores con la garantía de absoluta libertad política y social, de conciencia o religión, etc. Los vencidos podían gobernarse como deseasen y adorar a los dioses que mejor les viniese en gana.

La otra circunstancia fue el habernos creado, crecido y educado en aquella hampa llamada casa de vecindad que, junto con otras vecindades de la misma categoría ínfima, formaba el monasterio de San Antonio... Las cinco lecciones de democracia pura que nuestro padre nos dio, nos hicieron concebir una organización social que daba a todos el derecho a la vida, el de ser libres y felices, al grado de que entre ellos no existieran ni pobres, ni ricos, ni ladrones, ni rateros, ni jueces, cárceles o alguaciles, viviendo todos en un plan de justicia, libertad y equidad, pacíficamente, fraternalmente, en paz y con la conciencia tranquila. Nuestra horrorosa casa de vecindad, en cambio, nos hizo ver el reverso de la medalla: una miseria espantosa, mugre, abandono, injusticia, inequidad, esclavitud y sus consecuencias eternas de hambre, entre los miserables esclavos que vegetaban en aquel antro de la injusticia social de un sistema inicuo que se basa en el acaparamiento de todo por unos cuantos y que deja a las inmensas mayorías en el más doloroso abandono. Y en ese antro horrendo que casi me sirvió de cuna, puesto que a él llegué cuando casi tenía solamente dos meses de nacido, fue donde se forjaron nuestras almas sedientas e idealistas, porque no nos dominó la fétida vecindad, ni el degradante medio de la miseria, ni el maleante ejemplo que en ella recibimos desde nuestra más tierna edad; por el contrario, nos tocó la suerte de tener el plumaje bello de las aves de Díaz Mirón que cruzan el pantano y no se manchan. Allá es donde Ricardo y yo vimos la miseria *cara a cara* y sus efectos desastrosos en los seres humanos. Esa horrenda vecindad —cuyo tipo predomina aún por nuestros barrios bajos para vergüenza y desprestigio de México— fue, en parte, lo que nos animó a luchar por la emancipación social y económica de nuestros desventurados hermanos de cuna.

A la educación paternal siguió de cerca la del vecindario, los barrios bajos lo prepararon para la vida urbana y los tutores eran rudos. El primero era un zapatero que inició al muchacho en el mundo de los de abajo.

> Don Vicente, vecino del 6, planta baja de nuestras pocilgas, un muchacho más macizo que un toro, zapatero de oficio y con una mano firme para usar la chaveta y rascarle la barriguita a cualquier cristiano, por más hombre que juera, según decía él, me habló así: "¡Oye, chamaco! Hoy vamos a tener danza con los del barrio del Rastro y de San Antonio Abad. ¿Quieres venir? ¿Sabes tirar honda?" —¡Ya lo creo que sí, y donde cae mi ojo, cae mi piedra—. Tan identificado estaba con la gente de mi vecindad, que participaba en sus fiestas, en sus duelos fúnebres y en sus desafíos y guerras, que sostenían los barrios de San Juan (que era el mío) y el del Niño Perdido con los del barrio de San Antonio Abad y los del Rastro, que siempre andaban no a greñas, sino a cuchillada limpia "como los hombres", según ellos decían. No me asustaba andar con ellos en tales trifulcas con los de mi barrio, tanto por espíritu de solidaridad que existía entre los muchachos y hombres del vecindario como por mi espíritu curioso, que gusta fisgonear cosas, aunque con el fisgoneo me toque una pedrada, cuando menos. Las costumbres populares me han atraído bastante, lo bastante para arriesgar el pellejo en muchas ocasiones.

Además tenía talento literario, imaginaba cuentos y buscaba experiencias para ambientarlos. "Hace tiempo que había oído de esos encuentros de barrios entre barrios y el gusanillo de la curiosidad, por un lado, y el deseo de buscar ambiente para un cuentecillo, por el otro, hicieron que me encantase ir." Aquel domingo, con don Vicente se fue bailando a las afueras de la ciudad, donde las hordas rivales salieron en pie de guerra y pasaron su único día de descanso librando una batalla campal con pedradas, palizas y cuchilladas hasta la llegada de la policía montada cargando a rienda suelta y corriéndolos en desbandada hacia sus barrios de origen; el chamaco salió bien librado de su bautismo de fuego, ganando la aprobación de don Vicente y hasta de su padre, aunque al padre le dio pena que el valor del hijo, digno de mejor causa, no fuera dedicado a algo más inteligible, pues nadie sabía decir cuál era la causa de esas luchas sin razón, ni siquiera los combatientes, peleaban porque sí, porque querían pelear, porque eran hombres y porque era la costumbre.

Así llegó Enrique a conocer el carácter de los de abajo.

> Sin embargo, aquella gente era sumamente honrada entre unos y otros, respetándose mutuamente mientras no se interponía una cuba de pulque, en cuyo fondo se albergaban actos de valor inaudito y arranques feroces de temeridad puramente animal. Poseían la virtud básica para la perpetuación de la especie: la solidaridad. Enmedio de y a pesar de sus miserias, sabían estar espontáneamente al lado de quien necesita apoyo, sostén y ayuda, al grado de quitarse el bocado de la boca para que otro comiese. Generalmente era gente un tanto tosca y brusca, porque con esas mismas características eran tratados por los de más arriba, pero sus sentimientos para sus iguales no podían ser más fraternales y solidarios. Solamente enloquecidos por el pulque se agredían con saña, rabia bestial y encono reconcentrado, o cuando disputaban los favores de la misma hembra.

De un idilio típico el chamaco fue testigo un día al dar con don Vicente postrado en el suelo, sangrando profusamente, la barriga abierta por don Pancho el panadero, que pretendía a su hembra, y recogiendo las tripas en su sombrero, Enrique lo acompañó al hospital donde careado con el panadero por la policía, don Vicente demostró la noble solidaridad de la clase baja, negándose a identificar el agresor ante testigos, pero prometiendo arreglárselas *a lo hombre* cuando sanara y se encontraran a solas. Salido del hospital para la perpetuación de la especie, don Vicente volvió a sus zapatos, afiló su tranchete y se fue a la calle con el encargo de su hembra —ándale, mi rey, ándale, querido mío, te invito a cenar y cuando acabes con tu negocio, cómprame unos tamalitos de cerca de la botica de don Andrés. Un borrachín tropezó con lo que quedaba de don Pancho, acostado en un callejón, donde una perra lamía la sangre, y don Vicente volvió con los tamales.

De estas luchas callejeras nació un guerrero. Cuando se fue a la escuela, Enrique aprovechó la experiencia ganada en su calle para dirigir los combates entre colegios circunvecinos. De esas contiendas acostumbradas no se ignoraba la causa tradicional. Tan presumido era el colegio vecino (Lancasteriano) como pobre el suyo (Terceros), y se trataba de demostrar científicamente, con las armas en la mano, la superioridad y asegurar la supervivencia del más apto, según Enrique y Darwin. En las primeras batallas, libradas sin más armas que las manos y lenguas de los combatientes y sin más ciencia que la efervescencia furiosa de puños, puntapiés, insultos, pedradas y gritos de guerra, sus pobres pelados llevaron la peor parte y volvieron muy castigados a clase; pero batalla perdida no significaba guerra terminada, y Enrique preparó el próximo encuentro con mayor eficacia. Consultando a un pugilista profesional cuyo hijo estudiaba en el mismo colegio, adquirió algunos conocimientos de la ciencia viril y los impartió a su tropa bisoña, combinando la conciencia de clase con la conservación de energía, y se anotó un triunfo sobre el enemigo; pero éste no se dio por vencido y volvió a la lucha, armado de cuchillos y navajas como adultos, dejando un saldo de sangre proletaria que reclamaba venganza y que obligó a Enrique a superarse otra vez. Emulando la carrera *armamentista* y buscando algo mejor que el arma tradicional, el chamaco descubrió, a fuerza de investigación e inventiva, un arma *secreta,* o sea un *otate,* o sea una coa puntiaguda chamuscada con sulfa e inflamable como un supercerillo que, al penetrar en la carne dejaba una herida profunda que ardía como fuego infernal (comprobado en carne propia en el combate) y con la técnica eficaz del arma secreta y la táctica guerrillera aprendida de su padre, libró la batalla decisiva, engañando a los tontos *snobs* con una fuga fingida, atrayéndolos a una emboscada donde sus guerreros cayeron sobre ellos, castigándolos a sangre y fuego, y ganando con la victoria una larga tregua en la lucha de clases.

> Sus navajas nada sirvieron contra nuestros otates. Salimos muy heridos, pero ellos llevaron la peor parte. ¡Nos quedamos dueños del campo y allí concluyó la guerra! Jamás nos volvieron a insultar ni a provocar. Por el contrario, bastaba con que viesen a uno solo

de la Escuela de Terceros para que ellos, aun cuando fuesen un grupo de cinco o seis, huyesen a ponerse bajo el ala protectora del policía inmediato.

Y con la experiencia ganada, madre de la ciencia maestra, Enrique se durmió sobre sus laureles.

La guerra callejera no detuvo sus progresos en la escuela. Aunque Ricardo era el más inteligente de los tres hermanos, no era el más estudioso y días hubo en que su padre, al saber que había perdido seis meses de clases haciendo novillos, desabrochó la correa, creyendo, como militar que era que la disciplina entra con sangre, y los hermanos, corriendo al socorro del culpable, cogieron su parte del castigo. Enrique, en cambio, se llevaba las mejores calificaciones en la escuela y sobresalió en sus clases, gracias a la educación superior impartida por su padre; lo que le valió como premio su primer encuentro con el general Díaz. Al terminar el año escolar, el presidente premiaba a los alumnos de mérito sobresaliente en una ceremonia pública celebrada en la Alameda ante numerosa concurrencia; entre los premiados iba Enrique, y al oír su nombre, subió corriendo al estrado y recibió no sólo un lote de libros, sino una distinción personal. Reconociendo su apellido paternal, el señor presidente preguntó amablemente por su padre, invitándolo a pasar a Palacio o a su casa donde tendría mucho gusto en recibirlo por ser hombre de mérito sobresaliente, y sacando su bolsa obsequió al hijo una sonrisa y un billete de diez pesos para sus dulces. ¡Hijo! ¡Hijo! Enrique voló a casa con el recado; pero su padre rechazó, indignado, la invitación y mirando al hijo condecorado con dulces, dijo solemnemente: "Ese hombre nos engañó. Fuimos a la revolución por él; muchos murieron en campaña y otros más salieron heridos y mutilados para elevarlo al poder, y una vez encumbrado, hizo todo lo contrario de lo que ofreció, como político chicanero y sinvergüenza que es, asesinó, se reeligió y hasta se puso del lado de los frailes. ¡Y busca ahora comprarnos! ¡No voy! ¡Yo no voy!" Su mujer convino y reconvino con él, diciendo: "Tal vez te quiere para gobernador de Oaxaca. Muy bien sabe quién eres y capaz para un puesto como ese..." Pero el pobre padre de familia se puso furioso y se negó terminantemente a tratarlo. "¡No! ¡No! ¡No quiero ser cómplice de la burla y escarnio que ha hecho y está haciendo de todo ese pueblo que ha confiado en él! ¡No quiero que me vuelva a dar atole con el dedo! ¡No! ¡No! ¡No! ¡Nunca! ¡Nunca!" Y siguió negándose, aunque nadie insistiera.

Año tras año, Enrique recibió el mismo premio, la misma invitación del Presidente, y la misma respuesta colérica de su padre.

El aborrecimiento de mi padre por el régimen de Porfirio Díaz estallaba casi todos los días. Una noche, cuando nos sentamos cerca del brasero frunció el ceño y me dijo: Enrique, ¿tú sabes quién es Cahuantzi? —No, papa. Miró a Jesús. —¿Y tú, qué sabes de Cahuantzi? —Jesús se rascó la cabeza y miró en el vacío. —Nunca he oído hablar de él. —¿Y tú, Ricardo? —Sí, papá, según los muchachos en la escuela, es gobernador de Tlaxcala. —Es verdad. —Y, ¿qué más te dijeron de Cahuantzi? —Pues, me dijeron que alguien le preguntó por qué no hacía más escuelas en su Estado y él contestó: ¿Para qué? Mírame, nunca aprendí a leer y escribir y soy gobernador de Tlaxcala. —Bien lo creo, contestó mi padre, contemplando la cara de Ricardo, encendida al rojo vivo como el brasero. —Don Porfirio lo deja robar y esquilmar a su pobre pueblo como le da la gana y lo hace el sinvergüenza, ¡hasta no poder más! —Y con su poderoso puño golpeó el brazo del sillón. —Cuidado, Teodoro, cuidado, el sillón cuesta dinero —avisó mi madre. —Sí, Margarita, sí, —convino— y siguió golpeando el sillón. —Esta bestia de Díaz ha hecho gobernadores de otros analfabetos, y todos tan corrompidos como Cahuantzi. ¡Y algunos son también asesinos, como Antenógenes Llamas! —Y amonestándonos con el dedo, dijo: ¡Oigan! Les voy a decir cómo ese malvado vino a ser gobernador de Zacatecas. Uno de mis amigos íntimos era el general Trinidad García de la Cadena. Era candidato a la Presidencia en contra de Porfirio Díaz. Todas las clases de la sociedad, ricas y pobres, lo apoyaban con entusiasmo. A Díaz eso no le gustó. ¿Qué hizo entonces? Ordenó a Llamas matar al general y recompensó al asesino con el gobierno de Zacatecas. Vivimos malos tiempos —refunfuñó y enmudeció.

Así de furioso pasó el pobre padre de familia la segunda presidencia de Porfirio Díaz, desahogándose diariamente con sus hijos.

Un día, sin embargo, volvió a casa agitando un periódico y riéndose recontento. ¡Mira, Margarita, mira lo que me traigo! —gritó regocijado. —Margarita, que leía *El Monitor Republicano* para estar al tanto de la política, levantó la cabeza. —¿Qué tienes, hijo? A ver... —¡Mira, que bueno! Al fin hay quien le eche en cara la verdad a don Porfirio —dijo, exhibiendo una caricatura a colores con dos monos vestidos de reyes de la baraja, uno de oros y el otro de bastos, y los identificó con satisfacción. Al rey de oros le faltaba un brazo. Efectivamente —comentó mi padre— don Manuel González ha salido bravo. Tiene nada menos una mano, pero qué mano, ¡vale por veinte! Por eso le echan a don *Perfi*. —Y desplegó el periódico. —Mira, aquí dice que él tiene la culpa de que sea tan ladrón don Manuel, al que por eso ponen de rey de oros y a él, don *Perfi*, como de bastos, porque es él que tiene la tranca en la mano, es decir, el mando, para que don Manuel le devolviera el poder a fin de que se pueda reelegir y nos burla a los tontos que peleamos y arriesgamos la vida por su bandera del Plan de Tuxtepec. Dicen que puso al Manco, para que robe a manos llenas y desespere al pueblo y éste pida la vuelta a don Porfirio como a su salvador.

El periódico que mereció así la glosa de su padre era nuevecito y se llamaba *El Hijo del Ahuizote*. "¿Quién había de decirnos entonces —añadió Enrique— que, andando el tiempo, ese periódico llegaría a ser, en manos de los dos Flores Magón, vigoroso ariete y arma que ayudaría a formar nuestro primer grupo de conspiradores?" Pero así sucedió: pues también estaba escrito que, llegado el día, ellos mismos le echarían la verdad en cara a don Porfirio.

Llegó el día en 1892. Jesús cursaba leyes en la Escuela Nacional de Jurisprudencia, Ricardo estaba por salir de preparatoria, Enrique les seguía de cerca, y los tres se confabularon con sus condiscípulos para organizar manifestaciones de protesta contra la tercera reelección del rey de bastos. Ya que faltaba otro candidato, su único contrincante era el pueblo, y al pueblo lo encabezaban los estudiantes.

Los estudiantes éramos los iniciadores y el alma de los movimientos populares. Los que iniciaron el movimiento en contra del níquel fueron estudiantes; también los iniciadores del efectuado contra la deuda inglesa; ambos durante la administración de Manuel González. Por tales motivos, el pueblo veía a los estudiantes como sus líderes naturales y nos respetaba y amaba profundamente, hasta el sacrificio. Es decir que en aquella época los estudiantes fuimos el cerebro del pueblo, como el pueblo fue los brazos del estudiante.

Preparando la protesta, los estudiantes se reunieron para elegir a sus líderes y los hermanos Flores Magón celebraron una conferencia de familia con el mismo propósito. Ricardo pensaba que debían de ser pocos los líderes y aquellos pocos "dirigidos hacia una meta noble, amplia, generosa, abrazando a todos". Enrique pensaba igual.

> ¡Muy bien! Pan para todos, todo para todos, como dice papá que existe en nuestra tribu —dije apasionadamente, viendo en mi mente las caras pálidas y hambrientas de mis vecinos y amigos en el inmundo barrio donde vivimos durante catorce años. —Jesús avisó que "vamos a tener bola". —¿Bola? ¿Bola de qué? —pregunté con todo candor, sin recordar que mi padre y mamacita denominaban así a algún motín o levantamiento armado. —Mira a éste, que ya se le olvidó lo que es *bola*. Acuérdate de las *bolas* en que andaba papá con don Porfirio, cuando el Plan de Tuxtepec —explicó Jesús. ¡Ya me acordé! Por cierto que hasta papá está muy enojado con don Porfirio, porque dice que es un viejo sinvergüenza, que no más los uso de escalón para encaramarse y luego les ha dado atole con el dedo, pues ya no quiere soltar la silla presidencial para nada —expliqué. Pues, precisamente de eso se trata ahora —explicó, a su vez, Jesús. Ya empiezan a refunfuñar las gentes, porque quiere don Porfirio reelegirse una tercera vez; y dicen que eso ya no lo aguantan, y que mejor se echan al monte, aunque los fusilen.

Sin embargo, por ser el cerebro del pueblo y conscientes de su responsabilidad, los estudiantes se esforzaron por evitar la formación de la bola; pero resultaba difícil romper con la tradición. La primera manifestación pacífica en la Alameda se celebró sin pena ni gloria, con puros mueras a la reelección, pero la última, cuando los estudiantes sustituyeron a la policía con el fin de dirigir la marcha y mantener el orden, la policía sin entender su intención, provocó la bola. Jesús amaneció en Belén, Ricardo en la delegación y Enrique en la calle.

> Al día siguiente, 17 de mayo, 1892, estuvimos ya listos para toda emergencia. Los grandes o gente de respeto —llamados así por su edad— llevaron sus armas con el ánimo de "rifar con el más planchado", si era preciso, y "vender caro el pellejo". Los estudiantes de las escuelas altas llevaron sus navajas, los obreros y miembros del pueblo sus "fierros", o sea chavetas, cuchillos y puñales, y nosotros los chicos, nuestras flechas de resortes —temibles aunque de aspecto inocente— y nuestras hondas. Los hombres del pueblo que carecían

de alguna pistola enmohecida y prehistórica o de arma blanca, combatieron en esas jornadas populares con el arma certera proletaria: la piedra. Los chamacos formamos brigadas de aprovisionamiento, arrancando piedras de los pavimentos y llevándolas en nuestros sombreros a los combatientes adultos. Los muchachos de mi edad pretendieron, el primer día, subir a las torres de la Catedral y echar las campanas a vuelo; pero un respetable pelotón de la montada, machete en mano, se echó sobre la horda de algarabientos muchachos y nos dispersó como a parvada de polluelos a la vista del gavilán.

Al día siguiente, empero, se portó de una manera más digna de la causa y de un discípulo de don Vicente. Buscando el sitio de mayor peligro y gloria mayor se apostó delante de la Catedral, donde pasaban los cansados cargadores de la plaza y donde se paraban para descansar un rato, y arengando a los transeúntes hizo gente con los curiosos; ellos depositaron sus cargas, él tomó a cuestas la suya, ellos descansaban, él trabajaba, y tanto y tan bien que al oír el galope de la policía montada y dar la voz de alerta, en vez de la desbandada de la víspera, todos hicieron frente a la carga con un gemido agresivo y blandiendo las armas cortantes de sus herramientas —carniceros con trinchantes tremendos, zapateros con filosos trinchetes, panaderos con cortadores de latón, muchachos con hondas y silbidos, mujeres con gritos agudos— se encargaron de dar la batalla al gobierno bajo las patas de la montada, aferrándose a sillas, cortando riendas, apuñalando caballos, agarrando jinetes, botando bestias y hombres y derribando a un Díaz relinchando tras otro en confusión chillona. En la refriega Enrique recibió un sablazo en la espalda, pero el centauro tomándolo por un mero chamaco, pasó sin frenar, y al despejar la plaza y levantar el campo de batalla dos carniceros lo recogieron y lo llevaron a su casa. "Hiciste un buen discurso" dijeron al entregarlo a su madre. "Te llevaste bien", dijo ella y lo mandó, orgullosa, a la cama. "Sólo alcancé un cintarazo de sable en la espalda", protestó el chamaco, y en realidad sólo su ambición levantó ampolla; a los ocho días de su bautismo de fuego, brincó de la cama, *vivo* como una pulga. La prensa quitó toda importancia al motín; Enrique lo abultó, asegurando que quien llevó la peor parte fue el Presidente.

Díaz llevó buen susto en aquella ocasión. Se encerró en Palacio. Los jefes y oficiales en depósito fueron llamados al servicio activo y acuartelados en el Palacio Nacional; montóse doble guardia y se tomaron todas las precauciones necesarias para la salvedad personal del tirano. Hasta cañones fueron emplazados ahí.

Dos semanas duró la efervescencia popular, reprimida en un barrio, irrumpiendo en otro, y cuando al fin se acabó no fue por falta de actividad, sino de eficacia. Ricardo y Jesús salieron libres con una multa y una amonestación oficial de que se les pasaría peor en otra ocasión; la multa le costó a su padre la venta de sus mejores libros, los ahorros de la madre, y un empréstito facilitado por un amigo; y dejando sus nombres por vez primera en los registros de la policía, los muchachos volvieron a clases y la vida volvió a su curso normal. Derrotados, los líderes estudiantiles empollaron sobre sus libros,

> sin incidente alguno el resto del año, hasta que el vendedor de castañas comenzó a vocear hosca e imperiosamente su mercancía, cuyo grito sembraba inquietudes en el ánimo de los estudiantes, porque nos recordaba que se nos echaban encima los exámenes tan ansiados por los que deseábamos seguir adelante hasta acabar nuestras carreras, y tan temidos por los que eran estudiantes de conveniencia, para matar tiempo y esquivar la fábrica, el taller y el arado.

Pero en los primeros ardían todavía los rescoldos de la rebeldía y apenas pasados los exámenes, los veteranos del tumulto se cotizaron para fundar un periódico de combate llamado *El Demócrata*, colaborando en la empresa Jesús como redactor, Ricardo como corrector de pruebas, y Enrique como diablo de imprenta, encargado de recoger las contribuciones y molestar a sus mayores con el grito importuno de *huesos, huesos,* como se llamaba el material en la jerga de los tipógrafos.

El Demócrata siguió echando la verdad en cara a don Porfirio, pero ya no personal y directamente, sino social y colectivamente, dirigiendo el ataque contra el porfirismo y los porfiristas y tomando por blancos las figuras típicas del régimen, el clero corpulento, el terrateniente feudal, el extranjero privilegiado, el capitalista favorecido, el funcionario venal, el burócrata abusivo y los negreros de toda laya, grandes y chicos, que reproducían con impunidad los rasgos prepotentes y multiplicaban la impopularidad de su gobierno. El periódico era más popular cada día, la reacción recibía correspondencia confirmando los cargos y personificándolos con experiencias personales, comunicaciones anónimas y confidencias clandestinas, casi ilegibles a veces, que Enrique desciframa y pasaba a Ricardo para que les corrigiera el estilo, y corrigiendo el estilo, Ricardo descubrió la fuerza de su pluma para corregir el mal. Tales eran los huesos con que *El Demócrata* prosperó, el periódico llegaba al pueblo incomunicado, profundamente agradecido *a sus* estudiantes por divulgar *sus* verdades y a la letra impresa por proteger la murmuración popular; voluntarios se ofrecieron para repartir su vocero en las fábricas, los talleres, las pulquerías, dondequiera que hacía falta para provocar una discusión; y por tres meses el periódico hablado circuló sin contratiempo. Pero los camaradas tenían otros lectores y otros amigos también que les aconsejaban cuidado: prueba de la influencia que iban ganando, según Enrique.

> La rata se está revolviendo como loca —dijo Ricardo, frotando las manos. —Las ratas muerden cuando se les arrincona —comentó Jesús.
> —Ya sabíamos que algo así iba a pasar —dije yo— antes de que empezáramos a utilizar el palo que les está soliviantando. Ricardo apretó el puño y añadió: pues, vamos a seguir dándoles con el palo, pero más fuerte.

Tres temperamentos con una sola voluntad.

> Un estudiante amigo vino a darnos la alarma. Su padre trabajaba en el Palacio Nacional. El hijo nos pedía que dulcificáramos el tono violento de nuestros ataques. "Mi papá dice que el Presidente recibe muchas quejas de empleados que ustedes han descubierto. Le dicen que están pegando a él, a través de ellos. La van a pasar mal. Lo saben, ¿verdad?"

Claro que lo sabían; pero no eran cobardes. Su padre —su propio papá— apreciaba el periódico, aunque con algunas reservas. Un día dijo: "Antes de hablar, piénsalo una vez; antes de obrar, piénsalo dos veces; antes de escribir, piénsalo tres veces." Y otro día dijo: "Habla poco, de verdad. Acorta en lo posible tus razones y dirás muy pocas necedades." Pero éstos eran también consejos de amigo, y la prudencia de su papá era comprensible, pues, lo más valioso de su biblioteca lo había vendido para salvarlos de la policía.

Otro día, la pasó mal él. Recorriendo el barrio bajo un aguacero en desempeño del empleo abominable de recaudar rentas para su compadre, se cogió un fuerte catarro, volvió a la casa y sucumbió de pulmonía. En su lecho de muerte suplicó a su mujer que le perdonara el mal que le había hecho contra su voluntad; pues, de haber sido otro hombre, otra cosa le hubiera ofrecido —casa cómoda, vida regalada, y todas las cosas bonitas que deseaban las mujeres— pero no pudo, no pudo cambiar de carácter; pero le dio buenos hijos, eso sí, y apartando la mano que ella puso sobre sus labios, dijo:

> Por favor, mis queridos hijos, dejen de llorar y escúchenme. No permitan nunca que el tirano les robe su hombría. Recuerden siempre que son hijos de un hombre que sirvió con honor a Benito Juárez, en la sagrada causa de la libertad del pueblo.

Y a sabiendas que sus hijos merecían su confianza, cerró los ojos en paz.

Su compadre, el dueño de la infecta casa de vecindad, notificó a la Secretaría de Guerra el deceso, y el difunto recibió funerales militares y sepultura decente a expensas del gobierno.

> En ese día nuestra calle se atestó de gente, atraída por el sonar de las trompetas y tambores todos enlutados, que abrieron la marcha de numerosos soldados como correspondía al rango de teniente coronel de mi padre —corroboró Enrique colándose entre los curiosos para recoger las opiniones del vecindario ante tan insólito espectáculo. Estaba yo frente al destartalado zaguán de la zahúrda vecindad en que habitamos, viendo venir ya en el inmenso patio el cadáver de mi padre, traída la caja en hombros de cuatro vecinos pobrecitos, entre ellos don Vicente, el zapatero que nos quería, cuando oí la voz de una mujer. —¿De dónde es el difunto? —Pos de ahí. ¿A poco no ves? —¡Uuuh!, ¡tan pobrecito y con tanto escándalo! ¡Algo ha de haber hecho! —Era un coronel, muy gente, que anduvo en muchas guerras con don Benito Juárez —explicó un vecino; y viendo que otra gente prestaba atención, siguió informando: —Se llamaba don Teodoro Flores; peleó en contra de los gringos en el 47; después en contra de los gabachos, contra Maximiliano; y luego anduvo con Benito Juárez cuando las leyes de Reforma, y en fin, era patriota de a deveras y mereció el escándalo, como dice la güerita.

Cubierta la caja con su uniforme, sus medallas, su quepí, y su espada, el escandaloso subió a la carroza en hombros de don Vicente y el finado teniente coronel Teodoro Flores emprendió la marcha, a tambor batiente, al cementerio.

Cuatro días más tarde la policía cayó sobre *El Demócrata* y lo mató de mala muerte. La incursión corrió a cargo del capitán Miguel Cabrera, capitán de policía de fama bien ganada en su rama del servicio de armas, quien dirigió la operación personalmente, allanando el local y llevando presa la redacción a Belén, desfilando los muchachos en desorden, llevando cuellos y corbatas en la mano y sombreros aplastados en la cabeza, como una pandilla de estudiantes cogidos en plena borrachera. Jesús cayó preso, Ricardo, ocupado en la imprenta, se escapó y Enrique, tomado otra vez por un mero chamaco y despedido con un puntapié en la puerta, corrió a la casa con la funesta noticia de que Jesús estaba a la sombra con Querido Moheno, José Blanco, Diódoro Batalla, Francisco O'Reilly y los demás compañeros, y que Ricardo andaba prófugo. Su madre aguantó el golpe con fortaleza, pero privada de todos sus hombres uno tras otro, se encamó, postrada por una crisis nerviosa.

> Así fue como, siendo un muchacho raquítico, tanto que representaba tener nueve años cuando acaba de salir de los quince, me encontré convertido en jefe de la familia. Lo peor del caso es que a más de mi raquitismo de muchacho desnutrido, tenía otra tara: la de estar impreparado por completo para la lucha por la vida. No se acostumbraba entonces, como después, enseñar en la primaria trabajos manuales y pequeñas industrias. De haberme enseñado alguna pequeña industria, eso habría sido útil paracaídas en mis horas de angustia, que amargamente sufrí en los días siguientes al asalto a *El Demócrata*.

Convertido, pues, de la noche a la mañana en único sostén de su madre enferma, el muchacho se enfrentó, en efecto, a un problema formidable.

> Lo primero que se me ocurrió fue malbaratar la biblioteca que mi padre había formado con tantos afanes y paciencia. Cada libro tenía, para él y para mí, una historia; porque ambos íbamos a "Las Cadenas" a comprarlos con los libreros de viejo que, como ahora decimos, eran unos "lobos" (como siguen siendo) para vender al cliente

un libro que compraron casi regalado a un precio relativamente alto, ganando el 500 o hasta más por ciento, según ven la cara del cliente. Por libros que vi a mi padre comprarlos por 8 o 10 pesos, con el mismo librero de viejo a quien se los ofrecí, éste no quiso darme arriba de 70 centavos. Muchos de esos libreros me conocían, por tanto verme con mi padre, que era uno de sus mejores y más asiduos clientes; sin embargo, nunca faltaron pretextos para robarme cínica y descaradamente y pronto regresaron a "Las Cadenas" todos los libros de la rica biblioteca de mi padre.

Tras la biblioteca, se fueron el mobiliario, la ropa y todo lo superfluo de la casa, legados a esos museos de la miseria popular llamados casas de empeño, donde el muchacho venido a menos salió tan desplumado como lo fue con la rapacidad de los libreros, hasta quedarse con una mesa, una cama, un petate, unas cuantas cosas indispensables, y las faldas viejas de su madre, invendibles e inservibles, sólo para limpiar el piso.

Mi problema se agravó más: mi madre cayó en la cama, con temperatura alta, alarmante, sufriendo un agotamiento nervioso tremendo, debido a tanta desgracia como había caído sobre la familia: la muerte de mi padre, el arresto de Jesús, la ausencia de Ricardo, la miseria que nos comía vivos y sin más sostén que un mocoso enclenque que ni a joven llegaba aún por mi raquitismo. ¿Cómo ganarme el sustento de mi madre y el mío? ¿Y cómo ganármelo sin abandonar a mi madre postrada en cama?

No le quedó más remedio que recurrir al trabajo manual o al crimen. El trabajo manual lo probó con un carpintero, pero "¿quién come con 25 centavos a la semana como salario de doce horas de trabajo?" Para comer había que tragar la caridad vil, y

a muchos de mis vecinos los acompañé a recoger sus escamochas de las fondas vecinas, donde por una "cuartilla" (3 centavos) les llenaban su olla con un revoltijo asqueroso, formado por todos los sobrantes de comida, dejados por clientes de dudosa limpieza. ¡Qué tal sería nuestra miseria que hasta colas hacíamos —como ahora por el carbón— a fin de conseguir la asquerosa "escamocha" en la puerta trasera de las fondas! Y eso ¡sabiendo que venía de tantas bocas! La inmensa mayoría de los trabajadores, cuando yo tenía quince años, no ganábamos ni un peso al día. Por mera excepción y gracias a que tuve un patrón con ideas algo socialistas, en

1894 llegué a ganar todo un peso y medio diario, como primer oficial de tapicero. México, bajo el despotismo de Porfirio Díaz, tenía un retraso de unos sesenta años para ponerse al nivel de los demás pueblos de la tierra. Las condiciones del pueblo eran ya insoportables. Salarios bajísimos, 75 centavos al día en la ciudad, como máximo, y 25 centavos diarios en el campo, cuando más. Trabajar en cambio, de sol a sol 12 y hasta 15 horas diarias en la ciudad. Mucho más en el campo.

Muy débil para el trabajo manual no le quedaba más remedio que el crimen. La tentación era fuerte.

Vivían ahí artesanos honrados y buenos como don Vicente, el zapatero; pero también el hampa anidaba en nuestro medio, tal como sucede en todos los hacinamientos de seres humanos, nacidos y crecidos en la desventura, vejados y despreciados por todo el mundo, sabiendo que otros usufructúan con sus miserias y sus dolores. Los valores morales son ahí muy elásticos, cuando hay algunos.

Un ratero caritativo se ofreció a enseñarle los secretos de su oficio —trabajo manual también pero ligero de dedos— y le prometió arreglar su *caja de música* desafinada (la panza); pero pensando en lo que sería de su madre si a él también lo cogiera la policía, no se atrevió a delinquir. Por vía de transacción recurrió al juego.

Saqué mi trompo y mi balero, poniendo también en mi bolsillo algunas canicas. En la primaria había sido bastante ducho en esos juegos... y me fui a la plazuela de San Juan y eludiendo a los gendarmes, desafié a los vagos de escuela a "echar canicas de a veras" o trompos, o baleros, también de "a veras". Y todo lo que gané fui a venderlo con los fierreros viejos del Salto de Agua.

Ganó lo suficiente como para cubrir la renta, la comida, y los medicamentos de su madre, y bien que ella se preocupaba por su salud moral, siempre que lo indispensable no provenía del robo y que el juego era limpio, no se quejó de los extravíos de su Benjamín...
Nunca se quejaba de nada, ni siquiera de su peor privación. Pasaron nueve meses sin noticias de Jesús y Ricardo, pero no pasó día ni hora sin que rezara para su salud, y la angustia de la pobre

mujer agotaba la paciencia de su único compañero. Una tarde, al anochecer, apareció Jesús.

> Con la voz trémula y ahogada, mi madre se le acercó a pasitos. Le dio unas palmaditas en los hombros, en las mejillas. Temblando toda le echó los brazos al cuello para acercárselo. "Ya hace nueve meses que te llevaron —gimió—, nueve meses. Pero Dios es bueno. Todos los días le he rezado. Ya ves —y la cara se le iluminó—, me ha contestado."

Nueve meses y Jesús nació de nuevo en sus brazos y Dios era bueno, pero renació muy flaco, hecho un hueso en Belén, y le dio de comer. Afinada la caja de música, Jesús narró su vida en la nada; pues, nada le había pasado en Belén, Belén era la nada. Con los compañeros, un día se le perdonó a él también y se le soltó sin explicaciones, sin disculpas, sin nada, y uno de los estudiantes, furioso, le preguntó al carcelero aquel qué quería decir eso de que nos perdonaban. "¡De nada nos habían acusado! Y como no nos habían llevado ante la corte, ¿qué, qué quería decir ese perdón? Pero la cotorra esa del carcelero no hacía más que repetir su misma fórmula estúpida: Pueden irse, están perdonados."

Faltaba Ricardo; pero Dios era bueno y Dios perdonaba también.

> Una noche, seis meses más tarde, se golpeó a la puerta. Mi madre abrió y gritó: ¡Ricardo!, desmayándose en el suelo. Levantándola como una hoja en sus vigorosos brazos, Ricardo la llevó hasta la cama. Después de reanimarla contó su historia, mientras ella parecía querérselo comer con los ojos.

Eso sí que era milagro. Ricardo relató su historia —breve o sin contar mucho a su madre— desde el día en que Miguel Cabrera mató *El Demócrata*: se fue a Pachuca, donde trabajó en el bufete de un abogado, pero no aguantaba la separación, y resuelto a correr el riesgo de que le agarrara la policía, volvía a la lucha listo para reanudar la publicación del periódico, sin perdonar a Díaz. Los hermanos consultaron a la madre dolorosa y ella, levantando la mano, los declaró hijos dignos de su padre. Ricardo pensaba resucitar el periódico con los mismos camaradas, pero Jesús descartó la proposición con desprecio, no creía ya en milagros, los camaradas se habían vendido al gobierno, se habían vuelto caramelos, aceptaban chambas en la administración y de ahora en adelante un ángel del cielo tendría que comprobar su pureza antes de tomarle la palabra. "Jesús, Jesús, no digas blasfemias", susurró su madre. Tanto mejor, declaró Ricardo: sin contar con nadie, publicarían su propio periódico independiente. La empresa les costaría tiempo, trabajo y dinero, señaló Enrique; pero Ricardo creyó posible ponerla en marcha en dos o tres meses, tal vez en menos; y aunque escéptico, Enrique estaba dispuesto a contribuir su trabajo.

Les costó seis años. Jesús y Ricardo se fueron a trabajar en un bufete científico, donde ganaban como pasantes un peso diario. Enrique ganaba más como contador y auditor comercial, cursando leyes de noche, coadyuvó diligente pero lentamente en la acumulación de ahorros y la formación de capital fijo; pero hubo interrupciones y una pausa prolongada. Una tarde Jesús, muy preocupado por una oportunidad a punto de perderse, les indicó un anuncio en un periódico; una propiedad a la venta, a vil precio, en las afueras de la ciudad, casa y jardín, casi regalada, donde su madrecita pudiera gozar de la paz y las comodidades que tanto merecía; con que ella se metió a estudiar el precio y realizando un milagro muy suyo, produjo sus ahorros; y se adquirió la propiedad con facilidades de pago por abonos en seis años. Tardó, pues, su periódico en aparecer; pero primero, la madre. De los barrios bajos se trasladaron a los suburbios de la capital y con casa propia penetraron en las afueras de la clase media, y Enrique sufrió una serie de nuevas y fuertes experiencias.

> Eso no quiere decir que hubiésemos desertado de nuestra clase. Ascendimos un grado o peldaño en la escala social, dada la ilustración que adquirimos, y sobre todo por la necesidad de cubrir ciertas exigencias sociales inevitables para poder subsistir, exigencias que hacen de la clase intelectual o profesionista una esclava de las apariencias, para poder codearse con las clases altas, que poseen los negocios que maneja el profesionista o el empleado; pero nunca olvidamos nuestra procedencia.

Sin embargo, ese fenómeno de mimetismo social entrañaba peligros. Cubrir las apariencias significaba, en primer lugar, vestirse bien; y aunque el hábito no hiciera al monje, pudiera hacer al hipócrita.

En aquel entonces, cuando las diferencias sociales estaban mucho más marcadas que ahora, el pobre y por ende el pueblo no podía ver ni en pintura a los "catrines" o "rotos" o "lagartijos", como denominaban al "fifí" de hoy y siempre que podía lo vituperaba, si es que no pasaba deliberadamente a las vías de hechos. Era un odio concentrado en contra del buen vestir. Había barrios en los que entraba un "rotito" y no salía, ¡si no era en taparrabo! Pero si ese mismo "rotito" llevaba sus libros bajo el brazo, éstos eran su salvoconducto, porque se trataba de uno de sus estudiantes y jefecitos y lo respetaban. ¡Ay del que se atraviese a levantar la mano en contra de un estudiante!

Los ricos, por su parte, eran igualmente exclusivos. Si los pobres no podían ver a los elegantes ni en pintura, los elegantes no podían oler a los pobres en carne y hueso, y una ordenanza municipal separaba a las especies, prohibiendo a la canalla la circulación en el paseo de moda reservado a la gente decente, o sea una zona que corría desde el Zócalo hasta el bosque de Chapultepec, comprendiendo la Alameda y las calles dentro de dichos límites. Luego que Enrique se incorporó a la clase media y pudo darse el lujo de vestir bien, invadió el territorio prohibido, y se puso a estudiar el enemigo de clase con el criterio de los barrios bajos.

Nuestras modas fueron, entonces, parisienses y se procuró imitar las costumbres de la Ciudad Luz. Naturalmente que fue una pésima imitación, por no decir ridícula y extra ridícula. Esto de que entre los señoritos de jaquet y de bombín, y de las niñas de cintura de avispa, falda amplia y larga, que a duras penas permitía ver la punta de un breve piececito, y de blusa enormente bombacha, de globo en sus mangas, se entremetiera irrespetuosamente el burdo y mugroso pelado, hediendo a mugre y pulcote, era insoportable para los "niños bien", cuyo olfato no podía soportar esa peste. Y como era de esperarse, un "ucase" de don Porfirio entró al tercio, prohibiendo a nuestra gente del pueblo caminar por la avenida Juárez, las calles de San Francisco y las de Plateros, y calles transversales inmediatas.

Protegida por el Presidente, la gente decente estaba expuesta, sin embargo, a Enrique.

Cada domingo, mañana y tarde, se había tomado la costumbre de que diversas bandas de música de las corporaciones militares diesen audiciones públicas en el bosque de Chapultepec, en la Alameda y en el Zócalo. Las mejores bandas se destinaban por las mañanas de los domingos a la Alameda y por las tardes de esos días a Chapultepec. Nuestra "high life" soñaba románticamente en el bosque de Boulogne, en "París, oh oui, oui, oui, oui". Aquellas audiciones musicales se convertían en un derroche de lujo y naturalmente de "chic, oh, mon Dieu!" Todo era lujo, pedrería, perfumes, talles ondulantes, guapas "mademoiselles" con más curvas que el camino a Cuernavaca, y con un caer de ojos que derretían a cuanto "lagartijo" o señorito ocioso que había por ahí, sin más oficio que el de detener las paredes del Jockey Club y todas las demás de las calles de San Francisco y de Plateros.

Cada domingo, pues, Enrique enfilaba al desfile de moda, vestido de señorito, acompañando al *snob,* husmeando al catrín, codeando al rico, y gozaba del espectáculo hasta llegar al Zócalo, donde la banda militar tocaba para el peladaje en su viejo campo de batalla. El choque era tremendo.

> Ya conocía yo, de primera mano, las miserias de nuestro desventurado pueblo, puesto que en su seno se meció mi cuna y en su seno pasé mi infancia y mi primera juventud. Sin embargo, no pude dominar mi emoción la primera vez que palpé personalmente el contraste enorme, la diferencia profunda existente entre nuestras clases sociales. No debemos olvidar que esos lujos exorbitantes fueron uno de los factores decisivos de la Revolución Mexicana de 1910. Si vino la revolución que llamamos de 1910, se debe a que ésta fue gestándose desde fines del siglo XIX y acabó de madurar a principio del actual siglo XX. Su gestación fue precipitada por los desmanes de la administración porfirista, por los crímenes de la misma, por las condiciones de hambre y miseria en que se hallaba el pueblo y por el lujo insultante e indiscreto de las llamadas clases dominantes.

No obstante, todos los domingos se fue acompañando al rico y descubrió que le gustaba el paseo —descubrimiento peligroso para un adolescente.

> Yo tenía ya veinte años de edad, y como es natural el joven había despertado en mí, máxime cuando estuve recobrando toda aquella salud y fortaleza de que carecía hasta los diecinueve años. Un año escaso hacía que aún presentaba yo los signos de desnutrimiento; aunque ya más crecido, continuaba siendo enclenque, desmedrado, de cutis ajado y térreo, pecho hundido, espaldas como una concha de tortuga. ¡Pobrecito de mí, qué feo estaba!

Para suavizar en algo su apariencia se hizo socio, no del Jockey Club, sino de otro casi igual de exclusivo, o sea,

> del único Club Atlético Mexicano que existía en México y me dediqué a ser atleta. Básteme indicar aquí que me compuse tanto, que hasta parecía muchacho guapo, y naturalmente el joven que mi raquitismo tenía adormecido dentro de mí despertó a las realidades de la vida. Y era aquel joven recién venido a esta existencia, el que tenía la culpa de que todos los domingos por la mañana me agradaba ir al paseo de la Alameda; e hice un hábito ir allá. Me agradaba ir. Mal se acostumbra uno a lo gitano, Enrique, me decía don Vicente.

Pero se las arreglaba con su conciencia, reflexionando en sus adentros que se entrenaba para la revolución y que conocer el enemigo de clase formaba parte de la preparación indispensable. El Club Atlético hizo milagros para su desarrollo físico.

> Ricardo y yo fuimos gente de acción. Nuestras naturalezas rebosaban vida, vida hasta dar y prestar. Ya no éramos los desnutridos de nuestra infancia. Y con la fuerza física vino a nosotros la voluntad predominante y férrea que nos distinguió en la lucha en la que siempre crecimos al castigo y supimos distinguirnos por nuestro aguante y estoicismo.

Superada esta etapa prerrevolucionaria, Enrique volvió a su puesto en la lucha de clases y colaboró con sus hermanos en la preparación del soñado periódico que bautizaron, a sugestión de su madre, *Regeneración*. El número inicial salió el 7 de agosto de 1900, día de gala en su calendario revolucionario y fecha apropiada para celebrar el acontecimiento, ya que caía en una fiesta de su santo patrón: el pueblo.

> México en aquel entonces era todavía muy apegado a las verbenas y cada barrio, dentro de un mismo año cuando llegaba el día designado al santo patrón de aquél, tenía un ciclo de verbenas que duraban, cuando menos, toda una semana. Estas verbenas eran algo típico mexicano, rumbosas a cual más, siempre procurando cada barrio superar a los otros, cuando menos en el gasto de cohetes, castillos artificiales, toritos, luces de bengala, bombas disparadas con morteros desde el atrio de la iglesia que se festejaba y otras cosas por el estilo

en lo que respecta a pirotécnico. Por otra parte, la más famosa de las charangas a varias leguas a la redonda era contratada para tocar en el atrio del templo durante la semana, desde el amanecer hasta horas avanzadas de la noche. Si los esfuerzos de los fieles lo permitían, eran dos las charangas alquiladas, que se situaban, en el atrio una, y en la plazuela la otra. Como había de todo en aquellos hermosos días de rebumbio, tampoco podrían faltar sus cinco o siete muertitos, que resultaban después de tremendas trifulcas gastadas al calor del pulque que, como si no fuesen a beber ya más en todo el año, nuestros ciudadanos proletarios no ingerían por vasos, sino por enormes cubos. Ferias que a la luz de los cohetes y demás fuegos artificiales, que al calor del neutle y al tronar de las charangas, acompañadas con eternos y ensordecedores repiques de campana, si no rendían siquiera unos cinco muertitos, no habrían tenido chiste alguno. Lo bonito era que hubiese trifulca, gritos, pedradas, sombrerazos y charrascazos y que, como final de cuentas, saliese de entre la multitud algún ciudadano en calzón y huaraches arrastrando por el empedrado de calle todo el triperío y demás entretelas, trastralleando, como si estuviese beodo, y blasfemando ochenta mil maldiciones y jurando vengarse cuando sanara, hasta que se agotaba en el suelo. Fue enmedio de tales fiestas religiosas, mezcladas con las fiestas profanas de la feria o verbena de Nuestra Señora de los Ángeles, ambas salpicadas con la sangre de los muertitos de rigor en esas funciones, y entre el tronar de fuegos artificiales y estallidos de cohetes y bombas de luces de bengala, coreado todo por el repique alegre de las campanas del templo, como nació en 7 de agosto de 1900, nuestro vocero: *Regeneración*.

Nada más apropiado.

Su nuevo vocero, sustituto del finado *El Demócrata*, reanudó la lucha después de seis años de silencio, desnudando también las lacras del cuerpo social, pero con atención especial a la corrupción de los tribunales y la mala administración de justicia, vena vital porque

> toda la administración de justicia estaba podrida hasta la médula y sus funciones eran las de vigilar y apoyar la estabilidad del dictador y el sostenimiento de los despojos y de las injusticias cometidas por las clases privilegiadas, generalmente formadas por extranjeros, en cuyos brazos se había confiado Porfirio Díaz.

Anunciado como *periódico tendencioso, independiente y de com-*

bate, nadie sospechaba su verdadero fin, porque tomaba el tono de una revista profesional, juiciosa, templada, urbana, correcta y tan comedido al principio como el buen tono dominical de la Alameda; pero después de publicar dieciocho números Ricardo se cansó de tanta respetabilidad y resolvió quitar la careta y convertir el periódico en un órgano franco de oposición a toda la obra de gobierno del general Díaz, oposición genuina e inequívoca, ya que mucha de la llamada prensa de oposición no pasaba de ser venal y atacaba al gobierno para hacerse comprar el silencio, y hasta la oposición honrada, cuando por casualidad existía, era tan tímida y tibia que no dejaba huella en el ánimo del pueblo. Pero el brusco viraje de política sorprendió y alarmó a los lectores, y aunque preveían algunas protestas,

> recibimos la sorpresa de nuestra vida al constatar por nuestra correspondencia que nuestra oposición tropezaba con la oposición de nuestros lectores, cuya inmensa mayoría manifestó su disgusto por la orientación nueva que dimos al periódico. No llevábamos más que tres ediciones como oposicionistas, cuando se desató sobre nosotros un verdadero diluvio de cartas escritas de manera violenta y en ocasiones hasta injuriosa, riñendo con nosotros, no precisamente porque atacábamos al general Díaz, sino porque perturbábamos el pacífico marasmo moral en que vivían, haciéndoles saber los atropellos, las injusticias y aun crímenes horrendos que cometían las autoridades y caciques pueblerinos, y lo que era peor, según su criterio deformado por el miedo, terror y pánico que les infundía el tirano, que les invitásemos y alentásemos a levantar la cerviz y a ser hombres altivos, viriles y decididos. Estoy plenamente convencido de que en esos días hasta odio sintieron nuestro suscriptores en contra de nosotros. Cómo lamento no tener a la mano alguna de esas violentas misivas, para transcribirla a la letra, a fin de que nuestros psicólogos pudieran estudiar ese ángulo de la *psiqué* humana. Nuestras listas de suscripciones se vieron plagadas de tachaduras, dando de baja a los egoístas que se negaban a conocer el mal social que nos corroía. Era el caso del gato amarrado a la pata de una mesa, que se ahorca por salirse del dogal; compasivamente vamos a darle su libertad y el muy inconsciente nos rasguña y muerde la mano. ¡Qué degenerado estaba nuestro pueblo bajo la bota agresora del dictador! Afortunadamente, no nos desalentó ese fracaso aparente. Nuestro carácter reaccionó siempre en contra de todo obstáculo y mientras mayor fue éste, nuestra fuerza de voluntad creó músculos de acero y tercamente le aplicamos nuestros esfuerzos para vencer el obstáculo, sin

que nuestro ánimo decayera lo más mínimo; más bien, lo tomamos por el lado ligero de la guasa. Tuvimos el buen sentido de continuar silbando la misma tonadilla, tesoneramente, hasta que el pueblo le halló gusto al sonecito y también lo silbó.

El primer choque provocó una reacción saludable.

No dilataron mucho en regresar los descontentos. A los dos o tres meses después, comenzaron a reconsiderar su actitud carente de generosidad y humanidad y fueron uno a uno —como decía mi padre— "doblando las manitas y entrando al carril". Y no fue motivo de guasa su nuevo gesto. Muy por el contrario, nos dio pena adivinar la mortificación y vergüenza con que sus conciencias los obligaban a escribirnos recogiendo sus frases duras, presentando sus disculpas y confesando cada quien, más o menos: "No hemos podido olvidar lo que nuestro defensor *Regeneración* dice".

El giro radical dado al periódico coincidió con la convocatoria de la Convención de Clubes Liberales en San Luis Potosí en 1901, y Ricardo se resolvió a abordar la asamblea y aplicar allá la misma táctica de lucha.

Ricardo era parco de palabras, a pesar de que poseía fácil y correcta dicción. Gustaba oír, meditar y reservar su pensamiento, hablando sólo cuando el caso lo requería, pero siempre acortando sus razones, sin desperdiciar palabras o frases, yendo siempre al fondo de la cuestión, por más audaz que fuese la idea debatida. En la intimidad o con amigos suyos muy escogidos, sabía ser locuaz y comunicativo; pero tales ocasiones eran raras, aunque siempre era atento, cortés, y afable con todo el mundo, principalmente con los humildes, a quienes amaba profundamente y cuya compañía prefería a otras.

Una noche llegó a la redacción muy locuaz.

Había llegado la oportunidad que esperábamos y deseábamos para "darles la zancadilla a los clubes liberales", como en nuestro "lingo" familiar decíamos, refiriéndose a aprovechar un momento psicológico para convertirlos de lo que llamábamos simples comecuras en militantes antiporfiristas.

Considerando las ventajas —la oportunidad de reclutar conversos a la causa, de aumentar la circulación del periódico, de compensar la baja de abonados, de hacerse de publicidad y provocar persecuciones provechosas que harían imposible que el gobierno ocultara los crímenes que denunciaban—, la ocasión no debía perderse.

> Nosotros reconocimos siempre en Ricardo al cerebro más fuerte y más claro de entre los tres hermanos. Ricardo heredó el carácter, el talento, y aun mucho del aspecto físico de mi padre. A más de estos atributos, Ricardo reunió otros valiosos: era viril, tenaz, optimista y audaz.

Armado, pues, de confianza en sí mismo, de sus credenciales de delegado a la convención, y de un pasaje de ida y vuelta al destino, Ricardo se fue a San Luis Potosí, a cumplir su misión, y "confiábamos completamente en el cerebro y en la habilidad de nuestro delegado y con tanta seguridad como se espera la llegada del nuevo día, esperábamos impacientes un mensaje idéntico al famoso *Veni, vidi, vinci*". Y así fue.

Ricardo vino, vio y venció la convención con su catilinaria denunciando a Díaz y todas sus obras, y un reto arrojado, inflamatorio e impávido sorprendió a los tímidos y alentó a los fuertes, separó el grano de la pajada, y ganó nuevos reclutas para la causa. Logró todos sus objetivos: se apoderó de la convención, comprometió a los cautelosos, confundió a los claudicantes, y colmó el triunfo con las persecuciones provocadas por su intervención.

> Como lo habíamos previsto, la fiera enfurecida arremetió en contra de los liberales, a los cuales no había molestado mientras fueron inocentes comecuras. Las persecuciones se hicieron notar, esto vino a templar muchos ánimos aún indecisos, aunque también el terror hizo algunas víctimas, que se retiraron prudentemente, para volver más tarde indefectiblemente. Por lo general, el hombre se crece con el castigo. Pocos huyen, aunque vacilen al primer choque. Aconteció lo que habíamos previsto. El flujo y reflujo que originaron las persecuciones hizo el efecto de un cernidor: lo mejor quedó en el depósito, y estos elementos formaron el pie veterano de una organización netamente antiporfirista que, más tarde, fue evolucionando gradualmente hasta convertirse muchos de sus miembros en socialistas libertarios. Las persecuciones de la dictadura hicieron que el radio de acción de *Regeneración* y su prestigio aumentasen conside-

rablemente y que su ejemplo fuese seguido por otros liberales de dignidad que desearon vocear su descontento por medio de la prensa, fundando en todo el país diversos periódicos de verdadera oposición y de combate. El éxito logrado en el Primer Congreso Liberal repercutió por toda la República. El pueblo, sumido en un marasmo vergonzoso para la dignidad humana, sufrió un nuevo sacudimiento moral muy necesario para su salud social. Porque nuestro pueblo, según confesión del escritor porfirista Francisco Bulnes, miembro del Partido Científico, bajo la explotación y despotismo que por veinte años venía sufriendo, se había convertido en un pueblo de cobardes, de parias físicos, mentales y espirituales, reacio a todo movimiento de liberación, por miedo a las consecuencias, dado el terror reinante bajo la inclemente tiranía porfirista. El primer Congreso de San Luis Potosí fue el primer movimiento organizado que se enfrentó a Díaz. Aunque el móvil inicial de dicho congreso fue simplemente anticlerical, Ricardo logró con su firmeza, virilidad y audacia, convertirlo en antiporfirista... La bola había sido echada a rodar. Lo más difícil estaba logrado: dar cuerda a la oposición en el medio ambiente de cobardía reinante. Lo más difícil estaba logrado también: que los desmanes del viejo tirano cesen de quedar en la sombra, como sucedía cuando aplastaba movimientos aislados de oposición.

Enrique, que no era cobarde, contribuyó a la cruzada con un artículo, atacando personalmente al Presidente, adaptando al estilo periodístico la técnica del *otate* con puñaladas cortas y punzantes que sangraban adentro y ardían cruelmente.

Para muchas personas el presidente Porfirio Díaz es un enigma. Se preguntan por qué exhibe tanta severidad en toda ocasión. Nosotros lo atribuimos a herencia. Considerad su padre, Chepe. Domador de caballos de oficio. Caballos que no obedecían pronto los mataba. Otros los castigaba con un broche de acero atado a la punta del latigo. Deliberadamente apuntaba a la barriga. Esta, como todos lo sabemos, es la parte más sensitiva del animal. Observad, ahora, la manifestación de este rasgo en el hijo. Cuando era un chamaco su hermano Félix lo irritó con motivo de alguna disputa pueril. Con paciencia esperó a que Félix se hubiera dormido. ¿Qué hizo entonces Porfirio? Llenó las narices de su hermanito con pólvora y le aplicó un cerillo encendido. La desfiguración dio a Félix el apodo de Chato. Porfirio creció. Llegó a ser Presidente. Nombró a Chato gobernador de Oaxaca. Chato era un beodo licencioso. Por ultrajes cometidos contra los habitantes de Juchitán lo mataron. Trágicas fueron las consecuencias que sucedieron varios años más tarde. Una tarde la gente escuchaba una banda que tocaba en la plaza. En vano se preguntaba por qué el Presidente había mandado soldados a Juchitán. De repente oyeron una orden. Inmediatamente los segaron los soldados con una descarga tras otra. Hombres, mujeres, niños cayeron, muertos o heridos. Sólo cesaron las descargas cuando no hubo más blanco en movimiento en la ensagrentada plaza. ¡Conciudadanos, tomen nota de ese terrible hecho! La masacre se perpetró no al calor de la pasión, sino mucho después de la muerte del Chato. La matanza de gente inocente fue planeada con helada deliberación. Ahí puede verse con terrible claridad la sádistica línea de conducta heredada por el ilustre hijo de Chepe. Conciudadanos, ¿es éste un incidente aislado en la naturaleza peculiar del Presidente? No. Nueve cabecillas de un movimiento de oposición fueron aprehendidos en Veracruz en junio de 1879. El gobernador Mier y Terán preguntó a Díaz qué debía hacer con ellos. Contestó con palabras consignadas a la historia: *Mátalos en caliente.* De tal manera, casualmente, como si mandara una matanza de ganado, vino la orden del hijo de Chepe Díaz, el domador de caballos. ¿Necesitamos otros ejemplos de su propensión a la efusión de sangre? Borrar comunidades, liquidar individuos, es sólo una política reconocida de Porfirio Díaz para mantener su concepto de orden y legalidad.

A Ricardo le pareció muy fuerte el plato, y Jesús quiso suavizarlo para que el periódico viviera unos cuantos meses más; pero el autor insistió en que se publicara tal como lo tenía escrito, y el autor salió con la suya. A los tres meses de celebrarse la Convención de San Luis Potosí, la policía cogió al agitador, clausuró el periódico con motivo de una crítica hecha a un funcionario que no fue Porfirio Díaz, y llevó a Jesús y a Ricardo a Belén. Enrique se salvó y quedó otra vez de único consuelo de su madre; pero esta vez ella no resistió el golpe y refugiada en la cama, se consumió de angustia, pensando en sus presos, o de congestión pulmonar, según el médico. Al acercarse el fin, unos amigos solicitaron a la policía el permiso para que los presos salieran a despedirse de ella antes de morir; petición rechazada. Reiterada directamente al Presidente, la petición fue atendida. Una tarde húmeda de verano, mientras madre e hijo escuchaban el monótono tamboreo de la lluvia en el techo, ella dejaba vagar sus pensamientos hacia el pasado remoto, recordando Teotitlán y aquel viaje en el tren con el conductor colérico y los paisanos que pagaron los pasajes de los niños, y se le ocurrió decir que para defender a esa gente fueron Jesús y Ricardo a la cárcel, y por duro que fuera pagar la obligación, el costo no era demasiado elevado. Ella también se había crecido con el castigo, avanzando, paso a paso, de la protección de la tribu en la sierra hasta la defensa de todo el pueblo mexicano, y ahora que se acercaba al fin del viaje, no se arrepintió de nada. En eso vino un golpe a la puerta. Enrique abrió y se encontró con un personaje vestido de negro que buscaba la casa de la señora viuda del teniente coronel Teodoro Flores; invitado a pasar, tomó asiento y explicó, limpiando la cara de lágrimas pluviales, que tenía el honor de ser el portador de un recado personal del señor Presidente: en media hora los hijos de la señora saldrían libres. Mirando al caballero compungido, la moribunda creyó haber juzgado mal al señor Presidente y que le debía una disculpa; pero el caballero, compungido, añadió que había que cumplir con una condición previa, y eso sería... pues, señora, eso sería que dejasen de perseguir al Presidente. Ella guardó silencio un rato —la condición le quitó la respiración y estaba a punto de echar el último suspiro, pero al fin se reincorporó y contestó que mejor valía verlos muertos que desdecirse de una sola palabra o retractarse de lo dicho y hecho. El caballero compungido se retiró, más triste que nunca, y poco después ella rindió el alma. "En un arranque de magnanimidad tardía —añadió Enrique— Díaz permitió que sus prisioneros asistieran al entierro."

Excarcelados en diciembre de 1901 y desligados de todo vínculo sentimental por la muerte de la madre, los hijos de su padre estaban en libertad para reanudar la lucha emprendida; pero ya no andaban parejos los tres hermanos. Después de purgar dos condenas en Belén, Jesús confesó francamente que no tenía la vocación del martirio; después de todo, su madre siempre había querido que fuesen abogados y por su parte anhelaba como ella casa propia y familia normal. Ricardo sufrió una desilusión amarga con la defección del hermano, pero disimuló su pena como pudo; después de todo, no era sino un golpe más y otra ruptura biológica de la familia. Enrique, en cambio, entendió al tránsfuga e hizo justicia a su sinceridad, así como a la lealtad e integridad de su conducta subsecuente.

> Jesús tenía una verdadera vocación para la ley y amaba su profesión, la practicaba honorablemente, ganó legítimamente tres millones de

pesos, nunca aceptó un caso deshonroso y siempre defendió vigorosa y gratuitamente a toda víctima. Ricardo y yo, por el contrario, fuimos siempre "cabezas calientes", bohemios empedernidos y soñadores impenitentes. Jamás vimos, para nosotros el lado práctico de la vida; lo hemos buscado para todos los seres humanos...

Parecíanse los dos al padre, y con poco o ningún amor a la ley y una verdadera vocación para la revolución, se dieron la mano para seguir con la lucha.

Buscando un vehículo para sustituir a *Regeneración*, Ricardo ofreció a Daniel Cabrera arrendarle su periódico *El Hijo de Ahuizote*, venido a menos con los años, y resucitar el espíritu combativo y la circulación popular de aquella gaceta que tanto gustaba a su padre. Don Daniel acogió la oferta con gratitud, ya que había gastado su salud, su dinero y su talento combatiendo la dictadura, y su hijo se había vuelto tan tímido que le tenía vergüenza; y se cerró el pacto. El nuevo vehículo tenía la enorme ventaja sobre el viejo de ser un semanario satírico, adornado de caricaturas que llegaban directamente al pueblo, culto e inculto por igual, y que esgrimía un arma mortal en México: el ridículo acre. El primer número salió en marzo de 1902 y fue dedicado a la celebración anual del natalicio de Juárez en 21 del mes; la ceremonia, celebrada con solemnidad por Díaz y su familia oficial ante la tumba del Benemérito, brindaba al satírico una oportunidad brillante para asestar el primer golpe al Presidente; y bien que Ricardo no brillaba por su sentido de humor y estaba demasiado amargado para lucir otra cosa que no fuera el mal humor, relató la cosa con laboriosa ligereza.

> Ahí estaba nuestro gran Presidente quien, habiendo fomentado una rebelión contra Benito Juárez, dejaba ahora olvidar el agua pasada, en un bello espíritu de magnanimidad. ¿Para qué desenterrar recuerdos desagradables? Parecían dejar a entender las bien escogidas palabras del Presidente. Sí, ¿para qué? ¿No imperan la paz y el orden bajo su benigna administración? Aunque posiblemente algún crítico capcioso puede decir que son una paz, un orden, y una ley diferentes de las que regían en tiempos de Juárez. No, ¿quién podría dudar de la sinceridad de las palabras del Presidente en este histórico día? Desde luego que la multitud que vio lo que vimos no podría dudar. ¿Y qué fue lo que vimos? Con respeto profundo reproducimos para nuestros lectores la tierna escena. En el momento más conmovedor su apasionado panegírico, se detuvo. No tuvo remedio:

lágrimas cegadoras le bañaban las mejillas. Modestamente desdobló un pañuelo, miró a su alrededor para ver si sus compatriotas lo estaban viendo, y enjugó las húmedas huellas de la emoción. Eran lágrimas sinceras; ¡bien que lo sabemos! Porque en cada aniversario del natalicio de Benito Juárez corren con la misma fuerza incontrolable, acompañadas de un pañuelo diferente.

Todavía de duelo por su madre, Ricardo se reía con pena; pero el público recibió la burla como lo hubiera hecho su padre. "Una carcajada gigantesca resonó por todo México al aparecer el editorial —asegura Enrique. "Era ésa la reacción que esperábamos. Inmediatamente, Ricardo escribió otro por el estilo." Y el segundo redobló la carcajada.

> Algunas personas se han dirigido a *El Hijo del Ahuizote* con motivo de nuestro editorial acerca de las lágrimas del presidente Díaz el día del aniversario de Juárez. Dicen que lo exponen bajo una luz extraña. ¿Por qué extraña?, preguntamos. Al contrario, mantenemos que la facilidad que el Presidente tiene para llorar en las ocasiones propicias le sienta sumamente bien. Queremos informar a estos críticos algo que quizá no sepan: que nuestro Presidente tenía la capacidad de llorar aun antes de llegar al máximo puesto de la nación. Recordémosles un suceso histórico que hizo que la atención del país se concentrara en este dominio de sus lacrimoductos. Sucedió cuando estaba luchando para quitar el poder a Lerdo de Tejada en 1876. Antes de triunfar fue derrotado en la batalla de Icamole, lo cual le hizo pensar que había llegado al fin de sus esperanzas. Se echó a llorar. Ante ese viril desahogo de fuertes emociones, sus partidarios le dieron la espalda, asqueados. Por nuestro honor, nos apresuramos a proclamar ante el mundo que este dramático desahogo de su exaltada naturaleza le valió, justamente, el famoso título de "El Llorón de Icamole".

La reposición de la burla y el debut del nuevo cómico fueron todo un triunfo: llovieron las felicitaciones y Enrique era feliz. Infinitamente más eficaz que la diatriba resultaba el ridículo acre: el público reaccionaba, y mejor aún, Ricardo lograba reírse y riéndose el mundo se reía con él, y al soltar la carcajada el pueblo perdía el respeto y el miedo que le tenía a Díaz.

> Así debe ser —declaró Ricardo, frotándose las manos— porque nuestra política consiste en liberar al pueblo del terror a los rurales, al ejército, a la policía, a la acordada, a los jefes políticos...

Pero luego arrugó el entrecejo: "Pero hasta ahora no ha producido ninguna reacción en el Palacio Nacional". Y la indiferencia significaba un fracaso rotundo. Semana tras semana, seguían persiguiendo al Presidente, apuntando a la parte más sensitiva y golpeando al animal debajo de la cintura sin provocar represalias. Sea por insensibilidad, sea por dignidad, sea por hombría, sea por viejo, Porfirio Díaz no reaccionaba a los pellizcos y las picaduras de honderos pueriles; por lo visto no los tomaba en serio, y tanta impasibilidad les parecía rara. Pero de repente la cosa cambió, dando un viraje satírico a la situación muy superior a su inventiva.

¡Qué época más extraña fue aquélla! —comentó Enrique al recordar las sorpresas de su vida—. ¿Puede concebirse algo más grotesco que nosotros hayamos protegido a Díaz de las maquinaciones de un miembro de su familia oficial?

En 1902 el general Reyes ocupaba la Secretaría de Guerra, donde se puso en marcha la segunda reserva que tanta popularidad le aportó con el público y tanto recelo con el Presidente. Ricardo compartió el recelo del Presidente, pero a falta de evidencia material para sostener una acusación, no pudo manifestar sus dudas y Enrique se ofreció a conseguir las pruebas de indicios. Alistándose en la segunda reserva en calidad de soldado raso, adquirió conocimientos íntimos del entrenamiento militar; pero nada más.

Los oficiales de instrucción eran capitanes. Su deber consistía en hacer soldados de los reclutas a machaca y martillo. Y literalmente así lo hacían. Me producía náuseas ver cómo les daban de bofetadas, de garrotazos, en fin, cómo abusaban de ellos, sin excluirme a mí. Los trataban con la misma brutalidad que a los reclutas del ejército regular...

Sin embargo, había irregularidades.

Manteniendo los ojos bien abiertos, noté algo que me llamó la atención, y de vez en cuando los instructores se metían en cierto barracón y se encerraban con llave.

Primer indicio.

Un día, hablando indiferentemente con otros reservistas, aludí al cuarto misterioso. Pero fue como si les hablara de la Luna. Me di cuenta entonces de que tenía que obtener la información de uno de los capitanes.

El suyo era muy reservado, tanto que Enrique se arriesgó a pisar sus talones y acompañarlo inadvertido a la cita.

> Mi corazón hacía más ruido que el reloj de un abuelo. En el cuarto, sin muebles apenas, había una media docena de instructores, unos de pie y otros sentados. Poco a poco llegaron otros. Mirando por la ventana, me hice el tonto y pretendí que no me daba cuenta de nada. Pero lo que llegó hasta mis oídos me hizo poner los cinco sentidos en tensión. Eran los hombres de Reyes. Con asombro les oí comentar alegremente el plan con el cual su jefe estaba seguro de poder suplantar a Díaz. Con las caras radiantes hacían chistes y se reían, saboreando por adelantado la consternación de Díaz cuando se viera ante lo inevitable, y se felicitaron mutuamente por los ascensos que recibirían después del golpe de Estado. Con la sangre batiéndome en las sienes me puse a pensar en las consecuencias que tendría el que estos conjurados me descubrieran en el momento de escurrirme. Sería mi última hora, pues no tendrían el menor escrúpulo en darme una paliza mortal. Me sentía atrapado. Me había preocupado tanto la manera de entrar que no me había ocurrido hacer un plan para salir...

Sin embargo, gracias a la confusión que provocó su presencia, al ser descubierto se libró de buena con sólo una patada, y sin tardar se publicó el segundo indicio en el periódico.

Luego que se divulgó la denuncia, un capitán —no de la segunda reserva, sino de la policía reservada— aprehendió a Ricardo, Enrique y los dos empleados de la imprenta. Custodiados por una compañía de soldados y conducidos con lujo de fuerza a la prisión militar de Santiago Tlatelolco, aprovecharon la marcha para pregonar la causa, gritando mueras a Díaz, a Reyes, al ejército, a la segunda reserva, al mal gobierno, y despertar el interés de la calle en su cautiverio. En la cárcel, encerrados en un cuadro de celdas denominado *La canana*, rigurosamente incomunicados y separados los unos de los otros, sin conocer su destino pero suponiéndose ya en capilla, esperaban de día en día la llegada del pelotón de ejecución; pero la incomunicación los acallaba mejor que la muerte y con menos publicidad.

> No podíamos hacer nada como no fuera pensar. Como era Reyes quien nos habían mandado encarcelar, toda clase de negros pensamientos me pasaban por la cabeza —confesó Enrique—. Yo lo había

puesto en evidencia ante Díaz. En uno de sus ataques de epiléptico podía mandarme fusilar. Me dije que si seguía así, en las condiciones de incomunicación en que me hallaba acabaría por volverme loco. Pero tenía mis recursos. Años antes, de niño, tenía yo el pasatiempo de cultivar la capacidad de concentración, de perderme en ensueños agradables, imaginando escenas, sonidos y olores. Ahora, en mi cuartucho, cerrando los ojos, hice un esfuerzo para recordar la sexta sinfonía de Beethoven. Mi angustiosa celda quedó olvidada, mientras escuchaba la sexta sinfonía hasta el final del quinto movimiento.

Por un rato, transformando los mueras a Reyes en música sublime, logró evadirse de las rejas, para sólo recaer en la cruda realidad. La actitud de los guardias, hostil, resentida, cerrada, les preocupaba y les pareció siniestra hasta descubrir la razón.

Inmediatamente tratamos de hacernos amigos de los soldados. Con gran asombro nuestro, nos rechazaron sin que pudiéramos entender por qué. Una tarde, estaba un grupo de soldados hablando en la punta de la habitación. De cuando en cuando nos miraban con caras enfadadas. Le dije a Ricardo: "¿Qué tendrán contra nosotros?" "Somos amigos suyos", dijo éste, encogiéndose de hombros, "pero por lo visto no lo saben". Escuché con cuidado y entonces entendí. Nos odiaban, porque pensaban que éramos oficiales, pues la prisión de Santiago Tlatelolco estaba destinada exclusivamente a prisioneros militares. Le hice una señal a uno. Vaciló un poco y al fin se acercó poniéndome una cara de disgusto. Yo le sonreí: "He oído que hablan mal de nosotros". "No, yo no" —contestó alarmado—. "Sí, usted también. Tengo buenos oídos. Pero no tema. No soy oficial, sino un simple civil. Me llamo Enrique Flores Magón, y éste es mi hermano Ricardo." Le expliqué luego que escribíamos para *El Hijo del Ahuizote* y que por eso nos habían metido en la cárcel. Los ojos se le iluminaron. "Ah —dijo con una amplia sonrisa—, de modo que ustedes son los escritores que defienden la causa de los pobres. Siento mucho que los hayan arrestado, pero me alegro de tener el honor de conocerlos. Todos nosotros, menos los oficiales, somos de familias pobres, y todo lo que ustedes dicen acerca de los hacendados y de los otros ricos, de cómo nos hacen imposible la vida, es verdad."

Establecido el contacto con uno, se acercaron los otros y conquistada su curiosidad y despertada su confianza se abrieron todos, rivalizando para llamar su atención y solicitar su interés, contándoles sus penas, y explicándoles por qué se encontraban encerrados aquí: quién, por huir de la hacienda y la deuda hereditaria de su padre, azotado y entregado a la policía rural; quién por ir a la huelga en una fábrica, condenado al servicio de las armas y sentenciado a devanarse las tripas en la campaña de Yucatán; quién, por cansarse de las extorsiones de un jefe político que llamaba a filas a cada rato y pedía cien pesos de rescate; y quién por cosas por el estilo —típicos cuentos mexicanos, cuentos de compadres, cuentos de nunca acabar que terminaban todos en el cuartel. Ricardo los recogió, los sintetizo, y con la complicidad de los soldados, pasó un artículo de contrabando a su periódico. al salir el simposio, la gratitud de sus guardianes no tuvo límites: rebeldes en reserva todos, le prometieron el apoyo de todos los militares en México (menos los oficiales, por supuesto) para cuando se lo pidieran. Desde aquel día, la situación cambió: los reos recibieron el trato de presos privilegiados, paseándose por los corredores o matando el tiempo en la sala de guardia, donde jugaban a las cartas o escribían artículos para el periódico, y todo a ciencia y paciencia de la superioridad. Día hubo en que, mientras el director de la prisión observaba a los directores del periódico, Enrique le enseñó los calambres que tenía en la mano por tanto escribir y le pidió prestada una máquina de escribir; la petición fue desaprobada, pero llegó la máquina de escribir, y al protestar el subdirector, el director le prohibió molestar a sus huéspedes. Enrique atribuyó estos favores, dignos de connotados prisioneros de Estado, a la fama que tenían de ser peligrosos agitadores y al temor del director a la publicidad desfavorable; de todos modos, los dejó vivir sus últimos días a sus anchas.

Sin embargo, no olvidaba por qué los recibió en su casa, y a Enrique le previno que debía comparecer en breve ante un tribunal militar y responder de los cargos que autorizaron su ingreso en Santiago Tlatelolco: injurias al Presidente de la República, injurias al ministro de la Defensa, injurias al ejército, injurias a la segunda reserva, injurias al gobierno, injurias a la nación, amén de una veintena de incisos más: veinticinco cargos en total. Acostumbrado al trato caballeroso del director de la cárcel, Enrique creyó merecer otro tanto ante el tribunal militar y al comparecer ante aquél dejó constancia de su conducta en la vista preliminar de la causa. El tribunal militar lo constituía un solo juez y luego que alcanzó a verlo le subió la sangre a la cabeza; su aversión hacia jueces en general se agravó con el aspecto provocador de éste en particular: joven, arrogante, gordiflón y evidentemente engreído de sí mismo, bajo todos y cada uno de estos cargos el tribunal le mereció poco respeto.

> Con un gesto altivo en su cara mofletuda y con voz arrogante, me preguntó: "¿Cómo se llama?" Se lo dije. Entrecerró los ojos y movió la cabeza. Su actitud iba haciendo que rápidamente mi disgusto se convirtiera en asco. Apoyando los codos sobre la mesa, y con la vista fija en sus propias uñas, con un tono aburrido me preguntó: "¿Edad?", "veinticinco", contesté mientras pensaba: "ésta es la clase de animales que las dictaduras convierten en jueces." Desdeñosamente, con el labio inferior protuberante: "¿profesión?", preguntó en una especie de ladrido. "Soy abogado". Se echó atrás en la silla y miró hacia el techo. Retorciendo los labios y hablando como de lado, dijo: "¿De modo que es usted abogado?" Sentí que el calor me subía a la cara. Traté de reprimirme, pero su insolente actitud me acabó la paciencia: "No tengo nada más que decirle a un chango como usted". Durante varios segundos no pudo hacer más que boquear como un pez sacado violentamente del agua. Con voz atragantada gritó: "¡Conteste con respeto o le irá mal!" Le miré fijamente, mi cólera llegando a su punto culminante. A mi lado había un tintero. La tentación era demasiado fuerte. Lo cogí y se lo lancé a la cabeza. Se agachó justo a tiempo, escurriéndose bajo el escritorio y gritando histéricamente: "¡Llévenselo, llévenselo!", mientras los espectadores estallaban a carcajadas.
>
> Aquella sala de justicia era todo menos un lugar de respeto en el momento en que resonaban por todos lados las risotadas, mientras el juez, todavía debajo del escritorio, seguía gritando: "¡Llévenselo, llévenselo!" Me cogieron dos ayudantes y me sacaron de la sala a través de un público que rugía. Me volví para ver al juez. Todavía era invisible.

El tribunal sesionaba debajo de la mesa, pero los cargos estaban siempre de pie, y la contumacia de la defensa fue castigada con un escarmiento público. Por orden expresa del general Reyes, los reos fueron conducidos por un pelotón de soldados, caminando con bayoneta calada, desde la prisión de Santiago Tlatelolco a Palacio Nacional, marcha larga y cansada; pero los presos llevaban consigo sus propias armas. Exhibiendo su periódico prendido al pecho, lo anunciaron a cada paso, congregando un público que acompañaba a la escolta y armaba un escándalo con gritos de *muera Díaz, vivan los Flores Magón,* obligando al teniente a apretar el paso con descargas de fruta podrida, piel de plátano y otras opiniones subversivas, hasta acelerar la marcha forzada en paso redoblado para llegar a Palacio; y allí, al informar el teniente que tenía la honra de entregar los prisioneros a la custodia del comandante de la plaza, éste le contestó: "Pero no se trata de eso". El teniente le miró asombrado. "No entiendo, mi comandante". "Tiene usted que volverlos a llevar a la prisión". Mi teniente se quedó boquiabierto. "¡Por la Santísima Virgen de Guadalupe! ¿Tengo que volverme a encarar con esos salvajes?" El comandante se echó a reír. "Está bien, regrésalos en una carroza". Y volvieron a la cárcel, pero en carroza.

De Herodes a Pilato andaba el asunto, y después de nueve meses de detención indecisa —indecisa porque las autoridades militares carecían de jurisdicción sobre una causa civil— los presos salieron libres y volvieron inmediatamente a su dirección anterior y su ocupación conocida. Entre tanto el clima político había cambiado sensiblemente, tanto para el bien como para el mal. Caído en desgracia, el general Reyes vivía retirado en Monterrey, desde donde, para congraciarse con el Presidente, salía excursionando en persecución de los clubes liberales; con un agente plantado en la tercera Convención celebrada en San Luis Potosí, provocó un escándalo, la irrupción de la tropa, el arresto de Camilo Arriaga y sus asociados, y la destrucción sistemática del movimiento en cierne. La persecución recurrió a la proscripción y la represión, el cierre de los centros, la dispersión de los miembros, y el diezmar de los díscolos, consignados al servicio de las armas, deportados a las colonias penales de Quintana Roo, vendidos a los negreros de Yucatán y Valle Nacional, y purgados con una ráfaga de terrorismo que redundó en descrédito de Reyes. No obstante, las víctimas reaparecieron. Sembrada la simiente, Ricardo recogió la cosecha. Los perseguidos se crecieron con el castigo y a los ocho meses de la batida en San Luis Potosí, los veteranos publicaron en la primera plana del robusto *Hijo del Ahuizote,* un manifiesto que adoptaba casi todo el ideario de Ricardo y llamaba a los liberales del país a tomar posiciones, con sólo la reserva de no llamarlos a la revolución.

Este documento conservaba siempre algunos vestigios de idealismos pasados de moda, a semejanza de flores marchitas en un álbum de recuerdos sentimentales, pero sin rehuir las realidades de la situación en 1902, y catequizaba la conciencia del liberal ante la evolución de la patria bajo un gobierno que, profesando el progreso, fomentaba sólo el progreso de la opresión y del oprobio.

¿Hay igualdad en nuestro país? No. El capitalista, el fraile, el alto funcionario, ya sea civil o militar, no son tratados en México igual que el obrero humilde o cualquier miembro del pueblo, oscuro en la sociedad, pero brillante en las epopeyas de la nación. Los empleados arrastran una vida de humillación y miseria. Los privilegios, los fueros en vigor nos han plagado de una clase de inútiles y viciosos, que podemos llamar los zánganos del conjunto social. El predominio de las virtudes ha desaparecido: predomina el oro, predomina el fraile, predomina el extranjero y nada más. Los talentos de las llamadas clases media y humilde vegetan, ignoradas o despreciadas. En los comicios no triunfa el candidato de virtudes cívicas, triunfa el capitalista, o el impuesto por la autocracia y que puede ser útil a ésta. Su sufragio es un cadáver. ¿Hay libertad individual en nuestro país? No. Dígaselo a esos infelices que desfallecen en las haciendas bajo el látigo del mayoral y explotados en las tiendas de raya; esos infelices que son transportados al Valle Nacional, a Yucatán y a otros puntos, y que a veces no representan más valor que el de diez o veinte pesos. Díganlo también a esas víctimas de tanto atropello y de tanta venganza que constituyen la nota del día en nuestro país desde hace años y que después de ver allanadas sus moradas y perseguidas sus familias, sufren en célebres prisiones la consecuencia de inspirar temor a los poderosos. El magnate ha llegado a considerar la cárcel como una propiedad suya que puede servirle para quitar de enmedio a sus contrarios cuando para ello no puede emplear el asesinato de encrucijada o el fusilamiento, justificado con motivos de paz pública o de delito del orden criminal. A veces también con los condenados al servicio militar por delitos infamantes, se mezcla al liberal digno, que es vejado allí por algún superior inculto y brutal, y así por el estilo, la libertad individual es un juguete. ¿Prospera el comercio en nuestro país? Sí, prospera el de dos o tres acaudalados, el de dos o tres millonarios y generalmente extranjeros. Prospera el encomendero, prospera el agiotista... Los *trusts*: esos titanes del monopolio, sin freno que los contenga, hacen subir los artículos de primera necesidad y hacen bajar los salarios de los que confeccionan esos artículos... ¿Prospera la agricultura? No. La agricultura en México se halla en manos de unos cuantos dueños de inmensas extensiones de terreno. El viajero que recorre las vastas regiones de nuestro país, hallará campos inmensos sin cultivar y esos campos, heredados por mexicanos indolentes o adquiridos por españoles refractarios al progreso, o por testaferros del clero que necesitan que el yanqui venga a nuestro país con iniciativa y con trabajo, están cercados e inaccesibles a la mano del agricultor, hasta que una compañía americana viene a aumentar la peligrosa cantidad de propiedades que tienen los Estados Unidos en México, debido a la imprudencia del gobierno... La mala distribución de los terrenos y la libertad en que se encuentran los dueños de terrenos incultos, por las complacencias del gobierno, unidos a multitud de causas de que se podría escribir mucho, tiene a la agricultura mexicana en un estado lamentable. ¿La rectitud judicial? Ya lo hemos dicho: en la mayoría de los casos triunfa el acaudalado, triunfa el poderoso, triunfa el extranjero y triunfa el clero. ¡Y cuánto no podríamos decir del sagrado domicilio y de la libertad del trabajo y de industria! ¿Y el respeto a la propiedad? Basta como viva descripción del respeto que se tiene en México a la propiedad las escenas de terror y de matanza que devastan a Sonora y Yucatán, bajo el torpe pretexto de una guerra civil. ¿La libre manifestación de pensamiento? Hay libre manifestación de pensamiento para el cortesano, para el fraile, para el hijo espurio de nuestra patria; pero no para el liberal, no para el ciudadano honrado, patriota y viril, no para la voz de la razón y del derecho. Puede el orador ultramontano ofender la memoria de nuestros héroes; puede el cobarde y el traidor de todas las edades llamar sediciones a los despertares del civismo: eso es un mérito, compatriotas, para obtener tal o cual librea, o tal o cual cantidad de oro; lo contrario es un mérito para que el puñal del asesino busque el corazón del tribuno liberal, para que la chicana del juez amordace el labio zoilano del periodista independiente. Y la prueba, compatriotas, la tenéis en nuestro club atropellado vandálicamente por predicar al pueblo regeneración. ¿La instrucción en nuestro país? Millones de analfabetas constituyen la contestación más elocuente. Desde la instrucción primaria hasta la profesional, se resiente el abandono y la ineptitud del gobierno, y hasta la iniciativa de suprimir escuelas profesionales porque las arcas de la nación están casi vacías para ese objeto. En cambio, los jesuitas y todo el clero, ricos con la explotación inicua que hacen sufrir al pueblo, fundan en todo el país escuelas católicas, y en la balanza de esa política de conciliación pesa más la escuela que la laica... ¿La inviolabilidad de la vida humana? Detened la vista, compatriotas, sobre las lápidas de los panteones de la República, allí veréis fechas que hablan muy alto diciendo que las vidas inviolables en nuestro país sólo se conciben manchadas de fango... ¡Basta mexicanos! ¡La pluma se resiste a mostrar tanta llaga y descorrer tanto velo!

La requisitoria recapitulaba el discurso de Ricardo en 1901: el robo del poder, el robo de la libertad, el robo de la tierra, el robo de la ley, el robo del pan, el robo de la dignidad y por ende el robo de la vida misma, parafraseaban su denuncia del gobierno de Porfirio Díaz como una madriguera de bandidos.

El manifiesto salió casi al mismo tiempo que los hermanos abandonaron la cárcel, encontrando ellos el terreno abonado para reanudar la ofensiva contra el régimen.

> Como es natural, nos apresuramos a regresar a nuestros puestos en *El Hijo del Ahuizote*. Media hora después de quedar libres estábamos ya frente a nuestros escritorios, trabajando, buscándole a Díaz sus lados vulnerables, y los desmanes que había cometido, para fundamentar y justificar nuestros ataques, y al mismo tiempo analizando al hombre y sus actos, para hallarle las facetas ridículas, para caricaturtizarlo y convertirlo en el hazmerreír del pueblo, a fin de que éste le perdiese el respeto y por ende, el temor.

Ni su técnica ni su voluntad invencible habían variado, y entretanto habían ganado reclutas entre los elementos jóvenes y valientes de los veteranos de la Convención de San Luis Potosí, los que redactaron el periódico durante la ausencia de Ricardo y Enrique en el presidio. Con uno de ellos (Juan Sarabia) Enrique preparaba una caricatura terrible, cuando la puerta se oscureció no con la sombra de un policía, sino de un extraño que se presentó como un ranchero norteño, de paso por la capital; lector entusiasta del periódico deseaba conocer a los redactores personalmente y cuando se identificaron, los miró incrédulo. ¡Cómo! ¿Con que es usted Ricardo Flores Magón?.. Sí, señor... ¿Y usted... Enrique Flores Magón?.. Sí, señor... ¿Este joven meneando los dedos en los ojales del chaleco?.. Sí, señor, Juan Sarabia, a sus órdenes... ¡Increíble!.. Y el fuereño siguió contemplándolos, estupefacto.

> ¡Qué caray, muchachos —exclamó desconcertado—; palabra que creía que me hallaría con gente seria, grave, de edad madura, barbuda y respetabilísima por los cuatro costados! ¡Y mira con qué me me encontrado! ¡Ja! ¡Ja! ¡Me he topado con puros escuintles, capaces de volver al mundo al revés entre carcajada y carcajada, y aunque les dan tormento! Pero puede ser que sea mejor así...

Y frotándose los ojos, concluyó confesando que, contrario a todas las reglas de la perspectiva, las distancias ¡agigantan! El fenómeno óptico les dio mucha risa y entre carcajada y carcajada se hicieron amigos; el ranchero les invitó a comer en el mejor restaurante de la capital, y al despedirse puso a sus órdenes su persona y su rifle, para cualquier cosa que se les ofreciera.

Así alentados, volvieron a la campaña con renovado entusiasmo, escalonando sus ataques al Presidente para que coincidiesen con los más pertinentes aniversarios nacionales. El primero cayó en el 5 de febrero de 1903, cuadragésimo sexto aniversario de la promulgación de la Constitución; solemnizaron la fecha colgando de la ventana del despacho una enorme tela negra, anunciando la muerte de la Constitución, y posando bajo su sombra para una fotografía del cuerpo de redacción: doce jóvenes intrépidos, listos a enfrentarse a la cámara y las consecuencias, y firmar el recuerdo con sus autógrafos: Ricardo y Enrique Flores Magón, Juan Sarabia, Santiago de la Cruz, Antonio Díaz Soto y Gama, Federico y Gabriel Pérez Fernández, Rosalío Bustamante y Tomás Sarabia —los mismos que calzaron con sus firmas el manifiesto de los fantasmales clubes liberales. El despliegue de la bandera negra llamó la atención de los transeúntes, que se congregaron ante la enorme esquela de defunción, preguntándose quién sería la difunta y esperando que saliera en hombros de sus deudos; pero pasaron las horas, pasaron los curiosos, pasó la vida y no pasó nada, la policía vigilaba, el día terminó sin novedad, y los deudos se quedaron colgados en la ventana. Sin embargo, esperaban la visita de los polizontes, y poco antes de la medianoche, cuando estaban a punto de cerrar, oyeron la pisada firme en la escalera y se pusieron de pie para recibirlos: Enrique abrió la puerta y una delegación obrera penetró en el despacho. El que hacía de portavoz de los camaradas dijo que querían felicitarles por el buen trabajo que hacían y saludar a los que escribían el periódico; presentado por Enrique con Ricardo y Juan Sarabia, saludó a los tres en voz baja y prometió orar para que la Santísima Virgen de Guadalupe los protegiera de la policía, pues lo que hacían por el pueblo estaba muy bien hecho. Entonces, mirándose los unos a los otros sin más que decir, cayeron de acuerdo en aclamar a cada uno, individualmente; el portavoz levantó la mano, el coro levantó la voz —la voz sin resonancia de gente baja poco acostumbrada a hablar en voz alta— y los ecos redundantes vibraron en el silencio respetuoso de la noche —¡Ricardo Flores Magón! ¡Enrique Flores Magón! ¡Juan Sarabia! Muy conmovido, Ricardo les dio las gracias y les pidió un *viva* también para la Constitución. Después de una pausa de preparación, el coro, se puso de acuerdo para alcanzar a la Constitución y dio un *viva* voluminoso para su corporación y enseguida, como si eso fuera poco, volvieron a vitorear a Ricardo, Enrique y Juan Sarabia, y contagiados de íntima satisfacción, todos se contemplaron muy contentos de haber logrado la comunicación; cumplida su misión los obreros pidieron permiso para retirarse y se fueron al trabajo cotidiano y los muchachos volvieron a sus faenas.

El próximo aniversario cayó en el 2 de abril, conmemorando la caída perenne de Puebla en los brazos del presidente perpetuo, y en vísperas de la recaída regular, Enrique propuso a los camaradas una variación original.

> Mi espíritu inquieto y retozón, satírico y mordaz, me aconsejó una nueva diablura que jugarle a don Porfirio y la expuse a mis compañeros. Los *bárbaros* del Partido Científico están citando para una gran manifestación al héroe del 2 de abril, que no es precisamente para honrar al patriota, sino para lamerle la mano y hacerla más generosa para ellos, preparando el terreno para su quinta reelección. Los terratenientes, digo los latifundistas inmediatos a esta capital, ofrecen grandes contingentes de peones; entre los estudiantes ha habido ya agitación para que asistan y quienes lo harán porque ya no son los estudiantes de hace once años, pues estábamos todavía enteros; también han agitado entre los trabajadores, en sus sociedades mutualistas; toda la empleomanía, ante el temor del cese, estará también ahí. En fin, como los peones, cargadores, mecapaleros y gente del pueblo recibirán su peseta por cabeza y un buen trago de pulque, se espera que se logrará que el acto resulte una manifestación monstruo. José Ives Limantour tiene que hacer méritos.

La ocasión parecía propicia y Enrique tenía formado su plan: infiltrar las columnas de peones y obreros, transformarlas en una contra-manifestación al régimen, y parodiar al Presidente con sus propias cohortes.

> Bravo —gritó nuestro *Charolito*, es decir, Juan Sarabia, a quien cariñosamente llamábamos así, dada su escuálida figura, y quien siempre era el primero en comprender el alcance de mis "puntadas", como

compañeros que éramos para idear las caricaturas de *El Hijo del Ahuizote,* que a más de jocosas, tenían que llevar un fondo de sátira sangrienta y un alcance desmedido.

Ricardo andaba de acuerdo y con la cooperación de Manuel Sarabia formaron una escuadra volante que debía poner el plan en ejecución; y "al día siguiente los cuatro salimos al frente, a librar una de nuestras más duras batallas".

El plan era una improvisación; la organización estaba a cargo del gobierno; la ejecución dependía de la inspiración del momento. Manuel Sarabia recibió la consigna de apostarse en un callejón con cuatro voceadores para repartir las municiones —cuatro grandes faroles que ostentaban en gruesos caracteres la leyenda No Reelección— mientras los camaradas se encargaban de reclutar la tropa. Según la táctica propuesta por Juan Sarabia, cada uno debía estacionarse con su caja de madera en una de las calles laterales y agitar a la gente que esperaba el momento para entrar en el desfile oficial. Enrique ocupó su puesto en una bocacalle atestada de obreros, subió a su caja de madera, y comenzó a arengar la columna; pero los obreros, ya medio crudos, charlando y riendo, no le hicieron caso. "¡Camaradas! ¡Camaradas!", gritó una y otra vez —nadie escuchaba. "¡Hermanos! ¡Hermanos!" —suplicó, pero el vocerío siguió insensible al suyo. La primera dificultad era el problema de llamarles la atención y no fue sino hasta ponerse agresivo cuando lo logró, pataleando sobre la caja de resonancia, irritado, y reiterando, a voz en cuello, la voz de mando de sus días de entrenamiento militar: *¡Atención! ¡Atención!* Por algo será... y se acercaron algunos de los hijos de la chingada, y dirigiéndose a un grupo que le miraba de reojo, apostrofó a un chaparrito y le espetó de prisa el primero de sus cargos contra Díaz: "Oye, manito, ¿dónde está tu dignidad?, ¿dónde está tu hombría? Tu padre la tenía bajo Benito Juárez... tú ya no la tienes..." Conque el chaparrito le lanzó una bofetada vertiginosa, que casi lo alcanzó, se acercaron otros, curiosos, gregarios, encendidos de pulque y con ganas de pelear, buscando pleitos cada hijo de vecino al hijo de puta, y se vio rodeado de un coro pendenciero atento a su próxima provocación; y teniendo congregado su público y conquistada su atención, concentró su interés en sus propios problemas, sus patronos porfiristas, sus sueldos de hambre, sus jornadas brutales, sus barrios infectos, sus familias enfermas, su hombría perdida, su dignidad insultada, hasta que de repente prorrumpió el grito que iba buscando, escupido como pus punzado, y bajando de la caja rodeado de puños cerrados oyó feliz, feliz, entre silbidos y rechiflas y mueras a Díaz también su propio nombre... Enrique... Enrique Flores Magón... el jefecito... hijo de... hijo de puto... hijo de... hijo de ahuizote... y el coro aclamando el hijo de ahuizote. Aguzando las orejas para anticipar el silbato de la policía, les sopló rápidamente su plan, recibido con risas y silbidos de aprobación, y dejándolos contentos con la chanza pesada que iba a conocer el viejo cabrón, se fue corriendo al próximo punto de concentración. Aquí le costó más trabajo revolver el hato: la calle estaba ocupada por un contingente de peones del campo y el peón del campo, más atrasado que el obrero urbano, respondió más lentamente a sus excitativas y hasta le dio guerra resistiendo sus razones; llamándole la atención, obedecía sí, pero sólo a la voz de mando, nada más; llamándole camarada, no lo conocía, llamándole hermano no le reconocía; llamándole hombre, no le interesaba, y al muchacho no le reconocía el derecho de molestarlo; y a todos sus recursos opuso una resitencia sorda; el agitador luchaba contra la apatía de los siglos y no hacía sino perder el tiempo, la fuerza de inercia del indígena lo frustraba, la indiferencia de sus hermanos de raza lo dejaba solo, abandonado, huérfano, expósito, y tan irritado que estaba a punto de recurrir a la injuria para provocar una reacción, pero... hijo... hijo... no... no se atrevía... no se atrevía a zaherir al humilde, a ofender al oprimido, a insultar al desheredado, y respetando su único derecho, le trató como si fuera su padre, su tata, y los auscultó con paciencia hasta que creyó sentir, gemir su silencio, respirar su resignación, rebelarse su hombría; pero el tedio de los tiempos inmemoriales lo detenía, y siendo tan corto el tiempo para insubordinarlo, lo dejó rumiando sus razones, y se marchó, confiando en que tenía una segunda reserva a sus espaldas y que sus compañeros hacían otro tanto con sus parroquianos. Y no se equivocó. Cuatro agitadores al iniciar la jornada, contaban con un sinnúmero de reclutas en cierne, cuando el silbato de la policía llamó a filas y las columnas de peones y obreros enfilaron en la marcha oficial.

Cuando la manifestación porfirista comenzó a desfilar, nuestra contramanifestación inició su marcha a los lados de aquélla y acelerando el paso, tomamos el frente de la manifestación, aumentando nuestras filas infinidad de gente del público que encontró atrevida y aun ingeniosa la maniobra, y en el entusiasmo olvidaron el peligro e hicieron causa común con nosotros, aumentando el entusiasmo cuando Manuel Sarabia salió de su escondite y los cuatro grandes faroles fueron enarbolados por todo lo alto. Habíamos avanzado ya hasta frente a la Profesa, cuando los diputados y senadores vinieron a darse cuenta de que aquélla no era su manifestación y así lo manifestaban ya a grandes voces, cuando un golpe de caballos y sonar de sables, reveladores para nosotros, me hizo gritar a nuestros compañeros: "¡Ahí viene la montada! Ábranse, ábranse para las paredes según avancen los policías, sin presentar cuerpo y corran tras del público para reunirse frente a Palacio, allí nos veremos."

Con notable presencia de ánimo Enrique asumió el mando en el momento crítico, y el público también obedeció sus disposiciones, huyendo en confusión para dejar paso libre a la policía.

Al abrirse las filas nuestras, los diputados y senadores quedaron frente a la policía montada, quienes no pudieron contener su desenfrenada carrera de carga y sembraron el desorden y pánico entre los padres de la patria. Más de una pobre pancita perdió fuero y respetabilidad rodando por los suelos, entre las patas de los caballos, hasta que los jinetes pudieron refrenar sus cabalgaduras al notar el error. Nosotros, mientras tanto, fuimos a tomar nuestros puestos frente a Palacio. Poco después, repuestos los padres de la patria del desagradable encuentro con la montada, entraron al Zócalo. Entre la multitud alguien lanzó un *viva* a Porfirio Díaz, nosotros gritamos, frente a aquel balcón central, un hosco, vigoroso y retumbante ¡No! ¡No! ¡No!, seguido de un enérgico, voluminoso y desafiante MUERA PORFIRIO DÍAZ. Porfirio Díaz cometió el error de estirar el brazo y su índice hacia nosotros, virar sobre sus talones y entrar al Salón de los Embajadores, seguido de su séquito, y cerrándose las puertas del balcón. Un amigo nuestro que estaba cerca del tirano, nos contó que al señalarnos, comentó: ¡Tenía que ser! ¡Ahí están los hermanos Flores Magón —añadiendo un epíteto que creyó insultante y desprestigioso para nosotros— *los anarquistas*! Su retirada fue seguida por una gigantesca carcajada. Miles de sombreros en el aire, volando como parvadas de aves arriba y seguidas por gritos ensordecedores de MUERA PORFIRIO DÍAZ. ¡Cómo describir la felicidad en mi corazón! ¡Qué felices hubiesen sido mi padre y madre al contemplar a Díaz corriendo como un perro azotado con la cola entre las piernas! Ricardo agitaba los brazos como un poseído. Bailamos debajo del balcón. Y mientras nos regocijamos, toda la masa agitada del populacho que nos rodeaba sacudía el puño colectivo frente al largo bajo edificio y echaba insultos al hombre que no juzgó conveniente enfrentarse a su cólera.

Escoltados por una enorme multitud entonando rítmicamente *mueras* a Díaz, los muchachos regresaron al despacho. Desde su propio balcón, Ricardo dirigió la palabra a un mar de manifestantes multiplicándose hasta donde alcanzaba la vista y tan atestados que la policía juzgó prudente observar la concentración de lejos. Unos días más tarde, empero, la policía se presentó en el despacho del periódico, allanó el local, decomisó la prensa, y llevó a los jóvenes héroes del 2 de abril de 1903 a Belén. Así terminó su última muchachada política.

> Una entrada más o menos a la cárcel nada de notable tendría en la vida de los hermanos Flores Magón, porque para nosotros caer en la cárcel era tan natural como, para la fruta madura, caer del árbol.

Para Ricardo no tenía nada de nuevo, pero para Enrique, su primera experiencia, y la iniciación en Belén le brindó el estreno prematuro del olvido perpetuo.

> Había sucedido que un buen día, que no fue muy bien para nosotros, el coronel Oscuras, alcalde de la cárcel de Belén, sin orden de juez alguno y de su propia iniciativa, o por instrucciones secretas de Díaz, ordenó que fuésemos transladados de la galera de encausados en esas bartolinas de abajo que competían con las "tinajas" de San Juan de Ulúa. Una capa de lodo suelto, que subía hasta los tobillos, formaba el piso de tales bartolinas, cuyas paredes trasudaban algo frío y viscoso, y cuya ventilación o cambio de aire se efectuaba por una atarjea abierta en uno de sus rincones por donde entraban gruesas ratas hambrientas y peligrosas. Dentro de cada bartolina había una nutrida fauna de sabandijas, desde pequeñas tarántulas, alacranes y ciempiés, hasta infinidad de molestas y agresivas hormiguitas, que invadían la comida, siendo imposible separarlas de ella por causa de la oscuridad perpetua a que se estaba condenado ahí. La pesada y hedionda atmósfera de la bartolina no permitía subir el humo de un cigarro; éste quedaba flotando como a medio metro de altura del suelo y se escapaba por la atarjea. No se nos permitió cama, ni colchón, ni siquiera un petate, tuvimos que dormir como

cerdos en el lodo. En tales condiciones y sepultados en vida, estuvimos un mes y medio, cinco periodistas independientes: Santiago R. de la Vega, Juan Sarabia, Ricardo Flores Magón, Alfonso Cravioto y Enrique Flores Magón.

Separados, incomunicados, ensimismados, cada uno sufrió las idénticas ordalias y las mismas reacciones inolvidables.

Alguna vez, cuando aún era joven —recordaba Ricardo veinte años más tarde— fui internado durante varias semanas en un calabozo oscuro, tan oscuro que me impedía verme las manos. El calabozo tenía un piso, que era una capa de fango, de tres o cuatro pulgadas de espesor, mientras que las paredes resumaban un fluido espeso que impedía secar las expectoraciones que negligentemente habían arrojado sobre ellos los incontables y descuidados ocupantes anteriores. Del techo pendían enormes telarañas, desde las que acechaban negras y horribles arañas. En un rincón estaba el albañal, que era un agujero abierto por donde entraba el aire. Ése era uno de los calabozos en los cuales el déspota acostumbraba arrojar a sus opositores, con la esperanza de quebrantar sus espíritus. En mi horrible morada pude soportar el viscoso contacto de las paredes, cuyo recuerdo me estremece ahora; mis pulmones, entonces jóvenes y sanos pudieron resistir el veneno de aquella tumba; mis nervios, aunque sensibles, pudieron ser amaestrados por mi voluntad para responder con sólo un leve estremecimiento a los asaltos y mordizcos de las ratas en la oscuridad. Mi petate estaba húmedo, así como mi indumentaria; de vez en cuando un golpe en el petate o en el fango, o de mañana en mi cuerpo, me indicaba que una araña había caído y un estremecimiento recorría mi sistema nervioso.

Pero sin quebrantar su voluntad.
Para cada uno la experiencia puso a prueba su aptitud para sobrevivir; de suerte que, al declarar por su parte, Enrique hablaba por todos.

De todos los calabozos el mío era el más abominable. La putrefacción que llena una tumba no es más odiosa que la que me rodeaba allí. Un barro asqueroso, pegajoso, frío como la mano de la muerte, me llegaba hasta los tobillos. Las paredes, como si estuvieron eternamente aterradas de lo que las rodeaba sudaban un líquido frío y viscoso. Y hacía frío, hacía un frío constante, siempre vivo, soplándome su aliento en la cara, tocándome el cuello con sus dedos helados. Cuando de vez en cuando me adormecía, me abrazaba el cuerpo entero y me despertaba tiritando. No había en este agujero infernal un catre, ni una manta, ni un petate con que cubrirme. La primera noche, allí, de pie, tiritando y sin saber qué hacer, con el barro aquel hasta los tobillos, pensé cómo podría dormir. Me apoyé contra la pared. Su viscosa humedad me atravesaba la camisa. Cerré los ojos, decidido a dormir. Pero al adormecerme, sentía caerme sobre el cuello, como delgados dedos fantasmales, aquellas gotas abominables. Tuve un sobresalto al sentirme despertar. Los músculos de las piernas se me cansaban. Con cuidado me agaché y traté de sentarme sobre los talones, con la espalda apenas apoyada contra la pared. Se me cerraron los ojos. Desperté sintiendo el barro, en la cara y me enderecé. Una y otra vez se me cerraron los ojos y caía en el fango hasta que al fin ya no tuve fuerzas para levantarme y seguí durmiendo en aquel cieno. Durante la noche desperté con un fuerte dolor en la pierna derecha. Medio dormido me toqué el lugar dolorido. Mi mano topó con un cuerpo peludo, una enorme rata. Lanzando un horrible chillido, se me escurrió de entre la mano. La frente me empezaba a sudar frío. Recordé que en esa inenarrable prisión muchos infelices habían muerto, mordidos por las ratas, que los habían roído las narices, las orejas, los dedos, los pies, de modo que se desangraban por la noche hasta morir. Al día siguiente los guardias habían encontrado los cadáveres medio devorados. No pude seguir durmiendo. Me eché a caminar por el fango. "¡No te duermas, Enrique, no te duermas!", me repetía a mí mismo. El pecho me ardía de cólera. ¡De modo que era ésta la clase de trato que Díaz les tenía reservado a los que le irritaban! Quizás esa horrible celda acabaría conmigo, pero si salía con vida, buena razón tendría el dictador para recordar que un hijo de Teodoro Flores no olvida. La agitación que el odio contra aquel ser vil me producía, me ayudaba a mantenerme despierto. Pasó el tiempo, quién sabe cuánto. De repente escuché un ruido en la cerradura. Se abrió la puerta de la celda y un guardia me pasó una cesta, diciendo: "comida de Jesús Flores Magón", y se marchó, cerrando la puerta con llave. Débilmente me apoyé contra la pared. Ahora podría dejar algo de comida para las ratas antes de dormirme y así no me atacarían.

Pasó la primera noche, y la segunda, y la otra, y otras más y sus entrañas comenzaron a hacerse a Belén.

Todos los días Jesús enviaba cinco cestos de comida. Una para cada uno de nosotros, que bastaba para tres comidas. La primera comida estaba caliente, pero las otras dos estaban frías, llenas de grasa helada e invadida de hormigas. Estos odiosos insectos se habían convertido en habitantes permanentes de mi celda. En la oscuridad, negra como el alma de Porfirio Díaz, no podía ver lo que comía. Con una mano sostenía el plato, y con otra sacaba la carne, las tortillas y las otras cosas, cubiertas de hormigas que me comía con el resto. La garganta se me cerraba de sólo pensar en ese asco, pero lo soporté. Es increíble cuánto se puede aguntar cuando no hay remedio. No era ciertamente por compasión natural por lo que los encargados de la prisión nos permitían recibir comida. La ración diaria de galletas y frijoles era increíblemente pequeña, tanto que no bastaba para que un prisionero viviera con ella, por lo que se permitía a los amigos y parientes traer comida. Pero, ¿y los infelices que no tenían amigos? Morían poco a poco de hambre, o de enfermedades causadas por el hambre y por las enfermedades que engendraba aquel ambiente. Tomé la determinación de olvidarme de lo que me rodeaba, de concentrarme en el trabajo al que me había dedicado, de vivir para el día en que me dejarían libre para seguir con la lucha una vez más. Pero, ¿y si no me soltaban? Con furia rechacé tan terrible idea. Después de todo, Díaz era ya viejo y tarde o temprano tendría que morir y me soltarían.

Para sobrevivir, contaba con dos recursos.

Me examiné a mí mismo. Físicamente estaba yo en toda forma. Los diversos ejercicios físicos que había hecho me habían transformado el cuerpo. Aunque de mediana estatura, era muy fuerte y tenía los músculos como de acero flexible. Concentrándome, podía olvidarme de mis espantosas condiciones, transportarme con la imaginación a escenas y olores —sobre todo olores— más agradables. Sin embargo, sabía que de seguir mucho tiempo en esta celda pestilente acabaría vencido por el tifus o por cualquier otra enfermedad causada por la nociva atmósfera, por la escondida garra del escalofrío ya sempiterno, del fango que me agarraba a los pies de día en día, y que me servía de colchón por las noches.

Y se le pasó por la cabeza una idea negra. ¿No sería que se les tenía encerrados aquí deliberadamente para contagiarlos de alguna enfermedad mortal y matarlos de "muerte natural"? La rata trasmitía la peste y Díaz obraba siempre taimada y subrepticiamente... No le quedaba más remedio, pues que hacer de tripas corazón y recurrir al último recurso. "Tengo que concentrarme y olvidarme de todo esto."

Allá en Santiago Tlatelolco ya había experimentado la técnica hipnótica y logrado mediante las maravillas de la concentración mental y la autosugestión, evocar música sublime, pero aquí, teniendo siempre fija la atención en la puerta, la única música era la vuelta de la llave en la cerradura; y en Belén no había modo de comunicarse con los carceleros, que se presentaban apenas para pasar la comida y volver a cerrar bajo llaves. Por la noche se iban a casa, sustituidos por soldados sin llaves y sin interés en los presos, y entonces soplaba en los sótanos de la cárcel un pandemonio infernal. Pegado cuerpo a cuerpo contra las paredes escuálidas de su celda,

> paredes en las que se percibían perfectamente los esputos sanguinolentos de los enfermos que por ahí habían pasado, y en cuyos rincones anidaban enormes telarañas, muchas tarántulas gruesas como un tejocote y con ojillos curiosos que cambiaban en color según movían las cabezas

observaba obsesionado los bichos y el parpadeo alucinante de las tinieblas. Pero no sólo ojos tenían las paredes, sino olores y oídos también.

> Hubo trifulcas tremendas, principalmente entre los mariguanos... y poco después de haberse percibido el olor de petate quemado, se escuchaban los alaridos de los que ya estaban "grifos" con la embrutecedora yerba. A las seis de la noche comenzaban a gritarse los presos de una bartolina a otra, esporádicamente. Pero para eso de las ocho aquello era una babilonia, todo el mundo gritaba; y los que lo hacían más fuerte podían conversar entre sí, poniéndose de acuerdo con sus triquiñuelas o planeando venganzas o nuevos golpes. En esas horas de la noche me incrustaba materialmente en la puerta, el aliento en suspenso, la oreja tendida, pendiente de todo ruido. Serían las nueve de la noche. Las bartolinas se venían abajo con los alaridos que ya no gritos de los presos, para poderse hacer oír de algún otro preso. Mi oído frío, el izquierdo, "mi oído de ópera", como lo llamaba por ser el más delicado, oyó algo en esa noche. Eran gritos humanos, gritos angustiosos ¡La rata... oh... la rata... socorro!.. La rata —gritaba una voz pastosa. ¡Oh, Dios mío, las raaaatas... SÁLVENME! —Reconocía la voz pastosa. Ése era al borrachito que encerraron en la bartolina de enfrente, a eso de las seis, antes de que se fueran los empleados del día. De seguro le han despertado. —¡Oh, por Dios! ¡SÁLVENME! ¡La rata... rata...

la ratatata...!, reiteraba el infeliz, cada vez menos fuerte. Mientras tanto la barahúnda seguía en el departamento de bartolinas, todo el mundo gritaba a voz en cuello destempladamente, desaforadamente, mientras que otros cantaban hasta desgañitarse. Nadie oyó, o no quiso oír, los gritos angustiosos de aquel pobre hombre. ¡No era más que un preso! Adiviné la tragedia, porque yo me la había imaginado en mi propia persona, desde la primera noche que dormí, revolcándome como cerdo en el lodo, y sentí paseando sobre mi cuerpo las enormes ratas famélicas. Supe, después, que las ratas le comieron los dedos de los pies y de las manos, las orejas y los labios.

Otra noche oyó algo aún más espeluznante —una voz que cantaba, no el canto cacofónico de los mariguanos, sino la voz, clara y limpia de un niño encerrado con los drogadictos, que canturreaba para animarse a sí mismo y convencer a los compañeros de que era muy hombre, y no nada más un chamaco abandonado por sus padres por haber matado a un camarada en una riña escolar, como lo supo después el escucha, agudizando los oídos noche tras noche para captar la voz tiplada que se hacía cada vez más ronca con la hierba estupefaciente, hasta acabar por callarse para siempre en una riña con los compañeros que le daban a comer su libertad alucinada.

Pero también había noches silenciosas. Desde la siete a las nueve de la noche los reclusos eran libres para vociferar a gusto y gozar de la vida, entonces sonaba el clarín, imponiendo silencio perentorio a los vivos, faltaba la música subterránea y después del concierto infernal el silencio era santo; pero el silencio tenía también sus terrores.

Una noche, mientras dormitaba en el fango, sucedió algo extraño. Me pareció oír un ronco suspiro: "¡Hola, amigo!" Abrí los ojos de par en par. ¿Es que empezaba a desvariar? Se sabía de prisioneros confinados aquí que se habían vuelto locos. De nuevo aquella voz, más apremiante: "Hola, amigo, ¿está despierto?" Miré la espesa oscuridad que me rodeaba. ¿De dónde venía la voz de mi amigo? "¿Dónde está?" murmuré. "Justo encima de usted". De suerte que el techo también tenía oídos, le contesté. Le expliqué que éramos cinco los que estábamos encarcelados. Se oyó un chasquido. "¡Qué lástima! Yo leía su periódico, *El Hijo del Ahuizote*. Un buen periódico que era, señor Flores Magón. Muy bien, de veras. Era un consuelo saber que alguien levantaba la voz para denunciar los abusos que se hacen contra los pobres." —¿Quién es usted, amigo? —Oí una risa apagada y áspera. "Nomás un caco. Mi nombre no importa. Sólo quiero decirle una cosa. Si el gobierno hubiera hecho algunas de las cosas que su periódico propuso para la gente pobre hace cinco años, no estaría yo en Belén." —Siga contando —murmuré; tenían tiempo de sobra. ¿Qué le ha pasado a usted? "Tiene usted razón. Tiempo no nos falta, señor Flores Magón."

Y narró su historia anónima: zapatero que fue en una fábrica, ganaba sus dos pesitos diarios, lo bastante para sus gustos personales, pero no para una familia enferma, y no supo resistir la tentación de robar para pagar el médico y la botica —casi la misma historia que Enrique hubiera podido narrar por su parte cuando, a los quince años, quedó en único sostén de su madre— y como escuchaba el caso común sin comentario, el inquilino de arriba, creyendo que ya no tenía interés en el suyo, sondeó el silencio, buscando el contacto perdido. "¿Me escucha usted, señor Flores Magón?" "Por supuesto, amigo". "El mío es un caso muy común, señor". "Así es", convino Enrique. Y el monólogo siguió con un suspiro desahuciado. El ratero y el rebelde pensaban igual; los dos tenían una idea en común: evadirse y volver cada uno a su vocación... pero ¿cómo? La idea volaba de ida y vuelta como murciélago en las tinieblas sin llegar a nada. "Tal vez en el otro mundo, no en éste", convino el preso de arriba. "¿Quién sabe?" contestó el preso de abajo. "Tal vez no tenga usted que vivir para siempre bajo Pofirio Díaz". Pensaba Enrique en voz alta. ¿Quién sabe?, si supiera comunicarse con los de afuera... pero rechazó la idea por loca... Oí una débil risa. "Está usted equivocado, señor..." "¡Cómo!, ¿qué sería posible?", incrédulo susurré. "Muy posible, señor mío. El que está encima de mí tiene también un agujero en el suelo. Le pasaré al otro lo que usted quiera y llegará a su destino." El de abajo vaciló... no... aquel de arriba tenía un agujero en la cabeza y le robaba la razón, pero se agarró a la idea. ¿Locura? Pues no me hace: música, música a mis oídos.

Estaba yo agotado. Si decía la verdad, podría seguir la lucha desde Belén. ¡Qué maravilla! Me retorcí de gusto de sólo pensar en la rabia y el asombro de Díaz cuando *El Hijo del Ahuizote* volviera a circular. "Amigo", le dije, "necesitaré velas, cerillos, papel, pluma, lápices. También tengo que saber que la persona que se encargue de llevar lo escrito esté de nuestro lado. ¿Puede averiguar eso también?"

El ratero guardó silencio, pero repensándolo un rato, respondió al reto: "Tardaremos un poco. ¿Sus amigos también querrán estas cosas?" Le aseguré que sí.

Establecido el contacto, cada uno volvió a su carrera, el zapatero a sus zapatos, el pensador a sus ideas. Esperé y esperé febrilmente, tres días interminables. La tercera noche, la voz de mi amigo murmuró que todo estaba arreglado. Inmediatamente, en una cuerda bajaron las cosas que había pedido. Acto seguido, ese buen samaritano, cuyo rostro siento no haber visto nunca, me dijo que también a Ricardo y a los otros les estaban proporcionando las mismas cosas. De nuevo todos nos podíamos poner al trabajo. Para mí no era un esfuerzo, sino un desahogo satisfactorio para el odio que me consumía.

Noche tras noche, el sonar del clarín y sumergirse las bartolinas en el silencio insomne, esperaba el susurro de arriba, cogía la cuerda cargada de maná del cielo, y se ponía a trabajar. Cogiendo una vela en una mano y un plato en la otra para ahuyentar a las ratas en acecho en las tinieblas, se sentaba al bordo de la alcantarilla y soltaba sus adentros contra Díaz y su gobierno.

Tal vez estaba yo un poco loco —confesó— pero daba alivio, era una sensación agradable expulsar de mi organismo aquel exceso de sentimiento. Ocupado con ideas para artículos demoledores, casi olvidé el ambiente a veces.

Acomodándose en la cloaca, dejaba correr sus ideas con la corriente de aguas negras hacia regiones remotas donde se libraba la lucha al aire libre, y dedicó el primero de sus artículos demoledores al indómito yaqui, repasando la historia de la tribu para que no se olvidara su triste celebridad: cómo por espacio de ciento cincuenta años después de la conquista, el yaqui labraba sus campos feraces en paz y libertad; cómo crecía tan alto el maíz que entre las mazorcas enfiladas pasaban desapercibidos los caballos; cómo tan alto se crecía el yaqui y altivo entre las espigas doradas de su dominio que despertó la envidia del triunvirato codicioso que gobernaba Sonora; y cómo les vino encima la cosecha de crímenes de todos conocidos: el robo de sus tierras, las guerras salvajes para reivindicar su patrimonio, las campañas cruentas que llegaban a treguas breves y terminaron en el genocidio, la deportación y la venta de la tribu a los henequeneros de Yucatán, y la entrega de sus tierras al yanqui por Ramón Corral, Rafael Izábal y Luis Torres, la trinidad que tramitaba el despojo y exterminio del yaqui. Noche tras noche, el trabajador solitario velaba y desenterraba otro nido inmundo y echaba luz sobre otra historia sucia del rapaz régimen porfirista, levantando su velo ante la verdad y la verdad tomaba la forma de una enorme rata famélica de alcantarilla que la mano del ratero arriba levantaba por la cola y pasaba a los compañeros afuera; entregados a la misma tarea críptica, Ricardo y los camaradas contiguos hacían otro tanto, excavando materia y subiéndola al hueco arriba; la coordinación era perfecta y la cooperación sacó a luz otros hallazgos valiosos.

> A excepción de nosotros, todos los prisioneros eran criminales comunes, ladrones, rateros. Descubrimos algo que nos sorprendió y nos emocionó profundamente: nos adoraban. La llama que habíamos encendido con nuestra lucha había encendido también algo en sus corazones, y el saber que hasta los proscritos de la sociedad nos prestaban su entusiasmo era una revelación, porque nos daba un gran sentido de poder que procedía del conocimiento de que nuestra causa tenía una atracción universal y que teníamos una enorme responsabilidad al ser sus inspiradores. Y pensé: si estos infelices son tan antiporfiristas, el resentimiento del pueblo debe de ser enorme. No cabe duda de que habrá de estallar con fuerza aterradora en un futuro no muy lejano.

Pero de repente la cooperación fue interrumpida por la llegada inesperada de ayuda del exterior.

> Mi hermano Jesús y Francisco Arresaldo, ambos abogados, habían estado haciendo lo imposible para sacarnos de aquellas repugnantes mazmorras. Por fin, consiguieron un amparo, en virtud del cual nos cambiaron a un dormitorio de la misma prisión. Habíamos pasado en aquellas celdas espantosas cuarenta y cinco días, que se nos habían hecho años.

> Reunidos en la galería de los procesados del orden común,

gozaron de las comodidades caseras de camas, cobijas, agua, jabón y sociedad soportable —con sólo una excepción.

> Aquí conocimos al famoso Antonio Villavicencio. Antonio Villavicencio era jefe de la Comisión de Seguridad Pública. Este título impresionante era la fachada de una fuerza de pistoleros privados y detectives de Díaz.

Encontrar al célebre sabueso responsable del linchamiento de Arnulfo Arroyo en 1897 y encontrarlo en Belén no en uniforme profesional sino en calidad de criminal de ínfima categoría, era una sorpresa tan fuerte que Enrique, olfateando una historia sensacional, lo abordó con curiosidad profesional.

> ¿Qué desgracia le ha traído aquí, señor Villavicencio? —Se puso lívido. —La desgracia de haber servido fielmente a Porfirio Díaz, por eso estoy aquí —me gritó. —Me extraña. Tenía la impresión de que Díaz premia lindamente a sus fieles servidores. —¡Premia! —Esputó. —¡Me traicionó! Escuchen, señores, les voy a contar el tipo de trabajo último que he hecho por él, para que conozcan ustedes las profundidades de su bajeza de alma.

Y en el colmo de la cólera incontenible, espontáneamente, sin que se le pidiera, el tipo cantó y se abrió sin reserva, narrándoles no sólo lo de 1897, sino cosas mucho más profesionales y más reservadas. Siempre que el Presidente deseaba deshacerse sin ruido de un prisionero político él recibía la comisión confidencial de eliminarlo, y su técnica era perfecta: uno de sus muchachos, haciendo de abogado visitaba a la víctima, y ganaba su confianza, ofreciendo conseguirle un amparo y sacarlo de la cárcel.

> Ya pueden imaginarse, señores, la ansiedad del prisionero para recobrar su libertad. Se apresura a dar su consentimiento, y se le concede el amparo. A eso de las dos de la mañana nos presentamos el supuesto abogado y yo a buscarlo. Ésta es la hora establecida para el amparo. Todo jubiloso, nos da un millón de gracias. Luego firma el libro de la cárcel, en el sentido de que está libre bajo mandato jurídico. Afuera, espera una carroza con mis muchachos. El prisionero sube, lo sujetan, lo amordazan y lo llevan al cementerio privado que Díaz reserva a sus enemigos incorregibles. Allí lo sacamos del coche. Le disparamos un tiro en la cabeza y mis

muchachos lo entierran. Su desaparición no puede adjudicársele a Díaz o a nosotros. La razón es obvia. Cuando los amigos o los parientes preguntan por el prisionero, se les enseña el libro en que él mismo ha firmado su orden de liberación.

Nunca se había malogrado la comisión, mientras corría a su cargo, y frotando las manos inquietas, se gloriaba de haber acabado, sigilosa y seguramente, con más de trescientos casos y no obstante, aquí estaba, pudriéndose en Belén como un delincuente cualquiera, botado, abandonado, traicionado por premio de sus servicios.

Después de recibir estas confidencias, Enrique y sus camaradas rehuyeron todo contacto con la rata policiaca y casi añoraban sus bartolinas subterráneas.

Lo que nos contó de Díaz nos dejó estupefactos. Lo que habíamos visto, oído, experimentado nos había dado a conocer el terrorismo de Díaz, pero lo suyo fue un horror de una novedad absoluta.

Novedad absoluta y diabólicamente eficaz, de ser verdad; pero por ser tan monstruosa parecía mentira; sin embargo, después de penar seis semanas en el limbo de Belén, nada era increíble, y de ser verdad, les presentaba un dilema atroz. ¿Por qué se encontraba Villavicencio en Belén? ¿No estaba plantado en la cárcel para acabar con ellos de la misma manera? ¿No tenía la misma misión tenebrosa que el Coronel Oscuras al encerrarlos en el sudario subterráneo? ¿No estaban encargados los dos de burlar el amparo? Y si Jesús, al conseguir el amparo, les hacía el juego a los sepultureros sin saberlo, ¿cómo salvarse de la salida a las dos de la mañana? De ser así, no había posibilidad de sobrevivir sino buscando asilo en Belén y pudriéndose en la seguridad de la cárcel; y ni siquiera eso era posible. Pero todas estas suposiciones eran absurdas, falsas, ficticias, ridículas. Si el mismo matón les revelaba la trama, no podía ser sino una mentira, una diversión macabra del canalla para pasar el rato atemorizándolos, reírse de su credulidad, gozar de una chanza pesada a sus expensas. Sin embargo, la inmolación de Arnulfo Arroyo no era mentira. De todos modos, mentira o verdad, lo cierto era que se encontraban metidos en la trampa, acosados, arrinconados por la rata; la verdad era harto horrible para divulgarse y Enrique la guardó en reserva, pendiente del día en que fuera posible darla a conocer... ¿Pero si el día nunca llegase?

Ante tan pasmoso problema, subsistiendo de día en día bajo sentencia en suspenso, su mejor defensa era la publicidad y aprovecharon los conductos clandestinos para colar información a su periódico que, clausurado por la policía siguió apareciendo, desapareciendo y reapareciendo en diversas imprentas y bajo varios apellidos de familia, *El Nieto del Ahuizote, El Bisnieto del Ahuizote, El Padre del Ahuizote,* y así sucesivamente hasta que llegó el día en que fueron sacados de la seguridad precaria de la cárcel, pero no de noche, sino a la luz del sol y conducidos a pie, bajo escolta de policías, al Palacio de Justicia; y en aquel cementerio de las leyes, sometidos a interrogatorios por un juez de primera instancia, rindieron su declaración preparatoria a la vista de su causa, y volvieron a Belén, preparados para cualquier eventualidad. Algunos días más tarde, llamados otra vez por el tribunal y nada renuentes a comparecer ante el público en la calle y ser exhibidos en cautiverio pero con vida, recurrieron a la misma estratagema que también les sirvió para burlarse del general Reyes en 1902, clavando su periódico con alfileres en el pecho, en tanto que los voceadores de periódicos andaban por delante gritando: *Ahí vienen, ahí vienen los jefecitos del Ahuizote, vienen entre chicos para decirle a don Porfi la verdad.* Bastaba su marcha de mártires por los barrios elegantes para producir sensación.

> Cuando llegamos a la hoy avenida Madero, en los altos de cuyas casas vivían las familias "bien" de la época, las señoritas salieron a los balcones y arrojaron flores a nuestro paso por toda la avenida. De entre el público aglomerado a lo largo de la misma avenida, frecuentemente escuchamos gritos subversivos de *¡muera el gobierno! muera Díaz!*

Manifestaciones sorprendentes en el mero centro de la ciudad. Mejor aún, al llegar al Palacio de Justicia, lo encontraron sitiado por estudiantes que les tenían preparado un homenaje callejero, aplaudiendo a los mártires en las mismas puertas del cementerio de las leyes, y al entrar en la sala de audiencias, Enrique captó el comentario de un estudiante de leyes: "¡Pero si son puros chamacos!" y la respuesta de otro: "Sí, compañero, ¡pero con tamaños calzones! ¡Bien fajados!" En atención a la vista preliminar de la causa, en la calle, la corte suspendió las excursiones de ida y vuelta de la cárcel.

Pero la evidencia más fehaciente de la influencia que iban ganando era el fallo de la Suprema Corte, reafirmando un decreto promulgado por un tribunal inferior, que prohibía la publicación de sus escritos, fuera lo que fuera la forma, periódico, folleto, caricatura, correspondencia particular o cualquier otro medio de comunicación de ideas conocido a los hermanos Flores Magón, so pena de dos años de prisión para el impresor, confiscación de su planta, y multa de cinco mil pesos. Desafiando el fallo, dado a conocer en junio de 1903 y coincidiendo oportunamente con la aplaudida demanda de Bulnes en la convención electoral para que el sucesor del General Díaz fuera la ley, los cautivos intensificaron sus trabajos contumaces, alquilando por conducto de sus agentes libres ocho plantas de imprenta diversas en varios barrios de la ciudad y arriesgando todo el capital acumulado del periódico, hasta que la policía judicial, localizando una tras otra las fugas de capital, cerró la última salida, dejando a los presos en la bancarrota. "Díaz averiguó de alguna manera que ya estábamos sin fondos y nos lanzó una bomba sorpresa. Considerando que no éramos peligrosos, ordenó que nos pusieran en libertad. Salimos de Belén a finales de 1903."

Error fatal: la bomba sorpresa cayó en suelo inflamable. Mucho antes de abandonar la cárcel, los presos habían tomado ya la resolución de abandonar la lucha estéril por reformas pacíficas y transformar el movimiento militante de los clubes liberales en franca revolución social. Maduros ellos mismos, creyeron ya bastante madurado al pueblo para responder a su llamada; los sondeos tomados revelaron la rebeldía latente, los contactos hechos sellaron su confianza en la saturación de las masas populares: la tropa taciturna en Santiago Tlatelolco, los obreros y peones del campo transformando el desfile oficial en protesta proletaria, los delincuentes en Belén adorando su palabra, los estudiantes recobrando conciencia y acudiendo a la buena causa, la población de las casas de vecindad, las riñas sin razón y batallas mórbidas de los barrios bajos, todo ratificaba su fe en la fuerza revolucionaria de los de abajo; sobraba el combustible, dondequiera que pasaban encendieron una chispa, sólo faltaba un soplo fuerte para inflamarla; más aún, no sólo entre los de abajo se alistaba la llama latente, también la capa superior crujía y se disgregaba: la decadencia del dictador, el problema insoluble de la sucesión, la reyerta de Reyes y Limantour, la insubordinación de los científicos, el discurso iconoclasta de Bulnes correspondiendo a la requisitoria de los clubes, el regateo de la sexta reelección, la preocupación del público ante la incertidumbre del porvenir, todo indicaba que se acercaba al fin de la conformidad y que tanto arriba como abajo se andaba llegando al límite y al hastío del servilismo. El estallido no era más que cuestión de tiempo y Ricardo y Enrique pensaban precipitarlo luego de salir con vida de la cárcel. Cuando salieron de las catacumbas de Belén, consultaron las convicciones de sus compañeros y compararon sus creencias; pero después de pasar cuarenta y cinco revoluciones solares debajo de la tierra, los correligionarios se habían crecido irregularmente.

> Sarabia demostró conocer el socialismo, pero sin convicción para luchar por él. De la Vega conoció ya ese ideal por Camilo Arriaga, que le aprovisionó de libros. Desde 1896 Ricardo y yo éramos conscientes revolucionarios socialistas, porque habíamos leído libros de esa índole.

Para 1903 Ricardo se había compenetrado de literatura revolucionaria; conocía el pensamiento de Marx y Kropotkin y educaba al hermano menor en ambas doctrinas. Empeñados en el socialismo por su padre y graduados de rebeldía en los sótanos de Belén, los ensueños de su niñez se habían vuelto las convicciones de la edad viril y los dos andaban muy por delante de sus camaradas liberales; pero sus divergencias ideológicas, al salir a la luz del día, aún no eran muy firmes, porque no todos concordaban en la necesidad, sino en la naturaleza de la revolución. Excarcelados en noviembre de 1903, dieron un tranco necesario pero grave y azaroso. Ante la dificultad de dirigir el movimiento en México, se resolvieron a trasladar su base de operaciones a los Estados Unidos, y un mes más tarde Ricardo, Enrique y Juan Sarabia se despidieron de la patria y abordaron el tren para el país vecino, tierra de libertad y asilo de valientes.

Al iniciarse el penúltimo periodo de gobierno del general Díaz, dos movimientos subversivos en cierne andaban formándose al mismo tiempo. La rebeldía fermentaba en los cerebros de los científicos, pero sólo en los cerebros, y cuando Bulnes dio la voz de alarma ante la convención reeleccionista de 1903, no andaba equivocado al presentir "una amenaza indefinible en la nación, una promesa revolucionaria que no provenía de ninguna boca y que no presentaba ningún aspecto poderoso", porque Bulnes era un animal racional dotado de intuición visceral y husmeaba ya la rebeldía de los de abajo. Ambos movimientos acusaban impaciencia, aunque por motivos opuestos, con la perpetuación de una dictadura personal, imprevisora, irresponsable y anquilosada que detenía el progreso social a cuyo nombre obraba, pues para entonces ese régimen pretendidamente provisional y teóricamente tutelar ya había dado sus frutos, preparando al país con la conquista de la prosperidad para el ejercicio de la libertad política, pero el dictador septuagenario no sabía evolucionar con los tiempos y se había vuelto un freno a las fuerzas vivas de la nación y un peligro seguro para el porvenir. La resistencia sorda que opuso a la exhortación de Bulnes indicaba la poca fe que tenía en el carácter democrático del pueblo que gobernaba y los científicos compartían la duda dictatorial; pero al pedir partidos políticos y la lucha de ideas, pasiones, intereses, Bulnes pedía vida democrática y política de seguridad en el porvenir al desaparecer el dictador intestato; ante su intransigencia, empero, los herederos presuntos contemporizaron y se dejaron sorprender por la rebeldía popular. Por cierto que la inconformidad de los favoritos de Limantour no era muy profunda; pensaban conservar el régimen establecido, levemente liberalizado, y velaban por sus propios intereses; pero profundizaban a su pesar, porque la modernización de México producía sólo una prosperidad privilegiada y reproducía los fueros antiguos de la oligarquía gubernamental, y manejando la riqueza pública los científicos creaban uno de los requisitos previos de una revolución popular. El otro lo aportaba ese mismo movimiento democrático, nacido de la pobreza y nutrido de opresión; los dos estaban preñados de fuerza, si bien en sentido contrario, buscando el uno la dominación de la dictadura y el otro su destrucción; y de su cooperación y conflicto vino la solución catalítica de la cuestión social.

Los cabecillas del movimiento popular, obligados a emigrar, siguieron luchando desde el país vecino. Viajando con el producto neto de una máquina de escribir, salvada de la quiebra y vendida para pagar el pasaje al destierro, los veteranos de la lucha en México llegaron a Laredo el 4 de enero de 1904 con cincuenta centavos de capital líquido entre los tres para reanudar la empresa, y se enfrentaron, primero, al problema material de ganarse el sustento en un país extranjero.

Ni Ricardo ni Juan servían de mucho en ese sentido, confesó Enrique. Mi hermano, a pesar de su enorme estatura, era tan torpe para los trabajos manuales, único tipo de trabajo permitido a los mexicanos en Texas, que él mismo se hubiera entorpecido. Pero yo, fuerte como un toro, acepté el primero que se me presentó. Me dediqué a acarrear madera y carbón para un contratista de combustibles; cortaba los pastos, llevaba ladrillos a construcciones, en fin, hice toda clase de trabajos manuales. Me hubiera gustado un empleo más de acuerdo con mis gustos, pero cuando el trabajo se me hacía demasiado aburrido, dentro de mí veía cientos de miles de hombres, mujeres y niños mexicanos hambrientos que me miraban con los ojos tristes, y seguía cargando carbón hasta que el sudor me caía a chorros.

Entretanto Ricardo y Juan llevaban a cabo las labores intelectuales, correspondiendo con los correligionarios en México, despachando propaganda, solicitando dinero, y a costa de disciplinar el estómago, lograron ahorrar un capital de ochocientos dólares en cosa de ocho meses y acumular una lista de suscriptores suficientes como para recuperar lo perdido en México. Con la llegada de alguno que otro de los camaradas de México aumentaban las bocas a llenar, pero uno de ellos —Santiago de la Hoz— se fue a bañar en el Bravo y la corriente se lo llevó; publicista ahogado. Una tarde, regresando del trabajo, Enrique se dio cuenta de que dos tipos de poca confianza vigilaban la casa, y conociendo al sabueso por olfato y experiencia, se puso a vigilar la pareja a su vez hasta que dieron la vuelta a la esquina, y escurriéndose en la casa previno a los camaradas contra el peligro de un acecho. Nada más fácil que un plagio a través de la frontera: Laredo lindaba con México; las imprentas no eran de las mejores, y convinieron en marchar tierra adentro y trasladarse a San Antonio. Manuel Sarabia, que acababa de llegar y que era impresor de oficio, se fue por delante para reconocer el terreno, llevando consigo el capital social del grupo, con instrucciones de confiarlo al custodio de un partidario en San Antonio; pasaron quince días sin noticias hasta que una carta de Manuel les participó que el emisario aquél, después de poner casa chica para su amada, se había volado con los fondos confiados a su guardia y tomando el tren para San Antonio, el grupo se lanzó a la persecución de ocho meses de trabajos perdidos, jurando Enrique torcer el cuello al tórtolo, si lo cogía vivo, ya que a él le tocaba salvar el hurto.

Salvado aunque fuera, en parte por los trabajos manuales de

Enrique, pero en mayor parte por el dinero de Camilo Arriaga, recién llegado de México, superaron el contratiempo, y el día 5 de noviembre de 1904 iniciaron en San Antonio la publicación de un periódico llamado en honor a su primogénito *Regeneración* y anunciaron la reanudación de la lucha con renovado fervor.

> Volvemos al combate como siempre hemos vuelto después de cada golpe, con nuestra fe agigantada, con nuestro espíritu templado por la adversidad y caldeado por el entusiasmo. La convicción de que cumplimos con un alto deber, sirviendo a nuestra patria, nos infunde ese entusiasmo vigorosamente, y si acaso sentimos una tristeza, es la de vivir alejados de la patria querida y separados de la comunidad de nuestros hermanos en México. Pero ha sido preciso. La tiranía nos ha arrojado de nuestra patria, obligándonos a buscar libertad en suelo extranjero. Cuatro años hemos luchado en México, cuatro años la tiranía nos ha vejado, nos ha despojado, nos ha oprimido, sujetándonos con procedimientos brutales, arrastrándonos por cárceles civiles y prisiones militares, por penitenciarías y por cuarteles...

Y recapitulando las experiencias que les obligaron a emigrar, defendieron su expatriación sin disculpas.

> En nuestro infortunado país la libertad no existe. Ningún ciudadano puede hacer uso de los derechos políticos que la Constitución otorga, ningún mexicano encuentra garantías bajo un gobierno como el de Díaz, que sólo se preocupa de asesinar el espíritu público, y de sofocar todo movimiento político independiente. El club y el periódico son el terror de la tiranía. Cuando la Confederación de Clubes Liberales se organizó en México a la voz del señor ingeniero Camilo Arriaga, el gobierno tembló porque vio en el surgimiento de las agrupaciones liberales una prueba de que el país no estaba políticamente muerto, sino anhelante de reconquistar sus ideales de libertad y reforma, tan torpemente pisoteados por el motinero de Tuxtepec. Cerca de doscientos clubes liberales se levantaron en toda la República, y muchas publicaciones independientes entre las que *Regeneración* tuvo la honra de figurar —coadyuvaron a vigorizar aquel movimiento que llegó a ser imponente cuando se celebró el Primer Congreso Liberal en la ciudad de San Luis Potosí.
> En un país libre y ante un gobierno honrado, los trabajos del Partido Liberal hubieran parecido naturales y más dignos de aplauso que de persecución, y más merecedores de garantías que de atentados. Pero para la dictadura que nada tiene de común con la patria, ha-

bía de ser un crimen trabajar por el bien del país; para el gobierno, levantando sobre las lágrimas y la sangre tenía que ser un peligro la organización de los ciudadanos en fuerza política. El gobierno de Díaz, seguro de su debilidad ante la opinión y de su impopularidad, sintió pánico ante el empuje del movimiento liberal que contaba con las simpatías del pueblo anhelante de libertad y cansado de opresiones. Comenzó la persecución. Díaz comisionó para la destrucción de los clubes a Bernardo Reyes, considerándolo como el instrumento más apropiado para llevar a efecto esa obra de brutalidad y de barbarie, que debería avergonzar a la dictadura, si la dictadura fuera capaz de avergonzarse. Un vendaval de salvajismo se desató en todo el país: el exterminio fue una bandera, el atentado fue una ley. Sin motivo, sin causa, sin pretexto siquiera, se persiguió, se encarceló con rabia, con ferocidad, con desenfreno. La dignidad del ciudadano fue estrujada por la agresión del esbirro, la abnegación del patriota fue befada por el cinismo del polizonte, la voz del tribuno fue acallada por la intimación del sicario; la pluma del periodista fue hecha añicos por el garrote del gendarme... Fue una orgía de barbarie; fue un himno de la brutalidad, fue el alarde canallesco de una dictadura que, apoyada sobre treinta mil bayonetas, se jactaba de pisotear todos los fueros de humanidad y de justicia... La dictadura se arrancó la careta, despreció toda formalidad, desconoció todo respeto, e indicó claramente que estaba decidida a callar cuanta palabra de verdad surgiera, cuanto grito de justicia se levantara. Fuimos perseguidos sin piedad y sin tregua, dondequiera que alzábamos nuestra voz, *El Hijo del Ahuizote* hizo campaña contra el ridículo reservismo, y los señores Ricardo y Enrique Flores Magón fueron procesados militarmente, no faltando en este proceso la indefectible decomisada de imprenta... ¿Quién podrá decirnos después de lo que dejamos referido que una lucha política es posible en México? ¿Quién se atreverá a condenarnos en un país extranjero al amparo de la libertad que nos es necesaria para trabajar por el bien de nuestra patria? Mucho hemos combatido a la dictadura sin alejarnos de su alcance, sin esquivar sus agresiones, sin doblegarnos ante sus atropellos, hemos pasado las cartucheras del presidio militar y por las bartolinas de Belén, por las celdas de la penitenciaría y por los calabozos del cuartel; hemos caminado por el arroyo en cuerpo de patrulla entre las filas de la soldadesca brutal; y hemos sido despojados de nuestras propiedades por decretos de jueces indignos y venales que se doblan como lacayos y se venden como hetairas. Mientras pudimos trabajar en México, allí permanecimos. Pero al fin se nos obligó a salir de México. En todos los procesos que sufrimos por asuntos periodísticos se nos arrebataba la imprenta respectiva, pues comprendía el gobierno que la falta de imprenta nos imposibilitaba para trabajar. El despojo llegó a ser en nuestros enemigos una costumbre y si bien pudimos sostenernos aquí algún tiempo en semejante situación, al fin nos rebelamos contra ella. No podíamos resignarnos a regalar periódicamente al gobierno nuestra propiedad, producto de trabajo y elemento de lucha. Admitimos la vejación, pero no la rapiña; soportamos que se nos encarcele, pero no toleramos que se nos robe...

Al refugiarnos en la tierra norteamericana, no buscamos la impunidad para nuestros ataques, puesto que siempre obramos dentro de los límites que marca el artículo 7º constitucional a la libertad de prensa, ni pretendemos precisamente salvar nuestras personas de determinados atropellos, pues estamos acostumbrados a resistir el sufrimiento con energía. Lo que únicamente anhelamos es asegurar la continuidad de nuestras labores que en México fueron interrumpidas con mucha frecuencia primero y por último prohibidas. Luchamos por nuestra patria desde el extranjero, porque para esa lucha se nos imposibilitó en nuestro propio país, y estamos seguros que nuestros compatriotas honrados sabrán justipreciar nuestra conducta. Los que nos acusan de cobardía, serán los cobardes. Los que nos tachan de traición serán los malos hijos de la patria. Tales son los motivos por los que *Regeneración*, en esta nueva época, ve la luz pública en los Estados Unidos.

Nuestro programa es el mismo que hemos sustentado siempre. Atacaremos al general Díaz, porque es el primer responsable de las desgracias de los mexicanos, y porque personifica la tiranía más odiosa, más sangrienta, más fatídica que ha pesado sobre las desventuras de la patria. Daremos a conocer los peligros que correría México con un gobierno presidido por Ramón Corral, cuyos antecedentes tenebrosos lo alejan de un puesto que en lo futuro sólo deberán ocupar ciudadanos honrados y patriotas, y exhibimos en toda su podredumbre a científicos y reyistas, que por sus tendencias liberticidas y malsanas, son un grave peligro para el futuro de la nación.

Enviamos a nuestros compatriotas nuestro saludo fraternal y confiamos en que impartirán su protección a nuestro periódico, no porque él tenga méritos propios, sino porque representa una causa patriótica y honrada, una causa de libertad y de justicia, a la que no deben ser indiferentes los mexicanos de corazón bien puesto.

Tan sólo con recapitular las experiencias de los expatriados se recapitulaba la razón de la revolución, y *Regeneración*, renacido, abrió el camino a la realización de la empresa reclutando lectores, adoctrinando discípulos y formando voluntarios para una suble-

vación eventual. La circulación del periódico aumentaba rápidamente y ganaba reclutas hasta en una clase impenetrable hasta aquí a su propaganda. Un terrateniente progresista de Coahuila, empeñado en organizar un grupo liberal para combatir la imposición de un gobernador impopular, les remitió una contribución por concepto de suscripciones al periódico, acompañándola con una carta cordial que decía entre otras cosas que cuando se vieran muy apurados, le avisaran para ver en qué les podía ayudar, "pues simpatizamos en todo con sus ideas y creemos que *Regeneración* tendrá que causar la regeneración de la patria, inflamando a los mexicanos de noble indignación contra sus tiranos". La carta llevaba la firma de Francisco I. Madero. Pero Madero era un miembro excéntrico de su clase y Ricardo, aunque muy reconocido por la contribución de fondos, confiaba poco en la conquista de un solo converso en la plutocracia que combatía y cifraba su fe, por el contrario, en la clase obrera. Lo mismo pensaban sus asociados. Santiago de la Vega, uno de los compañeros de Belén que se incorporó al grupo en San Antonio, publicó su propio periódico, dedicado exclusivamente a los intereses de la clase obrera y con tendencias socialistas; y varios sobrevivientes de las difuntos clubes liberales que siguieron la corriente de la emigración y se unieron al cuerpo de redacción de *Regeneración* —Camilo Arriaga, Antonio Díaz Soto, Librado Rivera— profesaban ideas más o menos afines. Enrique, por su parte, como miembro activo de la clase trabajadora, contribuyó a la campaña con un artículo sensacional sobre el sistema laboral en México, artículo que tuvo fuertes repercusiones en ambos lados de la frontera.

Recogiendo la crónica iniciada en las catacumbas de Belén, y pasando de la esclavitud de los yaquis, vendidos a los henequeneros de Yucatán, al relato de la técnica con que se enganchaba al trabajador llamado libre para las plantaciones de tabaco del Valle Nacional, Enrique dio rienda suelta a la santa ira que le inspiraba el tráfico infame de negreros, cuyo botín se repartía entre la policía, los jefes políticos, los gobernadores y un enjambre de basureros asociados con las agencias de empleo, y echó la responsabilidad donde cabía y a quien correspondía.

> Para siempre, mientras México puede recordar, la esclavitud de hoy en día quedará siempre identificada con el nombre del demonio que la hace posible. Se llama Porfirio Díaz, y su obra más bestial se

realiza en Valle Nacional. Ciudadanos mexicanos: fíjense en que no hay más que dos maneras de llevar a seres inocentes a ese purgatorio: una es por medio del jefe político que opera directamente; la otra, por medio de un enganchador (llamado agente de trabajo). Trabaja en alegre acuerdo con el jefe político, el cual, como ustedes saben muy bien, es nombrado por el gobernador de su Estado. Responsable ante nadie como no sea el gobernador, a quien le paga un tributo anual, nadie le pide cuentas nunca de sus actos. Observen ustedes lo que sucede cuando este coyote de jefe político trabaja solo. No envía ladrones u otros criminales a la cárcel, los vende como esclavos en Valle Nacional. En muchos casos el jefe tiene un carácter impaciente. Quiere hacerse rico rápidamente, en cuyo caso se contenta con no vender más que criminales. Tomen como ejemplo al vil jefe político de Pachuca, Hidalgo. Agarra a quien se le ocurre en las calles, lo lleva a la cárcel. Allí los acusan de un crimen imaginario, aunque a las víctimas no se las juzga jamás. Cuando el muy sinvergüenza tiene la cárcel llena, los envía a Valle Nacional. Naturalmente, después de recibir su pago, le entrega con gusto una parte de su sangriento dinero a su distinguido señor, su excelencia Pedro Rodríguez, gobernador del Estado de Hidalgo.

Conciudadanos: puede ser que ustedes conozcan a alguien que no haya sido enviado a Valle Nacional directamente por su jefe político. Desde luego, porque la mayoría trabaja por medio de los enganchadores. ¿Por qué? Porque el tráfico humano es ilegal. Los asustadizos instigadores utilizan a los enganchadores como fachadas. Ésos realizan su oficio bajo el escudo de aquéllos, lo cual les permite reírse de la posibilidad de ser acusados. ¿Cómo teje el enganchador su tela de araña? Anuncia empleo, con tres pesos al día, buena comida, casa cómoda y gratis. El pobre obrero, que quizá gana unos cincuenta centavos al día, caen en la trampa. Firma el contrato y recibe cinco pesos de adelanto, que le anima a que gaste. Unos cuantos días después, metido en un tren con otros enganchados como él, llega a Valle Nacional. Allí le venden con sus compañeros a los dueños de las plantaciones de tabaco. Y cómo, conciudadanos, ¿cómo se explican a sí mismos los empleados del gobierno su participación en la venta de esclavos? ¿Pues, no recibió el obrero cinco pesos de adelanto? —exclaman indignados—. Es una deuda que es justo que paguen. Estos venales hipócritas se burlan del derecho constitucional del obrero. ¿Pero cuándo han disfrutado las masas de los derechos constitucionales? ¿Y qué hay de los dueños de las plantaciones? Descaradamente protestan contra la acusación de que su sistema sea esclavitud. No, no, señores, dicen, es mero contrato de trabajo. Sí, señor, el trabajador firmó un contrato. Por lo tanto está comprometido por sus cláusulas... lo que no dicen los honrados dueños de las plantaciones es que en lugar de los tres pesos diariamente prometidos por el enganchador, el enganchador mismo o el dueño de la plantación llenan las formas que el obrero analfabeta firmó con una X, y fijan el salario en unos cincuenta centavos diarios. Fíjense ahora, conciudadanos, en lo que sucede.

El obrero atrapado no recibe dinero casi nunca. Le dan crédito en la tienda del dueño de la plantación. Los precios de la ropa y de las otras cosas necesarias son diez veces más altos que en los pueblos que están fuera de Valle Nacional. Pero no es esto todo. El esclavo tiene que pagar el precio de venta, de modo que le es *absolutamente imposible* satisfacer la deuda. ¡Y muere siendo esclavo, por lo general en el término de un año!

¿Por qué, preguntarán ustedes horrorizados, muere un hombre capaz en ocho o diez meses en Valle Nacional? ¡Porque al infeliz le obligan a trabajar desde la madrugada, durante las largas húmedas horas crueles bajo el sol calcinante, hasta después del crepúsculo; porque continuamente cae bajo el látigo del capataz que le obliga a trabajar hasta el límite de su resistencia: porque la mala alimentación y las repugnantes condiciones en que está alojado le debilitan el cuerpo, haciéndole contraer malaria o alguna otra enfermedad tropical, y porque sabe que nunca más podrá volver a ser libre!

Pero —dirán ustedes— Díaz no se beneficia directamente con ese horrible comercio. Desde luego. Concedámosle el beneficio de cualquier duda posible. ¿Pero, y los gobernadores de Veracruz, Oaxaca, Hidalgo, y otros estados —y sus compinches— qué se benefician con ello? ¿Quién nombró a estos gobernadores? Porfirio Díaz. Ellos, a su vez, nombraron a sus satélites. Si Díaz lo quisiera, podría suprimir la esclavitud mañana mismo. Y no sólo en Valle Nacional, sino también en las plantaciones de henequén de Yucatán, en las industrias fruteras y forestales de Tabasco y Chiapas, en las plantaciones de café, azúcar y fruta de Veracruz, Oaxaca, Morelos, y casi todos los otros estados de México. ¿Por qué no lo hace? Porque necesita a estas hienas humanas. Pálidas copias de sí mismo, las necesita para mantener su gobierno autoritario. Pero el día de la liberación se acerca. Prepárense, conciudadanos.

Enrique conservó copia del artículo para comprobar su impacto. A los quince días de publicada la denuncia, mientras trabajaba tranquilamente en el despacho, creyó oír un golpe en el pasillo, salió a ver y vio a Manuel Sarabia luchando con un desconocido que, teniéndolo agarrado por la garganta blandía un cuchillo; con un derechazo a las costillas tumbó al intruso y sacándolo afuera lo dejó gimiendo en el arroyo. Atento a su propio trabajo, Ricardo no se dio cuenta de nada hasta que, entreoyendo un golpe en el pasillo, salió a su vez y vio a su hermano peleando con un mexicano en la calle, aplicándole bofetadas en la cara, puñetazos en la quijada, cabezazos en la acera y golpizas en todo el cuerpo para sacar los autores intelectuales del atentado. Acariciando su quijada y esputando muelas y sangre, el sujeto se quejaba amargamente de haber ensuciado su traje nuevecito y acabó por confesar que llevaba encargo de los señores generales Díaz y Reyes de matar a un tal Flores Magón; Enrique lo soltó y el tipo puso pies en polvorosa, pero no tardó en volver con un policía e identificó a su Flores Magón y Enrique fue conducido a la delegación y encerrado por la noche. Al día siguiente compareció ante un juez de paz, invocó el derecho de defensa propia, y haciendo alarde de sus conocimientos jurídicos, pidió a su señoría que le hiciera el favor de decirle si no era cierto que conforme a la jurisprudencia anglosajona, el domicilio del ciudadano era su fortaleza; su señoría le dio la razón, pero como el acusado no era ciudadano norteamericano lo mandó reencarcelar, pendiente de otra audiencia. Los camaradas consiguieron su libertad bajo fianza, pero confiando poco en el derecho consuetudinario anglosajón, sacrificaron la fianza y se fueron marchando otra vez. Laredo, San Antonio, el mismo Texas, todo ese territorio era demasiado cercano a México; y se trasladaron a San Luis, Missouri.

Ahora sí, el movimiento comenzó en serio. El periódico volvió a aparecer, gracias a un empréstito hecho por Madero, y en carta dirigida al bienhechor, Ricardo reconoció en todo lo que valía el servicio prestado a la causa. "Si no hubiera sido por usted, dada nuestra situación difícil en San Antonio, hubiéramos ido al desastre, a la derrota, y a la anulación completa de nuestras labores". Reunidos en San Luis, Missouri, los mejores trabajadores migratorios del movimiento militante iniciado en San Luis Potosí, los refugiados formaron el núcleo de un nuevo Partido Liberal, comprometido a trabajar por todos los medios a su alcance para el derrocamiento de la dictadura porfirista: y uno de los primeros miembros que llevaba credenciales era Madero. *Regeneración*, vehículo oficial de la agrupación, contaba con muchos lectores entre los ferrocarrileros, que lo pasaban de contrabando a México; la red ferrocarrilera cumplía sus fines revolucionarios, y con las facilidades proporcionadas por el gobierno formó poco a poco una lista de abonados que llegó en sus días de auge a treinta mil reclutas —uno para cada bayoneta que cerraba el paso al periódico prohibido en México. "Con feroz deleite —confesó Enrique— pusimos al desnudo ante nuestros 30 000 lectores y muchos más que leían el periódico, cada una de las fases del régimen de Díaz." Pero como la respetabilidad del régimen y las buenas relaciones con el país vecino constituían una de las fases más importante del gobierno de Díaz, no tardaron en redoblarse las persecuciones a través de la frontera, primero en forma discreta y disimulada, después abierta y descaradamente. Durante siete meses trabajaron sin interrupción antes de que el tráfico tropezara con sabotaje oficial. Notificados por la oficina de correos en San Luis que, conforme a una orden expedida por el gobierno de Washington, quedó cancelado el privilegio postal de segunda clase acordado a su periódico, Ricardo y Enrique se entrevistaron con el funcionario detrás de la ventanilla, protestaron contra una arbitrariedad que doblaba sus gastos postales en primera, le pidieron explicaciones, y remitidos al jefe, las recibieron en forma sucinta —atacaban a un gobierno amigo. Enrique, siempre contencioso, se permitió señalar que los periódicos del señor William Randolph Hearst llevaban años de atacar al gobierno amigo de la Gran Bretaña con impunidad, y el jefe, dándole la razón, le remitió a Washington para mayores informes; pero con esta clarificación les bastaba. Recordando las 300 000 hectáreas de terreno agropecuario adquiridas por Hearst en Chihuahua, los quejosos reconsideraron el asunto y desistieron de insistir en la inconsecuencia. Enrique se puso a calcular de memoria el valor de los intereses norteamericanos creados en México —Hearst, Guggenheim, Rockefeller, Doheny, Aldrich, la American Smelting & Refining Company, la American Sugar, la International Rubber, la Wells Fargo, el Ferrocarril Sur-Pacífico de Harrman, etc., etc.—, sumando no menos de 500 000 000 dólares invertidos en México; y camino a la casa Enrique hizo presente a Ricardo que al pasar la frontera en busca de asilo político, se habían equivocado de barrio. No obstante, *Regeneración* siguió pasando la frontera; pero apenas burlada una maniobra vino otra. En julio de 1906 los refugiados se constituyeron en una sociedad denominada *Junta Organizadora del Partido Liberal Mexicano,* integrada por Ricardo Flores Magón como Presidente; Juan Sarabia, como vicepresidente; Antonio I. Villarreal, como secretario; Enrique Flores Magón, como tesorero; Librado Rivera,

Manuel Sarabia y Rosalío Bustamante, como vocales, y despacharon 50 000 ejemplares del programa del partido a los afiliados en México. En septiembre la policía irrumpió en el local allanando el despacho, decomisando los archivos, la imprenta, el mobiliario y hasta los efectos personales de la redacción, cerró el periódico y arrestó y encarceló a Ricardo, Enrique y Juan so color de una demanda por calumnia instituida contra ellos por el jefe político de Oaxaca con motivo de un párrafo en el periódico aludiendo a la fama verde que disfrutaba de deber el puesto que ocupaba a las buenas relaciones de su mujer con el gobernador del Estado. Como la circulación de materia obscena por correo constituía una ofensa punible por la ley en los Estados Unidos, no faltaban fundamentos legales para proceder contra los expatriados, y su defensa, basada en la voz de la calle, era vulnerable; pero no les faltaban amigos en San Luis. Entrevistados en la cárcel por un reportero del influyente periódico liberal, el *St. Louis Post-Dispatch,* le ofrecieron una historia mucho más sucia, o sea la *connivencia* de las complacientes autoridades americanas con el despótico gobierno mexicano, y al exhibirse la obscenidad política en las páginas del respetable *St. Louis Post-Dispatch,* se armó un escándalo y se propuso una investigación de la policía, y los presos salieron de la cárcel bajo libertad caucional, pendientes del proceso formal que debía ventilar la verdad de la acusación. Pero el jefe político no lo entendió así. "Sucedió entonces algo asombroso —según Enrique— algo sin precedentes en los anales de los tribunales de los Estados Unidos que yo sepa! *Se rindió sentencia sin habernos juzgado!"* Y naturalmente a favor del demandante, el señor Esperón de la Flor. Ante arbitrariedades tan descaradas dudaban los condenados si se encontraban en Missouri o en México, pero la desfachatez del tribunal les resultó provechosa en Missouri; recurriendo otra vez a la ayuda del servicial reportero del *St Louis Post-Dispatch* le explicaron que el jefe político no era más que un instrumento del gobierno mexicano, que el hombre prestaba su nombre indistintamente a su mujer y al general Díaz, y que lo grave del asunto era la jurisdicción que el gobierno mexicano pretendía ejercer en la justicia norteamericana, y acusando al tribunal de acatar las consignas de una potencia extranjera, le regalaron al colega una historia tan sensacional que éste vaciló en publicarla sin pruebas; pero siendo periodista, corrió el riesgo, la autoridad de su periódico era indiscutible, y el pretexto empleado por el gobierno mexicano para acallar a sus enemigos políticos era tan ridículo, que la publicación dio el resultado apetecido. Condenados sin proceso, los oficiales de la junta fueron absueltos sin proceso y recuperaron su periódico, su imprenta, y su impunidad, aunque no sin incurrir en daños y perjuicios materiales y morales.

Madero les reclamó el empréstito hecho cuando se encontraban en apuros, alegando que lo necesitaba para su propia campaña política en Coahuila, y Ricardo, aunque ofreció reintegrar el dinero a la mayor brevedad, se resintió de la obligación y se desahogó indirectamente, reprochando amargamente a Camilo Arriaga, fiador del empréstito, la exigencia inoportuna de Madero, acusándolo de desertor y falso liberal; y estas disensiones domésticas reaccionaron sobre la actitud de Madero. Escribiendo a un amigo mutuo, Madero negó, por su parte, la imputación de renegado, pero admitió que no andaba de acuerdo con la conducta de la junta, aunque no pensaba abandonar el partido.

> Ya ve usted cómo no he dejado de ser miembro del Partido Liberal, y parece que usted, compartiendo el error de los Flores Magón, supone que no son liberales los que no han firmado el cupón de adhesión. No sé qué fin persiguen esos señores, pues si desean una campaña democrática, deben conducirse dentro de los límites del país, para lo cual es necesario, a la vez, la mayor energía y gran tacto para no dar pretexto a que les cierren la imprenta y les inutilicen de cualquier modo. Si lo que persiguen es inflamar el país con una revolución, creo que no lo lograrán, pues por más que digan, no hay ningún pretexto plausible para tomar tal determinación, y creo que en las actuales circunstancias sería antipatriótico tal proceder. Me dirá usted que de cualquier modo que fuera, debía de adherirme a la junta de St. Louis, Mo., pero diré a usted, en respuesta, que no me gusta la política que han seguido esos señores, pues sin distinción de ninguna especie, insultan a todo el mundo, y por cosas enteramente domésticas se ponen a insultar y a calumniar a liberales tan inmaculados como el ingeniero Camilo Arriaga, y ponen a manchar las hojas de su órgano con los insultos más soeces hacia una señora. No son esas las personas que convienen para dirigir el Partido Liberal por el sendero que debe seguir.

Enemigo de la violencia en todas sus formas, incluso la verbal y sobre todo de la violencia vulgar, Madero deploró los métodos y las maneras de los hermanos Flores Magón, y si bien sin retirarse del partido, su ardor comenzó a calmarse, y andando el tiempo la extrañeza condujo a una separación fundada en incompatibilidad de caracteres y el enajenamiento de afectos culminó en un divorcio que se acabó por perdonar la deuda y olvidar la obligación. Entre los dos medía el paseo dominical de la Alameda: Madero, todo un caballero, siguió trabajando para una reforma pacífica, legal, decente y democrática en México; Ricardo, hijo de los barrios bajos, para una revolución popular en ese mismo México.

Trabajando en el extranjero, Ricardo ganaba prosélitos para la causa por los mismos métodos, como en México. La circulación de *Regeneración,* como la circulación de la sangre de un cuerpo entumecido, estimulaba una reacción latente y adormecida en el cuerpo social, mediante constante fricción y manipulación insistente de los miembros aletargados; y la correspondencia recibida bastaba para convencer a la junta que el país no estaba políticamente muerto y que la voluntad de luchar por la libertad despertaba y cundía en México. Desde regiones tan remotas y apartadas como Tabasco recibían noticias de grupos clandestinos que se formaban, listos y armados para una sublevación eventual —comunicaciones que memorizaban y quemaban, esparciendo las cenizas en las escupideras, cuando la incursión de la policía que decomisó los archivos del periódico— y de la propaganda madura brotó la conspiración verde. Basando sus cálculos sobre una lista de 300 000 lectores, y suponiendo que una proporción considerable estaba ya dispuesta a emprender una lucha activa, disponían de una fuerza suficiente como para dar el primer golpe, pero la organización del movimiento necesitaba tiempo, dinero, coordinación y paciencia, y los preparativos fueron interrumpidos otra vez. Su correspondencia, violada en el correo, pasaba por el Consulado Mexicano, dando la alarma prematura y poniendo en movimiento de nuevo a los conjurados. Prevenidos por un amigo en el consulado de la llegada a San Luis del señor Esperón de la Flor, el tantas veces aludido jefe político de Oaxaca, de su confabulación con el cónsul y de un proyecto de raptarlos y regresarlos por la fuerza a México, tomaron el partido de dispersarse sin tardar y dejar plantado al infeliz en flor.

En febrero de 1906 Ricardo, Enrique y Juan Sarabia, las cabezas visibles del movimiento, se escabulleron hacia el Canadá, dejando la dirección del periódico en manos de Librado Rivera, Antonio I. Villarreal y Manuel Sarabia en San Luis. En las paredes del correo y en las estaciones ferrocarrileras leían la oferta de una recompensa de 40 000 dólares por la captura de los hermanos Flores Magón, vivos o muertos, difundida por la Furlong Detective Agency, y al llegar a Toronto se pusieron a organizar la insurrección cuanto antes. Contando con cuarenta grupos claves comprometidos a alzarse en armas al recibir la señal, dividieron al país en cinco zonas militares; en cada una tenían un representante responsable de la organización de la guerra guerrillera; éste tenía bajo su mando un jefe y subjefe guerrilleros, elegidos democráticamente por su gente, y de nadie más que ellos era conocido el delegado supremo; cada grupo ignoraba a los otros, para asegurar el mayor secreto y la máxima seguridad durante el periodo de preparación; y el delegado supremo debía entregarles las órdenes el mismo día del levantamiento. Las armas, transportadas por mar y depositadas en playas solitarias para ser llevadas a lomo de mula o indígena tierra adentro hasta los puntos de concentración, debían comprarse con los ingresos del periódico y las contribuciones de los partidarios; y con este esqueleto de organización esquemática esperaban movilizar e iniciar una sublevación espontánea y concertada en el día dado. Enrique reflexionó rápidamente.

> Yo tenía el resquemor de que estábamos empeñados en una batalla contra el tiempo, contra el momento en que uno de nuestros partidarios, borracho, denunciara estúpidamente dónde nos hallábamos. O que lo hiciera deliberadamente, pues el dinero es el solvente universal que todo lo mueve, hombres y mujeres, y Dios sabe que la miseria que reinaba entre nuestros partidarios era más que bastante para tentar a algunos de ellos con los $40 000 de premio ofrecidos por nuestras cabezas. El solo pensar que nos pudieran denunciar me daba náusea, y no porque yo temiera las consecuencias, si bien no sería ésta una experiencia a mi gusto, sino porque me resultaba intolerable pensar que nuestra causa pudiera hundirse por un acto de venalidad, la causa a que habíamos dedicado nuestras vidas y por la que tanto habíamos sufrido.

Apreciaban tanto como la Furlong Detective Agency el valor de sus cabezas y, en efecto, no tardó en asomarse el inevitable sabueso al otro lado de la calle. Tal vez porque habían extremado las precauciones, alojándose en un barrio respetable y encerrándose sin salir a la calle durante el día, no habían llamado la atención de los vecinos ni siquiera del espía profesional por tan señalada reclusión; sin embargo, éste vino curioseando, estudió su vademécum, interrogó al lechero, consultó a las vecinas de enfrente, y se fue, ponderando sus dudas personales. Afortunadamente, las vecinas de enfrente eran dos solteras románticas que, al saber por qué los buscaba el sabueso, se entusiasmaron en despistarlo, y no sólo eso, sino que les prestaron dinero para largarse sin tardar de Toronto; y cogieron el primer tren para Montreal.

Desde Montreal reanudaron la movilización clandestina del movimiento en México, pero con cada retirada del teatro de la guerra resultaba más difícil montar una sublevación por correspondencia y dirigirla a control remoto; la distancia que les separaba de la acción era una rémora y en mayo resolvieron volver sobre sus pasos y regresar a Texas para dirigir las operaciones en la frontera. Esta resolución les costó una separación azarosa. Escasos como siempre de dinero, lograron reunir el precio de pasaje de dos, pero uno de los tres tenía que quedarse atrás. ¿Quién sería? Ricardo era indispensable; así lo reconoció siempre Enrique.

> Era el inspirador del movimiento, el más inteligente y el más fuerte. Tenía la misma tenacidad y la misma audacia que yo, la capacidad de sobrellevar cualquier clase de sufrimiento. En lo que respectaba a nuestra causa, nuestras ideas eran las mismas. Si se presentaba un problema, estando él en un lugar de los Estados Unidos y yo en otro, los dos dábamos con la misma solución.

Entre Enrique y Juan Sarabia, pues, corría la suerte; jugaron a cara y cruz, Enrique perdió, y mal resignado a la suerte de la guerra se despidió de los dos en el andén del ferrocarril. Y con ese paso comenzaba una fase del movimiento cargado de graves peligros —despistando a detectives, eludiendo persecuciones, y corriendo el riesgo capital, sobre todo, de la separación de cabezas.

Regresando a su casa de huéspedes, Enrique se echó a dormir con diez dólares en el pantalón y amaneció sin un centavo canadiense. La patrona echó la culpa a que dejó la puerta entreabierta, cosa que ella nunca hacía y por eso nadie le robaba nunca nada, y mirándola de reojo, Enrique convino en que la pobre tenía razón. Saliendo en busca de trabajo, se presentó en una agencia de empleos, donde le perjudicó su aspecto decente; el gerente lo clasificó a primera vista como oficinista, a juzgar por sus manos blancas y traje limpio, evidentemente inepto para el trabajo manual, y no disponía de otra oferta por lo pronto, pero Enrique le invitó a salir a la calle y lo convenció de su error con unos pases de lucha libre, ganándose de inmediato un empleo en una fábrica donde, mezclando cemento, sacrificó su traje limpio y se despojó del estigma de la clase media; y al perder su aspecto decente despistó a los sabuesos cuando cayó en sus manos algunas semanas más tarde. El encuentro tuvo lugar en un restaurante donde acostumbraba comer; dos detectives tomaron asiento a su mesa, lo estudiaron, lo interrogaron, lo comparaban con su fotografía, lo tenían ya identificado; Enrique convino en el parecido pero negaba la identidad, el hombre que buscaban y que él conocía, era alto, elegante, bien vestido, de aspecto decente, y ofreció coadyuvar en su captura por un precio; el precio era alto pero regateando, se pusieron de acuerdo, y tomando prestado el carnet de policía con su nombre, número y retrato en Belén, les dio cita para el día siguiente en el mismo lugar con la promesa de entregar al prófugo elegante sin falta, y se largó de Montreal. Huyendo, huyendo siempre, se perdió en los montes del Canadá, corriendo de una población a otra sin detenerse mucho en ninguna, adquiriendo conocimientos y lenguas sobre la marcha, trabajando ora como leñero, ora como peón del campo, ora como carpintero, ebanista, electricista o contador comercial, ora como abogado, periodista, traductor e intérprete internacional en francés, inglés, español, portugués, italiano, y se volvió un *factotum* notable y un lingüista consumado, cambiando de cara, de nombre, de nacionalidad con cada disfraz y aprovechando su fuga para perfeccionar su educación; pero todos estos conocimientos, aunque útiles al prófugo, eran ajenos a su vocación revolucionaria y recorriendo tierras a salto de mata por espacio de tres meses, perdió contacto con su hermano hasta recibir, en Nueva York, malas noticias, y tomando pasaje en los trenes de carga reservados a los vagos, cruzó el continente y corrió al socorro de Ricardo, preso en Los Ángeles.

Entretanto Ricardo y Juan Sarabia, reunidos con los camaradas en San Luis, tropezaron con la dificultad de preparar un programa para la revolución y conciliar los puntos de vista discordes de la junta. El programa había sido esbozado desde su llegada a

San Luis y diferencias ideológicas se habían manifestado en el grupo dirigente —las mismas diferencias que crecieron en la obscuridad de las catacumbas de Belén y maduraron en el medio ambiente de los Estados Unidos— y la separación de cabezas amenazaba con dividirlos más peligrosamente que la policía porfirista. Mucho antes de salir de México, Ricardo había devorado los clásicos de la literatura revolucionaria mundial sin digerir su erudición, adoptando ideas derivadas de Proudhon, Kropotkin, Bakunin, Malatesta y filósofos afines o contrarios, cuyas doctrinas compartía con Enrique, Librado Rivera, y unos cuantos discípulos más; para 1906 pensaba al rojo vivo y se proponía inflamar al pueblo mexicano con una mezcla de radicalismos deducidos del socialismo, del comunismo y del anarquismo filosófico, con preferencia filial para el último, pero Camilo Arriaga y otros liberales juiciosos se empeñaron en retenerlo en el lado sano y seguro de la razón y convencerlo de la ventaja de adaptar sus ideas al estado actual del pueblo mexicano, y el resultado fue una componenda y *modus vivendi* entre las convicciones de Ricardo y el sentido común de sus compañeros. Para que las contradicciones no fueran a fomentar un cisma en las filas del partido, Camilo Arriaga, un socialista convencido pero cauteloso, ejerció su influencia de moderador entre las doctrinas de Ricardo que los liberales tachaban de extremas, extrañas y exóticas a las reformas recomendables para México, y logró cimentar las diferencias lo suficiente como para disimular su presencia. Ricardo se sometió al factible en pro de la disciplina y solidaridad del partido, pero siempre consideraba la versión acabada del programa como un arreglo convenenciero y provisional, cuyo único mérito radicaba en atraer a los elementos liberales del pueblo mexicano sin alarmarlos prematuramente.

Repasando estos conflictos ideológicos a la luz de su experiencia posterior, Enrique escribió años más tarde:

> No debemos olvidar que los Flores Magón no luchaban dentro de las viejas ideas liberales del viejo y clásico liberalismo, sino que éste nos sirvió solamente de *camouflage* para ocultar nuestras verdaderas creencias políticas, sociales y económicas en una época en que, de habernos presentado abierta y francamente como socialistas libertarios, nos habríamos quedado gritando a los cuatro vientos sin realizar obra alguna. Aquí estuvo el talento de un Ricardo Flores **Magón**.

Su credo era la fe de su padre, confirmada por lecturas y experiencias, y Enrique insistió siempre en que, lejos de ser extrañas y exóticas, sus ideas eran auténtica y originalmente indígenas.

Es un hecho innegable, porque es público y notorio, que mi hermano Ricardo y yo adquirimos fuerza decisiva y prestigio enorme dentro de la lucha revolucionaria durante lustros y décadas, y que nuestro pensamiento y nuestros ideales y nuestra acción trazaron un surco donde fructificaron nuestras ideas y rompieron brecha hacia el camino del progreso humano y rumbo a la emancipación del hombre.

Y catequizando su conciencia, concluyó diciendo:

¿de dónde, pues, vino nuestra fuerza y nuestro prestigio? La respuesta es bien sencilla. De que supimos hablar la lengua del pueblo, con la que él piensa y la que expresa sus sentimientos, sus angustias, y sus aspiraciones. De que, habiendo nacido en su seno y vivido siempre en su seno, supimos pensar y sentir como él. ¿De dónde adquirimos ese don? También la respuesta es sencilla. De que nunca olvidamos las cinco lecciones de democracia pura 100%, que nos trasmitió mi padre, como herencia de nuestra tribu. Nosotros nada inventamos. Tampoco nada importamos de otros países. Nuestras ideas, teorías y costumbres son netamente autóctonas, porque son sencilla y llanamente las tradiciones y costumbres de nuestra tribu: tradiciones y costumbres libertarias, completamente socialistas libertarias, que se practicaban y conservaban en nuestras tribus todavía en el año de 1886, cuando menos, y que mi padre siguió respetando hasta su muerte en 1893. Nuestra fuerza estuvo en que, interpretando el idioma nacional, es decir, el acopio de tradiciones y costumbres de nuestro pueblo, fuimos comprendidos por él y, a la vez, que él sintió con nosotros, a través de esas mismas tradiciones y costumbres. La idiosincrasia de nuestro pueblo es regida por un sentido inconsciente de socialismo libertario, que es una repercusión subconsciente de las tradiciones y costumbres de las diversas razas indias que habitan nuestro territorio desde las épocas precortesianas. Rara es la tribu que no tiene tradiciones comunales; y en que no se acostumbraba vivir de la misma manera que vivió mi propia tribu, y que no haya sido regida por leyes no escritas como las que rigieron a mi tribu, según el relato de mi padre. Sus tradiciones socialistas hacen que nuestros pueblos sean pacíficos, callados, "aguantadores" hasta la desesperación; pero sus tradiciones libertarias los inducen a sublevarse, a echarse al monte en busca de libertad, y

> su falta de educación los hace seguir al primer mentecato politiquero que los llama a gritos para conquistar signos vacíos de supuestas ganancias políticas, pero que a las primeras de cambio se burla con la mano en la cintura, como lo hizo Porfirio Díaz con su Plan de Tuxtepec. Nuestra fuerza y prestigio no han tenido más origen, repito, que el haber sabido hablar en un idioma netamente popular: el de nuestras tradiciones, en lenguaje sencillo, comprensible para todos; sin alambicamiento sobre "imperativos económicos", plusvalías, materialismo histórico, etc.

De estas afamadas superfluidades Enrique tenía formada su opinión personal.

> Muchos creen que leemos a Carlos Marx. Confesaré: a Marx no vine a leerlo hasta después de la Revolución, porque muchos camaradas me invitaron a ser marxista comunista y me vi obligado a estudiar tales ideas, y a fin de basar mi negativa a convertirme en partidario de la III Internacional; creo que las ideas que heredé de mi padre son más avanzadas... Muchos años después, próximos a salir de primaria, cayeron en las manos de Ricardo, y él me los pasó, diversos libros de Proudhon, Kropotkin, Grave, Malatesta, Favre y otros, y con esas obras reafirmamos las tradiciones de nuestra tribu.

Pero en 1906 las ideas avanzadas del padre descansaban en el seno del porvenir, y Ricardo se encontraba en San Luis Missouri, frenado por la cautela de sus camaradas. La junta remitió sus discrepancias al arbitraje democrático de los lectores de *Regeneración;* el referéndum resultó por abrumadora mayoría a favor de los viejos creyentes y el programa, tal como fue formulado al fin, era una argamasa, mal cimentada, de los dogmas revolucionarios de Ricardo y los principios progresistas de los liberales mexicanos, aceptada por Ricardo como una transacción táctica. Consolidado así, el programa resultó mucho más eficaz que un manifiesto revolucionario y hasta más revolucionario en el fondo, por ser una serena, sensata, convincente y fuerte llamada a la razón, capaz de conquistar para la causa un consenso de opiniones patrióticas.

El programa declaraba la guerra a la dictadura, pero adoptando las mismas miras de la dictadura —orden, progreso, legalidad— y disputando sólo los métodos de realizarlas con una disección sobria, incisiva, sociológica de los pretendidos logros del régimen, que demolió, punto por punto, con la fuerza penetrante de un taladro mecánico y los socavó con las demandas de un paro político. Por ser una dictadura militar, abogaba por la abolición del servicio militar obligatorio, la leva y los tribunales militares en tiempos de paz, sustituyéndolos con una milicia nacional, alistada por voluntarios, con pre adecuado y trato humano para el soldado —artículo de inmenso arrastre popular en el país. Por ser una dictadura civil, reclamaba respeto a los derechos civiles y los individuales, y libertad de prensa para garantizarlos —otro artículo de profundo arraigo popular. Por ser o profesar ser una ditadura liberal, reivindicaba la observancia fiel de las Leyes de Reforma, la restricción de las actividades del clero a sus funciones religiosas, el cobro de impuestos a los templos lo mismo que a cualquier otro negocio, sin eximir las propiedades eclesiásticas recuperadas arteramente por medio de testaferros, y por ende la supresión de escuelas clericales —artículo contencioso defendido democrática y patrióticamente.

> La supresión de las escuelas del clero es una medida que producirá al país incalculables beneficios. Suprimir la escuela clerical es acabar con el foco de las divisiones y los odios entre los hijos de México; es cimentar sobre la más sólida base, para un futuro próximo, la más completa fraternidad de la gran familia mexicana. La escuela clerical, que educa a la niñez en el más intolerante fanatismo, que le atiborra de prejuicios y de dogmas caprichosos, que le inculca el aborrecimiento a nuestras más preclaras glorias nacionales y le hace ver como enemigos a todos los que no son siervos de la Iglesia, es el gran obstáculo para que la democracia impere serenamente en nuestra patria y para que entre los mexicanos reine esa armonía, esa comunidad de sentimientos y aspiraciones que es el alma de las nacionalidades robustas y adelantadas. Donde la Iglesia es neutral en política, es intocable para cualquier gobierno; en México, donde conspira sin tregua, aliándose a todos los despotismos y siendo capaz hasta de la traición a la patria para llegar al poder, debe darse por satisfecha con que los liberales, cuando triunfen sobre ella y sus aliados, sólo impongan algunas restricciones a sus abusos.

Pero estos postulados no eran más que los preliminares, los aproches y los reproches del preámbulo al problema básico de la dictadura. Por ser una dictadura económica, nacida de la pobreza y dedicada a la conquista de la prosperidad, el programa acometió la cuestión fundamental del capital y el trabajo y minaba la roca de espaldo de la construcción; y al llegar a aquel punto Ricardo tomó la pluma de las manos de sus colegas liberales para escribir con Juan Sarabia los artículos más radicales del reto.

> Un gobierno que se preocupa por el bien efectivo de todo el pueblo no puede permanecer indiferente ante la importantísima cuestión del trabajo. Gracias a la dictadura de Porfirio Díaz, que pone el poder al servicio de todos los explotadores del pueblo, el trabajador mexicano ha sido reducido a la condición más miserable; en dondequiera que presta sus servicios, es obligado a desempeñar una dura labor de muchas horas por un jornal de unos cuantos centavos. El capitalista soberano impone sin apelación las condiciones del trabajo, que siempre son desastrosas para el obrero, y éste tiene que aceptarlas por dos razones: porque la miseria lo hace trabajar a cualquier precio o porque, si se rebela contra el abuso del rico, las bayonetas de la dictadura se encargan de someterlo. Así es como el trabajador mexicano acepta laborar de doce o más horas diarias por salarios menores de setenta y cinco centavos, teniendo que tolerar que los patronos le descuenten todavía de su infeliz jornal diversas cantidades para médico, culto católico, fiestas religiosas o cívicas y otras cosas, aparte de las multas que con cualquier pretexto se le imponen.
> En más deplorable situación que el trabajador industrial se encuentra el jornalero del campo, verdadero siervo de los modernos señores feudales. Por lo general, estos trabajadores tienen asignado un jornal de veinticinco centavos o menos, pero ni siquiera este menguado salario perciben en efectivo. Como los amos han tenido el cuidado de echar sobre sus peones una deuda más o menos nebulosa, recogen lo que ganan esos desdichados a título de abono, y sólo para que no se mueran de hambre les proporcionan algo de maíz y frijol y alguna otra cosa que les sirva de alimento.

Siendo una dictadura capitalista, a base de trabajo forzado:

> De hecho, y por lo general, el trabajador mexicano nada gana; desempeñando rudas y prolongadas labores, apenas obtiene lo muy estrictamente preciso para no morir de hambre. Esto no sólo es injusto: es inhumano y reclama un eficaz correctivo. El trabajador no es ni debe ser en las sociedades una bestia macilenta, condenada a trabajar hasta el agotamiento sin recompensa alguna; el trabajador fabrica con sus manos cuanto existe para el beneficio de todos, es el productor de todas las riquezas y debe tener los medios para dis-

frutar de todo aquello de que los demás disfrutan... Una labor máxima de ocho horas y un salario mínimo de un peso es lo menos que puede pretenderse para que el trabajador esté siquiera a salvo de la miseria, para que la fatiga no le agote, y para que le quede tiempo y humor de procurarse instrucción y distracción después de su trabajo. Seguramente que el ideal de un hombre no debe ser ganar un peso por día, eso se comprende; y la legislación que señale tal salario mínimo no pretenderá haber conducido al obrero a la meta de la felicidad. Pero no es eso de lo que se trata. A esa meta debe llegar el obrero por su propio esfuerzo y su exclusiva aspiración, luchando contra el capital en el campo libre de la democracia. Lo que ahora se pretende es cortar de raíz los abusos de que ha continuado siendo víctima el trabajador y ponerlo en condiciones de luchar contra el capital sin que su posición sea en absoluto desventajosa... Los demás puntos que se proponen para la legislación sobre el trabajo son de necesidad y justicia patentes. La higiene en fábricas, talleres, alojamientos y otros lugares en que dependientes y obreros deben estar por largo tiempo; las garantías a la vida del trabajador, la prohibición del trabajo infantil; el descanso dominical; la indemnización por accidentes y la pensión a obreros que han agotado sus energías en el trabajo; la prohibición de multas y descuentos; la obligación de pagar con dinero efectivo; la anulación de la deuda de los jornaleros; las medidas para evitar abusos en el trabajo a destajo y las de protección a los medieros, todo esto le reclaman de tal manera las tristes condiciones del trabajo en nuestra patria, que su conveniencia no necesita demostrarse con ninguna consideración.

Lo que necesitaba demostración no eran ni la tiranía del capitalismo ni la explotación del trabajo, rancias de tanta repetición y trilladas con tanta rutina, sino la frustración económica que aquéllas se combinaron para producir.

> Es axiomático que los pueblos no son prósperos sino cuando la generalidad de los ciudadanos disfrutan de particular y siquiera relativa prosperidad. Unos cuantos millonarios, acaparando todas las riquezas y siendo los únicos satisfechos entre millones de hambrientos, no hacen el bienestar general sino la miseria pública, como lo vemos en México. En cambio, el país donde todos los más pueden satisfacer sus necesidades será próspero con millonarios o sin ellos. El mejoramiento de las condiciones del trabajo, por una parte, y por otra, la equitativa distribución de las tierras con las facilidades de cultivarlas y aprovecharlas sin restricciones, producirán inapreciables

> ventajas a la nación. No sólo salvarán de la miseria y procurarán cierta comodidad a las clases que directamente reciben el beneficio, sino que impulsarán notablemente el desarrollo de nuestra agricultura, de nuestra industria, de todas las fuentes de la pública riqueza, hoy estancadas por la miseria general. En efecto, cuando el pueblo es demasiado pobre, cuando sus recursos apenas le alcanzan para mal comer, consume sólo artículos de primera necesidad, y aun éstos en pequeña escala... Cuando los millones de parias que hoy vegetan en el hambre y la desnudez coman menos mal, usen ropa y calzado y dejen de tener petate por todo ajuar, la demanda de mil géneros que hoy es insignificante aumentará en proporciones colosales y la industria, la agricultura, el comercio, todo será materialmente empujado a desarrollarse en una escala que jamás alcanzaría mientras subsistieran las actuales condiciones de miseria general.

Por más socorrida que sonaba tan elemental homilía, la repetición entraba por un oído y salía por el otro de don Porfirio Díaz, y la sordera o indiferencia de una dictadura indolente e insensible obligaba a emprender una revisión general y realmente científica de la política económica del régimen. Para impulsar la producción, el programa recomendaba, en primer lugar, la obligación impuesta al latifundista de hacer productivas todas sus tierras, so pena de perderlas, y de capacitar a sus peones con el salario mínimo del peso diario y la jornada máxima de ocho horas —prescripción leve.

> Esta medida no causará el empobrecimiento de ninguno y se evitará el de muchos. A los actuales poseedores de tierras les queda el derecho de aprovecharse de los productos de ellas, que siempre son superiores a los que no tienen de cultivo; es decir, pueden hasta seguir enriqueciéndose. No se les van a quitar tierras que les producen beneficios, las que cultivan, aprovechan en pastos para ganado, etc., sino sólo las tierras improductivas, las que ellos dejan abandonadas y que, de hecho, no les reportan ningún beneficio. Y estas tierras despreciadas, quizá por inútiles, serán, sin embargo, productivas cuando se pongan en manos de otros más necesitados o más aptos que los primitivos dueños...

En segundo lugar:

> La restitución de ejidos a los pueblos que han sido despojados de ellos es de clara justicia. La dictadura ha procurado la despoblación

de México. Por millares, nuestros conciudadanos han tenido que traspasar las fronteras de la patria, huyendo del despojo y la tiranía. Tan grave mal debe remediarse, y lo conseguirá el gobierno que brinde a los mexicanos expatriados las facilidades de volver a su suelo natal, para trabajar tranquilamente, colaborando con todos a la prosperidad y engrandecimiento de la nación.

Nunca el sentido común se manifestó más conciliatorio que en la exposición del programa; pero las conclusiones eran tajantes.

> Llegamos a la última parte del programa, en la que resalta la declaración de que se confiscarán los bienes de los funcionarios enriquecidos en la presente época de tiranía. Esta medida es de la más estricta justicia. No se puede ni se debe reconocer derecho de legítima propiedad sobre los bienes que disfrutan a individuos que se han apoderado de esos bienes abusando de la fuerza de su autoridad, despojando a los legítimos dueños y aun asesinándolos muchas veces para evitar toda reclamación. Algunos bienes han sido comprados, es verdad; pero no por eso dejan de ser ilegítimos, pues el dinero con que se obtuvieron fue previamente sustraído de las arcas públicas por el funcionario comprador. Las riquezas de los actuales opresores, desde la colosal fortuna del dictador hasta los menores capitales de los más ínfimos caciques, provienen sencillamente del robo, ya a los particulares, ya a la nación; robo sistemático y desenfrenado, consumado en todo caso a la sombra de un puesto público. Así como a los bandoleros vulgares se les castiga y se les despoja de lo que habían conquistado en sus depredaciones, así también se debe castigar y despojar a los bandoleros que comenzaron por usurpar la autoridad y acabaron por entrar a saco en la hacienda de todo el pueblo. Lo que los servidores de la dictadura han defraudado a la nación y arrebatado a los ciudadanos, debe ser restituido al pueblo, para desagravio de la justicia y ejemplo de tiranos.

El mal hereditario de la corrupción, trasmitido de generación a generación y perpetuamente contemporáneo, debía tratarse con rigor, recuperando el botín y aprovechando los bienes mal habidos en pro de la reforma agraria y la liquidación de la deuda nacional.

> La aplicación que haga el Estado de los bienes que confisque a los opresores debe tender a que dichos bienes vuelvan a su origen pri-

mitivo. Procediendo muchos de ellos de despojos a tribus indígenas, comunidades de individuos, nada más natural que hacer la restitución correspondiente. La deuda enorme que la dictadura ha arrojado sobre la nación ha servido para enriquecer a los funcionarios; es justo, pues, que los bienes de éstos se destinen a la amortización de dicha deuda. En general, con la confiscación de que hablamos, el Estado podrá disponer de las tierras suficientes para distribuir entre todos los ciudadanos que las soliciten.

Y conjugando la reforma agraria y la reforma hacendaria, una cláusula especial recomendaba la atención de Limantour que:

> queda a cargo de la Junta Organizadora del Partido Liberal dirigirse a la mayor brevedad a los gobiernos extranjeros, manifestándole, en nombre del partido, que el pueblo mexicano no quiere más deudas sobre la patria y que, por tanto, no reconocerá ninguna deuda que bajo cualquiera forma o pretexto arroje la dictadura sobre la nación, ya contratando empréstitos, o bien reconociendo tardíamente obligaciones pasadas sin ningún valor legal.

Por una asociación natural de ideas, estas medidas de rigor condujeron a la recomendación de reformas penales, dirigida directamente a Díaz.

> Una idea humanitaria, digna de figurar en el Programa del Partido Liberal y de que la tenga presente para cuando sea posible su realización, es la de sustituir las actuales penitenciarías y cárceles por colonias penitenciarias en las que sin vicios, pero sin humillaciones, vayan a regenerarse los delincuentes, trabajando y estudiando con orden y medida, pudiendo tener el modo de satisfacer las exigencias de la naturaleza y obteniendo para sí los colonos el producto de su trabajo, para que puedan subvenir a sus necesidades. Los presidios actuales pueden servir para castigar y atormentar a los hombres, pero no para mejorarlos, y por lo tanto, no corresponden al fin a que los destina la sociedad y no es ni puede ser una falange de verdugos que se gozan en el sufrimiento de sus víctimas, sino un conjunto de seres humanos que buscan la regeneración de sus semejantes extraviados.
> Los demás puntos generales se imponen por sí mismos. La supresión de los jefes políticos que tan funestos han sido para la República, como útiles al sistema de opresión reinante, es una medida democrática, como lo es también la multiplicación de los municipios

y su robustecimiento. Todo lo que tiende a combatir el pauperismo, directa o indirectamente, es de reconocida utilidad. La protección a la raza indígena que, educada y dignificada, podrá contribuir poderosamente al fortalecimiento de nuestra nacionalidad, es un punto de necesidad indiscutible. En el establecimiento de firmes lazos de unión entre los países latinoamericanos, podrán encontrar estos países —entre ellos México— una garantía para la conservación de su integridad, haciéndose respetables por la fuerza de su unión ante otros poderes que pretendieran abusar de la debilidad de alguna nación latinoamericana. En general, y aun en el orden económico, la unión de estas naciones les beneficiaría a todas y cada una de ellas: proponer y procurar esa unión es, por lo tanto, obra honrada y patriótica.

Al pronosticar el porvenir nada escapó a la preocupación de los patriotas en exilio.

Tales eran los lineamientos generales del programa y los puntos suplementarios eran patentes. La reforma agraria suponía dotaciones de tierra por el Estado, otorgadas a todo solicitante con la única condición de trabajar y no vender la tierra, así como la fundación de un Banco Agrícola para fomentar la producción. Las reformas políticas comprendían la prohibición de la reelección, la reducción del periodo presidencial a cuatro años, la responsabilidad personal de los funcionarios del gobierno, la eliminación de los jefes políticos, y el restablecimiento de la independencia municipal, bases todas de la democracia efectiva. Las reformas educativas abarcaban, además de la supresión de las escuelas clericales, el aumento de escuelas públicas con sueldos adecuados para los maestros y con atención particular dedicada a la instrucción en los rudimentos de artes y oficios con el fin de acostumbrar al niño a ver con naturalidad el trabajo manual, despertar en él la afición al trabajo, y prepararlo para la vida desarrollando sus aptitudes para adoptar más tarde un oficio, mejor que emplear largos años en la conquista de un título.

> Hay que combatir desde la escuela ese desprecio aristocrático hacia el trabajo manual, que una educación viciosa ha imbuido a nuestra juventud; hay que formar trabajadores, factores de producción efectiva y útil, mejor que señores de pluma y de bufete.

Las reformas sociales entrañaban, amén de las reformas penales y carcelarias, la abolición de la pena capital, la reducción de impuestos, la simplificación de los procedimientos del juicio de amparo, la justicia gratuita y sin trabas que la hacen irrisoria, y la obligación impuesta a los propietarios urbanos de indemnizar a los arrendatarios que dejan mejoras en sus casas o campos a sus expensas, para que

> de este modo los propietarios sórdidos que jamás hacen reparaciones en las pocilgas que rentan serán obligados a mejorar sus posesiones con ventaja para el público.

Entre una miscelánea de otras recomendaciones figuraba una muy liberal y muy original: la igualdad entre la ley de hijos legítimos y naturales. Implícita en este artículo radicaba otra idea más amplia y posiblemente la más radical de todas —la igualdad de los sexos y la emancipación de la mujer de la supremacía del macho. Subversiva de la tradición mexicana, esta innovación era demasiado radical, empero, para figurar en el programa, pero salió en las páginas de *Regeneración*, donde ganaba reclutas entre mujeres que prestaban servicios civiles a la causa, trabajando como propagandistas, camaradas y mensajeras en misiones peligrosas— Enrique se casó con una y Ricardo con otra de ellas. Muy a menudo los machos se mostraban refractarios a las reformas radicales: cuestiones tan cruciales como las soluciones propugnadas por Ricardo para el problema agrario y las relaciones del capital y el trabajo no eran aceptables a todos los miembros de la junta, y fueron adoptadas, precisó Enrique,

> a pesar de la opinión que la idea halló dentro de la misma Junta Organizadora del Partido por parte de miembros rezagados y elementos netamente politiqueros que figuran en ella como simple lastre.

Para vencer la resistencia Ricardo se vio en el caso de amenazar con presentar su renuncia. El programa acabado y aceptado representaba, pues, una mezcla de su iniciativa dinámica y de la conformidad cauta para sus camaradas y la componenda quedó muy corta de la fórmula de la democracia pura 100%, pero ofrecía un promedio de justicia, equidad e igualdad que permitiera llegar al acuerdo común; y los contrarios combinaron medianamente.

Liberal en prometer, el programa tocaba todos los puntos sensitivos de interés y prevención populares, incluso la exclusión de la inmigración oriental que depreciaba el ínfimo jornal del trabajador mexicano; y era lo bastante comprensivo para tocar todos los puntos neurálgicos de la dictadura porfirista. Dictadura clasista, capitalista, militar, civil, plutocrática y aparentemente, pero sólo aparentemente, dictadura personal, la denuncia puso en evidencia todas las facetas del porfirismo y ofreció una disculpa por dictar, o parecer dictar, la conducta del gobierno que vendría a sustituirlo. Un considerando que dejaba entrever en el pensamiento de Ricardo un conflicto latente entre sus convicciones libertarias y las concesiones democráticas hechas a sus consocios decía:

> Es inconcuso que cuanto consta en el programa del Partido Liberal necesita la sanción de un Congreso para tener fuerza legal y realizarse: se expresa, pues, que un Congreso Nacional dará forma de Ley al Programa para que se cumpla y se haga cumplir por quien corresponda. Esto no significa que se dan órdenes al Congreso, ultrajando su dignidad y soberanía, no. Esto significa sencillamente el ejercicio de un derecho del pueblo, con el cual en nada ofende a sus representantes. En efecto, el pueblo liberal lucha contra un despotismo, se propone destruirlo aun a costa de los mejores sacrificios, y sueña con establecer un gobierno honrado que hará más tarde la felicidad del país, ¿y se conformará el pueblo con derrocar la tiranía, elevar un nuevo gobierno y dejarlo que haga en seguida cuanto le plazca? El pueblo que lucha, que tal vez derramará su sangre por constituir un nuevo gobierno, ¿no tiene el derecho de proclamar sus anhelos y declarar que no elevará mañana a determinado gobierno sino con la condición de que realice las aspiraciones populares? Indudablemente que el pueblo liberal que derrocará la dictadura y elegirá después un nuevo gobierno tiene el más perfecto derecho de advertir a sus representantes que no los eleva para que obren como les plazca, sino para que realicen la felicidad del país conforme a las aspiraciones del pueblo que los honra colocándolos en los puestos públicos. Sobre la soberanía de los congresos, está la soberanía popular.

Advertencia revolucionaria, reserva anárquica.

También quedó inconcuso que la sangre correría a raudales para promover la causa y que el programa, aun en su forma templada, prometía una convulsión profunda y significaba una declaración de guerra pronunciada por una mitad de la sociedad contra la otra; y a medida que se elaboraba el proyecto, se consultaba a los lectores de *Regeneración,* enviándoles por correo una circular que invitaba a sus críticas, modificaciones, revisiones y apreciaciones de la versión convenida; y el comentario favorable de un periódico fraternal (*El Colmillo Público*) que endosaba la obra con algunas reservas, advirtió al gobierno anticipadamente de lo que se preparaba. En tanto que la junta ocultaba sus preparativos bélicos con el mayor sigilo, daba a conocer su arsenal político sin reserva, y la consulta previa con sus partidarios estaba todavía pendiente, cuando vino a precipitar la obra del programa la huelga de Cananea.

21

Cananea, pequeña población minera situada a horcajadas en la frontera de Sonora y los Estados Unidos, era la sede de un mineral cuprífero de propiedad norteamericana, y el dominio personal del dueño de la Cananea Consolidated Copper Company, coronel William C. Greene, cuya autoridad daba la ley no sólo a los mineros sino a los funcionarios mexicanos dentro y más allá de su feudo industrial. El mineral formaba parte de un latifundio que comprendía dentro de sus límites un dilatado complejo agropecuario e industrial, abarcando pasto de ganado, rastros, comedores, hoteles, bancos y servicios municipales, o sea la reproducción en suelo mexicano de un típico *company town* estadunidense, incluso la soberanía importada del propietario extranjero. Cananea vivía de las ubres cupríferas de la compañía, y el coronel Greene se preciaba de pagar los sueldos más altos en la industria; pero en tanto que el minero mexicano ganaba de tres a cinco pesos diarios y percibía el sueldo en plata, el norteamericano recibía de cinco a siete dólares, o sea el doble del mexicano, cobraba en oro, y ocupaba los mejores y más remunerativos puestos en la planta; y la diferencia en la tarifa de pagos se agravaba con el alto costo de la vida en Sonora, debido a la depreciación de la plata, que rebajaba el sueldo real del mexicano a la mitad de su valor nominal. La discriminación al mexicano y el favoritismo al norteamericano eran agravios profundamente resentidos en los pozos, la combinación de inferioridad económica y orgullo nacional ofrecía un campo feraz para agitar en Cananea y tres agentes del Partido Liberal penetraron en el campo para explotarlo. Uno de ellos era Esteban B. Calderón, un maestro de escuela quien entró a trabajar en el mineral en 1905 con el fin de conocer de primera mano las condiciones de trabajo y quien llegó a conocerlas tan a fondo que declaró que

> el trabajo es tan pesado que ningún extranjero lo resiste. Ese honor cabe sólo a los mexicanos.

Comenzando como peón, cargando y descargando media tonelada de metal con carretilla, por ocho horas al día, en la fundición de metales y sudando profusamente del calor de los altos hornos al salir al aire frío de la noche, cayó enfermo de neumonía y perdió el empleo; pero al recuperarse, volvió a agarrar la ubre de cobre, y se unió a otro minero, don Manuel M. Diéguez, que se había encaramado hacia la posición tope accesible a un mexicano como ayudante de rayador de una mina denominada significativamente *Oversight;* y los dos se dedicaron a despertar la resistencia de los mineros y animales a reclamar sus derechos. Pero la tarea era larga, lenta, ingrata. En abril de 1906, un año después de haberla iniciado, Calderón informó a la junta de San Luis Mo., que

> es verdad que ya está preparado el espíritu público, pero no me satisface completamente lo que hemos podido hacer hasta hoy. Quisiera que todos los mineros de aquí se dieran cuenta, de una manera más práctica, de que la dictadura es su peor enemigo, y que sientan a toda hora el justo deseo de derrocarla.

Tenía formado el embrión de una organización clandestina —en Sonora toda organización obrera era ilegal— y pensaba crear con el tiempo una unión minera en toda la República; otro agente de la junta, recién llegado, Lázaro Gutiérrez de Lara, acababa de fundar un club liberal clandestino; pero de estas agrupaciones los miembros de la primera no pasaban de 25 y de la otra de 15, la unión minera existía sólo en proyecto, la fundición de la materia prima estaba todavía por hacer, y la semilla parecía haber caído en suelo estéril.

Dos meses más tarde, lo que no logró el agitador lo realizó la compañía de una plumada. El 31 de mayo los mineros ocupados en la mina *Oversight* recibieron la noticia de que, a partir del día siguiente, el empleo sería por contrato —no por contrato colectivo con la compañía, desde luego (a tal grado no había llegado la modernización de México) sino por arreglo personal con los mayordomos, facultados para fijar individualmente las condiciones de trabajo, reducir equipos, aumentar jornadas, rebajar jornales, y ocupar o despedir arbitrariamente— lo cual a los agravios del trabajo agregaba la inseguridad del empleo. Esta economía crítica, ocasionada por una depresión en la industria, acabó por inflamar a los hombres, y al subir la tanda nocturna de la mina a las tres de la mañana, el turno del día siguiente se rehusó a bajar, y el paro estalló espontáneamente. Calderón y Diéguez, cogidos por sorpresa y alarmados por la precipitación de los mineros, sabiendo que sin organización previa y fondos de resistencia el movimiento iba al fracaso, pero en la imposibilidad de abandonarlo corrieron a la boca de la mina donde, al romper el día, rodeados por los mineros amotinados vitoreando a México, se apresuraron a dirigir el paro prematuro. Casi al mismo tiempo llegaron las autoridades municipales del mineral —el alcalde, el juez de distrito, el jefe de policía— quienes convidaron a los insubordinados a nombrar una delegación, a pasar a la comisaría de la compañía y presentar sus peticiones por escrito, pero con la advertencia previa que de ir a la huelga incurrirían en el delito de sedición. Camino a la comisaría, Calderón improvisó sobre la marcha un pliego de peticiones: salario mínimo de cinco pesos diarios y jornada máxima de ocho horas; ocupación del 75% de mexicanos y el 25% de extranjeros, teniendo los primeros las mismas aptitudes que los últimos; derechos de ascenso equitativos en igualdad de condiciones y labores, designación de hombres de nobles sentimientos al cuidado de las jaulas para evitar toda clase de fricción; y destitución de un mayordomo impopular. Discutido por los abogados de la compañía, el pliego petitorio fue comunicado al coronel Greene, quien contestó también por escrito, expresando su pena y sorpresa al recibir una petición tan inconsiderada, "instigada por personas cuyo interés es del todo ajeno a la prosperidad y el bienestar de los obreros de este mineral"; y recordándoles que siempre había pagado mejores sueldos que cualquier otra empresa de importancia en el país y que, como viejo minero que era, había trabajado a su lado con el pico y el martillo durante veinte años, tratándolos siempre con toda equidad y justicia de hombre a hombre; y señalando los beneficios que recibían de su coronel, casas cómodas, comida barata, agua potable, cuentas corrientes en el banco, escuelas, servicios municipales, etc., y sueldos tan altos que en la imposibilidad de competir con ellos sus rivales en la industria le pidieron que los rebajara, cosa que nunca quiso hacer; y refiriéndose al contrato, manifestó que no llegaba a comprender de qué se quejaban, ya que lejos de significar el desempleo, aseguraba el puesto al trabajador cumplido y responsable y perjudicaba sólo al incompetente y holgazán, y terminó diciendo que, de insistir en sus demandas, se vería obligado a suspender la explotación del mineral, y expresaba la esperanza de que

> todas las intrigas y exposiciones falaces que han estado haciendo aventureros sin conciencia y de mala fe, que no les importa nada la prosperidad e intereses tanto de Cananea como de sus mineros, serán del todo desechadas.

La empresa pasaba por días difíciles, pero pasajeros, las dificultades de los mineros eran permanentes, y como el coronel no se dignó discutir sus demandas y los mexicanos no eran limosneros, se declararon en huelga.

Encabezados por Calderón y Diéguez y enarbolando una bandera mexicana y dos rojas llevando la leyenda *cinco pesos y ocho horas,* los huelguistas se pusieron en marcha, recorriendo los varios departamentos del mineral y llamando a sus compañeros a unirse a la protesta; sumando unos cuatrocientos reclutas al iniciar la marcha sediciosa, pasaban de dos mil a medida que avanzaban, pero la marcha era pacífica, los hombres caminaban acompañados de mujeres y niños, hasta llegar a la maderería donde dos mayordomos norteamericanos, los hermanos Metcalf, rompieron las hostilidades, recibiendo la manifestación, primero con la manguera, empapando y abatiendo sus banderas, y en seguida a balazos, matando a varios manifestantes. Mojados hasta los huesos de agua y sangre, los mineros inermes se echaron sobre los mayordomos, cazándolos y matándolos a pedradas y puñetazos, prendieron fuego a la maderería y reanudaron la marcha, arrancando hacia el municipio a pedir protección a las autoridades mexicanas; pero al desembocar en una calle céntrica cayeron en una emboscada, cogidos por el fuego cruzado de tiradores apostados a ambos lados de la vía pública, y corriendo en desbandada algunos fugitivos, resueltos a morir en la demanda, irrumpieron en las casas de empeño en busca de armas —la venta de armas estaba prohibida en Sonora con motivo de la guerra del yaqui— y libraron una batalla de contrabanda contra el yanqui hasta agotar su parque, cuando se dispersaron, cazados como fieras por la policía y abandonando Cananea a la compañía, se retiraron a las afueras y pasaron la noche en despoblado en espera de socorro.

Entretanto trabajaban, cruzados, los hilos telegráficos, telefónicos, diplomáticos, políticos. Por telégrafo el alcalde, por teléfono el coronel Greene, llamaron al gobernador del Estado, pidiendo socorro y exigiendo su presencia en el amotinado mineral; el gobernador hizo otro tanto por su parte, pidiendo socorro a Washington; el cónsul norteamericano difundió la alarma en Arizona, pintando la situación como una guerra de castas y el saqueo a sangre y fuego de la población como un peligro inminente para las vidas y propiedades norteamericanas, y comunicándose con Washington pidió protección al mismo presidente Roosevelt en el desempeño de sus funciones oficiales; al caer la noche, en Cananea el coronel Greene se encerró con sus funcionarios en su casa, convertida en arsenal, en espera de socorro.

Al día siguiente llegó el socorro pedido. A hora temprana y en un tren de seis coches pullman llegó el gobernador del Estado, acompañado de un piquete de rurales mexicanos y de 260 rangers de Arizona, más un grupo de voluntarios norteamericanos vestidos de civil, pero armados para el servicio militar; aclamado por los norteamericanos congregados en el andén, fue recibido en silencio por los mexicanos, salvo por una voz que denunciaba, indignada, la presencia de policías norteamericanos en suelo mexicano —la voz de Lázaro Gutiérrez de Lara y su último intento de agitar el mineral de Cananea. Con bastante presencia de ánimo el coronel Greene reembarcó inmediatamente a los rangers de Arizona, enviándolos a resguardar sus propiedades en el suburbio administrativo de la empresa y llegó el gobernador al hotel de la compañía, donde le esperaba un telegrama urgente de Ramón Corral que decía:

> El Presidente confirma recomendación de que por ningún motivo se acepte auxilio de la fuerza americana, atendiéndose en todo a elementos mexicanos, para hacer frente a la situación. Espero que los auxiliarios que lleva usted de Naco sean mexicanos.

Advertencia que el vicepresidente de la República recalcó con razón.

Mientras veo al Presidente para comunicar a usted instrucciones precisas, creo conveniente indicarle que sin recibir autorización del gobierno federal no debe permitir entrada al país a fuerzas auxiliares norteamericanas, cualquiera que sea su carácter, debiendo usted asegurar a todos los que solicitan eso, que el gobierno mexicano tiene todos los medios para restablecer el orden y castigar a los culpables; tratándose de norteamericanos, le recomiendo que en todo caso proceda con enérgica justificación y de acuerdo con las leyes.

Serios motivos de preocupación tenía el gobierno federal, ya que el *Los Angeles Times* de la misma fecha llevaba un despacho de Washington que informaba que

el Departamento de Estado recibió solicitud directamente del gobernador de Sonora, México, para que del lado americano se le imparta ayuda. Esto es un caso extraordinario. La petición directa fue objeto de una diligente consulta entre el secretario de Estado, el jefe del Estado Mayor, el general brigadier Weil, y los asesores oficiales del Departamento de Guerra, planteando y discutiendo la cuestión de derecho de los Estados Unidos, sobre enviar tropas para que penetren a un Estado amigo, cuya resolución está en duda. En el *inter* los oficiales del Estado Mayor están preparándose para ejecutar cualquier mandato que pueda ser decretado por resolución del secretario Root. Tal acción del gobernador establece un nuevo precedente diplomático desconocido hasta hoy.

El socorro pedido llegó tarde, ya que el pánico había pasado y ya no había más problema que de la inadmisible ayuda americana. Dirigido por el coronel Green y tripulando su automóvil, el gobernador lo acompañó al suburbio de Ronquillo, centro administrativo del mineral, donde los dos dirigieron la palabra a los mineros en huelga. El coronel se contentó con repetir de viva voz el contenido de su carta al comité de huelga del día anterior; el gobernador, secundando al coronel, lo ratificó por su parte y manifestó su satisfacción al saber que los mineros no tenían motivo justificado de descontento, como le constaba entre otras cosas por el hecho de que la tarifa de sueldos en el mineral era igual a la tarifa de precios en los burdeles de Cananea, donde los mexicanos pagaban tres pesos y los americanos cinco por el mismo servicio, sin quejarse de discriminación racial. Abordando al gobernador, los hombres quisieron discutir sus demandas y el gobernador, complaciente, mandó llamar a los líderes, pero Diéguez y Calderón se negaron terminantemente a entablar negociaciones, mientras un solo soldado yanqui se quedara en Cananea, y ante tal actitud el gobernador se mostró también intratable y amenazó con tratar a los insubordinados como se trataba a los yaquis, colgándolos en racimos de los árboles, y mandó encarcelar a un puñado que protestaba. Como la ley prohibía el aumento de sueldos en Sonora sin el consentimiento del gobernador, no quedaba nada que discutir sino la presencia del yanqui en casa, y ese problema tampoco era discutible. Los rangers pasaron el día en Ronquillo sin hacer nada, ni bien, ni mal según el gobernador, matando el tiempo con tiros a los paseantes incautos, pero matando nada más a un viejo sordo y una mujer distraída, y quiso deshacerse de ellos, pero no supo como despedirlos, pues temía que dando alguna orden enérgica que causara indignación entre los norteamericanos, se complicara más la cosa y por lo tanto no hizo nada tampoco; pero el coronel Kostelitzky, jefe de rurales que acababa de llegar con 50 policías montados mexicanos, desalojó a los intrusos sin discutir y los repatrió al anochecer en el tren de la mañana, acompañándolos hasta la salida con impecable cortesía mexicana. Salvo por algunos brotes de violencia en la tarde, dominados también por el coronel Kostelitzky, para la noche del 2 de junio la llamada huelga de Cananea quedó liquidada.

Al día siguiente llegó el general Luis Torres, jefe de la zona militar y mentado matador del yaqui, con fuerzas de un batallón de línea, para terminar la obra de pacificación iniciada por los coroneles Kostelitzky y Greene, y no por ser obra de supererogación fue menos eficaz su cooperación. Comenzó la tarea regañando duramente a su compadre, el gobernador, por permitir el paso de tropa yanqui a territorio nacional, en violación flagrante de la Constitución de la República y de la dignidad y decoro del gobierno federal; en seguida, mandó comparecer ante él y el consejo de administración de la compañía a Calderón, Diéguez y diez de sus presuntos cómplices y declarándolos culpables de asonada contra la libertad de comercio e industria, y comprobados los delitos de homicidio e incendio en propiedad ajena, los encarceló; y por ende, dirigiéndose a los mineros, ordenó la reanudación del trabajo dentro del término perentorio de diez días, so pena de mandar a los insumisos a combatir contra el yaqui. Según una versión, el coronel Greene pronunció la perorata a la última palabra del general Torres, asegurando a los mineros que con gusto hubiera discutido sus demandas con ellos, a no ser por el Presidente de la República con quien consultó el problema y quien contestó con su conocida fórmula: "No me alborote la caballada."

Perdida la huelga, los mineros volvieron al trabajo bajo las mismas condiciones que antes; pero los rompehuelgas no salieron ilesos tampoco del conflicto. Las demandas de la mano de obra eran una manifestación de nacionalismo económico que repercutió profundamente en la opinión pública, irritando el complejo de inferioridad del mexicano frente al norteamericano que estaba en la conciencia de todos, reconocido pero acallado hasta que la huelga de Cananea vino a despertarla en forma tan brutal que provocó una reacción de humillación pública y resentimiento patriótico; y la conducta del gobernador de Sonora agravó la mortificación con una franqueza política imperdonable. Este paso en falso puso en aprietos a tres presidentes. Al solicitar ayuda al vecino, sin consultar su propio gobierno ni la dignidad de su país, el desgraciado funcionario causó extrañeza en los mismos Estados Unidos y desconcertó al gobierno de Roosevelt; y el Presidente, después de consultar el problema diplomático con sus asesores, convino en que tal intervención constituiría un precedente delicado para el porvenir y recomendó al gobernador de Arizona que se abstuviera de prestar la ayuda pedida —recomendación desoída ya que los rangers con o sin permiso abordaron el tren y asentaron el precedente que Roosevelt, por una vez en su vida, quiso evitar. En México las repercusiones del paso en falso fueron, por supuesto, mucho más fuertes y mucho más sonoras. En 1906 el gobernador era Rafael Izábal, uno del triunvirato que alternaba en el gobierno del Estado, y el menos listo de los tres; pero sus compinches le prestaron la mano para sacarlo de apuros. En su defensa el gobernador alegó que la escolta americana subió al tren en Naco, Arizona, del otro lado de la frontera donde él no ejercía jurisdicción ni influencia, y lo acompañó sin su permiso, pero con su consentimiento a condición de respetar su autoridad en territorio nacional, lo que tenía visos de verdad; pero no todas las verdades eran para decirse en esos momentos y la suya tenía la opinión pública ultrajada en su contra. Ramón Corral le prestó auxilio, dictando una versión cuidadosamente desinfectada de la verdad que el gobernador firmó.

Ese informe lo consideramos como oficial para contrariar las noticias exageradas que circulan —le aseguró Corral— y en otro telegrama dígame la clase de gente que eran los americanos armados, en qué número y cómo venían organizados para conocimiento mío y del Presidente.

Recibidos estos datos, Corral contestó:

> Mi querido Izábal, después podré escribirle largamente. Esto no es sino para mandarle el borrador del informe que deseo (y también lo desea el Presidente) que me rinda sobre el famoso paso de tropas o de americanos violando nuestro territorio, etc., etc. Si está usted de acuerdo con ese informe, escríbalo en papel con sello del gobierno de Sonora, si lo tiene y remítamelo luego para publicarlo aquí y avísemelo por telégrafo a fin de hacer la publicación luego. El Presidente está contento con usted, pero necesita él llenar exigencias, contentar al público y al no público, compuesto de gentes necias en su mayoría, y por eso quiere ese informe. Cada mensaje que le dirigí a usted o a Luis (Torres) sobre esto de Cananea lo lee el Presidente; todo es con su consentimiento y su acuerdo.

Pero, al día siguiente, Corral telegrafió:

> Presidente de la República cree que si logramos acallar los periódicos y a los comentadores, es preferible no publicar informe usted, para no revivir el asunto; pero en caso que sea necesario, la publicación se hará suprimiendo las palabras que usted indica.

Pero acallar a los periódicos no era cosa fácil. El patriotismo o el patrioterismo, según el señor Corral, exigió la investigación de responsabilidades, comenzando con Izábal. *El Correo de Sonora* insistió en que el gobernador fuera sujetado a proceso; en la capital de la República, *El Tiempo* hizo otro tanto, protestando por su parte:

> Noticias de los Estados Unidos dicen que el Presidente de la República, señor general Díaz, telegrafió al gobernador Izábal aprobando su conducta hasta ahora. Esto es absurdo, pues no puede haber aprobación desde el momento que la conducta del gobernador amerita un proceso que no dudamos se le formará, pues la ley señala a los actos por él cometidos una gravísima pena.

Protegiendo al gobernador, Corral, recién ascendido a la vicepresidencia de la República, corría el riesgo de acrecentar su propia impopularidad y hasta de perjudicar al señor Presidente, pues otro periódico —*La Libertad* de Guadalajara— hurgando en el fondo del asunto, señalaba que con la lenta y segura conquista pacífica del país por el capital extranjero el general Díaz cosechaba el fruto podrido de su política entreguista de veinticinco años.

> Debido a esta conducta del gobierno nacional, no sólo gozan de privilegios irritantes y odiosos esas compañías, sino que han llegado a adquirir verdadero dominio en algunos casos, aunque un tanto solapado, y como consecuencia podemos decir que hay posesiones extranjeras dentro del territorio mexicano; ahí están como patentes ejemplos Cananea en Sonora y Santa Rosalía en Baja California. Norteamericanos y franceses pueden decir con verdad que tienen no sólo dos minas riquísimas, incalculablemente ricas, que producen fabulosas cantidades de cobre, sino dos colonias en que, como es obvio, son los árbitros, los verdaderos dueños. La soberanía nacional al llegar a las líneas de aquellos lugares se detiene y no osa penetrar; para cubrir las formas se ejerce por nuestras autoridades una soberanía ficticia, pero, en realidad, los representantes de las poderosas compañías son los reyes absolutos, con mayores fueros y prerrogativas que los más autócratas entre los soberanos.

La debilidad del Presidente acusaba la debilidad del país, y con tal motivo un periódico que ostentaba el título de *El Tercer Imperio* insistió en el castigo condigno del gobernador.

> Con ese objeto, es de absoluta necesidad que se sujete a un proceso al señor Izábal, con lo cual, aunque resultara inocente, se demostraría al mundo que, entre todas las cosas, México estima su honor, y que la nación no carece de tan noble sentimiento.

Como el Presidente y Vicepresidente de la República no fueran a tomar asiento también en el banquillo de los acusados, fue preciso procesar al funcionario menor y se cubrieron las formas, sometiendo al gobernador a juicio congresional ante el gran jurado del Senado, que lo declaró inocente para salvar el honor nacional. Inocente, en realidad, de hipocresía, el gobernador Izábal no entendió lo reprobable de pedir ayuda al vecino y de recibirla del amigo; y el Presidente pensaba igual. Recibió del embajador americano la oferta de ayuda militar y la agradeció sin aceptarla, pues tenía ya dominada la situación con puros elementos mexicanos; pero dijo que, de repetirse el caso, la tomaría en consideración;

> parece claro que el presidente Díaz teme que este asunto de Cananea no sea el último.

Comentó el embajador, quien lo encontró muy agitado por reconocer el origen revolucionario de la huelga.

Tampoco salió indemne el presidente de la Cananea Consolidated Copper Company. En un informe rendido a Corral —informe enteramente original— el gobernador ratificó con sus propios ojos todas las defensas del coronel Greene.

> Dije a usted antes que le expresaría los motivos en que me apoyo para afirmar que no han tenido razón los operarios mexicanos para manifestarse descontentos por los salarios. En efecto, cuando llegué aquí, vi reunidos probablemente a todos los trabajadores mexicanos de esta negociación, a quienes esperaba ver vestidos de mezclilla como en otros minerales; pero con gran sorpresa vi que todos están vestidos de buen casimir, usan buen sombrero de fieltro y zapatos buenos también. Además, los artículos de primera necesidad tienen aquí precios inferiores a los que tienen en otros minerales y la verdad es que muchos de esos artículos se venden aquí más baratos que en Hermosillo mismo. Por otra parte, hay aquí un surtido completo de los repetidos artículos, y muchos de los que en la capital del Estado están sólo al alcance de las personas de ciertas comodidades están aquí al de todo el mundo, ora porque los hay en abundancia, ora porque se venden a precios sumamente bajos; por ejemplo, el jamón y el tocino se venden en Cananea a cuarenta y cinco centavos libra y la población mexicana consume unas quince mil libras mensuales de este artículo que en otras poblaciones es considerado como un lujo. Pero aún tengo otra cosa que referir y que habla de modo elocuente en favor de las buenas condiciones de vida en que se encuentran los trabajadores mexicanos en este mineral: quiero referirme al hecho, bien significativo por cierto, de que en el Banco de Cananea hay depósitos de dinero, economías de mexicanos, que ascienden a más de cuarenta mil pesos que se distribuyen como sigue: Depósitos de más de $100 000: 39 629. Depósitos de menos de $100 000: 1 101. Total: $40 730, economizados por obreros y empleados mexicanos.

En efecto, basta ver el conjunto de aquellos obreros para formar el concepto de que disfrutan de buenos jornales, pues más que operarios de minas, parecen personas de la clase media; no en su mayoría, sino en su totalidad, todos están bien vestidos y bien calzados; en sus hogares no es raro encontrar muebles de cierto costo, como estufas, camas, mesas y aun poltrones y espejos; el salario mínimo del simple bracero es de tres pesos por ocho horas de trabajo y hay muchos que ganan seis y siete pesos diarios.

En cuanto al cargo de discriminación racial, el gobernador lo encontró igualmente injustificable.

Existe, sin embargo, el hecho que ha sido el principal pretexto alegado para la huelga, a saber: que los operarios norteamericanos ganan mejor jornal que los mexicanos. La compañía explica ese hecho diciendo que el trabajo del minero norteamericano es más constante, más empeñoso y más productivo para la empresa, y que de ninguna manera debe entenderse que paga mejor salario al trabajador norteamericano por espíritu de nacionalidad, pues no son de este género los fines que buscan las empresas mineras. Entre las quejas que me presentaron los trabajadores mexicanos, la única que encontré justificada fue la relativa a que dos o tres capataces norteamericanos trataban con insolencia a los mexicanos. Me acerqué al gerente, señor Dwight, pidiéndole que separara a esos capataces, a lo que inmediatamente accedió. Con tal motivo, hice a este señor algunas recomendaciones sobre desplegar la mayor prudencia para restablecer la buena inteligencia y la conciliación entre todos, y después de ofrecérmelo, me dirigió la carta cuyo original acompaño.

Sin embargo, para acertar había que tomar en cuenta la relación del sueldo al costo de la vida en este mineral de lujo, además de la variabilidad de la verdad en todo el mundo; y de ese dato le recordaba otra carta recibida en Cananea y que le decía:

Señor Rafael Izábal, gobernador del Estado. Respetando el alto lugar que guarda me concreto a decirle a usted en nombre del pueblo lo que sigue:
Señor, acordaos de la desnudez, del hambre, y de otras necesidades que sufre toda la gente humilde de pocas proporciones y de poca inteligencia; hay días que solamente 2 veces comen porque tienen una numerosa familia o algún enfermo. $3.00 es un miserable sueldo para comprar leña a $16.00, cuerda y una casa pocilga de una pieza

$15.00; doctor, $3.00; agua, $5.00; un mal calzado $6.00 y otras tantas cosas que sería imposible enumerar. Ah, pero tenemos que humillarnos los mexicanos si levantamos la voz nos la calla nuestro gobierno con sus batallones sostenidos por el mismo pueblo. Procurad contentar al pueblo de alguna manera y no tratarlo mal porque ya el pueblo tiene hambre y más tarde si no se proporciona algo tendrá que arrojarse contra las despensas y almacenes de este lugar resuelto a morir. Que bien cierto es que no hará usted aprecio de esto, pero tendrá más tarde que lamentarlo.

Quedo de Ud. Atto. y SS. *José María Carrasco.*

Pues bien, huelga de hambre o huelga de raza, lo de Cananea era una protesta nacionalista que reverberó en la nación, y a pesar del testimonio del gobernador, el coronel Greene se vio obligado, a consecuencia de la publicidad recibida, a seguir la recomendación del Presidente de la República y retirarse de la dirección de su empresa benévola haciéndose representar por un sustituto que en algo mejoró las condiciones de la mano de obra; pero dos años más tarde la empresa, debatiéndose en una depresión siempre más dura, no era más que la sombra de lo que fuera en 1906. De los dos presidentes el más desgraciado era, sin duda, el general Díaz, porque la protección incondicional impartida al capital norteamericano —el tercer imperio de la historia mexicana— le costó la fama, ya muy desgastada, de patriota ganada en la guerra contra el segundo imperio de Napoleón III y Maximiliano de Habsburgo.

Los más castigados, empero, por los hilos cruzados del conflicto, fueron los huelguistas mismos. Luego que se rindieron al gobierno, la ley les cobró caro su mexicanísimo espíritu de empresa. A los dos días de tener restablecida la paz, Izábal telegrafió a Corral:

Diligencias practicadas, resultaron graves responsabilidades contra algunos de los aprehendidos, quienes tendrán necesariamente que resultar sentenciados a la pena capital, como asesinos e incendiarios; pero los autores morales de tales crímenes, quienes pusieron en movimiento al pueblo con fines políticos perfectamente aclarados, sólo podrán ser condenados por sediciosos, cuyos nombres son: Manuel M. Diéguez, natural de Jalisco, socialista decidido; Esteban Baca Calderón, natural de Tepic, bastante ilustrado e inteligente, que buscó trabajo de minero sin más fin que relacionarse con el pueblo y sublevarlo; José María Ibarra, comerciante en pequeño, natural de El Fuerte, Sinaloa. Éstos son los que ahora tenemos perfectamente aclarados con documentos u otras pruebas, que están en correspondencia y combinación con los Flores Magón, a quienes mandaban dinero que reunían a ese fin y tenían organizado un club en que celebraban sesiones secretas. Seguro que aparecerán otros; pero a éstos, repito, que el general Torres y yo creemos conveniente fusilarlos; pero a la luz del día, para que el ejemplar castigo surta sus efectos.

Corral contestó:

Es imposible fusilar a los instigadores de los desórdenes, porque causaría grande escándalo en el país. Que les aplique el juez todo el rigor de la ley y después les mandaremos a San Juan de Ulúa a extinguir su condena.

Conforme a la consigna, Calderón y Diéguez fueron sentenciados a quince años en el presidio militar de San Juan de Ulúa, diecisiete mineros recibieron sentencias menores, y la prudencia de Corral salvó a Izábal de cometer otro error y al general Torres de ser fautor del tonto.

La huelga de Cananea cogió por sorpresa a los autores intelectuales de la sedición, pero poniendo a desnudo cómo lo hacía la supeditación del gobierno al capital extranjero, resultó oro molido para la causa, y se apresuraron a aprovecharla. Un mes más tarde, el 1º de julio, salió en *Regeneración* el programa acabado y completo del Partido Libertal, acompañado de un manifiesto, que era una exhortación apasionante al pueblo mexicano y una clarinada vibrante a batir a hierro caliente.

Mexicanos: He aquí el programa, la bandera del Partido Liberal, bajo la cual debéis agruparos los que no hayáis renunciado a nuestra calidad de hombres libres, los que os ahoguéis en esa atmósfera de ignominia que os envuelve desde hace treinta años, los que os avergoncéis de la esclavitud de la patria, que es vuestra propia esclavitud, los que sintáis contra vuestros tiranos esas rebeliones de las almas indóciles al yugo, rebeliones benditas, porque son la señal de que la dignidad y el patriotismo no han muerto en el corazón que las abriga...

El programa, sin duda, no es perfecto: no hay obra humana que lo sea; pero es benéfico y, para las circunstancias actuales de nuestro país, es salvador. Es la encarnación de muchas nobles aspiraciones, el remedio de muchos males, el correctivo de muchas injusticias, el término de muchas infamias. Es una transformación radical: todo un mundo de opresiones, corrupciones, de crímenes, que desaparece, para dar paso a otro mundo más libre, más honrado, más justo.

Todo cambiará en el futuro.

Y recapitulando las promesas del porvenir para cambiar los males del presente —la desfachatez de la dictadura, la irresponsabilidad de los funcionarios públicos, la prostitución de los tribunales de justicia— el profeta declaró que:

> el trabajador mexicano dejará de ser, como es hoy, un paria en su propio suelo: dueño de sus derechos, dignificado, libre para defenderse de esas explotaciones villanas que hoy le imponen por la fuerza, no tendrá que trabajar más que ocho horas diarias, no ganará menos de un peso de jornal, tendrá tiempo para descansar de sus fatigas, para solazarse y para instruirse, y llegará a disfrutar de algunas comodidades que nunca podría procurarse con los actuales salarios de $0.50 y hasta de $0.25; no estará allí la dictadura para aconsejar a los capitalistas que roben al trabajador y para proteger con sus fuerzas a los extranjeros que contestan con una lluvia de balas a las pacíficas peticiones de los obreros mexicanos: habrá en cambio un gobierno que, elevado por el pueblo, servirá al pueblo, velará por sus compatriotas, sin atacar a derechos ajenos, pero también sin permitir las extralimitaciones y abusos tan comunes en la actualidad;

y reconcentrando lo de Cananea con todas las llagas del régimen, reiteró:

> todas las libertades serán restituidas al pueblo y no sólo habrán conquistado los ciudadanos sus derechos políticos, sino también un gran mejoramiento económico, no sólo será un triunfo sobre la tiranía, sino también sobre la miseria. Libertad, prosperidad: he ahí la síntesis del programa.
>
> Pensad, conciudadanos, en lo que significa para la patria la realización de estos ideales redentores; mirad a nuestro país hoy oprimido, miserable, despreciado, presa de extranjeros, cuya insolencia se agiganta por la cobardía de nuestros tiranos: ved cómo los déspotas han pisoteado la dignidad nacional, invitando a las fuerzas extranjeras a que invadan nuestro territorio, imaginad a qué desastres y a qué ignominias pueden conducirnos los traidores que toleramos en el poder, los que aconsejan que se robe y se maltrate al trabajador mexicano, los que han pretendido reconocer la deuda que contrajo el pirata Maximiliano para sostener su usurpación, los que continuamente están dando pruebas del desprecio que sienten por la nacionali-

dad de que estamos orgullosos los compatriotas de Juárez y de Lerdo de Tejada... Unámonos, sumemos nuestros esfuerzos, unifiquemos nuestros propósitos, y el programa será un hecho.

Y por las dudas pedestres y los escépticos profanos: desprecio, sólo desprecio.

¡Utopía! ¡Ensueño!, clamarán, disfrazando su terror con filosofías abyectas, los que pretenden detener las reivindicaciones populares para no perder un puesto productivo o un negocio poco limpio. Es el viejo estribillo de todos los retrógrados ante los grandes avances de los pueblos, es la eterna defensa de la infamia. Se tacha de utopía lo que es redentor, para justificar que se le ataque o se le destruya: todos los que han atentado contra nuestra sabia Constitución se han querido disculpar declarándole irrealizable; hoy mismo, los lacayos de Porfirio Díaz repiten esa necedad para velar el crímen del tirano, y no recuerdan esos miserables que esa Constitución que llaman tan utópica, tan inadecuada para nuestro pueblo, tan imposible de practicar, fue perfectamente realizable para gobernantes honrados como Juárez y Lerdo de Tejada. Para los malvados, el bien tiene que ser irrealizable; para la bellaquería, tiene que ser irrealizable la honradez. Los corifeos del despotismo juzgarán impracticable y hasta absurdo el Programa Liberal; pero vosotros, mexicanos que no estaréis cegados por la conveniencia, ni por el miedo; vosotros, hombres honrados que anheláis el bien de la patria, encontraréis de sencilla realización cuanto encierra ese programa inspirado en la más rudimentaria justicia.

Y pasando de las promesas a las penalidades, y de la retórica a la realidad, la exhortación concluyó: "Los que neguéis vuestro apoyo a la causa de la libertad, merecéis ser esclavos".

La huelga de Cananea estalló el 1º de junio, la huelga política del Programa del Partido Liberal salió el 1º de julio; y el 1º de agosto el Presidente recibió un informe preparado por un amigo de confianza, encargado de investigar el estado que guardaba la opinión pública. El informe era franco.

No hay que equivocarse: el movimiento actual no es aislado ni está circunscrito a la clase obrera. Por el contrario, está muy generalizado y en él toman participación, ya directa ya indirecta, individuos de todas las clases; de las ricas en una proporción mínima; de la burguesía en proporción mayor; de las clases bajas en cantidad creciente, arrastrados por las otras dos. Los primeros por ambición, los segundos por necesidad y para satisfacer anhelos, y los últimos acosados por la miseria y porque siempre y en todas partes son propensos a la sedición. Con verdadera habilidad se ha dado a este movimiento carácter de socialismo; pero la verdad es que, si por su parte social ataca al industrialismo (no al capitalismo, hay que tenerlo en cuenta), por su parte política ataca al gobierno. Para convencerse de esto último, basta ver la actitud de la prensa de oposición, cómo ha venido preparando y sosteniendo la acción, y cómo mezcla a las quejas del obrero las quejas de todo el pueblo, recogiendo cuidadosamente y propalando mañosamente cuanta noticia, verdadera o falsa, puede atraer descrédito sobre los hombres públicos de cualquier categoría. En casi todos los Estados reina el descontento, el que emana de la perdurabilidad de algunos gobernadores de los Estados y del grupo que rodea a cada uno de ellos, lo que mata las aspiraciones legítimas de los demás de participar en la cosa pública ya para realizar ideales preconcebidos, ya para satisfacer ambiciones de poder, ya, en fin, para contentar su vanidad. Y los que no tienen tales aspiraciones, desean al menos un cambio, creyendo que lo que venga después será mejor que lo que hoy tienen. Hay fatiga, causada por la inamovilidad de muchos funcionarios y empleados; irritación, originada en abusos cometidos por algunos o muchos de ellos; impaciencia de los que se creen con derecho de ocupar un puesto público y que cifran sus esperanzas en un cambio, aunque sea un cambio parcial; odio hacia un cierto círculo político que ha sido y sigue siendo considerado, con o sin razón, como dueño del país y el dirigente exclusivo de la cosa pública, monopolizando los negocios lucrativos, y pareciendo ser, en toda ocasión, la espada de Brenno que inclina el fiel de la balanza en que cae; quejas contra las autoridades, porque demuestran poco o ningún interés por el pueblo, pensando cada quien sólo en enriquecerse y sus favoritos; y aun en las mejoras materiales de la más evidente utilidad pública, los oposicionistas se niegan a ver más que intereses y utilidades privadas.

A esto se agrega, en los actuales momentos, la cuestión obrera, y se agregará más tarde la cuestión agraria, que si no es buena la condición del obrero, la del peón del campo es verdaderamente pésima; y si no se invocan los derechos del peón de campo y sí los de los obreros, es porque éstos, por su nivel intelectual menos bajo, por vivir en agrupaciones y por su carácter más levantisco, constituyen mejor material para los propósitos de quienes intentan cambiar el orden de cosas existente, quienes confían en que los trabajadores del campo se les unirán, llegando la ocasión.

Creer que la prensa de oposición está obrando como lo hace por los centavitos que le produce la venta de los periódicos, es un error. En el fondo de su conducta hay sinceridad, y de allí nacen su energía y su constancia. Creer que esa prensa no ejerce influencia es otro error, pues cuenta con buen número de lectores, los que patrocinan unos por curiosidad, otros porque la malevolencia humana hace que se guste de lo que denigra al poderoso, y otros porque ven en ella reflejados sus deseos. Creer que la persecución puede destruirla o siquiera enfrenarla, es error más craso, porque se da a cada escritor perseguido la aureola de un mártir de la literatura, y el héroe del calabozo suele convertirse en héroe de la barricada.

La experiencia acumulada en la historia nos enseña que, cuando nadie mira por el pueblo, el pueblo mira por sí mismo; y cuando el pueblo mira por sí mismo, no es río que corre por su cauce natural, sino torrente que se desborda. La misma experiencia nos enseña que para cada revolución es indispensable la concurrencia de circunstancias exteriores y también un *semen martyrum*, una fe nacida de convicciones internas que fortifica a los hombres y les impulsa a enfrentarse a la muerte en defensa de la causa que proclaman. He señalado las circunstancias externas y he indicado aquel *semen martyrum;* aquí tenemos los elementos revolucionarios latentes en parte y palpitantes en parte en el seno de nuestra sociedad. Y no debe decirse que son insignificantes y que sus manifestaciones son inofensivas. Debemos recordar que al estallar la Revolución Francesa, Luis XVI exclamó, "esto es motín" —a lo que el Duque de Liancourt contestó, "no, sire, esto es una revolución"—, y los hechos vinieron a confirmar al cortesano. Cargas contra el gobierno se hacen todos los días y nadie las contradice con razones y evidencia; y como un hombre que habla llama más la atención que diez mil que se callan, estos rumores cunden y se arraigan lentamente en el pueblo; es decir, en todas las clases sociales y se vuelven gérmenes que crecen.

No hay nada más perjudicial en política que esa teoría de *laissefaire* y "dejen que griten". El primero da la impresión de que el gobierno no sabe qué hacer y el segundo que el gobierno no sabe qué responder. Porque, si el silencio del pueblo es la enseñanza de los reyes, como dijo Mirabeau, el silencio de los reyes es la justificación de los cargos levantados contra ellos por los pueblos, como digo yo.

Que hay algo grave, muy grave, es cosa segura, y quienes miran con indiferencia la situación actual cometen imperdonable error y contraen una seria responsabilidad ante la historia. Los pequeños movimientos que se han operado hasta ahora en Cananea, Aguascalientes, Chihuahua y aun en esta misma capital, precursores de los que se preparan en otros grandes centros del país, bajo la cuestión

obrera, no son más que ensayos de fuerza, de expansión, de virilidad, para saber con lo que se cuenta y calcular hasta dónde llegar.
Encuentro efervescencia abajo y alarma arriba. Esto sólo puede conjurarse por la acción patriótica y enérgica del hombre colocado al ápice de la pirámide social. Por usted, señor Presidente. La única manera de combatir y destruir la idea revolucionaria es demostrar el error de su origen. Pero cuando la idea es tan avanzada que frisa en un hecho o ha comenzado a transformarse en un hecho, la única manera de dominarla es de encabezarla.

Y tal fue el remedio que propuso, en serio, al Presidente. El consejero llevaba la voz del gobierno en la prensa con el encargo de contrarrestar las tendencias de la prensa oposicionista y había cumplido lealmente su misión.

En efecto, la prensa oposicionista, casi por completo, ha comprendido el peligro que corre la nación con su propaganda revolucionaria, y ha moderado sus ataques al gobierno y se ha dedicado a estudiar la cuestión social desde el punto de la evolución económica y moral, siguiendo el curso que yo le indiqué cuando empecé la campaña. Hasta aquí los obreros que se fueron a la huelga han seguido mis consejos, ilustrados y robustecidos por los consejos de otros periódicos hasta de los mismos oposicionistas. Pero todo esto, señor, no constituye una victoria, no definitiva, no es más que una avanzada ventajosa; no es la paz sino una tregua. Pasado el primer momento de sorpresa y agotado el tiempo concedido para la reflexión, volverán a la lucha con mayor ardor que antes y con verdadera amargura... Al pueblo no se puede engañarlo con promesas ni confiar mucho en sus pausas, cuando está resuelto a actuar; y no sería yo capaz de recurrir al fraude para contenerlo... En cuanto a encauzar el movimiento usted mismo, no me atreveré a ofrecer mi opinión ni a indicar la manera de realizarlo. Es usted demasiado superior a mí en ciencia y experiencia para que yo fuera tan atrevido. Pero creo de mi deber, señor, suplicarle que no mire con indiferencia lo de Cananea y que se dé satisfacción plena a la opinión pública, que se hable, que se investigue, que demuestre que el gobierno estaba justificado, que se conjuren dudas y se tranquilicen alarmas y que se satisfaga la opinión pública, aunque sea sólo en parte. Más aún, que se preste apoyo eficaz a los obreros en cuanto sus demandas sean justas; que se nombre una comisión compuesta de cinco personas competentes para la cuestión obrera y que propongan lo que ellos creen conveniente; esto bastará *por el momento* para calmar la efervescencia, para inspirar confianza en el gobierno y la esperanza de que mejorará la condición precaria de las clases obreras.

Estamos en una época de agitación, no podemos ignorarlo, y esas épocas son fértiles en sistemas, proyectos y planes de toda clase con una superabundancia de los malos. No creo que la opinión pública tenga siempre razón, pero sí creo que se debe tenerla en cuenta y que se debe darle satisfacción, porque la tendencia actual es a la desobediencia a menos que se le demuestre la justicia del orden o que se le someta por la fuerza. El último puede ser más eficaz por el momento, pero tal acción siempre acarrea una reacción tanto más violenta en proporción a la violencia de la fuerza que la comprime.

El autor del informe era Rafael de Zayas Enríquez, el juez de paz que intervino en la matanza de Veracruz en 1879 y que prestó un servicio igual al Presidente al analizar la situación en 1906 y ponerlo sobre aviso contra la revolución latente que ligaba los principios y las postrimerías de su carrera y captaba la concatenación de los hechos con la clarividencia del crítico histórico; pero el remedio heroico que le proponía al invitarlo a encabezar la rebelión en contra de su propio gobierno era una burla cruel, ya que la solución le suponía una adaptabilidad proteica que el viejo ya no poseía y el amigo le pedía nada menos que su suicidio político. La revolución era la única cosa que Porfirio Díaz no sabía hacer suya y siendo así, enmudeció y no hizo nada.

Por lo tanto, hacía falta otra advertencia y vino la segunda con la insurrección misma. La huelga de Cananea despertó la conciencia nacional y aceleró el pulso entorpecido de la opinión pública, el momento sicológico era propicio para sublevar al pueblo, y a principios de septiembre Ricardo Flores Magón, Juan Sarabia y Antonio Villarreal se trasladaron a El Paso para dirigir el movimiento armado. Pero los talentos de Ricardo como dirigente no eran iguales a sus dotes de agitador. Conforme al plan, la junta contaba con setenta grupos claves diseminados en todo el país y el movimiento debía arrancar simultáneamente, con coordinación militar, y difundirse como la huelga por combustión espontánea; pero la vigilancia del gobierno, alertada por la publicación del programa, se había redoblado a lo largo de la frontera y a la fecha para entrar en acción fue confiada al azar. Fijada tentativamente para el 16 de septiembre para coincidir con la celebración de la independencia nacional, el día crítico fue aplazado provisionalmente hasta fines del mes y en una carta dirigida a un correligionario en Veracruz, con fecha de 14 de septiembre, Ricardo le hizo saber que la insurrección comenzaría al verificarse cualquiera de las siguientes circunstancias:

que se levantara Cananea, que se levantara cualquier otro grupo liberal, o que alguno de los miembros de la junta cayera en poder de las autoridades. Si no ocurre ninguna de estas circunstancias, la junta señalará la fecha del levantamiento que es cuestión de días ya.

De tales contingencias la última era la más probable, ya que la organización preliminar del movimiento, dirigida con el máximo secreto, dictaba el carácter fortuito y azaroso de la conspiración, y hasta las precauciones indispensables para asegurar el secreto fueron sacrificadas a la enésima hora.

Antes de huir de Montreal, Enrique recibió una carta de su hermano que con razón le inquietó: Ricardo le participaba que dos oficiales del ejército, acuartelados en Ciudad Juárez, se habían ofrecido a trabajar a favor de la causa entre la tropa, y que de ser sinceros, tal ayuda sería de valor inestimable para el triunfo del movimiento. Conociendo la mentalidad de la oficialidad y la credulidad de su hermano, Enrique le puso sobre aviso contra tan fatal confianza; pero la advertencia pasó desoída. Obsesionado por la posibilidad de reclutar a los militares, Ricardo les puso al tanto no sólo del movimiento inminente, sino de los nombres de importantes conjurados en varias partes del país, incluso el nombre de Enrique y su paradero en Canadá —información que puso a los detectives sobre su pista— y perdiendo la cabeza con la separación de cerebros, Ricardo cayó en las redes de su pesca. Los oficiales entregaron el plan al gobierno y el 29 de septiembre, en vísperas del golpe, el gobierno cayó sobre los cabecillas. Ricardo, cogido por dos detectives norteamericanos en el momento de cruzar el puente internacional e internarse en México se salvó por milagro, luchando con la fuerza hercúlea de la furia y la desesperación y se perdió a todo correr en los Estados Unidos; pero Juan Sarabia cayó en el lazo tendido en Ciudad Juárez, cogido con dos camaradas. El movimiento comenzó prematuramente en dos puntos cardinales muy distanciados entre sí —en Jiménez en la frontera de Coahuila en el norte y en Acayucan en la serranía de Veracruz en el sur— y vino abajo estrepitosamente en un solo día. El gobierno cayó sobre los caídos, centenares de implicados pagaron el cálculo errado, y la insurrección terminó antes de comenzar. Un movimiento tan precario estaba probablemente predestinado al fracaso; pero Ricardo siempre achacó el desastre a la traición y echó la culpa a los dos oficiales del ejército.

Vino en seguida una ola de represalias. La persecución de los vencidos corría a cargo del gobernador de Chihuahua, don Enrique Creel, y corrió a lo largo de ambos lados de la frontera del norte donde los clubes liberales, infiltrados de espías, contribuyeron su cuota al descalabro de la causa, y para fines de octubre el gobernador pudo informar al Presidente que tenía ya presos a todos los principales culpables, menos a Ricardo Flores Magón, pero que los detectives norteamericanos andaban sobre sus huellas. La fuga de Ricardo fue compensada, sin embargo, por la captura de Juan Sarabia, a quien le tocó expiarla, pues el Presidente telegrafió instrucciones precisas y perentorias al gobernador: "Diga usted al juez que el caso es excepcional y que debe emplear toda la severidad que sea posible dentro de la ley y en algunos casos preparar los procedimientos para que quepa". Después de hacer una defensa impertérrita de la causa perdida ante el tribunal, Juan Sarabia fue sentenciado a seis años de prisión en San Juan de Ulúa, y del trato que allí le esperaba tuvo un presagio seguro al subir al furgón del ferrocarril, atado codo a codo con sus compañeros, y reconocer al comandante del convoy, su antiguo vecino en Belén, Antonio Villavicencio.

Juan Sarabia era el premio gordo de la redada; pero dos de los dirigentes del Partido Liberal andaban todavía sueltos en los Estados Unidos, y la larga garra de la ley pasó la frontera y los recogió en San Luis, Missouri. Librado Rivera y Antonio I. Villarreal, detenidos por las autoridades de migración y destinados a la deportación a petición del gobierno amigo, iban camino a México, pero el *St. Louis Post Dispatch* intervino otra vez y consiguió de un juez norteamericano un amparo prohibiendo su extradición por causas políticas. Librado Rivera viajaba ya hacia la frontera cuando el amparo le alcanzó en una estación de tránsito; Villarreal llegó a la frontera, pero logró escapar cuando estaba a punto de ser entregado a la policía mexicana y repetir la fuga milagrosa de Ricardo. Pero éstos eran casos excepcionales; abundaban los mexicanos repatriados y condenados a San Juan de Ulúa, que vino a ser el punto de concentración del movimiento, concurrido desde todos los ámbitos de los dos países.

Cuando Antonio Villavicencio entregó su carga en Veracruz, no fue la muerte fulminante, sino el exterminio lento, lo que esperaba a los condenados. Por brutal que fuera Belén, peor era Ulúa. Los sentenciados expiaron el fracaso del conato de rebelión en las profundidades, las tinieblas, las tinajas y el silencio del más siniestro de los baluartes del régimen. Presidio militar, semisumergido y siempre tranquilo en las aguas turbias del puerto, San Juan de Ulúa era una fortaleza medieval construida por los españoles en los días de la Colonia y un monumento formidable al poder del Estado, convertido en el *non plus ultra* del régimen penal y la última defensa peninsular de la dictadura porfirista; entre las bartolinas subterráneas de Belén y las tinajas submarinas de Ulúa había una diferencia abismal e insondable que conocieron Sarabia y sus compañeros cuando penetraron en la mole en diciembre de 1906. Pocos fueron los que entraron a Ulúa y salieron con vida o salud a salvo, y uno que logró la proeza —un camarada atrapado en la rebelión abortada— dejó constancia de la muerte en vida experimentada en aquella tumba política con un relato que basta para explicar por qué fueron tan pocos los que subrevivieron a la sentencia.

El primer paso daba la impresión de un apagón absoluto, como el descenso en el pozo de una mina, tropezando el preso entre muros de impenetrable oscuridad, bajando a ciegas y con pasos en falso de galera en galera, adivinando de vez en cuando la presencia de sus congéneres por el brillo de sus ojos en las tinieblas, y tanteando techos y pisos fríos y sudorosos hasta llegar, casi sofocado al trasfondo de la cárcel, reservado para los presos políticos y bautizado el *infierno*. Ahí el condenado pasó los primeros seis meses de su condena rigurosamente incomunicado.

> ¿Es un infierno o una tumba? Es una tumba infernal. Desde que se da el primer paso se nota un piso húmedo que hasta chasquea, como si fuera un chiquero de puercos. Una atmósfera caliginosa y malsana invade los pulmones; la peste se hace inaguantable; la humedad es tanta y está el ambiente tan impuro que tengo escoriadas la laringe y la nariz; la oscuridad es completa y en forma de gran nicho, abovedado, está rodeado por paredes de dos y tres metros de espesor, las cuales chorrean agua. Jamás ha entrado aquí un rayo de luz, desde que se construyó este mísero calabozo, allá hace siglos por los españoles para deshonra de la humanidad. Las paredes se toman y están frías como hielo, pero es un frío húmedo y terrible que penetra los huesos, que cala, por decirlo así. A la vez, el calor es insoportable, hay un bochorno asfixiante; jamás entra un ráfaga de

aire, aunque haya norte afuera. Las ratas y otros bichos pasan por mi cuerpo sin respeto, habiéndose dado el caso de que me roan los dedos por la noche. Ahora procuro dejarles en el suelo migajas de pan para que se entretengan. Hay noches que despierto asfixiándome; un minuto más y tal vez me muera, me siento, me enjugo el sudor, me quito la ropa encharcada y me visto para otra vez volver a empezar: Cuando esto sucede, rechino los dientes y digo con amargura ¡Oh pueblo! ¡Oh patria mía! Hace cinco meses que estoy aquí, enterrado vivo, virtualmente sin comer, enfermo del hígado inflamado, vomitando el poco alimento que tomo, casi todo líquido. ¿Y cree usted que estoy acobardado? No. Sabía lo que me esperaba. Entré en esta tumba el 5 de diciembre de 1906, y desde entonces me tienen incomunicado, vigilado de cerca, y aunque quise escribir antes, fue hasta hoy cuando el azar me surtió el papel y lápiz... Mirabeau nos dice que los chinos inventaron las torturas más terribles para las sensaciones de los variados órganos del cuerpo. Y, ¿qué decir de las torturas del olfato? Aquí las tenemos todas. Tenemos que respirar fétidas emanaciones, una atmósfera húmeda y pesada que nunca se renueva, porque no hay ventilación y a veces la vela se apaga por falta de aire, sin mencionar los vapores mefíticos de la cuba que es inmunda, podrida, vieja, nunca desinfectada y llena de microbios acumulados aquí con las centurias. Los ojos sujetos al tormento de la oscuridad eterna. La boca llena de microbios y del sabor amargo de un hígado infectado. El silencio indefinido... Cuando el coronel vino a mi bartolina el día después de mi llegada, me preguntó cómo había pasado la noche, cómo dormí, le dije muy bien, naturalmente, porque era verdad. El coronel no pudo menos de sonreír, porque le pareció imposible, y es solamente ahora cuando he empezado a enfermar de la sofocación. Esto no es un lamento ni una queja. Me dirijo al tribunal del pueblo para presentar una acusación terrible y espero el veredicto con calma aquí donde me mantengo firme en mis convicciones.

La tumba era el limbo infernal y el purgatorio sin fin del rebelde político; los delincuentes del orden común o de la disciplina militar disfrutaban de un rato de libertad relativa a cambio de desempeñar los servicios sanitarios de la comunidad carcelaria; cargando con los quehaceres serviles del presidio, pasaban un rato al sol y respiraban aire fresco, y era sólo al ser ascendido al rango del criminal común cuando el reo político gozaba de los mismos privilegios. Entonces, saliendo de las tinieblas casi cegado por el sol, caía en poder de dos capataces, el terror de la prisión, que abusaban del preso con la brutalidad licenciosa de subalternos ebrios de autoridad servil. Uno, un mayordomo militar, enfermo de inferioridad e infeccionado de la sed de libertad de sus presos, blandía el látigo del mandamás bajo cualquier pretexto o ninguno; el otro, un fornido negro que odiaba las tripas del blanco, de puro bicho castigaba cualquier cuerpo indefenso, que caía en su poder —"cada latigazo dejaba muerto o moribundo a su víctima, fustigaba no sólo para mantener la disciplina como suele hacerse con los prisioneros militares sino, cuando sufría ataques de satiriasis y no podía satisfacer su lujuria, pulverizando a su preso". El Rojo y el Negro, se los llamaban, rojo el uno con sed de sangre, negro el otro con sed de mando, y en ese mundo sin mujeres los dos negreros se ensañaban en su presa hasta no poder más.

> Al principio de nuestro cautiverio otros presos llevaban a vaciar la cuba; pero algún tiempo después un mayor de apellido Grinda, que nos tenía muy mala voluntad, ordenó que fuese una pareja de nosotros mismos la que llevase a vaciar. El que esto escribe recuerda que la primera pareja se formó de Juan Sarabia y él. Por fortuna hubo después una orden de la jefatura militar en el sentido de que la incomunicación de los reos debería ser rigurosa y se resolvió para nosotros así el problema de la cuba.

Pero a cambio de la cuba había el baño.

> Todos los días de las once a las doce horas, con un sol muy fuerte, nos llevaban a la playa para que lavásemos la ropa y también nos bañásemos. Como una hora era insuficiente, a veces teníamos que ponernos la ropa mojada. Era un gran sufrimiento para nuestros ojos salir repentinamente de la semioscuridad de la galera a la luz tan fuerte del sol.

Haciendo ludibrio de la limpieza, los reclusos tenían que lavarse en un charco de agua negra bajo vigilancia de los cabos, y el único que se salvó del baño obsceno era Juan Sarabia, que se enfrentó al latigazo y desafió a los cabos a saciarse de sangre limpia. Pero Juan Sarabia era un caso excepcional y todo el mundo lo sabía desde el día de su recepción en la sociedad presidiaria. Al penetrar en la mole, un sargento de presos llamado Barroso, o bautizado así por sus víctimas, sabía cuál de nosotros era Juan Sarabia quien, además de su natural un tanto lento, no hizo el movimiento para el cambio de ropa tan rápido como Barroso ordenara y éste le descargó dos fuetazos. Consternados ante este espectáculo y sintiéndonos impotentes del todo, porque inmediatamente aparecieron varios cabos de presos, tuvimos que guardar silencio. Era una humillación a que nos sometió Barroso, y si un solo murmullo de indignación de parte nuestra se hubiera escuchado, seguramente habría repetido su hazaña con cada uno de nosotros.

Señalado por el mismo Presidente de la República para un trato severo y designado como un caso excepcional, Juan Sarabia todo lo recibió en San Juan de Ulúa. Azotado por tardar en cambiar de ropa, flagelado por rechazar el uniforme de un muerto tuberculoso, lidiado a latigazos por rehuir el baño obsceno, castigado por cualquier cosa, con o sin razón —por disciplina, por inquina, por satisfacción— por cabos, por sargentos, por presidentes —el rebelde contumaz corrió la baqueta sin doblegarse y de vuelta a la oscuridad e incomunicación de su calabozo, castigó a sus verdugos con un soneto que inspiró constancia a sus camaradas.

> Débil de cuerpo, pero gigante de espíritu —recordaba uno de ellos— Sarabia reaccionó vigorosamente contra los ultrajes a que fue sometido y sus sufrimientos le inspiraron arranques de cólera sublime. Y así fue como los versos *A Mis Verdugos*, que conmovieron profundamente a sus camaradas, brotaron de su Musa.

Y así fue como, vibrando de cólera impotente, brotó también de su frente y rebotaba sobre sus espaldas el látigo del cabo, burlado por un rebelde que no se rindió ni se resquebrajó y que no cabía en San Juan de Ulúa.

Salvo por Sarabia y los de su temple, muy contados fueron los que resistieron la tiranía penal, pero aquellos pocos formaron el *semen martyrum* que fecundaba la causa y daba fe de su fuerza futura, a pesar del presente ignaro y del número cada vez más reducido de los indómitos. Las vacantes se llenaban con redadas de nuevos reclutas que, verdes o claudicantes antes de abrazar la causa, maduraron rápidamente a la sombra de Ulúa y se volvieron conversos por toda la vida y veteranos impenitentes en aquella prisión perpetua, donde venían a compurgar sentencias que variaban entre un año, cuatro, seis, siete, quince o más, pero la reclusión en Ulúa no tenía nada que ver con el tiempo solar, entre el ingreso y el egreso se perdía por completo el conocimiento temporal, y quienes recordaban todavía el día de la entrada habían olvidado ya el mismo concepto del tiempo y el espacio al alcanzar la salida, vivos o muertos.

> Así pasaban monótonos los días, los meses, los años. Un día se rompió la monotonía, porque se presentaron varios capataces con linternas y un visitante nos miró fríamente; vio a los que estaban en los calabozos "El Infierno", "El Purgatorio" y "La Gloria", hizo algunas preguntas respecto a la clase de comida que nos daban, y como la atmósfera era inaguantable para una persona que venía de respirar otro ambiente, omitió otras preguntas que apenas había iniciado y dijo a los capataces: *vámonos*. Pudimos notar que el visitante se impresionó mucho al ver y sentir, aunque fuese por un momento, el gran sufrimiento de los prisioneros. Dos días después supimos que el visitante había sido Federico Gamboa.

El célebre novelista, buscando material tal vez para un cuento sentimental, volvió sobre sus pasos y gateó ágilmente hacia el conocido mundo de la literatura. *Vámonos,* dijo en son de despedida; *vámonos,* reiteró casi espantado, como si fuera a caer preso también; *vámonos, vámonos,* y el eco sofocado murió en las tinieblas de las catacumbas, y se fue Federico Gamboa, Federico Gamboa se fue y todo siguió igual, con el goteo lento, largo, regular de los días, los meses, los años sobre la pesada impenetrable piedra penal. En aquel limbo sin salida el único modo de evasión infalible era la mortandad nacida de sus mismos males: los baños de mar y de sangre, el calor y el frío, los escalofríos de los calabozos submarinos y las pestes, los bichos, las sanguijuelas, las ratas que diseminaban las plagas misericordiosas que tan insistentemente invitaban al preso a salvarse, repitiendo *vámonos, vámonos, hermano,* hasta que el vencido se fuera, libre al fin del Rojo y del Negro, saliendo con la basura y descansando en paz a orillas del mar, enterrado en tumba ligera, socavada por los cangrejos rojos de la playa y vigilados por los zopilotes negruzcos girando arriba, lentamente.

El conato de rebelión, aunque abortado como la huelga de Cananea dejó una impresión profunda en el país, a la manera de una tumefacción maligna que cundía, y tres meses más tarde vino el paro en Río Blanco y otra huelga en el sector industrial, punto neurálgico en la modernización de México. Pequeña población fabril en la serranía de Veracruz, Río Blanco era un ramal de la floreciente industria textil, la más importante y próspera de las empresas mexicanas, que abarcaba los Estados de Veracruz, Puebla, Tlaxcala, Querétaro, Guanajuato, Jalisco y el Distrito Federal, y que ofrecía una muestra impresionante de los progresos realizados por la colaboración del trabajo mexicano con el capital extranjero. Si las mejores condiciones de trabajo se encontraban en el mineral de Cananea, las peores se presentaban en las fábricas de Río Blanco donde una gran empresa franco-mexicana, inaugurada oficialmente en 1892 por el general Díaz y su gobierno, dirigía la fuerza de trabajo con una combinación eficaz de avaricia francesa y disciplina mexicana. La empresa pagaba los dividendos más altos a los accionistas y los jornales más bajos a los obreros, variando los sueldos entre 80 o 90 centavos diarios por hombre y la mitad para mujeres y menores; la cantidad fluctuaba con la eficacia del operario que trabajaba a destajo y cuya producción se medía por metro por hora; el sueldo se rebajaba todavía más por concepto de la renta de su casa, propiedad de la compañía, crédito en la tienda de raya, propiedad de la compañía, multas por daños y perjuicios a la maquinaria propiedad de la compañía, e infracciones a los reglamentos de la compañía, dejando un saldo tan bajo que apenas alcanzaba para asegurar el sustento del operario y su familia, propiedad también de la compañía. La jornada, normalmente de diez a doce horas, pero muy a menudo de quince o más, en los domingos o días de fiesta, cuando así convenía a la compañía, sin pago adicional por horas extras, agotaba la fuerza y aseguraba la incompetencia que causaban la multa o la separación definitiva del operario; y si éste abandonaba la lucha por voluntad propia, siempre libre estaba para perecer bajo las mismas condiciones en otra parte. Gastadas sus energías mucho antes de la máquina que manejaba, mutilado muy a menudo por accidentes de trabajo, el gusano industrial hilaba su vida efímera en el *telar* y vivía atado a la máquina de la cual no formaba más que una parte falible y sin repuesto. Las enfermedades profesionales eran cosa común: los vapores de los baños de tintura viciaban sus pulmones, los ácidos del tinte corrompían su piel; la peste blanca venía siempre a terminar la obra del taller, y en tanto que la corriente del río que movía la maquinaria corría incansable y pura, el hilandero era blanco de males irreparables y tarde o temprano el huso le ganaba al hombre. Duro para los adultos, el engranaje era funesto para los jóvenes, cuyos cuerpos enclenques y retraso físico y mental acusaban los estragos de la desnutrición y las enfermedades infantiles: los jóvenes envejecían antes de madurar, los viejos no conocieron nunca la juventud, pero ganapanes todos, rindieron tributo igual a la máquina, al horario, y al sistema tropical de hacer sudar al operario hasta no poder más. Las condiciones infrahumanas que privaban en Río Blanco ofrecieron un criadero fértil a la rebeldía; pero en dieciséis años esa enfermedad profesional no había echado raíz en la región, y con excepción de dos o tres intentos de protesta, los seis mil hombres, mujeres y niños ocupados en la fábrica se conformaron con su destino sin discutir; los inconformes se callaban y la tela salía perfecta.

Pero en el verano de 1906 todo comenzaba a cambiar y el malestar a manifestarse. Despertados por el programa del Partido Liberal que cayó en sus manos, y sin desmayar ante el ejemplo de Cananea, algunos pioneros se arriesgaban a colaborar con la junta en San Luis Missouri, repartiendo propaganda, celebrando reuniones secretas y organizando grupos de militantes conocidos entre sí como el *Gran Círculo de Obreros Libres*. La iniciativa cundió y en menos de seis meses el núcleo original contaba con ocho sucursales en los pueblos fabriles del Cantón de Orizaba, y andaba ampliando su radio de acción en el territorio textil de los Estados circunvecinos de Puebla y Tlaxcala. Luego que las autoridades se dieron cuenta del cambio, reaccionaron rápidamente. En Río Blanco, cuna de la cruzada, la policía prohibió toda reunión obrera de cualquier carácter, aun de amigos y familiares, en las casas de la compañía, así como la circulación de su órgano gremial, *La Unión Obrera,* y la vigilancia se estrechó. El administrador de la fábrica, impresionado por la ineficacia del sistema que dirige, escribió a los principales socios y accionistas de la empresa, recomendando algunas reformas destinadas a mejorar la marcha de los negocios.

> En vista de la situación de los obreros, los cuales cada día están estrechando los lazos de unión entre ellos por medio de sus ligas y clubes, y viendo los aumentos considerables en nuestros departamentos y en maquinaria, tenemos que hacer unas reformas y revisar escrupulosamente, sección por sección, la marcha que debemos seguir en lo futuro con el objeto de asegurar al mismo tiempo que la economía (como costo de producción) una mejora como calidad de

nuestros productos y quizá como cantidad producida. Estas reformas tienden a modificar las horas de trabajo en ciertos departamentos como hilados y tejidos. Tengo la plena convicción de que en el corto espacio de tres o cuatro años, las fábricas de la República no trabajarán más de sesenta horas a la semana y que los jornales serán aproximadamente los mismos que en la actualidad con setenta u ochenta horas; es decir, con un aumento del 1%. Sin embargo, una reforma plena e inmediata llevaría a resultados desastrosos, y mi opinión es que debemos ir preparando esta reforma para que al mismo tiempo que cuidar una producción más o menos igual, podamos mejorar la calidad en vista de mantener el precio de costumbre y reducir el precio de costo por pieza y metro por hora. En mi concepto, el obrero, trabajando menos horas puede producir mejor, en proporción se entiende (de ocho a diez horas), de tal modo que el aumento antes citado se reduzca al uno por ciento. En contra de este aumento de salarios podemos exigir más trabajo que el dado actualmente y reducir por consiguiente la cantidad de brazos. En resumidas cuentas lograremos que los trabajadores, ganando el mismo jornal en menos horas, serán más constantes y más aptos para el trabajo y nuestra producción será mejor y en mayor cantidad.

Pero en noviembre de 1906, cuando se pensaba en tales reformas patronales, la situación estaba ya fuera de control y el proyecto de ganar tiempo con menos horas y más trabajo era tiempo perdido. El problema obrero no era privativo de Río Blanco; era común a toda la industria y no podía tratarse localmente y los lazos de unión que se estrechaban entre los obreros causaron una correspondiente contracción nerviosa entre los empresarios, que celebraron reuniones y el 3 de diciembre anunciaron una rebaja de jornales en las factorías de Puebla y Tlaxcala, so color de días difíciles en la industria, con motivo de una alza en el precio del algodón crudo. La razón alegada era la misma que en Cananea y produjo el mismo resultado. Los obreros denunciaron el ahorro patronal y se declararon en huelga en las fábricas afectadas, pidieron el apoyo de los compañeros de Río Blanco y la región fabril de Orizaba, y propusieron a los empresarios un programa de reformas tan poco exigente que los mismos empresarios lo hubieran podido formular de haber querido un acuerdo; pero lo rechazaron sin contemplaciones. La huelga comenzó pacíficamente con el fin de mejorar tanto la calidad como la cantidad de la protesta, pero la producción no tardó en tomar un tinte político. En Puebla un orador, arengando a los obreros, declaró que hasta ahora México no había tenido más que dos revoluciones —Independencia y Reforma— y que ahora se iniciaba la tercera con la lucha del capital y el trabajo y, en Orizaba, otro agitador preconizó el socialismo como única solución del problema y desplegó sus colores vendiendo abiertamente en la calle *Regeneración* y el Programa del Partido Liberal.

Ante la actitud insumisa de los obreros, los empresarios declararon un paro patronal, extendiéndolo a toda la industria, agudizando el problema y dando al conflicto las dimensiones propias de una lucha revolucionaria entre el capital y el trabajo. Controlando 125 fábricas en el Estado de Puebla, 30 en Veracruz, 8 en Tlaxcala, 10 en el Distrito Federal, amén de 7 en Durango, y quitando trabajo a más de 33 000 obreros, la concentración patronal era formidable y puso a prueba la resistencia obrera. Los patronos pensaban mantener el paro por tiempo indefinido y suponían que el hambre reduciría a los rebeldes a la razón en quince días a lo sumo, pero calculaban sin tomar en cuenta el espíritu de solidaridad tan fuerte entre los proletarios como en sus propias filas. El problema de sostener la huelga se reducía, pues, a la cuestión de recursos. Al contrario de lo que sucedió en Cananea, donde la huelga estalló sin organización previa y sin fondos de resistencia, aquí no faltaban los requisitos indispensables. En el Estado de Veracruz, foco de la populosa y próspera industria textil, los trabajadores contaban desde 1903 con una liga organizada con el fin de unificar moral y materialmente a la clase obrera en toda la República. Esta organización, limitada originalmente a obras de beneficencia y ayuda mutua, tenía todavía mucho de las viejas y anodinas sociedades mutualistas —única forma de asociación obrera permitida por el gobierno—, pero estaba en trance de transformarse en embrión de un auténtico sindicato obrero moderno, y la crisálida representaba un peligro en cierne, no sólo para el empresario sino para el gobierno, santo titular de la clase patronal, y que los dos, contemporizando con el siglo XIX, procuraron manejar la criatura naciente a su modo, colocando en su seno personal de su confianza, divisionistas, demagogos y falsos líderes de toda laya, dignos del siglo, pero con escaso éxito, y la liga fraternal, fusionándose con la cruzada iniciada en Río Blanco, puso sus recursos a la disposición de los huelguistas. La asociación patronal, al declarar el paro infanticida, echó a la calle a más de treinta mil trabajadores; el Gran Círculo de Obreros agrupaba a

8 000 miembros que contribuyeron a un fondo común con quince centavos semanales, cantidad aumentada a 25 centavos por la duración de la emergencia. El embate duró dos, tres, cuatro semanas, agotando los fondos de resistencia, consumiendo los recursos de los sin trabajo, obligándolos a mendigar en las tiendas de raya, que los rechazaban sistemáticamente, a recurrir a la caridad pública, que respondió brevemente, a desprenderse de sus últimas baratijas en las casas de empeño, que los dejaban sin nada, y pasaron hambre sin darse por vencidos; pero la lucha era demasiado desigual, la estrechez no podía durar indefinidamente y a fines de diciembre, reducidos al último recurso, apelaron al arbitraje del Presidente de la República y enviaron a la capital una delegación obrera comprometida de antemano a aceptar su laudo, fuese el que fuese.

El Presidente aceptó el encargo. La opinión pública, ilustrada por lo de Cananea, se interesaba vivamente en la cuestión obrera, la prensa la debatía, y *El Imparcial,* el periódico que pasaba por ser el portavoz oficioso del gobierno y reflejo de los puntos de vista del Presidente, hizo un esfuerzo para merecer su nombre: reconoció al obrero el mismo derecho de separarse del trabajo que asistía al empresario a cerrar su fábrica, pero previendo el fracaso de la huelga le recordaba al obrero que siempre salía perdiendo y le previno contra el peligro de dejarse seducir por el engaño de la organización sindical.

> Entonces se pondrá en claro —predijo— para qué sirven esas uniones en las que los obreros, seducidos por la verba declamatoria de unos cuantos individuos "vivos", creen haber constituido una fuerza. Y a los obreros nos dirigimos para persuadirles de que no somos enemigos suyos, como arteramente pretende insinuarles una hoja de Orizaba, somos sus mejores aliados al disuadirles de que no sigan los pérfidos consejos de quienes les engañan, ni abandonen el producto de su labor en manos de los que hacen mal empleo de su dinero tan noblemente ganado, tan digno, por todas formas, de consideración y respeto: Las huelgas que se han registrado últimamente en la República habrán ilustrado ya a los obreros de las pérdidas que para ellos determina la paralización del trabajo. ¡Y aún si estas cantidades sirvieran para sostener a compañeros inactivos! Pero el dinero de las huelgas se desvanece en multitud de ocasiones entre los encargados de distribuirlo, pasa a los bolsillos particulares en la contabilidad de los sindicatos. Se explica por esto, el empeño de esos sindicatos,

de esas uniones —o por mejor decir, de las personas que están al frente de tales sociedades— en provocar las huelgas, en organizarlas, en llevar la dirección de los asociados obreros. De ahí la tendencia de los hombres que manejan los sindicatos de que se reconozca a éstos el derecho de disponer del movimiento obrero, de decretar la suspensión del trabajo y su reanudación, en forma obligatoria para los asociados. En apoyo a este programa, se dice a los trabajadores que solamente unidos pueden oponer resistencia a los patrones, que el trabajador aislado se encuentra a merced del capitalista y sin medios de subsistir, mientras que, si cuenta con sus camaradas, la lucha se lleva a cabo en condiciones de equilibrio. Queda así suprimida, de hecho, la libertad de trabajo puesto que la tesis para los sindicatos es como sigue: la unión de los trabajadores forma un cuerpo, los intereses de todos son solidarios, y nadie puede abandonar la causa de los demás sin ser considerado como traidor y comienza entonces la "tiranía" de las uniones y sindicatos, que disponen del trabajo y lo ofrecen o lo suspenden sin que el obrero aislado, privado del don más preciado del hombre, la libertad de su esfuerzo, pueda desligarse de esa nueva opresión, mucho más ruda de la que ejercen los patrones. Los trabajadores mexicanos se encuentran al comienzo de esta senda; natural es que entren a ella con una buena fe y un regocijo que no han sido marcados por ningún engaño. Se han deslizado en sus oídos palabras que los han entusiasmado: *la unión, el apoyo mutuo, la solidaridad, la fuerza,* todos estos conceptos enteramente nuevos los han hecho soñar en mejorar su condición económica actual, aspiración a que tienen derecho, aunque sea otro el camino para alcanzarla, y junto a estas insinuaciones, se les han deslizado también palabras de protesta, palabras de odio, procurando sembrar en sus espíritus un germen de rebeldía, propicio a los ocultos fines de los "traficantes en huelgas". En el poema clásico el héroe se tapa los oídos con cera y se hace atar al mástil de su embarcación para no escuchar el canto de las sirenas. Nuestros obreros deben imitar la conducta del sabio Ulises, si no quieren caer en los abismos a que pretenden precipitarlos las "sirenas del socialismo", más temible que las que surcan, en la fábula, las aguas del océano.

Amigo del obrero, tal vez, pero de ninguna manera su camarada, *El Imparcial* mantuvo su postura más o menos equilibrada sin poner al patrón en la balanza, hasta que un periódico independiente *El Diario,* que andaba recogiendo opiniones entre el público, salió con las del licenciado González Mier, uno de los últimos redactores del finado *El Monitor Republicano,* cuyos conceptos, francamente parciales, ofrecieron el contrapeso a los de *El Imparcial* y valía la pena que fueran sopesados por el Presidente.

La huelga como fenómeno del socialismo nada tiene de nuevo, como lo comprendera cualquier persona medianamente versada en las agitaciones del proletariado industrial. Hasta hoy, la huelga ha sido una idea inseparablemente aparejada a la de que tiene por agente al hombre rudo que vive de su trabajo material, al obrero reclutado en las absurdas legiones de la gente sin fortuna. Esto ha sido hasta hoy el huelguista, digo hasta hoy, porque lo que en ninguna parte se había registrado, lo que nadie ideó jamás, han discurrido los propietarios de los principales telares de Puebla, Veracruz, México, Querétaro, Guadalajara y el Distrito Federal, al dar los primeros el ejemplo de una rara huelga de los adinerados contra los insolventes: la conspiración de las arcas repletas de oro contra el duro, frío y menguado *pan de cada día:* la huelga de los fuertes contra los débiles y de la hartura contra el hambre... Y este suceso de nuestra vida industrial pasa inadvertido para el diario que ha lanzado su ironía contra toda huelga probablemente, porque hasta hoy ha sido la del sombrero de petate y del huarache. El nuevo huelguista se agrupa bajo la bandera de su sordidez colectiva, y nadie le da consejos sarcásticos para que no se deje arrastrar por el egoísmo, que es el peor de los "agitadores"; nadie le advierte que la arrogancia contra grupos de pueblo esencialmente mexicanos hiera nuestros sentimientos, como atávicos despotismos de las épocas coloniales; el nuevo huelguista lanza a la mendicidad ciel mil bocas de personas sin sustento y nadie les dice que son bárbaros y crueles. No importa para mí la entidad de fabricantes; para mí, es un elemento de profunda simpatía el nacional humilde que hoy empieza a despertar como un insecto enredado en las mallas de los telares... El obrero de hoy es históricamente el descendiente de los terrígenos de ayer, viene de la horda vilipendiada y escarnecida por tres siglos de feudalismo y de conquista. De los tres elementos económicos con que se amasa la riqueza, el trabajo es el factor más mexicano, porque en él se ha consumido el aliento, la sangre y hasta la dignidad de una raza vencida. El capital, durante la Colonia, conservó siempre una fisonomía exclusivista y quiritaria del conquistador. Si el recuerdo de entonces hubiese logrado de sus vencedores ensanchar oportunamente el férreo molde de vida en que sentía agonizar sus energías, el mexicano de hoy no pondría frente a sí el problema de una raza que vegeta llevando en su alma el cadáver de toda inspiración a la vida y al progreso.

Después de la independencia, el capital no adoptó la nueva patria, siguió siendo algo extraño en la nación emancipada. Pero los años han pasado hoy en pleno orden, bajo un sistema de franquicias liberalmente concedidas a todo el que representa un capital, cuando creíamos que éste había entrado francamente en nuestra nacionalidad, surge con arrogancias atávicas, diciendo a los obreros: "las fábricas continuarán cerradas hasta que ustedes no cedan" —es decir, hasta que toda una masa del pueblo, como las antiguas turbas de vencidos, se resigne a no evolucionar nunca y pactar su definitiva degradación. El absurdo de esta determinación no necesita comentario: el industrial en México quiere hacer con el obrero lo que según ciertos relatos hicieron los traficantes de monstruos humanos: embutirlos en una poma de paredes resistentes para impedir su desarrollo. Pero no estamos en China ni son éstos los tiempos en que un encomendero tenía en sus manos los destinos de un pueblo.

El problema tenía, pues, un arraigo profundamente nacional, y ya que el capitalismo no reconocía fronteras y que los industriales eran en su mayor parte extranjeros, la resolución del conflicto puso a prueba una vez más el patriotismo del Presidente. Faltaba legislación laboral, la solución estaba en sus manos y la responsabilidad era enteramente suya. La delegación obrera redujo sus demandas a cinco puntos: aumento de salarios; eliminación de multas por cualquier motivo y de descuentos para costear fiestas religiosas o cívicas; derecho de recibir visitas en sus viviendas, sin permiso previo del administrador de la fábrica; prohibición de la gabela de pagar la maquinaria deteriorada en manos del operador, ya por desgaste, ya por defectos de construcción de las piezas, puesto que, como dijo uno de los delegados obreros, con el trabajo constante todo se destruye, lo mismo la pieza que la maquinaria, lo mismo la maquinaria que el obrero. El Presidente no se opuso a estas pretensiones, pero los fabricantes continuaron firmes en su propósito de no ceder nada, hasta que el Presidente, para conservar su autoridad arbitral, insistió en algún arreglo, y la delegación patronal, para complacerle, ofreció tres concesiones irrisorias: mejorar los jornales en algunas fábricas de Puebla hasta igualarlos con los mejores en el Estado; permitir visitas al obrero en sus viviendas sin control oficial; y concederle un plazo, al despedirlo, de diez o doce días para buscar otro techo; pero a cambio de tales concesiones, propuso la creación de un sistema de libretas, anotando en ellas la buena o mala conducta del operario para distinguir al cumplido y pacífico del perezoso y levantisco y controlar así, por medio de estos pasaportes el empleo, la ocupación de la mano de obra en toda la extensión de la República textil. El 28 de diciembre *El Imparcial* (el periódico) creyó terminado el conflicto. "Puede decirse que la huelga está a punto de terminar. Las pretensiones de los obreros, justas en parte, y las concesiones de los industriales, basadas en la equidad, debían dar margen a una transacción decorosa para unos y otros." Pero apenas conocido el arreglo, los industriales poblanos lo desconocieron, repudiaron a sus representantes, y se presentaron en la capital para conferenciar personalmente con el Presidente; y uno de ellos, entrevistado por el periódico explicó cuál era el verdadero problema. Observando el reportero que la intransigencia al prolongar el paro les costaría muy caro a ellos también, el industrial contestó:

> Si esto sucede, puede usted creer que nuestras pérdidas serán cuantiosas; pero estamos resueltos a afrontar cualquier situación, por comprometida que sea, con tal de cortar de raíz estos movimientos que hace pocos años nadie conocía, y que ahora se registran con frecuencia. Esta huelga, que hasta hoy es la más seria que hemos tenido y las anteriores, que pueden llamarse insignificantes, han sido provocadas por los agitadores que pomposamente se llaman opositores del mutualismo obrero.

No se trataba, pues, de dinero, sino de autoridad, y esta cuestión no era negociable, como debía entenderlo el periódico *El Imparcial,* tanto como el Presidente. El empate se prolongó, pues, con inminente peligro de empujar a los obreros hambrientos a la violencia, según el periódico, y en tal caso todo el país los condenaria; reducido a neutralidad nerviosa, *El Imparcial* (el periódico) volvió a suplicar a los obreros a desoír a *los traficantes huelguistas,* a desechar a *los cortesanos de la clase trabajadora,* a menospreciar a *los agitadores de oficio,* que incitaban a la violencia, porque, de lo contrario, el país entero apoyaría las medidas más severas para castigar a los culpables.

Este conflicto de autoridad entre la clase patronal y su santo titular inspiró el consejo desinteresado de un sabio que terció en el debate.

> Dedicado por completo al estudio de los grandes problemas sociológicos de nuestro país —dijo esta autoridad teórica en una carta dirigida a *El Diario*— en mi empeño de contribuir de alguna manera a la consolidación de la paz presente, he seguido con toda atención el

desarrollo de la cuestión obrera, que según he visto en la prensa de hoy (25 de diciembre de 1906) ha llegado a condiciones de crisis aguda. El estudio atento de las condiciones de paz presente lleva forzosamente al estudio de la personalidad del señor general Díaz, y en esa política se ve todo un sistema de acción cuyo resorte principal es la amistad. La amistad une a todos los funcionarios de la actual administración con el señor general Díaz. A título de amistad, es decir, de amigos personales del señor general Díaz, o de los señores gobernadores de los Estados, los industriales, y entre ellos los dueños de fábricas y talleres, han obtenido siempre exención de impuestos, reducidas igualas y, en suma, todas las ventajas artificiales sobre las cuales descansa nuestra industria. Ahora bien, el señor general Díaz que, como amigo, por sí o por sus agentes, ha tenido siempre abierta la mano de las larguezas y siempre ha tenido extendida la mano de las protecciones y para todas las empresas de trabajo ha exigido de sus amigos y a título de amistad personal una sola cosa: que no causen trastornos a la paz, ni dificultades a la administración.

En el caso concreto de la cuestión obrera actual, los obreros han comenzado por la protesta de la sumisión incondicional al señor general Díaz, y los fabricantes, que son los favorecidos, que son los amigos del señor general Díaz, que son los que a la sombra de esa amistad han establecido y sostienen sus empresas en estado de prosperidad, rehúyen acudir a la justicia del amigo, se olvidan de sus obligaciones de amistad para con él, y reniegan del pacto fundamental que sostiene en el país sus fábricas y talleres, poniendo a la paz pública en peligro de una perturbación grave y peligrosa, por cierto, desde el momento en que hay cien mil personas sin pan. No se me oculta que los fabricantes creen obrar en ejercicio de un derecho legítimo, en uso de una libertad legal; pero olvidan en qué país tratan de ejercer ese derecho y en qué circunstancias tratan de hacer uso de esa libertad. Por más que con los términos derecho y libertad puedan hacer bellos juegos de palabras, la verdad es que en la sabia política del señor general Díaz, la libertad y el derecho están subordinados a las supremas necesidades orgánicas de la nación. Cuando se trata de la vida nacional, no hay derecho, ni libertad, ni ley que valgan. Este principio cuesta a diario para muchos hasta el sacrificio de la vida; para otros, el sacrificio de sus garantías de acción; para otros, como para los bancos, con motivo de la reforma monetaria, el sacrificio de sus intereses; todo para sostener el orden social en que vivimos y en que todos más o menos lucramos. Preciso será enseñar a los fabricantes de hilados y tejidos que ellos están también obligados a sacrificios equivalentes, so pena de que ni para ellos ni para los demás haya derecho alguno.

Creo, pues, que la solución del conflicto actual debe consistir en que el señor general Díaz, por sí o por la persona que comisione al efecto, llame a los fabricantes que han cerrado sus fábricas y les diga: "Ustedes se han llamado siempre amigos míos, y como tales han sido favorecidos de diversos modos: a virtud de los poderes que me han conferido mis amigos los obreros, yo los haré ceder hasta donde me parezca conveniente y justo, pero necesito que ustedes por amistad hacia mí, ya que no por patriotismo, si son mexicanos, o por interés social si son extranjeros, cedan hasta donde yo creo conveniente y justo, en tanto pongo los medios de remediar radicalmente esta situación; si ustedes no se prestan a ello, como aquel emperador romano que ponía a escoger a Cartago entre la guerra y la paz, tendré que poner a ustedes a escoger entre mi amistad o sus derechos y sus libertades, en la inteligencia de que, como saben ustedes, para la obra de la paz el que no está conmigo está contra mí; nadie mejor que yo puede decir, soy la paz, soy la justicia, soy el orden, soy la fuente de garantías para todos, y fuera de mí, no hay más que la ley; ¿os atenéis a la ley?; perfectamente, comenzaremos por ver lo que pagáis de contribuciones... y no me amenacéis, porque soy muy fuerte; desde luego, sobre el efectivo del ejército, cuento con cien mil soldados más que vosotros ponéis a mi disposición.

Soy de usted, señor Director, con el más profundo respeto, su Afmo. y Atto. S.S.

Lic. Andrés Molina Enríquez
De la Academia de Ciencias Sociales

El día 4 de enero de 1907 el Presidente dio a conocer su laudo que decía:

El lunes 7 de enero de 1907 se abrirán todas las fábricas que actualmente están cerradas, en los Estados de Puebla, Veracruz, Jalisco, Querétaro, Tlaxcala y en el Distrito Federal; y todos los obreros entrarán a trabajar en ellas, sujetos a los reglamentos vigentes al tiempo de clausurarse o que sus propietarios hayan dictado posteriormente, y a las costumbres establecidas.

El veredicto vino templado con algunas concesiones tentativas de parte de los industriales, quienes ofrecieron estudiar, lo más pronto posible, las reformas que estiman factibles, como nivelación de sueldo por determinado tipo de trabajo en la misma zona fabril, dejando los demás al arbitrio del administrador; premios para mayor y mejor producción; libretas para buena conducta y listas negras para mala; reducción o reglamentación de multas por averías a la maquinaria, responsabilizando al operario únicamente por sus propias fallas, y formando con el monto de las multas un fondo de beneficencia a favor de las viudas y huérfanos y de los mutilados; eliminación de descuentos por fiestas cívicas y religiosas; mejores escuelas y tiempo disponible para concurrir a clases; permiso para recibir visitas de sus amistades y de publicar su periódico gremial bajo inspección de la policía; y abolición del trabajo infantil para niños menores de siete años. Pero la oferta era condicional, los términos no eran obligatorios para los patrones y sí eran mandatorios para los obreros. No obstante, basándose en este arreglo, los delegados obreros telegrafiaron a sus comitentes que tenían ganadas sus demandas.

El Imparcial celebró el triunfo del árbitro.

> Los obreros no han podido tener un defensor más celoso y eficaz; al prestar su firme apoyo al capital que por modo tan extraordinario ha transformado al país, haciendo nacer en él el bienestar y la prosperidad —el señor general Díaz muestra su decisión de sostener el trabajo, que tan firmemente asegura las sólidas condiciones de la República.

Un artículo, sin embargo, salvaba la capitulación incondicional al capital.

> Por el momento, vamos a llamar la atención sobre una de las bases: la relativa a la edad en que deben entrar los niños a las fábricas y las horas de trabajo que han de asignárseles. Es materia de mucho interés —que ni los patrones ni los obreros habían considerado— no sólo desde el punto de vista económico y humanitario, sino de conservación de una raza y merece ser considerado en todos sus aspectos. El trabajo de los niños en las industrias ha sido objeto en todas partes del mundo de investigaciones y de legislaciones especiales. Nosotros no nos hemos preocupado por atender a esta necesidad que envuelve un deber moral y un deber económico: el de proteger a la infancia y el de no destruir un instrumento de trabajo por un esfuerzo prematuro. En los países de gran industrialización existen leyes señalando el mínimo de edad a que los niños entran a las fábricas; existe esa legislación en Inglaterra, en Francia, y en la mayoría de los Estados de la Unión Americana. Y estas leyes se han derivado de observaciones, recogidas en el terreno, sobre la cruel

situación de los menores de edad; el hombre se defiende, la mujer se defiende; sólo el niño resulta víctima de las brutalidades de los que debieron protegerlo: el padre y el patrón... El señor general Díaz ha subsanado los vacíos de nuestra legislación, incluyendo en las bases ese artículo séptimo que tiene el gran mérito de no haber sido solicitado por nadie, de no ser materia de discusión en el conflicto entre obreros y patrones, y que es, por lo tanto, producto de un noble sentimiento del jefe del Estado, de su profundo amor hacia las clases trabajadoras: "No se admitirán niños menores de siete años en las fábricas para trabajar y mayores de edad sólo se admitirán con el consentimiento de sus padres, y en todo caso, no se les dará trabajo sino una parte del día, para que tengan tiempo de concurrir a las escuelas hasta que terminen su instrucción primaria elemental. Por tal artículo el señor Presidente de la República ha hecho en favor de los obreros más de lo que ellos solicitaron. En verdad, digámoslo tristemente, los obreros no se preocupan por el trabajo de sus hijos, no son avaros en ahorrar fuerzas todavía en formación. Si el patrón es brutal, el padre no lo es menos. En las fábricas clausuradas, ¡había niños de cinco años que ya trabajaban! Y ved, sin embargo: entre las solicitudes de los obreros huelguistas no figuraba la edad de los niños. ¿Por qué? El niño es una unidad de trabajo, una unidad minúscula que comienza desde muy temprana edad a cooperar a los gastos de la familia. No importa que en ese esfuerzo prematuro el obrero de mañana resulte incapacitado, sin energías para la labor que le espera: la impiedad paterna agota este retoño que no dará sus frutos en la época propicia. Y luego, ahí estaba la fábrica dispuesta a triturar a esos miembros tiernos y a propagar la debilidad y la decadencia de generaciones en generaciones, secando para el porvenir el manantial del trabajo, debilitando las energías nacionales, porque todo lo que tiende a aminorar el valor social de un obrero representa una pérdida en la suma de riquezas de un Estado. Aunque las bases propuestas por el señor general Díaz no tuvieran más que este artículo séptimo, él solo bastaría para mostrar el interés tomado por el Presidente de la República en el capítulo del trabajo nacional.

El Imparcial tenía razón. Aunque era inexacto que los padres no se preocupaban por sus hijos, pues en la petición original a los industriales poblanos solicitaron que la edad mínima de admisión a la fábrica fuera de catorce años, la noble iniciativa del Presidente a favor de la niñez desvalida merecía el reconocimiento de México; pero, por desgracia, este artículo séptimo era el único que así lo ameritaba.

La amarga verdad era harto evidente al día siguiente, cuando en la mañana del domingo 6 de enero de 1907 los obreros, reunidos en un teatro de Orizaba para recibir a su delegado y escuchar su informe, se dieron cuenta de que, lejos de ganar sus demandas, habían perdido la huelga; que el fallo del Presidente a favor de los patrones los dejaban sin remedio; que los ofrecimientos de los industriales no eran más que una farsa para entretenerlos y el laudo presidencial un fraude para quitarles sus únicas armas de defensa, la huelga, la agitación, la publicidad; y obligarlos a volver al trabajo, conforme a su compromiso incondicional, bajo las mismas reglas que antes, sin mayores discusiones y demoras. A medida que su delegado José Morales, el presidente del Gran Círculo de Obreros Libres, leía los artículos del arreglo, la reacción de los seis mil cesantes que ocupaban el teatro era confusa y sorda: quiénes querían acusar a Morales de vender la huelga, quiénes querían seguir protestando y morir en la demanda, quiénes recordaban Cananea, quiénes callaban abatidos, quiénes querían nada más un trago para brindar al desengaño, pero todos guardaban silencio cuando el jefe político de Orizaba, que presidía la asamblea, les consultó sobre su conformidad con el acta, y como quien calla otorga, tal hubiera sido, sin duda, el resultado a no ser por los sucesos del día siguiente.

Al amanecer del día 7, cuando las sirenas de las fábricas silbaron al unísono en toda la República textil, los vencidos volvieron puntualmente al trabajo en Puebla, Tlaxcala, Jalisco, Querétaro y el Distrito Federal, pero en Río Blanco tardaron en presentarse a las seis en punto de la mañana. Por raro que parezca, los obreros de Río Blanco, cuna del movimiento de resistencia, fueron los últimos en solidarizarse con la huelga general y sólo salieron del taller cuando la fábrica, apoyando el paro patronal, los echó a la calle; fueron también los primeros en pedir la vuelta al trabajo, asediando las puertas de las fábricas y clamando desesperadamente para ser recibidos, ocho días antes de conocer el laudo presidencial; y tal vez por esa debilidad e inconsecuencia eran los más desmoralizados del rebaño que regresaba al redil. De todos modos, tardaron en llegar, deteniéndose en el camino para formar colas y discutir la decisión y la indecisión del día anterior, reprochando los militantes a los sumisos su resignación abyecta, rumiando los dos los resabios de la derrota, la conciencia de clase de los unos y la mala conciencia de los otros sembrando cizaña entre viejos camaradas, y los camaradas más viejos eran las mujeres, las fieles mujeres que acompañaban la marcha, las compañeras de siempre, las tremendas mujeres que tachaban a los hombres de cobardes y los acusaban de abandonar a sus hijos sin pan, y las más amargadas, verdaderas viragos, armadas de viejas tortillas secas, se confabularon para detener y estigmatizar a sus viejos antes de llegar a la puerta, y los vencidos todos avanzaban lentamente camino a la capitulación, lanzando voces a veces y otras pedradas contra los muros de la fábrica; y tal vez por eso la fábrica tardó en abrir las puertas y la administración, sin saber con seguridad si regresaban para trabajar o protestar o manifestar su independencia por su retraso, resguardando el acceso al trabajo con capataces designados para llamar a lista, separar a los díscolos de los dóciles, pasar a los últimos y apartar a los primeros; y la precaución resultó una provocación. En Cananea la provocación principió con dos capataces americanos, los hermanos Metcalf; en Río Blanco, con dos aventureros franceses, los hermanos Garcin, ocupando uno un alto puesto en la administración de la fábrica, y el otro el mando de la tienda de raya; pero en ambos casos la provocación tuvo su origen en la confraternidad extranjera y la hermandad de raza mexicana. Reunidos los obreros vergonzantes frente a la fábrica, conformes con entrar, pero no a dar el primer paso, las mujeres se metieron a molestar, regañando a los que respondieron a su nombre y paralizando el movimiento involuntario; y en la miseria de la indecisión moral los hombres vacilaron virilmente. A las seis de la mañana el alba era fría y brumosa en el valle de Orizaba, más fría por la humillación sufrida, más nebulosa por la duda desesperada, y el día era lunes, el san lunes de obrero, sin salida del sol, y frente a la fábrica la tienda de raya abría sus puertas, la tienda de raya repleta de pulque, y el frío calaba hasta los huesos, la bruma oscurecía la luz tardía del día, y una mujer se acercó a la tienda de raya pidiendo pan y los empleados la rechazaron con burlas, remedando su refrán de pan, pan, señor, pan, señor, que no nos dan, señor, y los camaradas acudiendo a la defensa de la pordiosera cambiaron denuestos con los empleados, gachupines todos, y no era éste el momento propicio para insultar la miseria mexicana; una mujer llamaba cobardes a los que se dejaban insultar, y de insulto en insulto estalló la riña, un tiro abatió a un obrero, y al grito de *a la tienda,* lanzado por otra mujer o la misma, la turba asaltó el edificio, cazando a los empleados, saqueando la bodega y poniendo fuego al emporio de Víctor Garcin. Como a las 7 de la mañana, el jefe político de Orizaba recibió una llamada urgente de la fábrica, y montando a caballo con algunos rurales se dirigió inmediatamente a Río Blanco, donde desde lejos se divisaba el fuego brillando bajo una densa capa de nubes negras, y al llegar fue recibido con una lluvia de piedras a pesar de ser el señor Herrera, quien de su propio peculio les dio a comer a los huelguistas cuando el paro; y herido varias veces antes de ser perdonado como amigo y casi lapidado como funcionario, el único jefe político conocido en la historia por su popularidad se esforzó en pacificar los ánimos encendidos de pulque, pasión y patriotismo con su verbo y prohibió a los rurales tocar el pueblo. Poco después llegó el jefe de armas de Orizaba con algunos elementos de un batallón de línea quien, obrando también con prudencia y de acuerdo con el jefe político, se contentó con desplegar sus fuerzas frente a la fábrica en actitud de defensa, sin intervenir en el saqueo de la tienda de raya hasta que —según su versión— el pueblo amotinado se desbordó sobre su posición, invitando a la tropa a confraternizar y una muchacha blandiendo una bandera nacional y gritando *viva México* provocó el desorden, obligándole a hacer fuego, y dejando un saldo de 17 muertos y 80 heridos en el suelo. La versión popular, por supuesto, fue todo lo contrario: la ofensiva salió de la fábrica y sin provocación segó a la masa de obreros indefensos y sumisos que esperaban su turno para entrar a trabajar. Las descargas ahuyentaron el tumulto y difundieron el motín. Corriendo en confusión los fugitivos abrieron las casas de empeño para hacerse de armas y la prisión para reclutar hombres; cortaron los hilos telefónicos y telegráficos para aislar la fábrica, y se fueron a los pueblos circunvecinos, donde saquearon e incendiaron las tiendas de raya en Nogales y Santa Rosa, perseguidos o mejor dicho seguidos sin prisa por la tropa y los rurales que, al alcanzarlos en Nogales, tomaron un breve descanso y parecieron a punto de tomar también un trago y confraternizar con los fugitivos, cuando una descarga accidental de arma de fuego los puso a todos en movimiento otra vez. De vuelta a Santa Rosa, los vándalos cayeron en una emboscada en un recodo del camino real, donde la tropa los cogió desprevenidos, diezmándolos y dispersándolos, y huyendo a campo traviesa regresaron a Río Blanco e incendiaron la casa de José Morales, que andaba prófugo, acusado de colaborar con el gobierno. Corriendo en persecución tenaz de represalias y en fuga precipitada de autoridad cualquiera, el tumulto cundió como fuego fatuo y se consumió en unas cuantas horas con un breve y fugaz fulgor; pero al anochecer del día 7 la empresa tenía lo que necesitaba para vender la huelga al gobierno —un tumulto— y el gobierno para ahogarlo en sangre —un motín.

Antes de mediodía el jefe político telegrafió al gobernador del Estado:

> Tengo la honra de informar a usted que hoy al amanecer, a la hora de abrirse la fábrica, la tienda de ésta conocida por la tienda de Río Blanco fue atacada e incendiada por crecidísimo número de operarios sublevados. La tienda y sus anexos han sido destruidos por el fuego. Tan luego como tuve aviso de lo ocurrido acudí personalmente. No he encontrado al alcalde municipal y empleados, pero buscaré al primero cuando termine el tumulto. Informan algunos operarios que el desorden aumentó a tal extremo por la imprudencia de los empleados que hicieron fuego sobre un grupo de operarios. La tranquilidad parece restablecida.

El gobernador trasmitió el mensaje textualmente al presidente de la República, con la aclaración de que el alcalde municipal era un empleado de la compañía, y el general Díaz, movilizado por los industriales en la capital, mandó inmediatamente dos mil soldados de refuerzo a Orizaba, bajo el mando del subsecretario de Guerra, el general Rosalino Martínez, con sus órdenes terminantes de acabar con los desórdenes y castigar a los amotinados. La columna salió de la capital a las tres de la tarde y tan de prisa que dejó muchas de sus cajas de parque en la estación; y en el mismo tren expreso iban los corresponsales de los principales periódicos capitalinos.

"Justamente alarmados salimos de Buena Vista —informó el corresponsal de *El Diario*—. En los coches, la conversación giraba únicamente sobre los escandalosos acontecimientos registrados en Orizaba, Río Blanco, Nogales y Santa Rosa, dándoles proporciones de tal magnitud, que el motín de obreros adquiría el carácter de una tremenda y verdadera revolución... Ante la perspectiva de una revolución y de las medidas que los pasajeros venían advirtiendo se tomaban por las autoridades, muchos de los pasajeros resolvieron no continuar su viaje y bajaron en Apizaco. Lo más urgidos o más resueltos determinaron proseguir su marcha. Cuando ya el tren seguía su camino, se supo que se tomaban precauciones por el comandante de la escolta, temeroso a su vez de un asalto al tren, pues se tuvo conocimiento de que los huelguistas tenían en su poder la vía desde Maltrata, hasta más allá de Orizaba y de que sabían que el tren de pasajeros conducía parque para las tropas. Los recelos de los pasajeros que habían quedado subieron de punto y con las noticias más y más alarmantes adquiridas en el tránsito, otra buena porción de ellos prefirió quedarse en Maltrata. Desde las alturas de Boca del Monte, y allá en la distante planicie se pudo ver al fin algo de aquella espantable realidad. Brillaban en las negruras del fondo los rojizos fulgores de los incendios. Conforme el tren iba descendiendo, se advertía entre las fajas blancas de la luz eléctrica de Santa Rosa, la zona roja de las llamas. Después, cercana, la conflagración de Nogales y más lejana y más intensa la de Río Blanco... Entramos al fin en el terreno teatro de los sucesos. El convoy caminaba lentamente, tan lentamente que la marcha se hacía interminable. Varias escoltas recorrían la vía y numerosos veladores, con linternas de mano, se veían apostados en los lados de los rieles. Inmediatamente supimos que las estaciones del tránsito hasta Orizaba estaban cerradas, lo que hacía más peligrosa la marcha por la falta de avisos telegráficos. En Maltrata subió al tren una escolta del 9º de rurales y los jefes de las estaciones abandonadas que las habían dejado, obligados por los obreros que los intimaron a hacerlo, pues iban a incendiarlas...

La escolta de rurales era asediada a preguntas. Las fábricas estaban, decían, rodeadas de fuerzas federales; por la tarde había habido un encuentro en Nogales, con muertos de ambas partes, y los obreros eran, de verdad, valientes.

> Qué tristeza —dijo uno de ellos— tener que tirar con balas a estos hambrientos que querían les tiraran pan. La frase hizo honda impresión en el auditorio, salida de los labios de un hombre casi burdo, pero con gran fondo de verdad. A ambos lados de la vía férrea, pasando como fantasmas junto al tren que camina despacio, se ve un incesante desfilar de grupos de 10, de 15 personas, todas subiendo, todas rumbo a Maltrata, huyendo de la desolación. Con mujeres y pequeños niños que lloran: las primeras obligadas víctimas de la asonada. ¡Santa Rosa! A la derecha del camino, inundada de luz blanca da innumerables foquillos eléctricos y dominada por una columna de humo que casi no se mueve, el humo de la tienda incendiada, la fábri-

ca levanta su caserío silencioso, con un silencio de muerte. Más allá, Nogales —otro caserío mudo— y después Río Blanco. Sólo en ambas estaciones unos cuantos hombres del pueblo que ven pasar el convoy sin moverse, sin hablar; grupos de soldados, y en las azoteas el brillo de las bayonetas, y sobre todo aquello que ha callado, que se ha paralizado, las altas y rectas chimeneas, sin humo, sin la vida del trabajo. En la fábrica se encuentra la fuerza federal, acuartelada; dentro hay, según aseguran, como 200 hombres de los trabajadores que han sido aprehendidos; por las afueras pululan las mujeres, llevando de la mano a sus pequeños. Algunos obreros permanecen en las puertas de sus casas; los demás han escapado a las montañas. En seguida pasó a Nogales; igual desolación y tristeza; la fuerza federal ocupa también la fábrica... A esas horas, 6:30 de la mañana, sale de Orizaba, con un brillante Estado Mayor, el general Rosalino Martínez, de gran uniforme, para dirigirse a las fábricas.

Al recibir las órdenes del presidente, el general Martínez, militar pundonoroso y viejo amigo suyo, le indicó la impopularidad de una represión cruenta de los desórdenes y declinó, por su parte, la odiosa responsabilidad de matar sin formación de causa; pero el presidente insistió en su parecer. Martínez tenía sus razones para protestar; tenía viejas rencillas con el gobernador de Veracruz, don Teodoro Dehesa, acérrimo enemigo suyo, que simpatizaba con la causa obrera, y no dejaría de explotar en su contra una sangrienta represión militar del motín; y después de mucho discutir y mucho insistir en sus respectivos puntos de vista, el presidente cedió al amigo y arregló la cosa a su manera.

> Tiene usted razón —dijo—: los militares no deben fusilar sin formación de causa y sin que exista una previa sentencia condenatoria. Voy a mandar un jefe político que se encargue de juzgar y castigar a los jefes del motín sin andar en componendas y debilidades. Irá en el mismo tren militar que llevará a usted.

El flamante jefe político, nombrado en sustitución del señor Herrera, destituido por causa de culpable lenitud con el pueblo, era el coronel Ruiz, ex jefe de la gendarmería de la capital.

A pesar de la precipitación de la salida, la columna de refuerzos llegó tarde, alcanzando Orizaba al amanecer del día 8 y encontrando ya terminado el tumulto. Tan rápidamente, en efecto, se había restablecido el orden que el general Martínez no tenía nada que hacer sino emprender un recorrido por las fábricas de la región con su comitiva y tomar un *lunch champaña,* ofrecido a mediodía por la administración de la fábrica de Río Blanco para agradecer la pronta intervención del gobierno federal y celebrar la reanudación de las labores de la empresa; pero para garantizar la tranquilidad pública se recurrió a represalias. Conforme a lo convenido, el general Martínez dejó esta faena al coronel Ruiz, y cuando éste se presentó para informar en la peluquería, donde el pulcro militar se hacía afeitar y perfumar, el general aprovechó la ocasión para poner las cosas en claro y exculparse de antemano ante los testigos presenciales diciendo: "A mí no tiene usted que rendirme parte alguno; ríndalo al gobernador o al presidente de la República; no está usted aquí a mis órdenes, ni soy para ese efecto su superior. Usted depende directamente del gobernador del Estado."

El coronel Ruiz comenzó fusilando a los principales agitadores y presuntos responsables del motín, Rafael Moreno y Manuel Juárez, presidente y vicepresidente, respectivamente, de la sucursal del Gran Círculo de Obreros Libres en Santa Rosa, con cinco de sus cómplices, en los escombros calientes de la tienda de raya, y sin formación de causa; pero en las diligencias posteriores esta formalidad fue confiada a un juez de Distrito, que se trasladó de Veracruz a Orizaba, acompañado de dos mil soldados al mando de un general Maas. Como las fábricas se hallaban escasas de manos y el terror ahuyentaba a los obreros, que se fugaban a la montaña y se ocultaban, el coronel mandó piquetes de soldados a buscarlos; los más urgidos huyeron del Cantón de Orizaba, cogiendo el tren en algún kilómetro de la vía; los más cuerdos se refugiaron en las fábricas, el asilo más seguro; los más cortos de alcance se ocultaron en las cuevas de la montaña, donde las patrullas los localizaron medio muertos de hambre, frío y miedo —en una caverna encontraron un montón de objetos robados, garrafones de pulque, máquinas de coser, un piano, un espejo dorado y una familia famélica tocando el piano— y con las redadas cotidianas bajo la lluvia penetrante el coronel Ruiz recuperó rápidamente a los obreros y el botín del tumulto. En tres días las fábricas trabajaban con tres cuartas partes de la mano de obra normal; y como la mano tenía que comer para trabajar, la administración les concedió un anticipo de cincuenta centavos diarios a crédito sobre su sueldo eventual; y el coronel Ruiz hizo el recorrido de las fábricas y pronunció discursos, exhortándoles a rehuir los pérfidos consejos de sus falsos amigos, los agitadores, y confiar en las sabias sirenas de la fábrica que les daban de comer. "¡Amad y respetad esas máquinas! —reiteraba—. ¡Amad y respetad estos talleres que os dan el pan, como el suelo al labrador! ¡Huid de las asociaciones subversivas!" En Río Blanco tuvo el coronel Ruiz mucho éxito. "Un anciano lloraba y todos los obreros, muy conmovidos —informó *El Imparcial*— aplaudieron varias veces y regresaron luego a sus talleres." Al cuarto día, el mismo periódico proporcionó, a falta de noticias sensacionales, la más extraordinaria de todas —la renovación de la vida sin novedad.

> La tranquilidad y la seguridad pública se han mantenido; ningún incidente ocurrió hoy que pueda alarmar. Al contrario, familias de Orizaba vienen a recorrer Río Blanco, Nogales y Santa Rosa en tranvía a ver las casas incendiadas. Esto es un paseo ya. No se levanta más una sola voz en señal de protesta. Los trabajos en general se han reanudado. Ochenta por ciento del número anterior de los operarios se hallan ya en los talleres. Se sostiene el reglamento antiguo y cada operario, entre hombres, mujeres y niños, recibe un anticipo de 50 centavos. Los operarios tienen confianza en que mejorarán las condiciones económicas y solicitan la supresión de los *vales* en las tiendas de raya.

El único motivo de preocupación era la presencia del cónsul norteamericano y de los corresponsales extranjeros que venían curioseando, pero que por sus propios ojos pudieron comprobar la inexactitud de las noticias alarmantes.

> Hay aquí varios corresponsales de periódicos de los Estados Unidos, que envían correspondencia. ¡Ojalá no exageren las noticias!

Pero no había motivo de alarma: el cónsul aseguró a su gobierno que las medidas severas eran las únicas capaces de someter a los mexicanos, antes salvajes que pacíficos ciudadanos, y que no había temor de que se repitieran sucesos de esta naturaleza. También había incertidumbre por ignorar lo que pasaría el sábado, día de raya, cuando la tropa debía desocupar las fábricas. "Hay alguna inquietud a causa de que se espera la raya y se ignora cuál será la actitud de los obreros al conocer el monto de los jornales. Los industriales pagarán a los tipos antiguos." Pero vino el sábado y no pasó nada: el espíritu revoltoso del obrero mexicano estaba bien rematado.

A esa tranquilidad contribuyó poderosamente la disolución de la casa matriz del Gran Círculo de Obreros Libres, "que a últimas fechas se había convertido en fuente de intrigas y desórdenes", con motivo de la política del presidente Morales, colaboracionista del gobierno, y el radicalismo de sus rivales, ejecutados por el coronel Ruiz.

> El redactor Cancino está en la cárcel de Orizaba tratando de defenderse. Se le atribuye haber escrito artículos subversivos y una novela apasionada en que halaga a los obreros, presentándolos como víctimas de expoliaciones y crueldades.

Pero lo que realmente aseguraba la tranquilidad era el terror. Las represalias eran rápidas y fulminantes para servir de escarmiento, pero reservadas para escandalizar al público lo menos posible, y nunca se supo el número exacto de las víctimas. Los pocos datos recogidos por los periodistas se agotaron en la primera semana. Para el martes más de 300 obreros se encontraban en la cárcel de Río Blanco; el miércoles, el corresponsal de *El Diario* informó:

> a las siete y media de la tarde llegó a Orizaba una plataforma llena de cadáveres, detrás de la cual venían corriendo mujeres y niños que lloraban, gritando que en la plataforma iban los despojos de sus deudos. Dicha plataforma iba cubierta con el paño municipal. Se dice que en dos furgones que salieron para Veracruz fueron conducidos cadáveres, sin que se sepa por qué no fueron sepultados en Orizaba.

Pero se supuso que sería para dar de comer a los tiburones del mar. Y como si eso fuera poco y que no bastaba la obra de escarmiento del coronel Ruiz, se anunciaba la salida del célebre inspector de policía, señor don Antonio Villavicencio, "con algún encargo relacionado con los disturbios en Orizaba y Puebla". El viernes se supo del fusilamiento de once rurales que, obedeciendo las órdenes del señor Herrera, presenciaron el saqueo de la tienda de raya sin intervenir. Pero el juez de lo civil trabajaba para separar los culpables de los inocentes y descongestionar la cárcel, y para el sábado sólo quedaban 35 hombres y nueve mujeres, entre ellas tres heroínas del tumulto, Margarita Martínez, Lucrecia Torres e Isabel Díaz del Pensamiento; pero el mismo juez señaló como el principal responsable del tumulto al dueño de la tienda de raya, que andaba suelto. Los condenados fueron sentenciados a San Juan de Ulúa o a las colonias penales de Quintana Roo o al servicio de las armas, según el grado de culpabilidad que se les comprobó; pero el terror puso fin a la investigación y la cantidad de víctimas escapó al cómputo.

Pasó lo mismo con el cálculo del gobierno. El efecto de la purga era contraproducente. Apenas pasada la crisis, la prensa se puso a investigar las causas de la catástrofe. La primera, la más visible e inmediata era la tienda de raya y la rapacidad de Víctor Garcin; en eso todo el mundo estaba de acuerdo.

> Garcin es francés —apuntó *El Imparcial*—. Los obreros no hablan sino de los *vales* impuestos, de los descuentos forzados, del recargo en el precio de las mercancías, etc., etc.; sus familias se quejan de que en esos almacenes los obreros encontraban fomento al vicio de la embriaguez, merced a dichos vales.

El Diario proporcionó algunos datos sobre los antecedentes de Garcin.

> Hace aproximadamente ocho años, llegó a Orizaba en la mayor pobreza que se puede imaginar un español que se estableció en la localidad, donde pronto se supo que se llamaba Garcin.

Resultó que el español era francés, pero el error de nacionalidad era natural, ya que el francés y el español tenían los mismos vicios.

> Éste tuvo en la citada población una casa de comercio que giraba en abarrotes, logrando merced a grandes economías, reunir un capital que le puso en condición de ensanchar sus negocios. Por entonces logró hacer un convenio con los propietarios de las fábricas de hilados y tejidos de Río Blanco, según el cual convenio debería establecer, contando con la ayuda de la negociación, una tienda mixta. Ésta fue verdaderamente un gran almacén en el que se encontraban, listas para la venta, grandes cantidades de semillas, comestibles de toda clase, papas, telas, etc., logrando muy en breve centralizar el ramo de comercio en el lugar. Esto, principalmente, se debía a la decidida protección de los propietarios de las fábricas que como interesados en el negocio mercantil impartieron al afortunado peninsular quien, al cabo de poco tiempo de establecido, pudo hacer que a los operarios se les fuesen pagados sus salarios con fichas que únicamente eran válidas en su comercio.

Y esta ventaja no era ajena al hecho de tener un hermano en la administración de la fábrica.

El motín comenzó por haberse negado Garcin, que tenía el *trust* del comercio en Río Blanco, Nogales y Santa Rosa, a fiarles treinta cargas de maíz de las cinco mil que tenía en depósito —explicó un informante ajeno por completo a los intereses de la fábrica. Garcin negociaba los vales de los obreros, descontándoles el 25% semanal. Todo vino por despotismo de Víctor Garcin y su socio, español. Los obreros nunca pensaron atacar la fábrica, la prueba está en que fue respetada y quedó intacta; las casas de los altos empleados de la fábrica no fueron tampoco tocadas. La opinión general es la de que no hubo intención de amotinarse con anterioridad, que todo nació por la arenga de una mujer que los motejó de cobardes; dicha mujer acababa de haber solicitado un préstamo de pan. La junta de administración de las fábricas es culpable por haber permitido este monopolio absoluto de Garcin, que tanto perjudica a los obreros, y que ha sido causa de la ruina de todos los comerciantes de los mencionados poblados. Los obreros de Río Blanco nunca han sido huelguistas, fueron arrojados de la fábrica por haber protegido con dinero a sus compañeros de Puebla.

Todo lo anterior lo confirmó con creces *El Tiempo*.

Dijimos ya que el propietario de la tienda de raya, un francés llamado Víctor Garcin, se había conquistado la animadversión de los trabajadores, a los que extorsionaba sin piedad. El domingo último, estando los obreros perfectamente conformes con trabajar el lunes siguiente, pidiendo se les fueran dadas, en calidad de anticipo, algunas cargas de frijol y de maíz, a cuya solicitud contestó Garcin que "a esos hambrientes no les daba ni agua". Por mucho que tan inconveniente negativa disgustara a los operarios, éstos no hicieron demostración alguna y a la mañana acudieron puntuales a las puertas de la fábrica de Río Blanco. Sonó el silbato para dar la señal y en ese momento, según se cuenta, una mujer que enarbolaba una bandera se les paró al frente, diciéndoles que eran unos cobardes, pues que se les injuriaba y lo sufrían. Los obreros vacilaron y en tales circunstancias Garcin les injurió nuevamente, amenazándoles con cerrar la fábrica, para que de veras murieran de hambre. Esto hizo estallar el encono de los trabajadores contra Garcin y al grito que alguien lanzó de "A la tienda" desaparecieron los buenos propósitos de los obreros, y cegados por la cólera se arrojaron sobre la tienda de raya, cuyas puertas fueron cerradas. Hay que hacer constar que lo que pudiéramos llamar la burguesía de los obreros no fue la que promovió el primer movimiento, sino la hez de ellos; ésta arrastró a la mayor parte de los otros... Entretanto el motín crecía, el señor Garcin fue sacado por un cargador de la fábrica, oculto dentro de un costal, que aquél cargaba a la espalda, y uno de los socios, llamado Manuel Díaz, huía entre la multitud, con la cara cubierta con hollín de las máquinas.

Huelga decir que Garcin negó todos los cargos y, sobre todo, la versión de que salió en hombros de un mexicano, aun en costal, protestando en carta patética dirigida a *El Imparcial*. "Ya que por desgracia he sufrido un quebranto tan considerable en mis intereses, deseo no sufrirlo en mi reputación." "¿Qué pudo usted salvar?", le preguntó el corresponsal. "Lo que llevo puesto", contestó. Burda mentira. Tenía todavía 60 000 pesos en la caja grande y algo más en la chica, que los amotinados no supieron abrir; y al día siguiente del tumulto, en las ruinas carbonizadas de la tienda de raya, en un pedacito de mostrador que quedó intacto, volvió a dispensar pulque.

> No hay carne, no hay pan, no hay vestido, pero el pulque se derrama burbujeando en barriles abigarrados —añadió el corresponsal—. El señor Garcin comienza mal por ese camino, tratando de recuperar lo perdido, se dice.

A mayor abundamiento, tenía 1 500 barriles de aguardiente almacenados en las bodegas de sus tres tiendas de raya; más de un millón de pesos invertidos en otros negocios, así como acciones de compañías e intereses en la capital de la República; tenía 900 000 pesos en efectivo salvados del incendio, sin contar las acciones de su negocio, que se cotizaba muy alto en el extranjero; tenía además en su pueblo natal del norte de Francia una soberbia quinta, que causaba admiración a los campesinos por su suntuosidad; y por ende tenía, sobre todo, la arrogancia del francés, pues pensaba contar con su calidad de extranjero para entablar una reclamación diplomática contra el gobierno mexicano, valiéndose del gobierno francés.

Pero la sórdida avaricia de Garcin era lo de menos: no hacía el tendero más que practicar al menudeo lo que hacía la fábrica al mayoreo, y la insolencia del parásito sublevó la opinión pública y enfocó la atención sobre todo el sistema fabril y sus abusos. Según *El Diario*, Garcin merecía una pluma superior a la suya.

Si el comerciante francés Víctor Garcin hubiera leído por casualidad en los ratos de ocio que pudieran dejarle sus trabajos mercantiles, un hermoso libro de su coterráneo Emilio Zolá que lleva por título *Germinal*, es muy probable que no hubiesen acontecido los reprobables sucesos de Río Blanco y Nogales, que tan dolorosamente han conmovido a la sociedad mexicana. Decimos esto, porque en el libro a que nos referimos narra su eximio autor como un tendero más o menos monopolizador del comercio en un centro minero, provocó la violencia en una huelga y precipitó a los obreros a cometer desórdenes, por negarse a darles unos pedazos de pan que pedían para colmar el hambre de sus esposas y de sus hijos. Según todos los informes que en estos momentos no dejan ya lugar a dudas, esa escena de *Germinal* se ha repetido punto por punto en Río Blanco, ya que la causa inmediata de que los obreros se disgustaran y asumieran una actitud a todas luces reprobable, fue la negativa de Garcin de adelantar a los trabajadores, que al día siguiente iban a trabajar, algunas cargas de maíz que demandaban para dar alimento a sus familias. Al negárselas, Garcin los llamó despectivamente "hambrientos", y llamar hambriento en tono de desdén al que de veras tiene hambre ha sido siempre, en todos los tiempos y todos los climas, verdaderamente peligroso.

Aprovechando el escándalo para batir a hierro caliente, *El Diario* abogó por la reforma del vicioso sistema de tiendas de raya, sin lograrla; pero el gobierno cerró el negocio de Víctor Garcin, dejándole sólo la celebridad de haber sido concebido por Emilio Zola.

Pero si la tienda de raya provocó el tumulto, la huelga la provocó el sistema fabril, y tanto fue así que el gobernador de Veracruz, vivamente interesado en la cuestión social y parcial al obrero, acusó a Limantour y a los científicos, que dirigían el gobierno a nombre del general Díaz, de haber ordenado el paro de las fábricas, origen de la huelga y causa de la catástrofe. Limantour negó, indignado, un cargo que hubiera igualado su ciencia con la avaricia de un Víctor Garcin y asociado a Porfirio Díaz con un Manuel Díaz; pero el infundio político oportuno no dejó de aumentar la impopularidad de los científicos. Las repercusiones de la huelga eran profundas y hasta la prensa conservadora comenzó a investigar el problema obrero en serio. "Lo más sensacional de estos disturbios es que se han producido por primera vez en México; pero en nada difieren de los que en otras partes del mundo ha provocado la cuestión obrera", reconoció *El Imparcial*. Y *El Tiempo* profundizó:

El fenómeno ya no es esporádico, ni podrán impedirlo, a no ser de un modo momentáneo, fugitivo, las medidas coercitivas que es emplean para impedir su emergencia. Es un mal social que corroe las entrañas de la sociedad mexicana, porque las reivindicaciones del trabajo humano, sus ardorosas luchas con el capitalismo, no se presentan únicamente en este o aquel país, sino que son solfataras que agitan todas las regiones del mundo, revelando una latente y universal conflagración. Basta traer a la memoria las huelgas de Bélgica, de Alemania, de los Estados Unidos, de la Argentina, para estimar el numeroso radio que abarca este movimiento revolucionario. Las huelgas de nuestra zona industrial de Orizaba, en donde está concentrada más intensamente la existencia fabril, no son, pues, más que un pormenor del cuadro universal de las luchas del sindicalismo y del socialismo. Como rudimentarias que son todavía las protestas de nuestros obreros, se presentan tímidas, desorientadas, faltas de finalidad concreta, dóciles a una conciliación. Si el sindicalismo patronal existe ya entre nosotros, su poderoso adversario, el sindicalismo obrero apenas si empieza a ensayar un remedo de organización. Nuestras huelgas, gracias a la intervención rápida y eficaz de la fuerza pública, sólo ofrecen el carácter de los *lock-out;* es decir, que son la manifestación de "los brazos cruzados", como gráficamente llamó un socialista colectivista a este abandono del trabajo. No conocemos aún el "bando de los amarillos" que se refugian dentro de las fábricas, ni el "bando de los negros", que violentamente desalojan a los primeros del sitio de sus labores; ni tampoco no son conocidas en todo su destructor aspecto las prácticas revolucionarias del "boicot" y del "sabotaje" con que los huelguistas de otros países ejercitan crueles represalias ante los dueños de establecimientos fabriles; ni "bolsas de trabajo" para sostener la holganza forzada de los colegas en rebelión. Pero si nada de esto apunta todavía en nuestras colectividades obreras, todo ello irá viniendo, como aparecen poco a poco los órganos y funciones de una criatura que desarrolla su vida. Hay que estar prevenidos a este desenvolvimiento de la guerra social que, entre nosotros tiene, además, un aspecto más reivindicador y si se quiere, más vindicativo. Queremos referirnos al hecho de que nuestras industrias son extranjeras y con capital extranjero, y en ellas el proletariado guarda una situación más precaria y más humillante que en otras partes. Si la huelga de Río Blanco ha vuelto a aparecer, con un contingente de 1 500 afiliados, debido es quizás —y en eso las informaciones son contestes— a que los patrones, que desdeñan profundamente al operario, no han querido obsequiar las bases estipuladas en la anterior y próxima reconciliación. Quizás sería necesario establecer una legislación del trabajo en que los legítimos derechos de éste fueren escrupulosamente respetados. No debe desconocerse, y esto sólo porque se cuenta con poderosos medios de restablecer la paz, sofocando en germen toda sedición, no debe desconocerse que la mina se está socavando, debajo del suelo, y que tarde o temprano reventará en furibundas explosiones. Preferible es facilitarle válvulas de legalidad a reprimir violentamente los hechos que surgen sucesivamente. No hay que referir el descuido e imprevisión de Clemenceau, que ahora que en París estalló la huelga de los electricistas, no se dio cuenta de ella hasta que quedó a oscuras su gabinete de trabajo.

Como solución provisional, *El Tiempo* propuso la formación de consejos fabriles facultados para mediar y arbitrar disputas obrero-patronales, solución recomendada por el Conde de Mun, el redactor de *Le Figaro* de París. La idea tenía mucho a su favor por venir de Francia y estar de moda en el país clásico de la razón, pero aun allá llegaba tarde para conjurar la lucha de clases.

En un país de viejos hábitos industriales, como es la Francia, trabajado hondamente por la propaganda revolucionaria de radicales, comunistas, colectivistas y demás grupos del socialismo, muy difícil sería implantar estos ideales de M. Albert de Mun. La pendiente revolucionaria es allí muy inclinada para que en ella puedan detenerla los inveterados rencores de las clases sociales, simplemente con que se les muestre un ramo de oliva que aplaque y concilie. No sucede lo mismo en México, país novísimo en achaques de industrialismo. Cuentan aquí con un pueblo dócil que acepta sin resistencia las legislaciones benéficas, con un gobierno que a la altura de miras, añade una gran pujanza para echarlas en el molde de la realidad. Entre nosotros, salvo los capitales extranjeros que quizá no estarían dispuestos a que cesara el reinado de la arbitrariedad, pero que al fin y al cabo tendrán que aceptar leyes promulgadas a ese efecto, sería muy fructuoso, y quizás prevendría las fases venideras por las que tiene que pasar el conflicto obrero, establecer, por ministerio de la ley, esa organización corporativa de que habla el Conde de Mun. Organización quiere decir, en su acepción biológica y en su acepción sociológica, repartición armónica de las funciones entre órganos adaptados e íntimamente coordinados. En el presente caso, el organismo industrial demanda la correlación íntima del capitalismo y del trabajo, que son los órganos indispensables de dicho organismo. Atacarlo de muerte sería conceder un desenvolvimiento monstruoso y absorbente a uno de esos órganos puesto que las exigencias del capital pueden asfixiar la vida interior de las fábricas, y las reclamaciones exageradas del trabajo agotan y esterilizan las fuentes del capital. En las ideas del Conde de Mun figura la cuestión del contrato colectivo, que apenas es conocido entre nosotros y que da una especial sanción al contrato individual.

Pero las ideas progresistas del diario clerical eran prematuras, y después de esperar un mes sin despertar eco o curiosidad, *El Tiempo* dio un paso atrás y abogó por la prohibición absoluta de las huelgas.

> Hay que matar al socialismo incipiente entre nosotros que, si tomara creces y se apoderara de las clases trabajadoras, anublaría con los más densos vapores los horizontes de nuestro porvenir. Nada de huelgas; ésa debe ser la divisa; éste es el consejo diario, ésta la palabra de orden.

El primer paso hacia una legislación laboral ya lo había dado el general Reyes, inspirado por su hijo Rodolfo, con un código implantado en Nuevo León en 1903, que ofrecía compensación por accidentes de trabajo al trabajador y que le valió al gobernador la fama de ser uno de los funcionarios más progresistas de la época. El gobernador de Veracruz, don Teodoro Dehesa, había discutido con el presidente un código de trabajo, y el presidente había reconocido al obrero el derecho de asociación pacífica, o sea de sociedad mutualista, antes de la huelga; pero después del accidente de trabajo en Río Blanco no hubo remedio. Por lo contrario, como *El Tiempo*, el presidente dio un paso atrás y promulgó un decreto que ordenaba que todo trabajador que hubiera participado en tres huelgas perdería definitivamente su trabajo; que las personas que instigaran a los obreros, operarios o jornaleros a que se declararan en huelga, y los que aún no siendo instigadores hubieran encabezado un movimiento de tal naturaleza, sufrirían la pena inconmutable de tres a cuatro años de prisión; y que se tendrían por instigadores no solamente a los que inmediatamente incitan a la huelga, sino a quienes de palabra, por manuscritos, por impresos o por cualquier otro medio preparan el ánimo de los obreros, operarios, etc., en favor de los huelguistas, para obtener un aumento de salarios, reducción de horas o cualquiera otra ventaja. A tal prohibición quedó reducido el dictador que, cifrando el progreso de México sobre la colaboración incondicional con el capital extranjero, pensaba detener la marcha del tiempo, y sobrecogido ya por los tiempos modernos había perdido contacto con el correr del tiempo tan completamente como sus prisioneros en San Juan de Ulúa.

22

Dos huelgas abortivas y una sublevación abortada, ahogadas en sangre, no dejaron de llamar la atención en el extranjero y el gobierno se apresuró a borrar la impresión perturbadora en los Estados Unidos. Con fecha de 1º de febrero de 1907, Enrique Creel, el gobernador de Chihuahua responsable de la represión de la insurrección en la frontera escribió a Foster, el antiguo ministro americano que servía ahora de consejero jurídico a la Embajada Mexicana en Washington, para tranquilizarlo sobre la reciente racha de disturbios en México. "No hay peligro de que una revolución prospere en México", le aseguró tres semanas después de la catástrofe en Río Blanco.

> El general Díaz goza del más alto prestigio, de muy grande popularidad, y del respeto y cariño de todos los mexicanos. Por una parte, la construcción de ferrocarriles y todos los elementos de fuerza a la disposición del gobierno constituían una garantía completa para el mantenimiento de la paz en México por muchos años por venir. Por la otra, la paz tiene el apoyo universal de la opinión pública; el México moderno está compuesto de hombres laboriosos que han acumulado riquezas, que aprecian los beneficios de la paz, y que ofrecen su apoyo para conservarla en cualquier momento al costo de cualquier sacrificio. A mayor abundamiento, los viejos revolucionarios ya han desaparecido del país, y si bien uno que otro pueda sobrevivir, están igualmente satisfechos con el estado de cosas actual y no hay quién piense en revoluciones. La paz es un hecho verídico, tangible y certero, y desde niños a ancianos todo el mundo piensa en la prosperidad de México bajo la influencia del orden y el trabajo.

En cuanto a los nuevos revolucionarios, Creel concluyó diciendo que

> su empresa es una quimera, desde luego, y sumamente ridícula, y no ha encontrado apoyo en el pueblo mexicano, que está satisfecho con la administración del general Díaz y no sufre restricción alguna bajo el régimen sano y próspero que él ha implantado.

Nadie más calificado que Foster, quien asistió al nacimiento del régimen en 1877 y presenciaba sus frutos en 1907, para apreciar la veracidad de estas aseveraciones; pero el gobernador no estaba contento con ellas y un mes más tarde las reiteró al Secretario de Estado, Elihu Root.

> Flores Magón —le explicó— persigue actualmente dos objetivos principales: primero, satisfacer sus malas pasiones contra el gobierno mexicano; y segundo, conseguir dinero de los incautos y de personas depravadas e ilusas con el fin de sustentarse en los Estados Unidos. La labor de Flores Magón y sus asociados ya no va sólo en contra de un gobierno que cuenta con todos los elementos de fuerza y de opinión que pudiera desear, sino directamente en contra de los ciudadanos de este país. La opinión pública en México es completamente favorable a las empresas norteamericanas, pero los conspiradores en la frontera están trabajando para producir una reacción en el pueblo contra los norteamericanos, haciéndoles creer que los arreglos, contratos, y concesiones otorgadas por el gobierno a favor de ciudadanos norteamericanos, quienes han invertido más de quinientos millones de dólares en México, son exorbitantes, inconvenientes y sin fundamento legal. Creo que sería ofender la reconocida inteligencia e ilustración de V. E. si yo fuera a detenerme a demostrar lo que es verdad, que no hay nada de irregular en los favores otorgados a ciudadanos norteamericanos; con sus esfuerzos y su inteligencia, y mediante la aplicación de su capital, han establecido empresas y ejecutado trabajos que han aumentado grandemente el tesoro de la riqueza pública... En cuando al número y al carácter de estos agitadores, me complacería llamar la atención de V. E. a la circunstancia de que no hay entre ellos una sola persona prominente, conocida o siquiera honorable; no hay siquiera uno que se haya distinguido de cualquier manera en México o en el extranjero. Personas que han emigrado y que son perseguidas por la justicia por crímenes y ofensas del fuero común; personas que no saben nada, ni siquiera de oídas, de la ciencia de gobernar a los pueblos; y personas, en suma, sin experiencia, sin crédito y sin probidad, son las que se han adherido a los llamados revolucionarios, que buscan ayudantes en los bajos fondos sociales.

Creel tenía sus razones para insistir, ya que acababa de ser nombrado embajador de México ante el Gobierno de los Estados Unidos, y estas epístolas le servían de cartas credenciales informales que allanaban el camino para sus actividades en el país vecino. La caza a los conspiradores en la frontera, por más insignificantes que éstos fueran, seguía sin respiro y sin respeto a la frontera internacional. Los oficiales menores del Partido Liberal todavía eludían la garra y burlaban la persecución. **Librado Rivera y Antonio I. Villarreal** se salvaron, gracias al amparo del juez federal en St. Louis, Mo., que impidió su extradición por ofensas políticas, obligando a los detectives a fabricar antecedentes de delincuentes vulgares para reclamarlos; pero en marzo, Manuel Sarabia, que publicaba un periódico en Douglas, Arizona, fue raptado por un *ranger,* amordazado, maniatado, remitido a la frontera y entregado a la policía mexicana, que lo condujo a la capital de Sonora para ser procesado; en este caso, empero, el plagio era demasiado audaz, la prensa local protestó, el espíritu fronterizo despertó; los gringos pretendieron tomar represalias colgando al cónsul mexicano, y el malhadado gobernador de Sonora, abrumado ya por desaciertos y escándalos tuvo que ceder a la demanda de las autoridades norteamericanas y devolver su presa a la jurisdicción ajena. Pero los archirrebeldes andaban siempre sueltos, y antes de salir para Washington, Creel prometió al presidente que no tardarían ellos en caer entre las mallas de la ley.

Después de eludir al gobernador Creel en El Paso, Ricardo siguió huyendo, cambiando disfraces y despistando a detectives, hasta llegar a California, donde estuvo a dos dedos de caer preso en Los Ángeles, y acabó por detenerse en San Francisco, donde puso en marcha un pequeño periódico llamado *Revolución* y renovó la clarinada a sus compatriotas.

> La revolución que se inició a fines de septiembre del año pasado y que está próxima a continuar —recordaba a los desalentados— es una revolución popular, de motivos muy hondos, de causas muy profundas y de tendencias bastante amplias. No es la revolución actual del género de la de Tuxtepec, o de la Noria, verdaderos cuartelazos fraguados por empleados mismos del gobierno, por ambiciosos vulgares que no aspiraban a otra cosa que a apoderarse de los puestos públicos para continuar la tiranía que trataban de derribar, o para sustituir en el poder a gobernantes honrados como Juárez y como Lerdo de Tejada, a cuya sombra los bandidos no podían medrar. Una revolución como aquellas que encabezó Porfirio Díaz o como las que antes de la Guerra de Tres Años se siguieron una después de otra en nuestro desgraciado país; una revolución sin principios, sin fines redentores, la puede hacer cualquiera en el momento que se le ocurra lanzarse a la revuelta y bastará con apresar a los que hacen

de cabecillas para destruir el movimiento; pero una revolución como la que ha organizado la junta de Saint Louis Missouri no puede ser sofocada ni por la traición, ni por las amenazas, ni por los encarcelamientos, ni por los asesinatos. Eso es lo que ha podido comprobar el dictador y de ello proviene su inquietud. No está en presencia de un movimiento dirigido por aventureros que quieren los puestos públicos para entregarse al robo y a la matanza como los actuales gobernantes, sino de un movimiento que tiene sus raíces en las necesidades del pueblo y que, por lo mismo, mientras esas necesidades no sean satisfechas, la revolución no morirá, así perecieran todos sus jefes, así se poblasen hasta reventar los presidios de la República y se asesinasen por millares a los ciudadanos desafectos al gobierno.

La insurrección malograda de septiembre de 1906 no era sino un primer ensayo y Ricardo estaba ya preparando el segundo; y el segundo iba más lejos. Librado de sus compañeros liberales, Ricardo siguió su propia propensión; su periódico abundaba en ideas radicales —expropiación de la tierra, guerra de clases, acción directa y tácticas antiparlamentarias— que dejaban muy por atrás el Programa del Partido Liberal, y a medida que el ataque pasaba de un solo tirano a la tiranía social que Díaz representaba, se ensanchaba el alcance en la revolución y se aumentaban las dificultades de dirigirla eficazmente.

Haciendo el balance de las fuerzas, Ricardo lo encontró a favor de los derrotados; a pesar del revés transitorio, no se daban por vencidos.

> La idea de una retirada del campo de combate no cabe en nuestras almas de suyo rebeldes y tenaces. ¡Que retrocedan los cobardes, que cedan los débiles, que se sometan los viles! Nosotros seguiremos en pie en nuestro puesto esperando con serenidad la suerte que el destino nos depare. Desde que los obreros mexicanos empleados en las minas de Cananea, Sonora, fueron alevosamente asesinados por los explotadores sin conciencia que la dictadura protege para que mantengan al pueblo en la servidumbre, la junta y su órgano *Regeneración* han sido perseguidos sin descanso por la dictadura. Roosevelt, el presidente norteamericano, haciendo suya la causa de los perseguidores de los liberales mexicanos, en quienes ve un peligro para el desarrollo y robustecimiento de su imperialismo sobre México, garantizados por el traidor que ejerce la primera magistratura en nuestra patria, no se ha dado descanso en la tarea de poner a los miembros de la Junta Organizadora del Partido Liberal Mexicano

en poder de los verdugos del pueblo, derivándose de eso la sañuda cruzada de que somos objeto.

Pero reconocer el Destino Manifiesto no significaba someterse a él.

Esas persecuciones no han amenguado nuestro entusiasmo ni han debilitado nuestros propósitos de ver implantado en nuestro suelo el programa expedido por la junta del día 1º de julio del año pasado. Para imponer ese programa, para hacer triunfar nuestros ideales de libertad y de justicia, enarbolamos la bandera de la rebelión a fines de septiembre de 1906. El triunfo era seguro. Cada cláusula del programa responde a una necesidad ingente y avasalladora, y el conjunto de dicho documento es la suma de las aspiraciones sanas de un pueblo cansado de la miseria y la tiranía. La organización revolucionaria fue la más perfecta posible. Los grupos de ciudadanos intrépidos, prontos a levantarse a la primera señal de la junta, esperaban con ansia el momento deseado de lanzar el guante al despotismo y a la explotación. La señal fue dada; pero la traición había espiado parte de los planes de la junta y las cárceles de la República y de los Estados Unidos se poblaron de hombres resueltos y dignos. Fue aquél, momento de prueba para el Partido Liberal.

Y haciendo la defensa del fracaso, Ricardo prosiguió impertérrito:

Traicionados por dos villanos oficiales del ejército del dictador; perseguidos sin tregua todos aquellos que por su conducta digna despertaban desconfianza a un gobierno de ladrones y de traidores, encarcelados por todas partes liberales distinguidos y aun varios miembros de la junta, uno de los cuales, el vicepresidente de la misma, el abnegado Juan Sarabia, extingue en la fortaleza de San Juan de Ulúa la condena de siete años de prisión que le impuso el juez de distrito de Chihuahua por orden del autócrata, ni un momento flaqueó el partido heroico que en el actual momento de su historia sin mancha está destinado a poner la primera piedra de la verdadera libertad y de la verdadera justicia... A pesar de todo, los trabajos en pro de la libertad han seguido su curso. Los fracasos anteriores, debidos a la traición y a la connivencia del impulsivo de la Casa Blanca con el traidor presidente de México, quien está haciendo donación vergonzosa del país a los capitalistas norteamericanos, no han tenido otro efecto que redoblar nuestros esfuerzos para salvar de una servidumbre perpetua a un pueblo digno de mejor suerte.

Por otra parte, el pueblo norteamericano, el que trabaja y piensa, ha criticado acerbamente la conducta atrabiliaria de Roosevelt, como lo demuestra el hecho de haberse puesto la prensa a nuestro favor cuando este magnate extremó sus persecuciones. Por más que la dictadura lanzó su maquiavélica especie de que tratábamos de hacer una revolución antiextranjera, la verdad brilló al fin y todos se convencieron de que no somos enemigos del extranjero, sino de los explotadores y de los tiranos, sean extranjeros o mexicanos. Los trabajos para derribar el despotismo avanzan con firmeza y sólo se hace sentir la necesidad de la prensa para que con su voz prestigiosa anime a todos a deshacerse del yugo y a ser libres. Queremos completar nuestros trabajos con la reanudación de la publicación de *Regeneración,* y para lograr nuestros deseos patrióticos nos dirigimos a aquellos de nuestros amigos que mayores pruebas de espíritu liberal han dado para que nos ayuden a reanudar la publicación del periódico, enviándonos fondos. Esperamos que usted nos ayudará con fondos para la empresa que entre manos tenemos y que invitará a sus amigos a que contribuyan con lo que puedan, considerando que los actuales trabajos de la junta requieren sumas enormes, pues ya no sólo se trata de propagar el ideal sino de hacerlo triunfar por medio de la fuerza, único argumento que convence a los opresores de los pueblos.

A medida que se amontonaban los obstáculos, se aumentaban las dimensiones ideológicas de la lucha. En San Francisco, Ricardo conquistó un nuevo recluta para la causa del pueblo. Práxedes Guerrero, hijo pródigo de un gran terrateniente en San Luis Potosí, nacido para disfrutar de una vida de opulencia y ocio, pero herido profundamente de conciencia social, cedió sus derechos a sus peones, emigró a los Estados Unidos donde trabajó en las minas y compuso un pequeño periódico que compensaba el sudor de su frente con la riqueza de su pensamiento, se enroló en el Partido Liberal en desgracia, y pasando a San Francisco ayudó a Ricardo a redactar *Revolución* con una fuerte inyección de agresividad filosófica. El desprendimiento del hijo pródigo de las clases privilegiadas que abandonaba su herencia para trabajar a favor de los desposeídos demostraba que la abnegación no era virtud exclusiva de los pobres; sacrificando sus derechos de propiedad tan espontáneamente como el padre de Ricardo, Práxedes Guerrero se captó el corazón del hijo del teniente coronel Flores, y en la ausencia de Enrique se hizo también hermano de raza y prestó a la causa los servicios de una inteligencia privilegiada. Se verificó el viejo dicho de que los extremos se tocan, y naturalmente las ideas del patricio y del plebeyo eran igualmente extremas. La relación entre los dos era la inversa a la experiencia de Ricardo con Madero. La malograda rebelión de septiembre, 1906, enajenó las simpatías de Madero, quien se desasoció en aquel entonces de una aventura temeraria que calificaba de

> descabellada y fuera de lugar, pues en la actualidad creo que causa más mal al país una revolución, que aguantar el mal gobierno que tenemos, pues de cualquier modo estamos progresando, aunque no sea tan rápidamente como sería de desearse. Lo que sí le aseguro (escribía a su abuelo) es que deploro de todo corazón que esos valientes fronterizos van a derramar su sangre inútilmente y a causar tantos perjuicios a la nación, engañados, según parece, por la Junta de San Luis cuya exaltación y cuyas ambiciones bastardas son la causa de que tengamos que lamentar tan desagradables acontecimientos.

Si así pensaba Madero en 1906, mucho menos podía simpatizar con la reincidencia en el error un año más tarde; el fiasco del primer ensayo bastaba para detenerlo del lado sano y seguro de la razón. Pero Ricardo había confiado mucho en la cooperación de un hacendado excéntrico, y la conquista de otro recluta de la misma clase conservadora vino a compensar la pérdida de Madero. Tan radical como Ricardo y tan escrupuloso como Madero, el nuevo voluntario hizo de la violencia una defensa filosófica, dándole la forma de una paradoja fatal. Práxedes Guerrero exoneró a Porfirio Díaz.

> Tiranos y criminales están igualmente sujetos a la ley natural del determinismo, y aunque sus actos nos horrorizan e indignan, hemos de convenir con la justicia en la irresponsabilidad de unos y otros; pero sin llegar a las consideraciones absolutas, podrá decirse que la tiranía es el más disculpable de los crímenes, porque ningún individuo puede cometerlo si no concurren a ello circunstancias muy complejas, extrañas a su voluntad y fuera del poder del hombre más apto y mejor dotado de cualidades para el mal. Tal es el caso de Porfirio Díaz.

"En efecto, ¿existiría un tirano sobre pueblo que no le diera elementos para sostenerse? Un malhechor común puede cometer sus fechorías sin la complicidad de sus víctimas; un déspota no vive ni tiraniza sin la cooperación de las suyas o de una parte numerosa de ellas; la tiranía es el crimen de las colectividades inconscientes contra ellas mismas y debe atacársele como enfermedad social por medio de la revolución, considerando la muerte de los tiranos como un incidente nada más, no un acto de justicia... Vamos a la lucha violenta sin hacer de ella el ideal nuestro, sin soñar en la ejecución de los tiranos como en una suprema victoria de la justicia. Nuestra violencia no es justicia: es simplemente necesidad que se llena a expensas del sentimiento y del idealismo, insuficientes para afirmar en la vida de los pueblos una conquista del progreso. Nuestra violencia no tendría objeto sin la violencia del despotismo, ni se explicaría si la mayoría de las víctimas del tirano no fueran cómplices conscientes o inconscientes de la injusta situación presente; si la potencia evolutiva de las aspiraciones humanas hallaba libre ambiente para extenderse en el medio social, predicar la violencia y practicarla sería un contrasentido; ahora es el medio práctico para romper añejos moldes que la evolución del pasivismo tardaría siglos en roer. El fin de las revoluciones, como lo hemos dicho muchas veces, es garantizar para todos el derecho a vivir, destruyendo las causas de la miseria, de la ignorancia y el despotismo; desdeñando la grita de sensiblería de los humanitarios teóricos."

Tan humanitario como Madero y tan radical como Ricardo, Práxedes Guerrero releva a Porfirio Díaz de responsabilidad individual y lo condena colectivamente, porque reconocía el origen del régimen y sentenciaba a la dictadura nacida de necesidades sociales a perecer de su propia fatalidad.

Anunciando violencia, lo recibieron. Dejando al sutil filósofo en San Francisco para dirigir el periódico, Ricardo regresó a Los Ángeles, y con Librado Rivera y Antonio I. Villarreal se dedicó a resucitar la revolución de México; y allá, el 23 de agosto de 1907, cayeron en manos de los detectives, raptados y arrastrados, luchando, en plena vía pública hacia un automóvil al acecho; pero a fuerza de gritar antes de tener tapada la boca, y luchando Ricardo con furia y sangrando profusamente, llamaron la atención de los paseantes y un gendarme intervino y los llevó a la delegación en vez de a la frontera. Detenidos bajo el cargo de resistir a la policía y escandalizar en la vía pública, comparecieron ante un juez de paz y provocaron un escándalo mucho más ruidoso al denunciar el intento de secuestro e interesar a los reporteros adscritos a la policía; la prensa divulgó el atentado, la opinión pública (muy despierta y activa en California) intervino, y se formó un comité de defensa de las víctimas, integrado por voluntarios de reconocido civismo y respetabilidad política. Enrique Creel atravesó el continente para dirigir la persecución personalmente y contrató los servicios de un bufete influyente que contaba entre sus asociados con un ex-gobernador y un senador de Washington; pero la defensa tenía también sus recursos y dio amplia publicidad a los métodos gangsteriles del gobierno mexicano. Interrogado ante el tribunal de primera instancia que investigaba el caso, el jefe de la Furlong Agency confesó reconociendo que su cliente era el gobierno mexicano, que el rapto fue arreglado con el cónsul mexicano, que el arresto se realizó sin autorización legal, que hacía tres años que andaban buscando a los Flores Magón, que durante ese lapso había entregado 180 refugiados políticos al gobierno mexicano, y que con la captura de Ricardo, el cerebro de la conspiración, creía que se acabaría al fin con la sedición. Como si este testimonio fuera poco, el abogado de la defensa leyó ante la Corte un telegrama dirigido a la Corte de Apelaciones de San Francisco por el procurador de los Estados Unidos que decía textualmente:

> Resiste a toda costa los procedimientos en el caso de apelación de Magón y compañeros, porque se les reclama en México.

La franqueza del fiscal y de la Furlong Agency favoreció a los refugiados, ganándoles la simpatía de la opinión pública que conoció la causa no sólo en los Estados Unidos, sino en Europa donde la prensa anarquista tomó cartas en el asunto; pero el telegrama del fiscal fue lo que en última instancia determinó el desenlace del caso. De haber leído *Revolución,* las autoridades competentes hubieran dado con evidencia de ideas anarquistas que bastaban por sí solas para fundamentar la extradición legal e ideológica de los procesados; pero echaron mano de un estatuto más sencillo. Acusados de organizar una expedición contra un gobierno amigo en territorio americano, Flores Magón y compañeros quedaron convictos de violar las leyes de neutralidad, delito que llevaba la pena de una multa de $300 o tres años de prisión; pero gracias a la falta de dinero y a la indiscreción del fiscal Furlong, en vez de ser deportados a México, fueron sentenciados a compurgar dieciocho meses en la cárcel del Condado de Los Ángeles, pena ya extinguida por la larga duración del proceso, y dieciocho meses en las prisiones de Yerma y Florencia, Arizona, donde estaban a salvo del secuestro, por lo menos, hasta recuperar la libertad.

Tal era la situación cuando en septiembre de 1907, primer aniversario del descalabro de 1906, Enrique Flores Magón recibió en Nueva York las malas noticias de las andanzas de Ricardo y sus compañeros en Los Ángeles, y atravesó el continente a su vez, siguiendo las huellas de Enrique Creel. Llegó demasiado tarde para salvar a Ricardo pero, acudiendo al rescate de la causa, le sustituyó en la redacción de *Revolución* y la preparación con Práxedes Guerrero de la próxima insurreción.

23

Por esos días, Rafael de Zayas Enríquez, refugiado en Nueva York, preparaba un libro sobre Porfirio Díaz, en el cual refiriéndose a la recomendación que le hizo al viejo dictador de encabezar la revolución en su contra, hizo la apología de tan original idea.

> La historia —confesó— no nos ofrece ningún caso de un hombre que, después de haber conseguido el poder autocrático, lo haya abandonado espontáneamente y devuelto a la sociedad, sea súbita, sea lentamente, las libertades de que le ha privado. Los pueblos no sacuden el yugo sino por medio de las revoluciones, volviendo a conquistar con valor heroico lo que perdieron por indolencia, cobardía o ventaja momentánea. Para mí es inconcebible que el presidente Díaz sea un hombre duro e inflexible, gobernado por una ambición fría, egoísta e invencible, porque eso sería, en última instancia, colocarse como maldición sobre un pedestal de ignominia. Por eso le aconsejé franca y lealmente que encabezara la revolución que comienza a palpitar en el espíritu mexicano, que comienza a despertar de su largo sueño; de conducirla, ahora que comienza tímidamente, es cierto, pero comienza de todos modos, para convertirla en una revolución no sólo sana sino salvadora, que puede imprimir un sello de grandeza a la labor del estadista. Muchos se mofaron de las alusiones que he hecho con frecuencia a la posibilidad de una revolución en México, que ellos consideran imposible, creyendo tan firmemente

establecida la paz y tan sumiso al pueblo que es incapaz siquiera de soñar en sacudir el yugo. Mientras el Presidente Díaz tiene las riendas de la nación, es prácticamente seguro de que las cosas seguirán como están actualmente, sea a causa del terror inspirado por su sistema de ahogar en sangre todo intento de levantamiento, como sucedió hace algunos meses con los huelguistas de Orizaba, fusilados por el general Rosalino Martínez, según la práctica establecida el 25 de junio de 1879, o a causa del prestigio disfrutado por el Jefe del Estado Pero una vez retirada la presión de su mano de hierro, presenciaremos una explosión de fuerzas latentes hoy y la conflagración será general. Eso lo sabemos todos, aunque nadie se atreve a decirlo.

Fracasada o detenida la revolución popular, quedaba la otra, que la propiciaba inconscientemente; y por cierto nada de revolucionario auguraba el movimiento ascensional de la prosperidad del país, sino todo lo contrario. Según todas las reglas, alcanzada ya la meta del régimen, la paz y la prosperidad debían garantizar la satisfacción general; pero como la prosperidad era parcial, también lo era la satisfacción, limitaba a las clases pudientes, y lo que iba generalizándose era el descontento de los insatisfechos, señalado por Rafael de Zayas Enríquez en su informe, contra los grupos privilegiados que tenían la riqueza y el poder, los científicos, la plutocracia extranjera y doméstica protegida por el gobierno, la oligarquía gubernamental inexpugnable, la burocracia inmutable, los magnates de la industria y el comercio, los señores feudales del latifundismo, y la evolución del país en una sociedad secreta de amistades, favoritismos, influencias y lucro, cuyas funciones de gobierno estaban monopolizadas por dos héroes nacionales Díaz, el héroe de la paz, y Limantour, el héroe de la prosperidad.

En 1907 otra crisis económica, procedente de los Estados Unidos, llegó a México y puso a prueba la obra de Limantour. Esta vez, al contrario de las crisis de 1892, el contratiempo no cogió al país desprevenido y no era tampoco una crisis general de productividad, sino estrictamente financiera o sea del manejo de la producción; y al frente del gobierno vigilaba un financiero eminente, previsor y experimentado, que en la dirección de su especialidad había adoptado todas las providencias aconsejables para proteger la economía nacional de las depresiones periódicas del sistema capitalista y hasta supo sacar ventaja de las reincidencias inevitables.

En 1903 —a los diez años de asumir el Ministerio en medio de una depresión mortal— Limantour resolvió el problema monetario y lo resolvió en forma brillante. Con el fin de estabilizar el tipo de cambio internacional y evitar las fluctuaciones de la plata que tan funestas fueron en 1892, en 1903, el financiero precavido adoptó el patrón oro, providencia que redundó en su crédito tanto en el extranjero como en casa, pese a los inconvenientes que acompañaban al remedio tardío. En 1893 así los Estados Unidos como México eran naciones deudoras, ligadas por la crisis de la plata y aliadas naturales contra la tiranía de los banqueros ingleses que pretendían imponer el patrón oro a los países deudores; pero diez años más tarde los norteamericanos habían capitulado y aceptado el yugo del oro, y estaban a punto de convertirse en una potencia acreedora casi tan formidable como los mismos ingleses, y cuando Limantour sucumbió a su vez a la hegemonía británica, la ventaja que ganaba en estabilidad se perdió en gran parte con la depreciación del peso que, bajando constantemente, había caído ya a la mitad del valor del dólar norteamericano en 1907. La pérdida del poder adquisitivo del peso perjudicaba, por una parte, al comercio mexicano con el país vecino, su mejor cliente, y agravaba por la otra, la pobreza crónica de las clases económicamente débiles: se resentía la baja brutalmente en Cananea en donde el jornal mexicano, pagado en plata, y el norteamericano en oro, irritaban los resentimientos de los mineros e inflamaban la fricción racial en 1906; en Río Blanco, donde los operarios recibieron el sueldo en vales o en moneda nacional, la baja aumentaba la dificultad de sufragar la huelga; y mientras los sueldos quedaban estacionarios, la depreciación de la moneda imponía privaciones nuevas y severas a los pobres, que en pleno auge del México moderno no ganaban más, y a veces recibieron menos, que en los días de la Colonia; pero las quejas de las masas se descontaban en la prosperidad creciente de las clases, y no por eso fue menos saludable y oportuna la reforma monetaria en 1903, ya que la periódica depreciación económica que se repetía normalmente cada diez años, también llegó tarde y al verificarse cuatro años más tarde, la economía del país estaba acojinada para absorber el choque.

El crédito del ministro siguió subiendo con su próxima reforma. En 1903 acometió la cuestión ferrocarrilera y dio otro largo paso delante. El amago del monopolio norteamericano en los ferrocarriles constituía un problema señalado por Limantour en 1896 y que había crecido entretanto, y para 1903 se había vuelto apremiante, porque concordaba con la tendencia de los tiempos corrientes. La vuelta del siglo vio la transformación del capital extranjero, de fuerza constructiva que fue, a influencia corrosiva que venía siendo mediante la amalgama de capital banquero e industrial y la formación de colosales monopolios; la evaluación se perfilaba rápidamente en los Estados Unidos y formaba la base financiera del imperialismo internacional, y Limantour previó el peligro a tiempo. Alarmado por la amenaza de una combinación inminente de las dos grandes líneas troncales de la frontera, destinada a sujetar las arterias vitales del sistema al control de un monopolio norteamericano, se apresuró a impedir la fusión. Dos gigantes rivales estaban en el mercado banquero —la Standard Oil Company de Rockefeller, respaldando el Ferrocarril Central Mexicano, y la casa bancaria de Speyer & Cía., afiliada con J. P. Morgan, interesada en el Ferrocarril Nacional. Ambos estaban empeñados en comprar y comerse líneas suplementarias e independientes en preparación para la contienda final, y no era difícil prever el desenlace —una competencia intensa pero breve, solucionada por una fusión de intereses y una ofensiva financiera común en contra del público inerme— y Limantour resolvió disputarles la presa. Ni soñando podía pensar en combatir directamente a Rockefeller o a la no menos formidable casa bancaria Speyer con los limitadísimos recursos que tenía a su disposición, pero recurrió a un ataque de flanco. Por una coincidencia feliz un ferrocarril independiente inglés (el Interoceánico), a punto de quebrar, ofreció sus acciones a la venta y Limantour cogió la oportunidad de sobrepujar a Speyer & Cía., que buscaba la opción por el Ferrocarril Nacional. La operación fue llevada a cabo con el máximo sigilo y celeridad y salió airosa por un margen muy estrecho: en el momento crítico la diferencia de un octavo de punto decidió la victoria, y Limantour la ganó en Londres con crédito por £1 000 000, con un descuento favorable, sin desembolsar un solo peso de su presupuesto corriente, y anticipándose a otras dos compañías norteamericanas que tardaron en meterse en el juego de bolsa: tal era la recompensa de haber adoptado el patrón oro. Tan astuto como diplomático y como audaz jugador, el ministro contemporizó en espera de recibir una proposición del adversario, y algunos meses más tarde cerró un arreglo de compraventa con

Speyer & Cía., mediante el cual trocaba su bloque de acciones sin valor en el Ferrocarril Interoceánico por un interés casi mayoritario (47½%) en el Ferrocarril Nacional. La hazaña no alcanzaba el control completo y eficaz de la línea troncal, pero aseguraba su objetivo primordial, obstruyendo la combinación monopolista, y el financiero cosechó el crédito de una maniobra que llevó a cabo audaz, brillante y parsimoniosamente: su fama tomó vuelos en los mercados internacionales, donde los banqueros se dieron cuenta de que habían dado con su igual en la persona del modesto ministro mexicano, y en México su prestigio subió de punto.

Abrir brecha en la combinación era lo más que pudo lograr en 1903, pero no se daba por satisfecho con un triunfo tan incompleto y precario, y lograda una tregua, marcó el paso por tres años antes de volver al problema. En 1906 planteó la cuestión de nuevo ante el Congreso con un proyecto de ley destinado a realizar la consolidación de los ferrocarriles mexicanos —específicamente los dos sistemas rivales— bajo el control del gobierno mexicano.

> Nadie que esté medianamente enterado de las tendencias manifestadas en los últimos años por gigantescas empresas de toda índole en los Estados Unidos —dijo— considera ilusorio el peligro de que nuestras principales arterias de tráfico puedan pasar al poder de uno de los sistemas de ferrocarril norteamericanos... Para convencerse del peligro basta observar lo que sucede más allá de nuestras fronteras, donde todos los días se forman combinaciones, cuyo objeto fundamental es la dominación de unas compañías por otras, la desenfrenada explotación de industrias más o menos monopolizadas, y la creación de grandes entidades manejadas por unos cuantos individuos en cuyas manos descansa la suerte económica y política del país. Parece inútil puntualizar las consecuencias desastrosas que acarrearían para México, así la explotación de nuestras líneas ferrocarrileras en favor de las extranjeras bajo cuya dependencia llegasen a caer, como la presión que ejercitarían esas poderosas entidades sobre los negocios públicos de más importancia. Y no puede alegarse que para resistir al empuje de las coaliciones de intereses extranjeros disponemos de armas eficaces en los derechos que se ha reservado el gobierno al otorgar las concesiones de construcción y explotación de ferrocarriles; porque no se previó, ni era posible prever en el momento en que tales concesiones fueron otorgadas, las múltiples y fecundas combi-

naciones financieras y comerciales que en parte han venido a nulificar la acción protectora del gobierno en favor de los intereses nacionales.

Ya había que enfrentarse a la modernización del problema.

¿Podríamos evitarlas con cláusulas de las concesiones que confundidas nuestras líneas con otras más poderosas situadas fuera de la República, y manejadas unas y otras por compañías organizadas con arreglo a leyes también extranjeras y de las cuales estuviese excluido todo elemento mexicano, se explotase nuestro territorio como país de conquista y ejerciesen de hecho esas colosales empresas una intervención más o menos disimulada en la vida económica y política de la nación?

El monopolio daba la ley y la pura legislación era impotente para impedirlo; y para salvar la independencia del país del pulpo monopolista, Limantour recurrió a su ciencia y recordando su hazaña parcial de 1903 propuso completarla con la adquisición de un interés mayoritario en el Ferrocarril Central y la consolidación de todo el sistema ferrocarrilero bajo el control del gobierno. El momento era propicio para intentar la empresa. La prosperidad de los ferrocarriles era poco satisfactoria y la iniciativa partió, en realidad, de la poderosa empresa del Ferrocarril Central que, venida a menos y recargada de deudas, cansada de malos negocios y escasa de crédito, estaba a punto de presentarse en quiebra y apeló a la colaboración del gobierno para salir de apuros; ante el peligro de una quiebra sensacional que hubiera desacreditado la fama del país y desanimado las inversiones mexicanas, borrando de golpe los sacrificios de treinta años, Limantour no vaciló en tomar a cuestas la tarea de salvar el pulpo exangüe. Adquirir el interés mayoritario que buscaba por compraventa suponía un fuerte desembolso de fondos; invertir en una empresa insolvente representaba un riesgo que no le interesaba correr, y el ministro propuso una alternativa mucho más económica. Cuatro eran las bases del plan: consolidación de todas las líneas pertenecientes a las dos compañías, Central y Nacional, bajo control del gobierno, pero sin desembolsar fondos o entregar valores; cooperación de los principales acreedores de las empresas para restablecer la solvencia del tráfico, a cambio de una garantía proporcionada por el gobierno mexicano de cubrir parte de lo adeudado con su crédito y reservándose un derecho hipotecario sobre las empresas: restricción del servicio total de la deuda a una suma que no debía exceder el ingreso normal anual de las líneas unidas, a cambio de la promesa del gobierno mexicano de cubrir el déficit y garantizar el rédito del 4% anual sobre las acciones preferentes y por ende, la nacionalización de los ferrocarriles mediante el traspaso de todos los bienes del sistema a una sociedad de control mexicana, organizada y manejada por un consejo de administración mixta con sede en México y Nueva York. Este plan económico reducía las responsabilidades del gobierno mexicano a una garantía moral y una asociación pecuniaria limitada y lograba el objetivo fundamental del preclaro ministro; pero el pacto era tan magro para los ferrocarriles y tan leonino para Limantour que fue sólo después de prolongada negociación y regateo diplomático que las empresas, sucumbiendo a la depresión de 1907, convinieron en dejarse salvar por su fiador; pero la crisis económica favorecía la solución mexicana, y un año más tarde el ministro pudo cerrar el pacto y anunciar con satisfacción la consumación de la nacionalización de los ferrocarriles mexicanos, no en los noventa y nueve años previstos en los contratos originales, sino en veinticinco.

Esta hazaña era el triunfo cimero de su carrera. La combinación de medidas adoptadas para revisar y reformar la política económica del régimen y realizar las ambiciones de todo gobierno mexicano —la nivelación del presupuesto, el superávit anual, la estabilidad monetaria, la reorganización bancaria, reformas internas y defensas externas— y la combinación de cualidades desplegadas para producir tales providencias —acometividad, talento, previsión, paciencia, prudencia— le granjeó la fama de ser un genio, y según la definición del genio que se prefiere, no cabe duda de que Limantour merecía el calificativo. Si el genio significaba la capacidad infinita de poner sumo cuidado en el manejo del oficio, lo puso de manifiesto en la diligencia meticulosa del detallista y la aplicación asidua del contador público; si implica arranques de inspiración, también lo demostró con los lances brillantes de su manipulación sorprendente del problema ferrocarrilero; si denota un don descomunal para una determinada vocación, lo evidenciaba en todas sus actividades; y si supone un elemento de buena ventura, asimismo en ese sentido Limantour tenía genialidad, y a tal grado que fue a tal talento que sus críticos —pues críticos tenía— atribuyeron sus triunfos; y de sus críticos el más cruel y el más mexicano era Bulnes.

Pues bien, para desvirtuar su eficiencia, lo más natural era invocar lo fortuito y según Bulnes una serie de coincidencias felices explicaba los triunfos fenomenales del genio; y no cabe duda de que los facilitaron. Así, por ejemplo, el establecimiento de una nueva empresa metalúrgica en el norte contribuyó a la recuperación de la depresión de 1892, y como esta empresa era extranjera y un derivado de la Tarifa Dingley en los Estados Unidos, que imponía derechos prohibitivos a la importación de metales crudos y empujaba a las empresas norteamericanas a pasar la frontera y establecer fundiciones en México, el crítico mantenía que "quien salvó la dictadura y el país de una revolución era la Tarifa Dingley". Además, la flamante empresa metalúrgica, única entre las industrias extractivas del suelo mexicano, resultó de buen provecho y valor permanente para México, ya que los productos acabados de hierro y acero, incosteables para la exportación, se quedaban en México: resultado éste imprevisto por Dingley, Díaz o Limantour". La prensa gobiernista proclamó que el salvador de la patria había sido el genio financiero del señor Limantour, colaborando simplemente con el genio máximo financiero del general Díaz. Por supuesto que el general Díaz aceptó, como siempre aceptaba, que él fuese la causa de todo lo bueno ocurrente en el país, que el señor Limantour era su fiel colaborador, o mejor dicho, su sirviente de laboratorio; y a su vez, el señor Limantour creyó que con sus medidas administrativas había levantado las fuerzas económicas del país.

Dilucidado así el punto crítico, Bulnes siguió abultándolo; siendo el punto crítico el hecho de que el régimen había superado sus primeras fases fortuitas y llegado a ser un laboratorio de experimentos científicos, y Limantour, el sirviente del laboratorio, sacaba provecho de todos los descubrimientos científicos contemporáneos que el siglo ofrecía al cliente sabio. En 1901 —el año de la Tarifa Dingley— dos genios norteamericanos,

> inventores del célebre procedimiento de cianuración para tratar minerales muy pobres en oro, pidieron patente de privilegio al gobierno mexicano e inmediatamente les fue concedido; nótese bien que en 1893, año en que el señor Limantour entró a dirigir la Secretaría

de Hacienda, comenzaron a establecerse plantas de cianuración en México... Pues bien, ese maravilloso descubrimiento de tratar los minerales de plata por cianuración fue introducido en México durante la gestión financiera del señor Limantour e hizo posible sostener el alto precio de la plata, no obstante su universal depreciación.

Inventos científicos extranjeros fomentaron también el auge de los metales industriales: el alumbramiento público por electricidad, debido al genio de Edison, creó una bonanza de cobre comparable a la fiebre de oro, y la producción de ambos metales, la preciosa y la industrial, subió de cuarenta millones de pesos en 1893 a ciento setenta millones en 1904. En suma, señaló Bulnes,

> la minería mexicana, durante la época del señor Limantour como secretario de Hacienda, se desarrolló asombrosa e inesperadamente por descubrimientos científicos extranjeros, por fenómenos económicos extranjeros, que indicaron al capital extranjero la oportunidad de operar en México.

Y multiplicando ejemplos por el estilo, el criticón llegaba siempre a la misma conclusión.

> Debido a la pura acción social, doméstica y extranjera, la exportación de productos mexicanos subió durante la administración del señor Limantour sin que él hubiera hecho nada al respecto.

Sin embargo, si a veces los triunfos del financiero reconocían causas fortuitas, el ministro supo aprovecharlas con la administración eficaz de los favores de la fortuna. Este mérito le reconoció Bulnes, aunque siempre con reparos y reservas. Por cierto que el país prosperaba, que los ingresos del gobierno aumentaban, que los excedentes se amontonaban en las arcas de la nación; pero lo mismo pasaba con la deuda nacional.

> El señor Limantour, con el objeto de deslumbrar al general Díaz, llevaba dos contabilidades. El dinero de los empréstitos no se computaba al tratarse de las reservas del tesoro, las que en realidad no existían ni podían existir si, como era debido, se tomaban en cuenta los empréstitos que al mismo tiempo se habían hecho. Las finanzas de linterna mágica que el señor Limantour presentaba al general Díaz, eran las de un empleado público que ganara cien pesos cada mes, gastara setenta y le dijera a su mujer que tenía en caja un sobrante de treinta pesos, sin hacerle observar que por otro lado había pedido a un prestamista cincuenta pesos. Como el señor Limantour ocultó al general Díaz que el gran desarrollo de México se debía a nuevos

descubrimientos de sabios extranjeros y a fenómenos económicos extranjeros, que influían poderosamente en la vida económica de México, el general Díaz creyó que ese desarrollo emanaba de los decretos, leyes, reglamentos, circulares, estadísticas e informes del señor Limantour. La obra de éste fue de buen administrador de las riquezas que ponía en sus manos la señora Casualidad, amiga declarada del príncipe. Tal es el secreto de la inmensa influencia del señor Limantour. Ante el general Díaz no era un administrador, no era un gran financiero, no era un hábil economista y un funcionario honradísimo, sino un prodigio, el único hombre que había conocido el modo de que el país despertase y entregara sus maravillosas e inagotables riquezas naturales. Y ese país, según el general Díaz, bajo la potencia sobrenatural de Limantour, debía continuar elevándose hasta ser la primera nación del mundo; y él, general Díaz, su dueño absoluto, eterno, victorioso. En 1893, su administración estaba desprestigiada; él, ante el mundo, no era más que uno de tantos brutales dictadores de la América Latina, capataces, tiranos, clientes a cuadra de cuartel desaseado. Debido a la obra de Limantour, todo el mundo, en el país y en el extranjero, convenía en que él había hecho una gran nación. Por consiguiente, tenía derecho de gobernarla según quisiera, a perpetuidad.

Como se verá más adelante, el señor Limantour, en vez de tener obra económica, fue su obstructor.

El mismísimo triunfo cimero de su carrera formaba parte de las finanzas de linterna mágica.

Por último, el año de 1908, el secretario de Hacienda, licenciado José Yves Limantour, presentó al Congreso Federal su sensacional iniciativa de ley, pidiendo el auxilio de la nación para todas las grandes empresas ferrocarrileras extranjeras, que estaban a punto de quebrar. Una quiebra de tal magnitud debía producir una crisis vital tremenda en el país, y desacreditar todos los negocios mexicanos en el extranjero. El señor Limantour, lívido como acostumbraba, concurría a la sesión parlamentaria con un traje de corte de mortaja. El ilustre financiero atribuía el cataclismo a los malos trazos de las líneas, a que se habían autorizado desastrosas competencias, a diversas causas que no me corresponde en este momento examinar, porque voy persiguiendo el siguiente hecho: después de veintiocho años de prosperidad *inaudita* del país, que debió haber causado la prosperidad ferrocarrilera, resultaba que más de seiscientos millones de pesos estaban a punto de sumirse en espantosa quiebra: luego, los dueños de ese dinero, hasta el año de 1908 no nos habían explotado miserablemente, ni esquilmado, ni robado. El señor Limantour, en 1908, obtuvo lo que justamente deseaba: salvar a las grandes empresas ferrocarrileras y al país de un desastre, y la nación se hizo responsable por el 4% del interés anual, que debían recibir las acciones de primera preferencia. Es decir, que se aseguraba el 4% anual sobre un capital que no llegaba a la mitad del costo efectivo de las grandes líneas y sus ramales; de modo que los dueños del importe efectivo de doce mil kilómetros de vías férreas debían recibir por réditos seguros menos del 2% anual del capital invertido. Tal era la situación, nada envidiable, de los extranjeros que abrieron sus bolsillos para construir ferrocarriles, y a los que la pasión demagógica declara ladrones.

La nacionalización de los ferrocarriles era simplemente nominal y Limantour no tuvo empacho en admitirlo al ser interrogado por un corresponsal de la Associated Press. Mil novecientos siete era un año preelectoral en los Estados Unidos y la candidatura de Teodoro Roosevelt a la reelección se postulaba sobre su historial como campeón de la lucha contra los *trusts;* éstos eran una cuestión candente a ambos lados de la frontera; los dos gobiernos tenían un interés vital en dominarlos, y la sagacidad con que Limantour supo bloquear el avance del monopolio norteamericano en el sistema ferrocarrilero y conjurar el peligro de un agarre sofocante en las vías respiratorias del país, no por medio de defensas legales, que eran fútiles, sino por controles financieros, que eran efectivos, fue reconocido en Washington. El presidente Roosevelt le tributó el elogio supremo de la imitación y pensó seriamente en seguir su ejemplo; invertir en las principales líneas para asegurar el control gubernamental y adoptar la misma solución del problema ferrocarrilero en los Estados Unidos. Invitado a aconsejar al gobierno norteamericano, Limantour vaciló, sin embargo, en recomendar al vecino la magia mexicana por motivos que explicó al periodista. La suya era una solución esencialmente mexicana, muy original y sin parecido a cualquier otra: no era la posesión de los ferrocarriles por el Estado como en Alemania o el Japón, ni una asociación limitada como en Francia, sino una solución intermediaria que evitaba los extremos y proporcionaba una transacción práctica o *modus vivendi* con las compañías: una forma de tutela que conciliaba el interés público y el interés privado mediante el control pecuniario, pero no político, y reducía la colaboración al mínimo de esfuerzo, gasto, exclusivismo y fricción entre la empresa y el gobierno.

> El punto principal de este plan mexicano, como ustedes lo llaman —dijo— es la separación completa y radical de los ferrocarriles y la política. La política es la base principal del arreglo. Estoy firmemente convencido de que, desde el momento en que la política tenga algo que ver con los ferrocarriles, el plan del gobierno fracasará. En México no creemos que suceda así.

Reconoció francamente que la llamada nacionalización de los ferrocarriles era puramente nominal.

> La verdad es que el gobierno no posee los ferrocarriles en México. La Federación tiene una influencia prepotente sobre ellos. Esta influencia proviene del hecho de haber comprado el gobierno la mayor parte de las acciones de dichos ferrocarriles, operados por dirigentes y funcionarios experimentados. Yo creo que si el gobierno fuera a meterse en la operación y el manejo de los ferrocarriles, este plan fracasaría. De tal manera tengo arraigada esta convicción, que desde que México hizo la experiencia y tomó posesión del Ferrocarril Nacional en 1903, nunca he escrito al presidente de la compañía una sola carta en la que le haga observaciones respecto al manejo y operación del mismo.

Esta discreción era lo que hacía del plan algo esencialmente mexicano.

Otro periodista norteamericano, atisbando en la linterna mágica, ofreció otra versión del arreglo, obtenida por John Kenneth Turner

> de fuentes irrecusables mientras trabajaba como reportero del *Mexican Daily Herald* en la primavera de 1909. En resumen, la historia es la siguiente: la consolidación bajo el control nominal del gobierno de los dos sistemas principales de México, y el Nacional Mexicano se realizó no para impedir la absorción de las líneas mexicanas por capitalistas extranjeros —como se ha dicho de manera oficial— sino para facilitar esa misma absorción. Fue un tratado entre E. H. Harriman, por una parte, y la camarilla del gobierno del general Díaz, por la otra; en este caso la víctima fue México. Se efectuó por una especie de ventaja diferida de los ferrocarriles mexicanos a Harriman; los miembros de la camarilla de Díaz recibieron, como su parte del botín, muchos millones de dólares por medio de maniobras con las acciones

y valores al efectuarse la fusión. En conjunto, constituyó probablemente el caso más colosal de despojo que hayan llevado a cabo los destructores organizados de la nación mexicana. En este negocio con Harriman, el ministro de Hacienda, Limantour, fue el maniobrero principal y Pablo Macedo, hermano de Miguel Macedo, subsecretario de Gobernación, fue primer lugarteniente. Se dice que como premio por su intervención en el negocio, Limantour y Macedo se repartieron una utilidad de 9 millones de dólares en oro, además de que al primero se le hizo presidente y al segundo vicepresidente del consejo de administración de las líneas unidas, puesto que todavía ocupan. . .
No se sabe si el robo de los ferrocarriles mexicanos fue concebido por el cerebro de Limantour o el de Harriman; pero parece que aquél intentó realizar primero la consolidación sin la ayuda de Harriman. Hace unos cuatro años, Limantour y Pablo Martínez del Río, propietarios del *Mexican Herald* y gerentes del Banco Nacional de México, se lanzaron al mercado y compraron grandes cantidades de acciones del Central Mexicano y del Nacional Mexicano, y después presentaron a Díaz el proyecto de fusión, que éste rechazó de plano. Limantour y Martínez del Río sufrieron fuertes pérdidas, las cuales causaron a Martínez del Río tal disgusto que éste murió poco después. Se supone que sólo entonces Limantour se dirigió a Harriman, quien de inmediato aceptó el proyecto y lo llevó a término con gran provecho para él. Harriman poseía algunas acciones del Central Mexicano, pero el 51% de esa empresa era propiedad de H. Clay Pierce. Al producirse los primeros rumores del pánico de 1907, se persuadió a Pierce de que hipotecase con Harriman toda su participación. Después de conseguir una mayoría de 80% a 85% del activo del Central Mexicano, Harriman envió a Samuel Morse Pelton —uno de los más hábiles especuladores con ferrocarriles de los Estados Unidos— a negociar con Díaz el proyecto de consolidación. Allí donde Limantour había fracasado, Felton tuvo éxito y se informó al mundo que el gobierno mexicano había realizado una gran hazaña financiera al asegurar la propiedad y dominio de sus líneas ferroviarias. Se anunció que el gobierno había logrado en realidad el 51% de las acciones de la empresa consolidada y también se le consideró como dueño nominal de la situación. Pero en este trato, Harriman pudo cargar con tan pesadas obligaciones sobre la nueva empresa, que es casi seguro que sus herederos la embargarán tarde o temprano por su derechos. Los sistemas del Central Mexicano y del Nacional Mexicano son vías construidas muy pobremente; su material rodante es de muy baja calidad. Al tiempo de efectuarse la fusión, la extensión de ambas era de 8 650 kilómetros y se capitalizaron en $615 millones oro, o sea $71 099 por kilómetro, con lo que hubo inmenso margen

para valorizar las acciones. El Central Mexicano tenía ya 30 años de construido y, sin embargo, nunca había pagado dividendos. El Nacional Mexicano tenía más de 25 años y había pagado menos del 2%, no obstante, en la exagerada capitalización del nuevo organismo se observa que la empresa se compromete a pagar 4.5% de interés sobre bonos por valor de $225 millones, 4% por obligaciones con valor de $160 millones; es decir, $16 525 000 por intereses por año, ¡en pagos semestrales! Como resultado del negocio de la consolidación, se supone que Harriman recibió además de las acciones y bonos consolidados, una cantidad en efectivo y concesiones y subsidios especiales secretos para su ferrocarril de la costa occidental. Harriman forjó el contrato sobre la base del pago de intereses por las obligaciones del nuevo organismo, y sus sucesores obligarán a que se les cubran tales intereses o embargarán las propiedades. Mientras Díaz permanezca en el poder, mientras el Gobierno Mexicano sea "bueno", es decir, mientras continúe asociado al capital norteamericano, el asunto puede arreglarse —si no en otra forma, cubriendo los déficit con cargo al erario mexicano. Pero tan pronto como se presente alguna dificultad, se espera que el gobierno se halle incapacitado para pagar, y las líneas llegarán a ser norteamericanas tanto de nombre como de hecho. ¡Dificultades! Esta palabra resulta sumamente significativa. Una revolución traería consigo dificultades, pues toda revolución mexicana, en el pasado, ha impuesto la necesidad de que el gobierno rechace sus obligaciones nacionales durante algún tiempo. Así, el paso final en la completa norteamericanización de los ferrocarriles de México será una de las amenazas que se mantengan sobre el pueblo para impedirle que derroque a un gobierno que es especialmente favorable al capital norteamericano... En caso de una revolución grave, los Estados Unidos intervendrán con el pretexto de proteger el capital norteamericano y la intervención destruirá la última esperanza de México para obtener una existencia nacional independiente. Los patriotas mexicanos no pueden olvidar esto, porque la propia prensa de Díaz lo hace saber a diario. De este modo, la amenaza del ejército norteamericano es otra de las influencias que impiden al país hacer una revolución contra la autocracia de Díaz... ¿Hago suposiciones cuando profetizo que los Estados Unidos intervendrán en caso de una revolución contra Díaz? No tanto, *porque los Estados Unidos ya han intervenido por ese preciso motivo.*

Según esta versión, Limantour no consiguió siquiera el control financiero efectivo del sistema ferrocarrilero, y no sólo ilusionaba al país, sino traicionaba los esfuerzos patrióticos hechos por Díaz para impedir la fusión monopolista de las líneas, desde los primeros días de la penetración del capital norteamericano. Pero esta versión descansaba sobre decires y suposiciones incomparables, y especulaba sobre un peligro hipotético, y bien que tomada de fuentes aparentemente fidedignas, Turner no respondía de su exactitud; mas suponiéndola auténtica, dejaba en la duda si Limantour logró engañar al destino manifiesto o fue engañado por Harriman. Para el financiero el destino era la fortuna, y por definición la fortuna era inconstante y voluble.

Bulnes respondió de la integridad de Limantour, pero la desvirtuaba por otros motivos: la venalidad no era de sus pecados veniales o capitales. Su pecado capital era la defensa ineficaz de los intereses nacionales. Con tino y empeño se afanó en salvar los errores iniciales de la política económica del régimen, pero no le fue dable ni a él ni a nadie vencer el vicio de origen del programa de gobierno de Díaz, y eso por una razón patente.

> La dictadura porfirista no tuvo obra económica, la *casualidad* se la regaló, dirigida por la diosa Fortuna, que desde el año de 1876 hasta 1910 fue la fiel y abnegada barragana del general Díaz. La adulación de treinta años colgó al general Díaz el milagro de haber sido el introductor en México de los ferrocarriles, base de la prosperidad del país. La adulación también ha escrito que el programa de los ferrocarriles fue concebido por el general Díaz antes de lanzarse a la revolución de Tuxtepec. El general Díaz, antes de asaltar el poder, jamás tuvo programa ferrocarrilero ni económico de clase alguna. Por el contrario, se debe a los diputados porfiristas de 1868 la reprobación de la ley-contrato para que continuara la construcción del ferrocarril de México a Veracruz. Es obra porfirista haber reprobado la revalidación de contrato del Ferrocarril Mexicano, iniciado con noble empeño por el presidente don Benito Juárez. Sin el empuje de ese magistrado, sostenido por toda la influencia de su ministro don Sebastián Lerdo de Tejada, el proyecto de ley reprobado hubiera dejado a México sin su primer ferrocarril, que tanto bien le ha causado durante largos años. El general Díaz no favoreció voluntariamente las grandes concesiones ferrocarrileras. Tres años *chicaneó* para ganar tiempo y no otorgarlas. Fue necesario que nuestro representante en Washington, el licenciado don Manuel María de Zamacona le escribiera confidencialmente: "Puede usted estar seguro de que si no entran los rieles norteamericanos en México, entrarán las bayonetas"... El general Díaz no tuvo más programa al proclamar la revolución de Tuxtepec, sostenedora de los principios de "no reelección y sufragio libre", que el programa verdadero, muy secreto, de realizar a toda

costa el principio de sus ambiciones: "sufragio de su persona por ella misma y a perpetuidad".

Siendo esto el verdadero programa, y el económico sólo una improvisación tardía, plagada de errores, pero esencial para sostener el auténtico, el general Díaz confiaba en la ciencia de Limantour para salvar el pecado de su juventud que volvía a castigarlo en el ocaso de su carrera política, y le pedía milagros. Limantour hizo lo imposible para merecer su confianza, pero no era taumaturgo, y si bien logró aflojar un tanto los grilletes del destino manifiesto, no pudo librar al país del imperio de la necesidad. Lo que era cierto respecto a los ferrocarriles, también lo era en cuanto a los demás renglones y concesiones de la política económica del régimen; y después de efectuada la nacionalización de los ferrocarriles, el prestigio de Limantour era indiscutible y su influencia hipnótica sobre el presidente, y Díaz, reaccionando al pasapasa ejecutado ante sus ojos, sucumbió a una alianza que hacía del ministro el verdadero dictador de México. Esa responsabilidad fue la causa de las duras críticas dirigidas a Limantour por Bulnes.

Limantour era el genio tutelar del régimen, en eso todo el mundo andaba de acuerdo, pero si era el genio bueno o malo, nadie sabía decirlo a ciencia cierta, porque su dirección de la política económica puso de manifiesto las deficiencias del especialista y las limitaciones del financiero. Como perito financiero que era, se limitaba a su propia especialidad, sin intervenir —oficialmente— en la dirección de las demás dependencias del gobierno, pero controlando el presupuesto, las controlaba de hecho, y la política del financiero se concretaba a capitalizar y recapitalizar el régimen, sin invertir más que una proporción mínima en las actividades productivas que determinaban el verdadero progreso y prosperidad del país. Por definición, el financiero es el intermediario que maneja la riqueza sin producirla, pero que dirige la producción mediante la administración de las inversiones: Limantour personificaba la definición a la perfección, y por tal motivo Bulnes puso en tela de juicio su genio.

La revisión sistemática del plan logró corregir algunos de los errores de la improvisación original, pero sin erradicar sus estragos y dejando intactos sus cimientos; y bien por los hábitos de rigurosa economía contraídos en la crisis de 1892, bien por la propensión de su herencia francesa, su administración siguió fiel a la regla de frugalidad casera y prudencia parsimoniosa. Emprendedor a veces, Limantour era cauteloso siempre, y tan constantemente estaba a la defensiva, que el más cruel de sus críticos lo tachaba de tímido y tacaño. Bulnes lo llamaba avaro. En su propio dominio las deficiencias y las excelencias del genio se debían a su ignorancia de todas las demás ramas de la economía o a su indiferencia a ellas, y Bulnes se hizo el deber de poner en evidencia sus fallas. En el manejo de la minería y la agricultura su ineptitud era obvia.

> El principio básico de toda buena administración es la división del trabajo. No obstante haber desempeñado el señor Limantour la cátedra de Economía Política durante quince años en la Escuela Nacional de Comercio, adoptó el programa de contrariar ese gran principio al dirigir la Secretaría de Hacienda y el vicariato de la dictadura. El señor Limantour era árbitro de la minería, porque podía arruinarla o alentarla, modificando los impuestos que le fijaba el código correspondiente, y por ser árbitro para permitir o negar el establecimiento de fundiciones metalúrgicas en toda la República... Esa facultad, que en todo caso debía corresponder a la Secretaría de Fomento, por ser el asunto enteramente técnico, lo manejaba el señor Limantour sin conocer la minería del país, ni su geología, ni sus recursos metalúrgicos, ni cosa alguna posible para que pudiera acertar en sus soberbias decisiones.

Materias todas que Bulnes, ingeniero minero, dominaba a fondo y que le servían admirablemente para minar el genio del ministro. Por ser la minería la industria principal del país y la mayor fuente de ingresos del gobierno, Bulnes llamó a capítulo al hacendista por imponer impuestos muy tímidos a un recurso tan rico, pero por ser en gran parte propiedad extranjera, la minería era intocable, y además de ser esencial el conocimiento técnico para evaluarla correctamente, Limantour la gravó con sumo cuidado. En este caso no hizo sino seguir el precedente establecido por Díaz en días de apuros y prodigalidad y conformarse con la herencia de hechos consumados que tenía que respetar; y la timidez era un rasgo de su carácter tan conspicuo en su conducta pública como en la privada.

Puesto que muchos de los recursos mineros del país habían pasado a manos del extranjero, resultaba imperativo reivindicar la tierra para la economía nacional; pero Limantour llegó tarde para corregir el gran regalo de las minas o la gran barata de la tierra. Las vastas concesiones de terrenos baldíos iniciadas por González siguieron con la misma extravagancia bajo Díaz hasta 1891, cuando las protestas del público obligaron al gobierno a modificar su liberalidad; pero para entonces un puñado de acaparadores ya habían obtenido o ensanchado un monopolio de la tierra que alcanzaba dimensiones monstruosas. En Chihuahua el clan de los Terrazas ocupaba quince millones de hectáreas; quince millones en Yucatán pertenecían a Olegario Molina, henequenero millonario y ministro del gabinete; entre estos extremos el promedio alcanzaba centenares de miles de hectáreas cuadradas. Las propiedades de Lorenzo Torres, en Sonora; de los hermanos Garza, en Durango; de los Cedros, en Zacatecas; de García Pimentel, en Morelia; de Íñigo Noriega, en el Estado de México; de Justino Ramírez, en Puebla; de la familia Madero, en Coahuila; para citar solamente unos cuantos de los más conocidos, representaban la cifra moderada; en el Estado de Hidalgo la locomotora pasaba todo el día de sol a sol arrastrándose a través de los dominios de José Escandón sin salir de ellos. Aparte de estos principados mexicanos y pisando sus huellas de cerca, penetraban en el territorio las compañías deslindadoras y colonizadoras extranjeras, que se adjudicaban los mejores terrenos en pago de cuantos deslindaban para el gobierno; dieciocho de los más afortunados se apoderaron de un área superior a la mitad de Portugal; en Baja California tres se posesionaron de las dos terceras partes de la península; en Chihuahua cuatro hicieron otro tanto en el más dilatado estado de la República; igual de imponente corría la medida común en Sinaloa, Durango, Tepic, Guerrero y partes de Veracruz, y si la voracidad del acaparador no penetraba en el centro del país, fue únicamente porque por aquel rumbo se le anticipó la vieja aristocracia terrateniente, atrincherada en tierra de conquista desde siglos atrás. Entre la codicia del extranjero y la glotonería del natural del país poco había de escoger sino el grado de ganancia, y el resultado era, según un agrónomo, que

> toda la población libre de México está prácticamente reducida a la cuarta parte del área total y aquélla de calidad inferior, en tanto que la mayor parte de los terrenos nacionales consiste actualmente de montañas, desiertos y tierras pantanosas. Algunos miles de individuos y unas cuantas compañías tienen el poder legal de excluir a una nación de quince millones de habitantes de la mejor parte de su país.

El problema de la tierra arrancaba de los días de la Colonia, pero se agravaba por la prodigalidad de Díaz al fomentar la colonización moderna de México, y la concentración de la propiedad territorial en pocas manos creó un tremendo problema social y un interés consolidado que Limantour, gran hacendado a la vez que hacendista, no quiso tocar.

Pero si resultaba difícil reivindicar la tierra, cultivarla no era imposible. El latifundista, cultivando apenas una fracción de sus posesiones señoriales era rico de nombre, pero, en rigor, pobre de tierra. Gobernado por el egoísmo y la inercia de su clase, y sujeto a condiciones naturales inclementes y variables —lluvias irregulares, sequías impredecibles, suelos cansados, cosechas casuales—, así la naturaleza misma como la naturaleza humana avara, se conjugaban para determinar la poca productividad de la hacienda y la indiferencia del hacendado al progreso; sin embargo, éste solicitaba favores impositivos por el mismo motivo que el dinero, o sea, que estaba empeñado en una actividad precaria, costosa y especulativa, y los obtenía de Limantour, que gravó muy ligeramente, y según su propia evaluación, al gran terrateniente y cargaba al gravamen de la tributación territorial a la cuenta del modesto ranchero, que cultivaba la tierra, sujeto a los mismos azares naturales y, por añadidura, al favoritismo y arbitrariedad del hacendista. Pero no sólo como recaudador de rentas Bulnes llamaba a cuentas a Limantour, sino como economista. Para fomentar la producción y fertilizar la tierra cansada no faltaban remedios científicos —la sustitución del cultivo extensivo por el intensivo, la rotación de cosechas, el abono y la maquinaria moderna—; pero el hacendado prefería restringir la producción y especular en un mercado que dominaba por la extensión de sus propiedades y controlaba por lo reducido de su producción, y resultaba preciso año tras año importar grano de los Estados Unidos para compensar la escasez doméstica; sin embargo, el ministro de Hacienda premiaba la avaricia del hacendado. La carestía de la agricultura obedecía, empero, a otra causa crónica y fundamental: la falta de irrigación.

> El gobierno mexicano está convencido de ello —señaló un observador francés que estudiaba los problemas del país en 1907— y no es un secreto para nadie que, ahora que se considera la era de las subvenciones ferrocarrileras como casi terminada, va a abrirse la era de los subsidios a la irrigación

Tanto fue así que algunos terratenientes dotados de espíritu de empresa —pues, los había, aunque pocos— ya habían emprendido la tarea por su propia cuenta, con la promesa de ayuda financiera oficial, garantizada por las tierras sedientas que el hacendado ofrecía como colateral y recuperables al liquidar el costo de las obras de riego, y más de un millón de hectáreas se abrevaban ya gracias a la iniciativa privada; y Limantour dio una mano a la obra fundando en 1908 la *Caja de Préstamos para el Fomento e Irrigación de la Agricultura.* Irrigación y ferrocarriles —las dos condiciones previas señaladas por Bulnes en 1888 para el fraccionamiento de los latifundios y la repartición provechosa de la tierra— asomaban al fin en 1907; pero aún no sonaba la hora propicia y todavía tardaba la obra pionera, no por culpa de la avaricia del hacendado sino —según Bulnes— de la ciencia ahorrada del hacendista.

> El señor Limantour dispuso de medios para haber emprendido el regadío del país desde el año de 1900 hasta 1910, gastando en ello quinientos millones de pesos que pudo obtener, si evitaba los derroches en obras innecesarias y de porvenir remoto, completando lo que necesitaba con empréstitos extranjeros. Quinientos millones de pesos empleados en riego habrían sido suficientes para dar de comer bien, barato, y elevar los jornales de una población de diez millones de habitantes, debiendo seguir con dichas obras salvadoras de verdadera prosperidad, hasta haber gastado en veinte años mil quinientos millones de pesos; con lo cual se aseguraría la existencia feliz de un pueblo de no menos de sesenta millones de habitantes. Esa era la gran obra de la dictadura, no acumular ochenta millones de pesos y hacerlos oler a los hambrientos y a los desesperados, sin más fin que atraerse una gran revolución. Si fueron notables las reservas del tesoro del señor Limantour y las reservas de crédito, probado es que era ignorante y avaro, y que fue culpable por haber sostenido reservas de ciencia, reservas de aptitud para ser el hombre que hubiese salvado a México de la revolución de 1910 y elevado al general Díaz a una altura incalculable.

Pero no supo soltar la mano.

> Cuando el señor Limantour en 1908 fundó la Caja de Préstamos para Fomento de la Agricultura e Irrigación, ni por un momento pensó en asuntos de regadío agrícola. Su objeto fue librar de un desastre a los bancos de emisión, amenazados de ruina por la gran crisis financiera de 1907 que, surgida en los Estados Unidos, se extendió a Europa y a América. En México, gran productor de metales, bajó

considerablemente el precio de los industriales, especialmente el cobre, y las cosechas de maíz fueron reducidas en grande escala por la sequía. El señor Limantour dispuso aliviar a los bancos de la capital, comprometidos hasta el cuello por su desastroso sistema de inmovilizar capitales, haciendo préstamos a largo plazo, o mejor dicho, por tiempo indefinido. La operación *irrigadora* del señor Limantour consistió en exigir a algunos hacendados, deudores de los grandes bancos de emisión, que transformasen sus deudas bancarias en hipotecarias con la Caja de Préstamos, recibiendo dichos hacendados sus pagarés extendidos a los bancos, y éstos, en numerario, el importe de las hipotecas. Los irrigados con plata fueron los bancos que se encontraban próximos al desastre, y no la agricultura, que jamás preocupó al señor Limantour... Fundando el señor Limantour en 1908 la Caja de Préstamos y Fomento de la Agricultura e Irrigación, materia que debió corresponder al ministro de Fomento, a cuyo cargo estaba lo relativo a la agricultura y regadío, se declaró también el señor Limantour supremo maestro en asuntos que radicalmente desconocía y árbitro de una agricultura hipotecada y además adeudada con los bancos, que no podía vivir más que por medio de expedientes de chicaneo para contentar acreedores, en vez de mejorar tierras y procedimientos de cultivo. El riego del país debió ser la obra económica, científica, patriótica, fundamental e indeclinable de la dictadura, de cuantos gobiernos la precedieron y de todos los que hayan de sucederla en lo futuro. Y eso no lo entendió el señor Limantour, aun cuando en el círculo de los *científicos* había personas que conocían muy bien el problema económico del país.

Entre ellos el señor Bulnes.

"El orgullo del señor Limantour, debido a los milagros que le había hecho la minería para salvar al gobierno, sin que él se diera cuenta de ellos, hacía imposible que escuchara otras voces que no fueran la de su infalibilidad; ni aceptaba, ni pedía consejos. Era un notable profesor de economía política abstracta, y un notable ignorante de su país, como debía serlo, porque carecía completamente de conocimientos en agricultura, meteorología, hidrografía, geografía, geología, historia económica del país, y de lo que era necesario para salir avante en la obra que le había confiado el general Díaz, violando el gran principio de los dictadores contenido en la sentencia del profeta Jeremías: 'Maldito el hombre que confía en otro hombre.' Y el general Díaz se arrojó en los brazos de Limantour, como se había arrojado en los brazos de Reyes, y ambos personajes le fueron fatales."

Ignorancia, avaricia, presunción, autosuficiencia —la reprobación acumulada en contra del gran financiero bastaba para hundirlo; pero Bulnes no había terminado aún.

El señor Limantour se declaró también supremo en cuestiones ferrocarrileras, que por supuesto no entendía, y que acordaba diariamente con el americano Mr. Brown lo que se debía hacer. Era el señor Limantour quien obedecía a Brown, porque nada podía discutirle, temiendo revelar su absoluta ignorancia en la materia. No bastando al señor Limantour ser gerente de la agricultura, gerente general de la minería, gerente general de doce mil kilómetros de vías férreas, gerente general de todos los bancos del país, con la enorme facultad de poder autorizar el aumento de capital de los bancos cuando quisiera y como quisiera; no bastándole ser árbitro de los cambios, por ser gerente general de la Comisión Monetaria, y árbitro del comercio, porque era soberano para alterar el arancel de aduanas marítimas y fronterizas, como su imaginación se lo indicara, lo que le hacía árbitro también de todas las industrias nacionales; no bastando tantas facultades, que correspondían a ocho o diez hombres superiores, dispuso el señor Limantour centralizar en su mano las finanzas municipales y decidir sobre contratos de pavimentación, de embanquetados, sobre tarifas de mercado, sobre cremación de cadáveres de hombres, perros, caballos y ratas, sobre el movimiento de los carros de basura, sobre fondo de gendarmes, sobre las cuotas nocturnas de los figones, etc., etc. Al señor Limantour le sobraba tiempo para todo, por lo mismo que nada estudiaba: era director del bosque y jardines de Chapultepec y lucía como el primer floricultor de la República. Asistía todas las mañanas al legendario bosque, y rodeado por las sombras de los emperadores aztecas y de uno que otro virrey, ordenaba que se cuidaran las euforbiáceas de demasiada humedad, que no se sacase a las orquídeas de su invernadero, que no se mezclasen los patos de Xochimilco con las fálaris del lago de Como, y que se rindiese información exacta sobre la cantidad de carne de caballo que comían las fieras. De Chapultepec se dirigía al Palacio Nacional, a conferenciar con el intendente, quien le consultaba sobre si vendría el carro de estiércol ya fermentado; si compraría a Ruiz o Ceballos escobas para las caballerizas; si debía remojarse en cloro-naphtoleum las libreas de la Presidencia y hacía entonces una brillante disertación sobre el arte de remendar las alfombras del Archivo Nacional, a menos que no las repusiera al precio de las del Palacio del Elíseo en París, la casa Mosler, Browen y Cook. En el caso de haber grandes recepciones en el Palacio Nacional, para recibir a los delegados del quinto Congreso Pan-Americano, el señor Limantour intervenía en la parte artística, disponiendo que los candelabros de bronce florentino fueran colocados sobre los pedestales de granito caucásico, y que todos los mozos de servicio fueran de la raza blanca, peinados "a la Porfirio Díaz".

La frivolidad del financiero daba el retoque fatal al retrato de un diletante dirigiendo los destinos de una nación. Ingeniero, geólogo, economista, historiógrafo, meteorólogo, mineralogista, agrónomo, hidrógrafo y sabelotodo consumado, Bulnes no sabía perdonar las deficiencias ni mucho menos la autosuficiencia del aficionado que presumía de omnisciente y monopolizaba todas las funciones del gobierno sin apreciar sus responsabilidades: pues, a pesar de su devoción al interés nacional, Limantour era de origen francés, extranjero en el fondo, insensible a las necesidades de su patria adoptiva y mexicano sólo por cortesía; y si Bulnes se indignó y reveló otra vez un inconoclasta patriota, como en 1903 cuando denunció la responsabilidad autocrática del general Díaz, fue Limantour, revestido de facultades omnímodas y corto de conocimientos, que engañaba al dictador senil y lo conducía dócilmente, con su propia ineptitud, hacia una revolución catastrófica.

Pues, de todos los pecados de omisión y comisión del especialista el más imperdonable era su insensibilidad a la cuestión social.

> Tanto el general Díaz como el señor Limantour cometieron un error muy grave: expulsaron de su pensamiento y de su sentimiento las clases pobres populares; para ellos, no existían. De tanta omnipotencia jamás salió una ley en favor de los desamparados: se concebía el progreso, pero sin los miserables, y para ellos, en treinta años, no hubo ni un aumento de salario ni un aumento de piedad. El señor Limantour era el tipo plutócrata de novela de Balzac o de Zola. Para él, la especie humana comenzaba con los banqueros y debía encerrarse en un medio de príncipes banqueros y de banqueros príncipes; todos los de más abajo eran antropoides vistos con asco. Y bien, este jefe de plutocracia profesaba los principios absolutos del *tacañismo*, de la avaricia política, del egoísmo infinito, de la misantropía en los negocios, de desprecio por el cosmos, fuera del capitalismo.

Avaro de humanidad, Limantour agravaba el egoísmo senil del general Díaz, y en última instancia Bulnes culpaba al ministro omnipotente, tan previsor contra los peligros del exterior y tan ciego frente a los interiores, de no haber previsto la revolución moderna que los progresos de la pobreza y la preservación de los privilegios antiguos hacían inevitable.

La revolución tenía que venir, como más tarde apareció, como una reacción violenta y desenfrenada contra la alta obra del general Díaz; debía ser la revolución contra todo lo caduco del pasado, contrariando la marcha del César y de su vicario, de regresar a la que ya en el presente no podía tener vida, perteneciendo al pasado.

Y con la clara percepción de la historia vista retrospectivamente, el profeta denunció la falta de previsión de Limantour como causa coeficiente de "una revolución que ha causado a México males irreparables" y de la cual Bulnes también era víctima moderna.

La obra de Limantour resistió la crisis financiera de 1907. Devastadora en los Estados Unidos, el mal fue relativamente benigno en México, comparado con el desplome de 1884 y el descalabro de 1892. Por cierto que la depresión era tan severa, que México se mareó, que los bancos temblaron, que la restricción del crédito mermó la producción y propagó el malestar, que la prosperidad palideció, que el comercio languidecía, que las cosechas se perdieron, que la plata oscilaba, que el país se sintió nervioso; pero la tensión monetaria era transitoria, mitigada por las providencias de Limantour, y la perturbación cíclica pasó sin provocar el fermento revolucionario que solía acompañar las grandes crisis económicas en las entrañas de México. La resistencia del país era de buen augurio para el porvenir, pues a partir de la última depresión el progreso económico había sido rápido, robusto y revelador de un recurso nuevo; respondiendo al estímulo de la confianza y las inversiones extranjeras, el mexicano había cobrado confianza en su propia fuerza y desarrollado un espíritu de empresa que relegaba al recién pasado el reproche de inercia y apatía de la raza, y vindicaba la política de Díaz, demostrando la capacidad de la burguesía nacional de independizarse y de dirigir y dominar la marcha del país mañana; y mañana ya no era mofa ni mentira. La estabilidad de México hacía contraste con los estragos de la crisis en los Estados Unidos. Allá, entre las múltiples causas concurrentes del *crac* —la fiebre de especulación, la fe en la expansión ilimitada de la economía, el abuso de confianza en el mañana, el desgaste de los recursos naturales del país, el exceso de exportaciones sobre importaciones, el egocentrismo comercial, la reducción del tráfico internacional ahuyentado por las altas tarifas aduanales y el aumento de los monopolios domésticos fomentado por la protección arancelaria— la causa principal y la resultante de todas las demás era la escasez de moneda en circulación, una falta tan aguda del medio de intercambio que paralizaba toda la actividad económica de la nación, y provocaba el pánico contagioso con su secuela de quiebras, desempleos, huelgas y zozobra política. En México, en cambio, aunque las repercusiones del *crac* en el país vecino se hicieron sentir en el mundo de las finanzas, no hubo asedio a los bancos, ni quiebras, ni pánico, ni aturdimiento, ni conmoción de consideración; las reservas del erario quedaron intactas y Limantour enderezó los bancos sin movilizar sus millones ociosos; mientras en Washington la Tesorería tuvo que pedir prestado a los Bancos de Inglaterra y Francia, con descuento de 6 y 7% los fondos de apoyo para proteger sus reservas de oro y rendir culto supersticioso al patrón oro inglés, Limantour disponía de crédito en Europa a razón de 4.5% y no tuvo que tocarlo; las cosechas perdidas reverdecieron puntual y regularmente con la confianza perpetua de las cosas naturales, el freno al ritmo normal de la actividad comercial no era más que una pausa, inspirada por prudencia, no por desconfianza en la resistencia de la economía, y gracias al conservadurismo o tacañismo de Limantour, contrario a todo expansionismo innecesario, la crisis de producción que provocó pánico en los Estados Unidos no causó más que un mareo pasajero en México. Por lo mismo, la recuperación sólo pedía paciencia, recurso inagotable del mexicano, y en aquel fondo de apoyo confiaba el general Díaz para capotear la tempestad en su informe a la nación de diciembre, 1907.

> Las malas circunstancias por las que atraviesan los mercados de los fondos públicos en el extranjero, desde el principio de este año —expuso— han empeorado de día en día hasta el punto de producir una escasez de dinero de tal modo general que, sin exagerar, puede decirse que hay una crisis financiera casi universal: crisis a la que también ha contribuido la marcha de los negocios públicos en varias de las naciones más poderosas. Hasta estos cuatro o cinco últimos meses, México ha podido mantenerse fuera del influjo de estos factores de perturbación, pero la escasez de fondos disponibles, a la que acabo de hacer referencia, ha paralizado la situación de capitales extranjeros en nuestro país y en consecuencia ha obligado a las instituciones de crédito a reforzar sus existencias en especies o, por lo menos, a no debilitarlas; las ha obligado también a negar su concurso en nuevos negocios que no fuesen de primer orden... Gracias a estas medidas, es evidente que cuando haya pasado el periodo agudo de la

crisis extranjera desaparecerán también los vestigios de las dificultades relativamente débiles que nos ha causado la condición de los mercados extranjeros. Así, pues, las consecuencias para México de la tensión monetaria se reducen a un aflojamiento en la constitución de nuevos negocios y en la obligación para los bancos de vigorizar su situación.

Por su misma modestia, México no merecía las grandes catástrofes de las naciones poderosas, y eso era motivo de congratulación; pero al mismo tiempo el país no podía sustraerse a las reacciones de una perturbación universal, ni mucho menos a su proximidad de los Estados Unidos, y siendo la confianza la fuerza motriz de la economía, había motivo de preocupación, a causa de la interdependencia de los vecinos; y con tal motivo *El Tiempo* produjo un gran sermón patriótico.

> Tiene tan lastimosa correlación la vida política de los Estados Unidos con la nuestra propia, que estudiar aquélla equivale casi a prever acontecimientos que necesariamente repercutirán sobre nosotros. Sobre todo, en lo que se refiere a intereses económicos, supuesto que en el suelo mexicano han radicado hondamente los capitales anglo-americanos, constituyendo vastas industrias, cuyo coeficiente de prosperidad mídese por los grados que alcanza la fiebre de combinaciones bursátiles en las principales ciudades de los Estados Unidos.

Pues bien, la causa moral de la crisis monetaria en el país vecino radicaba en la fiebre de especulación, en el abuso del crédito, en la falta de probidad y en algunos casos en

> los procederes culpables de ciertos multimillonarios —el lucro desenfrenado o impío corrompe la sangre de aquel pueblo colosal por su opulencia, por la osadía de sus empresas, por la temeridad de sus combinaciones bursátiles en las que se muestra a los incautos toda suerte de espejismos, pero, en realidad, y en el fondo de las cosas, expuestas a derrumbarse por la carencia de las más elementales nociones de honorabilidad. ¡Cuán deseable sería independizarnos de esa tutela económica ejercida por capitalistas que hipotecan su casa para comprar automóvil, que hacen reverberar a nuestros ojos imaginarios fondos sociales de siete o nueve guarismos, sin que en el fondo haya otra cosa que la cínica audacia de los aventureros! Casi ninguna atención se ha prestado al hundimiento oscuro y silencioso de aquel riquísimo mineral cuprífero de Cananea que tantos disgustos nos oca-

sionara por su viciosa conformación fabril. ¿Qué fue de esta colosal empresa fomentada por capital anglo-americano? "Pasó como verdura de las eras", como dice la canción de Jorge Manrique. Por eso aplaudimos de todas veras la previsora consolidación de nuestra red ferrocarrilera, quitándola de todo influjo nocivo de los bolsistas y acaparadores yanquis, ideada con toda sagacidad y tacto financiero por el señor Limantour. Vimos en ella un principio de esa anhelada independencia económica, que nos pondría a salvo de la diagnosticada *fiebre de especulación* que Míster Roosevelt echa en cara a los compatriotas. ¡A ejemplo de esa patriota combinación quisiéramos que otras muchas se realizaran, rompiendo hasta donde fuera posible toda liga con una nación que tan temerariamente se lanza a las aventuras peligrosas! La sagaz operación financiera llevada a cabo por el señor Limantour nacionalizando las principales vías ferrocarrileras, es un supremo rasgo de previsión. Desde luego, bajo la inspección directa del gobierno, nuestras líneas ferrocarrileras no entrarán a formar parte de las combinaciones de los *trusts* ni sufrirán por lo tanto las exclusivistas condiciones de tráfico que aquéllos quieren imponernos. En ese sentido, puede decirse que el señor Limantour es el iniciador de nuestras libertades económicas, que apoyan y garantizan nuestras libertades políticas.

Pero ya era tarde para tocar a retirada. La correlación política y económica entre los dos países era estrecha e inseparable, y políticamente también la crisis afectaba a México por la influencia magnética que una nación ejercía sobre la otra. La reelección de Teodoro Roosevelt, postulado sobre su lucha contra los *trusts,* reactivaba un problema que interesaba por igual a ambos vecinos. En tanto que Limantour cifraba su plan de nacionalización de los ferrocarriles sobre la separación de los negocios de la política en México, en los Estados Unidos, por el contrario, la cuestión de los monopolios era predominantemente un problema político. Allá, desde la adopción de la Ley Sherman en 1891, la experiencia había demostrado de manera conclusiva la dificultad de detener los monopolios por medio de frenos legales y comprobada la prepotencia de fuerzas económicas sobre los paderes públicos, y como la contienda, culminando en la cruzada de Roosevelt contra los *trusts* era la cuestión decisiva en la campaña electoral, el desenlace interesaba vivamente a la opinión pública en México. Las apuestas favorecían, en general, a Roosevelt; pero hubo excepciones. Un periódico franco-mexicano, de mentalidad más francesa que mexicana, lamentaba su arrojo irreflexivo y cavilaba con su caballerosidad yanqui.

Mr. Roosevelt es quien ha lanzado a esta lucha la autoridad federal con la impetuosidad nada reflexiva del ex coronel de los Rough Riders. Sin duda alguna que los *trusts* por muchos conceptos son un mal y que una conciencia honrada y algo simplista, muy imbuida, además, en la idea de su responsabilidad, debía combatirlos... Pero el papel de arcángel que aplasta al dragón financiero presenta algunos peligros que perciben hombres menos "todo de una sola pieza" que Teodoro Roosevelt. Mucho ha contribuido él a la perturbación que sufre el mercado de Nueva York. El capital es un elemento hipersensible que puede alarmarse y paralizar peligrosamente para la comunidad una legislación intervencionista, por más que se engalonea con las más virtuosas intenciones. Mr. Roosevelt suspira sin duda por aquel tiempo en que con la inmensa reserva de materia virgen disponible en el suelo de la Unión, cada norteamericano podía labrarse su negocio independiente de los demás. Pero nadie sería capaz de resucitar esa edad de oro de la nación norteamericana, cuya influencia muy cercana todavía ha conservado hasta ahora su hermosa salud moral. La intervención federal y centralizadora del presidente Roosevelt corre únicamente el riesgo de sustituir a una plutocracia, las socializaciones operadas por la demagogia, de la que se expone a ser el precursor. Imposible es, por ejemplo, que no se vea un precedente peligroso en esa administración temporal de un *trust* por un delegado del poder público, según la idea emitida a propósito del proceso al *trust* del tabaco. Mr. Roosevelt no se ha dado cuenta de los celos que su intervención en la vida económica del país prepararía a políticos menos desinteresados que él: el ardor de su acción contra los *trusts* no reprimirá la idea de las tendencias intervencionistas y niveladoras que esa acción arriesga precipitar sobre una masa, cuya vida económica nueva y elementos nuevos acarreados por la inmigración eliminaría poco a poco el viejo ideal del liberalismo norteamericano. Un mal como el de los *trusts* debe ser tratado con mano blanda y flexible. Es imposible, cuando se sigue la carga de Mr. Roosevelt contra los *trusts*, dejar de temer que sobrepase terriblemente sus límites y que dé la razón a los que han visto en el presidente actual una especie de San Juan Bautista de la demagogia norteamericana. Y puede preverse que los políticos encarecerán estos honrados intentos, puesto que, en ausencia de otras grandes cuestiones actuales, republicanos y demócratas deben asaltar todo proyecto contra la plutocracia de los *trusts* en la campaña presidencial del otoño de 1907.

El Tiempo, en cambio, aunque igualmente conservador, confiaba en Teodoro Roosevelt sin reservas. El arcángel, cargando lanza en ristre, contra el dragón monopolista, era otro Limantour y santo también de su devoción, porque el capitalismo —señalaba—

> tiene también sus enormes pecados que tanto como las pretensiones absurdas del trabajo desequilibran las leyes naturales de la economía social. Los *trusts* impiden precisamente ese régimen de equilibrio que, como Mr. Roosevelt, profesan la novísima doctrina de Gustavo Molinari que "la política es la relación entre la evolución política y la evolución económica". Si la tiranía de los monopolios en todos los ramos de la industria continuase ejerciéndose sin traba alguna en los Estados Unidos, la explosión socialista sería formidable. Las gigantescas huelgas que allá se coaligan anuncian la proximidad del peligro; así como ese éxodo de selectos trabajadores agrícolas norteamericanos, que por centenares de miles emigran a las praderas del Canadá, huyendo de la vinculación excesiva de los *trusts* de cultivadores, del elevado precio de los terrenos y buscando, además, el amparo de las libérrimas leyes que rigen en la colonia británica.

Lejos de ser el precursor de la demagogia norteamericana o del socialismo, Roosevelt debía estimarse como un estadista conservador que cargaba contra los monopolios para salvar el sistema capitalista de una violenta reacción socialista; y puesto que se esforzaba en contener el mal del siglo, mal que no reconocía fronteras y que comenzaba ya a manifestarse en México con la racha de recientes huelgas, el presidente arcangélico merecía el respeto y la confianza del mexicano y se hizo acreedor al voto y al exvoto del órgano clerical.

Pero el problema se presentaba muy complicado. Lo malo era que Roosevelt no era uniforme, sino doble: por un lado campeón anti-monopolista y por el otro paladín imperialista; el primero era un aliado, el otro un peligro para México; y los dos eran inseparables. De ahí que el arcángel fuera una quimera. El imperialismo norteamericano era proteico, pasando con cualquier provocación de la expansión comercial a la agresión militar, bien lo sabía México por experiencia y la proximidad del peligro aparecía otra vez, provocada por la crisis financiera en los Estados Unidos. La reciente exclusión de la inmigración japonesa en la costa del Pacífico, donde la rivalidad del oriental con el obrero americano fomentaba el prejuicio racial, era una provocación que hacía tirantes las relaciones de Washington con Tokio en los mismos momentos en que Roosevelt luchaba para dominar la crisis económica, y si bien el presidente logró negociar un arreglo de caballeros con el gobierno del Mikado, que convino en frenar voluntariamente la emigración de sus nacionales, todos los observadores de la situación estaban de acuerdo en que el acomodamiento no era más que una tregua y que la guerra tenía que sobrevenir, tarde o temprano, porque la provocación no se encontraba en la costa del Pacífico, sino en los litorales del Lejano Oriente. La sobrepoblación del archipiélago japonés obligaba al gobierno a emprender la expansión y modernización, militar e industrial, del imperio del sol naciente y ya había provocado la guerra con China en 1894-95 y con Rusia en 1904-05; y la victoria del Japón en 1905 significaba una amenaza inminente para sus rivales en el mercado asiático y un peligro inmediato para la expansión oriental de los Estados Unidos; y tomando en cuenta estos antecedentes y la triste verdad de que la conveniencia internacional era de por sí una perpetua provocación *El Tiempo* pronosticó una catástrofe.

> Los Estados Unidos saben perfectamente que nada tienen que esperar de los mercados europeos, sobre todo desde la formación de una Alemania industrial, y que no podrán dar salida en ellos más que a un número muy limitado de algunos productos especiales de su industria. Su mercado natural está en el Oriente y en el Pacífico. Pero precisamente la región industrial y manufacturera de los Estados Unidos es la occidental, y por tanto, ese mercado oriental no les será accesible hasta que se haya abierto el Canal de Panamá y a condición de ser dueño de ese canal. Ése fue el verdadero origen de la guerra con España: el deseo de apoderarse de Puerto Rico y Filipinas, verdaderas llaves estratégicas del futuro camino de Oriente; y esa fue la causa de que desde el principio el centro de la guerra estuviese en Filipinas, allí donde precisamente eran ellos más débiles, como lo comprendió el mundo entero. Una vez dueño de esas codiciadas posesiones españolas, los yanquis se creyeron en el caso de esperar con toda tranquilidad la apertura del Istmo de Panamá, seguros de no encontrar otro rival en el Oriente que Inglaterra, sobre la cual llevaban en la lucha comercial la ventaja de su mayor proximidad a los mercados y de ser dueños del camino más corto para llegar a ellos. En este estado de cosas surgió en Oriente un rival formidable e imprevisto: el Japón. Este imperio, dormido hasta hace poco, con su despertar mágico, su evolución rapidísima, su adaptación maravillosa a la vida moderna, fortalecido con la fuerza moral en el inte-

rior y el prestigio en el exterior, que le han proporcionado sus guerras con China y Rusia, que le han servido a la vez de preparación a su ejército y a su marina para una tercera guerra, se presenta ahora en la palestra, llevando como objetivo nacional ser el amo único en Oriente.

De tal sorpresa desagradable quien tenía la culpa no era otro que los Estados Unidos, pues, ¿quién impuso al Japón en 1867 la peligrosa política de la puerta abierta si no el Comodoro Perry, allanando el aislamiento tranquilo de un país de ultramar semibárbaro y sereno, feudal y pacífico, que no molestaba a nadie, y destaponando en el Japón la caja de Pandora que atormenta actualmente al mundo moderno. Si el Japón fuera a triunfar, el resultado sería una catástrofe mundial que cambiaría la faz del globo: China, bajo la dominación absoluta de su diminuto, pero poderoso vecino, se despertaría a su vez con sus 400 millones de culis, la mano de obra más barata, sobria, sufrida y habilidosa del mundo, y, ¿qué no sería capaz la población china bajo la dirección experta de ingenieros, comerciantes y estadistas japoneses? Se produciría un abaratamiento de la mano de obra en el mundo entero, que el obrero europeo y americano no podría ni siquiera soportar, al mismo tiempo que una crisis industrial que obligaría a cerrarse la mayor parte de las fábricas de Europa, provocando un espantoso conflicto social, sobre el cual es inútil insistir, pues a su lado, como ha dicho un escritor católico,

> la Revolución Francesa y el terror habrían sido juegos de muchachos. Por eso se observa que la prensa socialista de Europa se ocupa a la vez con terror y con esperanza de esa guerra. Es que su resultado, según resulte el Japón o los Estados Unidos vencedor, hará avanzar o retroceder en medio siglo la revolución social, fin y coronamiento de toda la revolución jacobina.

El pronóstico era asombrosamente acertado, y en cualquier otro periódico hubiera parecido sobrenatural, pero el órgano clerical era previsor, porque el temor es previsor, y acostumbraba contemplar el acontecer humano *subespecie aeternitate* y adivinar los designios inescrutables de la Divina Providencia en las temporalidades del siglo, contemplándolas a la vez en el plan natural y preternatural; de modo que, dotado de doble vista, *El Tiempo* sabía anticipar el transcurso de la historia y sólo quedaba por fijar la fecha exacta de la catástrofe predestinada. La prensa seglar también la presentía. Si la guerra aún no había estallado, era tan sólo porque ninguno de los dos combatientes estaba preparado y ambos contemporizaban, pero se armaban y tanto para el uno como para el otro el factor decisivo era la cuestión de tiempo.

> Para el Japón significaba *ahora o nunca;* dentro de diez años, cuando la flota de los Estados Unidos predomine y el Canal de Panamá esté terminado, será demasiado tarde.

Entretanto la prensa europea daba las ventajas al aguerrido pueblo japonés que, apenas recuperado de una guerra, se preparaba febrilmente para la próxima, contando con la inferioridad de la flota norteamericana y la falta de espíritu marcial del pacífico pueblo estadounidense; debilidades que el presidente Roosevelt era el primero en reconocer y corregir.

> Por una singular actitud del Presidente de la República, censurable si se la clasifica por las reticencias rutinarias y adormecedoras de la vieja política, pero muy loable si se la ve como un grito de alarma dado desde la altura del poder —apuntó *El Tiempo*—, Mr. Roosevelt señala los vicios sociales que corrompen aquel cuerpo social, aparentemente formidable y gigantesco, pero herido de muerte en sus funciones vitales. Así es como, no obstante el nublado que en el Pacífico se acumula, Mr. Roosevelt señala las deficiencias del ejército y en la armada, nacidas no tanto de la preparación de los cuadros tácticos, cuanto de la carencia de espíritu marcial en sus unidades. Mucho tiene que analizarse en este precioso documento, modelo de probidad gubernamental. Nosotros, por ahora, haremos algunas reflexiones acerca de los signos de pánico económico que revela Mr. Roosevelt, ocasionados por la concentración de capitales y por la parálisis en la circulación monetaria.

La coincidencia del peligro militar y el pánico económico creaba una situación favorable al recurso clásico de una aventura guerrera, y en tal solución México se veía envuelto, indirecta e involuntariamente, por la correlación política de los dos países. Adoptando las precauciones del caso para prevenir un ataque de sorpresa por los japoneses en el Pacífico, Roosevelt alertó la flota y pidió al gobierno mexicano un favor que acercaba el conflicto al litoral mexicano —el arrendamiento de una base en la Bahía Magdalena en la Península de Baja California, con el derecho de utilizarla como estación carbonera y para el tiro al blanco en sus maniobras de guerra. La solicitud provocó un pánico simpático en la redacción de *El Tiempo,* que se desveló ante el peligro de ver arrastrado el país a una guerra en la que México no quería parte alguna, y que previno al gobierno contra los riesgos de una alianza enredadora que dejaría expuesta a la patria a las represalias de los japoneses, si ellos ganasen una guerra cargada de tan portentosos peligros para el mundo occidental, o la pérdida de la Baja California, si el coloso del Norte saliera vencedor de la contienda. El triunfo de los japoneses era una contingencia preñada de peligros apocalípticos, pero remotos y orientales; la presencia de los Estados Unidos en territorio mexicano significaba un peligro cercano e ineludible, y la ocupación de la Baja California era un alto precio que pagar por la protección de la civilización occidental; por lo tanto, la neutralidad era la política indicada y la única defensa adecuada de la seguridad nacional. La prensa compartía más o menos abiertamente la actitud del periódico clerical, pero la prensa oficial calificaba tales temores de infundios: el ordenamiento de la Bahía Magdalena era una cortesía extendida a un buen vecino y un acomodamiento limitado a un plazo de tres años, obedeciendo a las mismas consideraciones que el alquiler de la Bahía Guantánamo en Cuba, otra base naval esencial para la defensa del Hemisferio occidental y del Canal de Panamá; pero las explicaciones oficiales, lejos de satisfacer la opinión pública, acrecentaban su inquietud. ¿Qué garantía tenía el gobierno de que, una vez otorgado el permiso, el vecino desocuparía la casa al vencerse el plazo fijado? Y si no, ¿cómo poner al coloso del norte en la calle? ¿Qué pasó con Cuba? La Bahía de Guantánamo era un puesto avanzado en el Atlántico, la Bahía Magdalena estaba abierta a la línea de fuego en el Pacífico, y la norma del gobierno debía ser como siempre la experiencia y la prudencia.

El centinela clerical no estaba sólo al plantear el problema: la opinión pública estaba profundamente preocupada por el compromiso pendiente, precisamente porque la garantía del gobierno era la amistad norteamericana. De ser verdad que el coloso del Norte, aparentemente invulnerable en su prosperidad y poderío, se hallaba mortalmente herido en sus funciones vitales, un coloso atormentado y alarmado era un vecino peligrosísimo, y Roosevelt acostumbraba atropellar los derechos de las repúblicas hipanoamericanas siempre que se trataba de proteger los intereses vitales de los Estados Unidos. Los pretextos variaban, pero los resultados eran invariables: intervención militar y tutela política en Cuba; intervención fiscal y control aduanero en Santo Domingo; subversión descarada en Colombia, donde Roosevelt no vaciló en desmembrar un Estado soberano para cavar el Canal de Panamá; ninguno de estos casos recientes había sido olvidado en México ni tampoco la advertencia dada a las 21 repúblicas latinoamericanas con su célebre defensa de la política del gran garrote en 1904.

> Todo país o pueblo que se lleva bien puede contar con nuestra amistad cordial —pregonó en aquel entonces—. Si una nación demuestra que sabe obrar en asuntos sociales y políticos con eficacia suficiente y decencia razonable, si puede mantener el orden y cumplir con sus obligaciones, no tiene que temer la interferencia de los Estados Unidos. Pero perversidad crónica o impotencia tal que causen un relajamiento general de los vínculos de la sociedad civilizada, puede en América, lo mismo que en otras partes del mundo, necesitar en última instancia la intervención de alguna nación civilizada, y en el Hemisferio Occidental la adhesión de los Estados Unidos a la Doctrina Monroe puede obligar a los Estados Unidos a recurrir, aunque a regañadientes, en casos flagrantes de perversidad o impotencia, al ejercicio de un poder internacional.

México cumplía con estas condiciones de inmunidad y era un modelo para el resto del continente; pero México era un caso excepcional. En otras partes del hemisferio el papel de policía continental que se arrogaba Roosevelt y su manipulación de la Doctrina Monroe para mantener incólume la hegemonía norteamericana sobre el hemisferio, provocaron resentimientos y resistencias profundas y razonables. En 1902, cuando una flota internacional bloqueó la costa de Venezuela, bombardeó sus puertos y se apoderó de sus navíos para cobrar deudas morosas, el ministro de Relaciones de la República Argentina, el doctor Drago, tomó la iniciativa y formuló la llamada Doctrina Drago, prohibiendo el cobro por la fuerza de cuentas insolventes por las potencias extranjeras, y recomendando la incorporación de la misma ley de gentes, sometió el proyecto de la ley a la Corte Internacional de La Haya e invitó a los Estados Unidos a suscribirse a la iniciativa argentina, siendo ésta el corolario lógico de la Doctrina Monroe. El gobierno de los Estados Unidos se suscribió al proyecto con reservas y pasó por alto sus prescripciones en el caso de Santo Domingo, donde un gobierno en bancarrota crónica obligó a Roosevelt a intervenir a nombre de los acreedores norteamericanos y encargarse de la liquidación fiscal y política de la insolvente república antillana antes de que otra potencia civilizadora ocupara la isla con el mismo motivo y con peligro igual para la Doctrina Monroe (1905). Entretanto la mutilación de Colombia para cavar el Canal de Panamá (1903) había despertado la alarma colectiva de las repúblicas sudamericanas, y en la Tercera Conferencia Pan Americana, celebrada en Río de Janeiro en 1906, se propuso extender la Doctrina Drago, así como la Doctrina Monroe, a la defensa de la familia de naciones americanas contra agresiones no sólo extracontinentales, sino interamericanas también, y el delegado norteamericano, Elihu Root, respondió al reto declarando con gallardía diplomática que

> no queremos victorias ni codiciamos más territorio de lo que tenemos; creemos que la independencia y los derechos del país pequeño merecen el mismo respeto que los de grandes imperios, y no reclamamos derechos, privilegios o facultades que no estamos dispuestos a reconocer a cualquiera de las repúblicas americanas.

Con estas seguridades Root respondió de la buena conducta de Roosevelt y Roosevelt, continentalmente contento, se comportó correctamente, hasta el grado de abstenerse siquiera de la mera apariencia o veleidad de intervenir en México, cuando la huelga de Cananea, por respeto al presidente Díaz y confianza en su capacidad de proteger los intereses norteamericanos; y de la alta estimación que le profesaba le dio otra prueba al invitarle a intervenir mancomunadamente en las riñas de familia de cuatro de las más pequeñas, débiles, indóciles y malcriadas repúblicas centroamericanas, y mediar sus diferencias por la vía diplomática, con el objeto de evitar cualquier apariencia de intervención unilateral o de blandir el gran garrote. El problema de las minirrepúblicas estaba en vías de solución pacífica cuando surgió la cuestión de la Bahía Magdalena y la colaboración cordial de los vecinos ante la amenaza de guerra con el Japón.

Todos estos precedentes los tenían presentes la prensa y el público cuando, en septiembre de 1907, Elihu Root vino a México en visita de cortesía. Recibido con cordialidad por el gobierno, fue acogido con frialdad por la prensa y el público. Los periodistas no fueron invitados ni admitidos a las tertulias oficiales ofrecidas al huésped de la nación y se vieron reducidos a adivinar lo que pasó entre el presidente de la República y el canciller de la nación vecina en las conferencias que celebraron a puertas cerradas. ¿La Bahía Magdalena? ¿Quién sabe? Las fuentes informativas enmudecieron enfáticamente, pero dejaron entender que quizás una de las cuestiones discutidas hubiera podido ser la exclusión de la inmigración japonesa a México, correspondiendo al mismo favor ya acordado por Canadá; pero no sabían nada los periodistas, tratados como si fueran ellos mismos espías o inmigrantes japoneses, no disimularon el recelo que les inspiraba la presencia del diplomático indeseable en casa. Recibido en sesión solemne por el Senado, el huésped de honor tuvo que aplaudir a un orador que abogaba por la reforma de la Doctrina Monroe conforme a la enmienda de la Doctrina Drago, como si se encontrara otra vez en Río de Janeiro; y en un ágape oficial Limantour reiteró los puntos de vista de las repúblicas latinoamericanas y declaró, por su parte, que

> los sagrados principios de la justicia y la integridad territorial de cada una de ellas son la más trascendental de las cuestiones que afectan la política internacional en este continente.

Si tanta insistencia en lo ya acordado no era una indiscreción calculada, hubiera parecido una falta de tacto inexplicable, pero Root convino en todo afablemente y pasó por alto los alfilerazos con imperturbable cortesía. Nadie supo por qué vino, hasta que se fue. Al despedirse del vecino en un banquete, el general Díaz brindó por la continuación de las buenas relaciones entre los dos países y Root respondió:

> No puedo evitar en esta ocasión, el recuerdo de otra visita de un secretario de Estado de la Unión Americana a la República de México. Hace 38 años Mr. Seward, realmente un gran secretario de Estado, visitó este país. ¡Qué gran diferencia entre lo que vio y lo que encuentro yo! En aquel entonces era un país destrozado por la guerra civil, sumido en la pobreza y el desastre; ahora es un país grande en la prosperidad, en riquezas, en actividad y espíritu comercial; en la fuerza moral de sus leyes, justas y equitativas, y en el inalterable propósito de hacer avanzar al pueblo por el camino de la prosperidad. Señor presidente, el pueblo de los Estados Unidos sabe que la humanidad debe este gran cambio principalmente a usted.

Root era irresistible. Quince días más tarde el Senado notificó, en sesión secreta, la concesión de la Bahía Magdalena por tres años y otorgó el favor defensivo y ofensivo sin consultar la opinión pública. Al enterarse *El Tiempo* por un periódico de Guaymas que la ratificación formal no hacía más que confirmar un hecho consumado y que hacía mucho que la armada americana utilizaba la Bahía Magdalena como base naval; que siempre había cruceros, acorazados, torpederos, pontones y caza-torpederos en la rada y un arsenal de municiones y depósitos de carbón en tierra, bajo la bandera de las barras y las estrellas; y que cuando el tiempo era sereno, se oía el retumbo de los tiros al blanco hasta La Paz, la indignación del órgano clerical se desbordó:

> Si lo anterior es cierto, la concesión hecha a los Estados Unidos por nuestro gobierno es reciente y el uso que aquéllos hacen de nuestra Bahía es antiguo. Y, ¿con qué derecho usaban los Estados Unidos de la Bahía Magdalena?

A pesar de su don de previsión prodigiosa *El Tiempo* andaba ya a la zaga de la historia temporal; pero sabía ya, por lo menos, que el paseo de Root no era más que una visita de cortesía. Discutiendo el problema que preocupaba a todo el mundo, dijo el general Díaz al general Reyes:

> Las naciones no pueden gobernarse por nuestras pasiones, por legítimas que sean: nadie es más antiimperialista y más antimonroeísta que yo; pero si hubiera guerra entre el Japón y los Estados Unidos, apenas firmada la paz, nosotros tendríamos que pagar los vidrios rotos o ser una colonia japonesa para siempre.

A este contratiempo vino a sumarse otro. Mientras Roosevelt, el imperialista, asentaba sus reales en la Bahía Magdalena, Roosevelt, el antimonopolista, abandonaba su cruzada contra los *trusts* y cantaba la palinodia de su irreflexivo ardor. Haciendo la apología de su defección en su mensaje a la nación de diciembre, 1907, dijo que una ley que prohibía las combinaciones comerciales e industriales era insostenible, porque la asociación era una de las consecuencias naturales del progreso comercial e industrial de la nación; que tales combinaciones podían hacer tanto bien, dirigidas con lealtad, como mal en el caso contrario, y por lo tanto lo que importaba no era suprimirlas sino vigilarlas; que la expedición de una ley contraria al curso natural de los negocios y en peligro de no ser respetada era una ley inmoral y no debía sostenerse; que cuando se pretendía hacer demasiado, generalmente se hacía poco o nada, y con mucha frecuencia lo que se hacía era dañoso; y que una ley promulgada a sabiendas de que sería violada era altamente inmoral, etc., etc.

En materia de moralidad Roosevelt no había perdido nada, aunque había perdido la batalla y la confianza de *El Tiempo*.

> Todo inclina a creer que la plutocracia será la que salga definitivamente victoriosa. Por eso dijimos en nota anterior que la crisis bancaria últimamente sufrida en todo el territorio nacional, podría muy bien interpretarse como una maniobra electoral de los *trusts,* como un golpe preliminar de "box" que ha aturdido y desorientado a Mr. Roosevelt. En la crónica que publica *El Imparcial,* muéstranos a éste haciendo capitulación con sus prepotentes adversarios, a fin de sellar en una reconciliación el compromiso de que no lo atacarán en la electoral refriega. La lucha tiene para México un interés palpitante y nuestra atención debe dirigirse a conocer sus sucesivas peripecias.

Pero el golpe preliminar era, en realidad, el *knock-out,* pues el 29 de diciembre Roosevelt se dio por vencido y renunció a su candidatura.

En los Estados Unidos se atribuía la derrota de Roosevelt a su oposición a los monopolios, echándole la culpa de la crisis monetaria y bautizándola *la depresión Roosevelt,* y el triunfo de los *trusts* tenía implicaciones ominosas para México, porque la penetración de los monopolios, portadores del imperialismo económico y político, era tan irresistible que un alto funcionario del gobierno estadounidense pronosticaba que en veinte años México sería una provincia tropical norteamericana. Con ese título *El Tiempo* reprodujo una entrevista hecha al citado funcionario por el corresponsal del *New York Times* en Washington, personaje que tuvo la discreción de quedar anónimo y que dijo textualmente:

> Antes de veinte años los Estados Unidos se habrán tragado a México. La absorción de este país por el nuestro es necesaria e inevitable por razones así económicas como políticas. Se efectuará de una manera natural y pacífica y significará el perfeccionamiento de nuestro re-

dondeamiento nacional y en forma tal que no pudiera realizarse por ningún otro medio.

Las anteriores palabras proceden de uno de los más altos funcionarios del gobierno, de un hombre que durante toda su vida ha hecho un estudio especial de nuestras relaciones comerciales y otras con las repúblicas hermanas de América. De aquí que pareciera tal aserto verdaderamente notable, sobre todo al verlo apoyado por una serie de hechos y argumentos que el aludido procedió a enumerar. Para empezar, dijo, la absorción de México ha comenzado ya en el sentido comercial y aun ha realizado vastos progresos. Hemos invertido cerca de 800 millones de pesos en minas, haciendas para la cría de ganado vacuno y empresas industriales de este país, en el cual residen actualmente más de 15 000 americanos dedicados a la explotación de sus portentosos recursos.

Véase lo que ocurre en la esfera del comercio. Cuando México necesita algo que no produce, nos lo compra a nosotros por regla general. El año pasado las ⅔ partes de su importación procedieron de los Estados Unidos, $72 500 000.00. A nuestra vez compramos en México cantidades enormes de productos tropicales que no podemos obtener aquí, porque el sol no tiene en nuestras latitudes el calórico necesario. Y ésta es precisamente la clave de la situación. Lo único que nos falta para nuestra perfección comercial es territorio tropical contiguo. En los Estados Unidos nos es dable producir casi todo lo que la imaginación puede abarcar, con la única excepción de ciertos artículos valiosos que se dan en la tierra y son productos exclusivos de la zona tórrida. Uno de ellos es por ejemplo el caucho, del que tuvimos que importar por valor de cincuenta millones de pesos el año pasado. Otra es la hierba sisal para la fabricación de cordaje y bramante, de la que México nos facilitó por valor de quince millones de pesos en 1906; y otro es el café, del cual Brasil nos envió venticinco millones de libras ese mismo año.

Obvias son por lo tanto las ventajas que obtendríamos de la absorción del rico y maravilloso país situado al sur del Río Grande. Como provincia tropical de los Estados Unidos, México se desarrollaría rápidamente y en gran escala. Invertiríamos nuestro capital por centenares de millones de pesos en aquel territorio, que se vería pronto y completamente norteamericanizado. Inmensas extensiones de terreno se dedicarían a la producción del caucho; la del cacao se emprendería en no menor escala y bajo la protección de altos derechos impuestos al café, la producción mexicana de ese artículo indispensable llegaría a ser tan vasta que a la vuelta de pocos años nos veríamos totalmente independientes de la producción de países extranjeros.

En 1906 importamos mucho más de quinientos millones de pesos en productos tropicales o semitropicales, que casi en su totalidad podríamos obtener en México, si nos perteneciera ese país. Sólo del Brasil importamos por valor de doce millones de pesos de cacao que hubiéramos podido producir nosotros mismos de haber poseído unas cuantas docenas de millas cuadradas de terreno contiguo y accesible no muy distante del Ecuador. México nos envía más de un millón de pesos en vainilla, la mayor parte de nuestra importación de ese artículo, y de sus haciendas trajimos también plátanos casi por valor de ¡400 000 000! No hay año en que nuestro consumo de ese fruto baje de cien millones de pesos, que en su totalidad obtendríamos de México, si fuera nuestra provincia tropical.

Pero calcular en quinientos millones de pesos anuales el valor que México tendría para nosotros sería en verdad una estimación absurda por lo bajo. Son sus minas de oro y plata enormemente ricas y hasta ahora no explotadas en gran parte. Cada doce meses exporta más de cien millones de esos metales preciosos y el año pasado nos proporcionó cobre por más de dieciocho millones. Tiene, además, yacimientos de diamantes cuya explotación sólo se ha hecho hasta ahora por los medios más primitivos, y que pueden convertirse en fuentes de riqueza enorme.

Basta una ojeada al mapa de la América del Norte para comprender que México forma geográficamente y por otros conceptos un solo todo con los Estados Unidos. Sus ferrocarriles, que enlazan todos sus puertos y ciudades importantes, son en realidad una extensión de nuestra red ferroviaria. Sus costas, continuaciones sin interrupción de las nuestras, miden 1 727 millas en el Atlántico y 4 574 en el Pacífico. Por medio de líneas de vapores de primer orden se halla en comunicación regular y frecuente para los fines del comercio, con Nueva York, Nueva Orleáns y San Francisco. La extensión de México es casi igual a una tercera parte del territorio de los Estados Unidos. La superficie es aproximadamente la de la Gran Bretaña, Francia, Alemania y Austria-Hungría. Hermosa provincia tropical, en verdad, para adquirirla nosotros.

De la conquista económica de México el profeta pasó a las etapas políticas y militares.

A Porfirio Díaz se le ha llamado dictador. Algo fuerte es el término, si bien el gobierno de México, modelado muy de cerca sobre el nuestro, está centralizado hasta tal extremo que el presidente ejerce en realidad un poder sin límites. Pero Díaz, que subió a la Presidencia en 1877, ha ejercido esa autoridad desde entonces, con un solo intervalo de cuatro años. El presente periodo presidencial expira el 30 de noviembre de 1910 y hay motivos para creer que continuará en el sillón presidencial hasta la muerte. En atención a que cuenta ya con setenta años de edad, ese suceso no puede tardar mucho. Y cuando ocurra, ¿qué sucederá en México?

Díaz se ha rodeado de cierto número de hombres capaces y patriotas que, al dejar él las riendas del poder, podrán quizás asumir y mantener la dirección eficiente de la cosa pública. Es de desear que así puedan hacerlo y que el gobierno de la República continúe sin tropiezo y pacíficamente, sin tentativas para derribarlos. Por desgracia, el temperamento latino es decididamente muy variable en lo que a la política se refiere, y sobran motivos para creer que las ambiciones encontradas de los aspirantes rivales a la Presidencia precipitarán un conflicto. Dadas las circunstancias, los disturbios políticos de México que amenazasen con una revolución no dejarían de producir la intervención de los Estados Unidos, aunque sólo fuese para proteger nuestros vastos intereses en aquel país; y basta saber cuál de los dos pueblos es el más débil para comprender que vendría por consecuencia la absorción de aquella República, cuyos veintisiete Estados y tres territorios se convertirían naturalmente en Estados y territorios de la Unión. Los mismos mexicanos lo desearían y nosotros no podríamos dejar de aprovechar la oportunidad tan admirable de aumentar nuestra riqueza y nuestra importancia como potencia universal. Por razones geográficas y climatológicas, México es el complemento natural de nuestra República. Ambos pueblos deberían formar un solo todo políticamente. En realidad ése es su destino inevitable y en mi opinión el cumplimiento de ese destino no puede tardar mucho.

Aunque en los Estados Unidos la profecía fue calificada de fantasía, y el monólogo norteamericano era una caricatura tan cruda del carácter nacional que el autor parecía el peor enemigo de su país, no fue desmentida por el gobierno ni por la historia, y el proyecto estaba tan bien fundado en el apetito insaciable del vecino de siempre, y en la política expansionista del partido republicano, el partido de los monopolios, el partido en el poder, que en México se tenía que tomarla en serio.

Tarde o temprano el espíritu anexionista de los angloamericanos tiene que entrar en las vías de los hechos, porque tal espíritu se encuentra muy difundido en aquel pueblo —recalcó *El Tiempo*—.

> La difusión de tal espíritu constituye para México un peligro, para el cual se han tomado las debidas precauciones. El espíritu nacional no debe dormirse frente a un porvenir erizado de dificultades y lleno de peligros.

Aquí tenía *El Tiempo* la justificación de la larga y vana resistencia que el partido conservador opuso a la penetración del capital norteamericano, y que sólo irrisión y desprecio le mereció por más de un cuarto de siglo; aquí tenía el patriota menospreciado la revancha de la política de contemplación con el Destino Manifiesto, perseguida por el general Díaz con la ilusión de poder defender la independencia, conservar la paz y conquistar la prosperidad de México; aquí se encontraba el iluso, después de treinta años, en la misma situación que al principio de 1877, agravada por los progresos realizados y el botín maduro codiciado por el vecino. La previsión mexicana había anticipado el pronóstico norteamericano por tres décadas, y para colmo de contratiempos, precisamente cuando se especulaba en Washington sobre la muerte del mandatario mexicano y el porvenir de México, se le ocurrió a Clío pedir al presidente Díaz, y al presidente Díaz conceder, una entrevista al periodista norteamericano, James Creelman.

24

Releyéndola en este contexto, resulta más fácil comprender por qué la famosa entrevista fue la cita del general Díaz con su destino. Todo lo comprendió el redactor de la revista al presentar el artículo al lector.

> En este notable artículo el más grande hombre del continente habla ampliamente al mundo por medio de *Pearson's Magazine*. Mediante arreglos previos Mr. Creelman se fue a México y se le recibió en el Castillo de Chapultepec. Tuvo oportunidades excepcionales para conversar con el general Díaz y ha presentado muy claramente el contraste dramático e impresionante entre su gobierno severo y autocrático y su tributo conmovedor a la idea democrática. Por conducto de Mr. Creelman el presidente anunció su intención inalterable de retirarse del poder y predice un futuro pacífico bajo instituciones libres. La historia del creador de una nación.

El bombo dado al artículo dejaba la impresión de que se trataba de algo excepcional, aunque el general Díaz era siempre accesible a la pluma americana, y que Mr. Creelman llevaba alguna misión especial, aunque ésta no trascendió al público. En cuanto a Mr. Creelman, lo único que se sabía a ciencia cierta era que el periodista privilegiado tenía el don profesional de aparecer en varios lugares del mundo en vísperas de importantes acontecimientos y de recoger la historia en los momentos críticos de su formación. Así, por ejemplo, se recordaba que en 1896 se hallaba en Madrid, donde hizo una entrevista al jefe del Consejo de Ministros en vísperas de la crisis provocada por las miras intervencionistas del Presidente Cleveland en Cuba, recibiendo de los labios del político español la recomendación al pueblo norteamericano de no meterse en el enredo racial, consejo que no impidió el estallido de la guerra por Cuba dos años más tarde. Dotado de ese olfato peculiar del periodista nato para anticipar grandes calamidades, la presencia de Creelman en el Castillo de Chapultepec en 1907 hubiera podido parecer otra de sus ominosas apariciones e interpretarse como el anuncio de un desastre inminente; pero para la revista no significaba más que un triunfo periodístico, con que Creelman aventajaba a todos sus colegas, ya que era el primero en recibir de los labios del Presidente el anuncio de su resolución irrevocable de retirarse del poder. Sin embargo, la noticia era excepcional, y de ser cierta constituía un acontecimiento de trascendencia y tenía un interés especial por coincidir con el anuncio del destino inevitable de México después de la desaparición del general Díaz hecha por el profeta oficial en Washington, que vino a actualizar y agudizar el problema.

Sea por coincidencia, sea por casualidad, la entrevista enfocó la atención pública sobre el porvenir del país, su futuro pacífico bajo instituciones libres y la historia de la nación hecha por Porfirio Díaz. Tales fueron los temas tratados por el Presidente y el periodista en forma franca e informal, mientras se paseaban por la terraza del Castillo de Chapultepec, donde el periodista aprovechó el panorama del paisaje, lleno de reminiscencias históricas, para dar dimensiones dramáticas a la conversación.

> Algo significa venir de los garitos locos de lucro de Wall Street —dijo antes de entrar en materia— y en el curso de la misma semana encontrarse en la roca de Chapultepec, en un ambiente de

grandeza y belleza casi irreal, al lado de quien tiene fama de haber transformado una república en una autocracia por la compulsión absoluta de su carácter y su valor, y oírle hablar de la democracia como la esperanza de la humanidad. Y eso, también, en momentos en que el ánimo norteamericano se estremece ante la mera idea de un tercer periodo de gobierno para un presidente cualquiera. El presidente contemplaba la escena majestuosa y asoleada al pie del antiguo Castillo y se volvió con una sonrisa, apartando rápidamente una cortina de flores, trompetas escarlatas y enredaderas de geranio rosa, al paso que avanzaba por la terraza hacia el jardín interior, donde una fuente colocada entre palmeras y flores brillaba con sus aguas que solía beber Moctezuma bajo los cipreses que todavía levantan sus ramas al derredor de la roca en que nos encontrábamos.

En aquel ambiente romántico y casi irreal nada parecía imposible, ni siquiera la transformación de una república en una autocracia por la sola voluntad de un hombre, ni la repetición del fenómeno al revés, pero la transición brusca de la dictadura a la democracia planteaba problemas que el periodista suscitó y que el Presidente reconoció. Para comenzar, éste eliminó de inmediato el elemento personal.

Es una equivocación suponer que el futuro de la democracia en México haya peligrado por la permanencia en funciones de un presidente, dijo con calma. Puedo decir con toda sinceridad que el ejercicio del poder no ha corrompido mis ideales políticos, y que creo que la democracia es el único principio de gobierno justo y verdadero, aunque en la práctica sólo sea posible para los pueblos suficientemente desarrollados.

Creelman le observaba atentamente. Por un momento la figura erecta se detuvo y los ojos contemplaron el vasto valle donde el Popocatépetl cubierto de nieves elevaba su cima volcánica 5 000 metros sobre las nubes, volcanes extintos, humanos y de otras variedades.

Puedo abandonar la presidencia de México sin el menor temor, pero no dejaré de servir a mi país mientras viva, dijo. El sol brillaba de lleno en la cara del presidente, pero sus ojos no rehuían la prueba. El paisaje verde, la ciudad humeante, el tumulto azul de las montañas, el aire rarificado, exhilarante, perfumado, parecían excitarlo; el color llenaba sus mejillas, mientras cerraba las manos detrás de la espalda y echaba atrás la cabeza, y se abrieron las ventanillas de la nariz.

Creelman le invitó a seguir sincerándose.

¿Sabéis que en los Estados Unidos estamos agitados con la cuestión de elegir a un presidente para un tercer periodo? Sonrió y luego se puso grave, asintiendo lentamente con la cabeza y frunciendo ligeramente los labios. Difícil es describir la expresión de interés reconcentrado que vino a llenar su rostro fuerte e inteligente. —Sí, sí, lo sé, repuso. Es un sentimiento natural en pueblos demócratas que sus gobernantes se alternen con frecuencia. Estoy conforme con ese sentimiento. —Parecíame difícil comprender que estaba escuchando a un militar que ha gobernado a una República sin interrupción por más de un cuarto de siglo con una autoridad personal desconocida aun para los monarcas. Sin embargo, hablaba con un ademán sencillo y convencido, como el hombre que se siente grande y seguro sin necesidad de hipocresías.

Ante la lucha permisible el Presidente convino en ella.

Es verdad —continuó— que cuando un hombre ha ocupado el poder por largo tiempo, lo probable es que se sienta inclinado a empezarlo a considerar como su propiedad personal, y es bueno que un pueblo se ponga en guardia hacia las tendencias de la ambición individual. Sin embargo, hay que advertir que las teorías abstractas de la democracia y la efectiva y práctica aplicación de las mismas necesariamente y con frecuencia son diferentes, esto es, cuando se mira a la sustancia más bien que la mera forma.

Bastante viejo para juzgarse a sí mismo objetivamente, el Presidente conquistó a Creelman con su franqueza. Entonces, sintiendo tal vez que la conversación tomaba un sesgo demasiado personal, volvió a la cuestión candente de la reelección de Roosevelt y la aprovechó para aclarar las suyas.

Yo no veo ninguna razón fundada por la que el presidente Roosevelt no pueda ser electo de nuevo, si una mayoría del pueblo americano desea que continúe en el gobierno. Creo que él ha pensado más en su patria que en sí mismo. Ha hecho y está haciendo una grande obra para los Estados Unidos, una obra que hará ya sea que siga en el gobierno o no, que sea recordado en la historia como uno de los más grandes presidentes. Considero a los *trusts* como un poder grande y positivo en los Estados Unidos y el presidente Roosevelt ha tenido el valor y patriotismo de desafiarlos. La humanidad comprende la significación de esta actitud y su influencia sobre el futuro. Roosevelt es considerado por el mundo como un estadista cuyas victorias han sido morales. A mi juicio la lucha para restringir el poder de los *trusts* e impedir que opriman al pueblo de los Estados Unidos, marca uno de los más significativos e importantes periodos de vuestra historia. Mr. Roosevelt se ha enfrentado a esta crisis como un gran hombre. No cabe duda de que Mr. Roosevelt es un hombre fuerte y puro, un patriota que comprende y que ama a su país. El temor americano por un tercer periodo de gobierno me parece por lo mismo, que no tiene razón de ser. No puede haber cuestión de principios en esta materia, si una mayoría del pueblo de los Estados Unidos aprueba su política y desea que continúe su obra. Ésta es la cuestión real y vital: que una mayoría del pueblo lo necesita y desee que continúe en el gobierno.

Creelman vino recomendado por Roosevelt, apoyando a Roosevelt en su lucha contra los *trusts*. El presidente mexicano manifestaba la importancia que tenía el problema para su propio país; y al mismo tiempo combinó los temas para contestar indirectamente a Creelman. El magnífico tributo rendido a Roosevelt no era de ninguna manera una digresión, pues las mismas consideraciones eran tan aplicables a sus propias reelecciones, sin perjuicio de su modestia: el pueblo lo necesitaba, la mayoría aprobaba su política, la nación quería que siguiera en la presidencia y su permanencia en el poder obedecía a un mandato popular. Sin embargo, había algunas diferencias que creyó necesario dilucidar y repasó la conocida defensa de la dictadura como una educación para la democracia.

Aquí en México, hemos tenido condiciones muy diferentes. Yo recibí el gobierno de las manos de un ejército victorioso en un tiempo en que el pueblo estaba dividido y poco preparado para el ejercicio de los extremos principios del gobierno democrático. Haber arrojado sobre las masas desde luego toda la responsabilidad del gobierno, habría producido condiciones que hubieran quizás desacreditado la causa de las instituciones libres. Aunque en un principio obtuve el poder del ejército, tan pronto como fuera posible, se efectuó una elección y entonces mi autoridad vino del pueblo. He tratado de dejar la presidencia varias veces; pero se ha ejercido presión sobre mí para no hacerlo y he permanecido en el gobierno por el bien de la nación que me ha entregado su confianza. El hecho de que el precio de los valores mexicanos bajara once puntos cuando estuve enfermo en Cuernavaca, indica la clase de prueba que me persuadió a vencer mi inclinación personal para retirarme a la vida privada.

Hemos conservado la forma de gobierno republicana o democrática. Hemos preservado la teoría conservándola intacta, sin embargo, hemos adoptado una política patriarcal en la actual administración de los negocios de la nación, guiando y restringiendo las tendencias populares, con una fe completa en que una paz forzada permitiría la educación, y a la industria y el comercio desarrollar elementos de estabilidad y unidad en un pueblo que es por naturaleza inteligente y sensible. He esperado pacientemente el día en que el pueblo de la República Mexicana estuviera preparado para escoger y cambiar sus gobernantes en cada elección, sin peligro de revoluciones armadas y sin daño para el crédito y el progreso nacionales. ¡Creo que ese día ha llegado ya!

Creelman estaba impresionado.

Otra vez la figura marcial se volvió hacia la espléndida escena que se extendía entre las montañas. Fácil era ver que el presidente estaba hondamente emocionado. El rostro fuerte era tan sensible como el de un niño. Los ojos oscuros estaban húmedos.

Por respeto a la emoción del viejo militar y dándole tiempo para dominarla, Creelman guardó un momento de silencio, y volviéndose también hacia el paisaje, llenó la pausa con el decorado.

Y, ¡qué visión inolvidable de color, movimientos y sueños románticos! Aquí, en las laderas de Chapultepec, rosas blancas y rojas floreciendo en diciembre, pasionarias, margaritas, rociadas de extrañas flores escarlatas, jazmín blanco enroscándose sobre rocas esculpidas por los aztecas, trechos de mirto azul haciendo palpitar el corazón con emociones nacidas de tanto color: violetas, amapolas, lirios, laureles. En el fondo las paredes rosadas del desmoronado molino donde Winfield Scott colocó su artillería en 1847, cuando rápidas filas de bayonetas norteamericanas pasaban por el pantano, los cipreses y los laureles y la bandera norteamericana fue llevada a la cima de Chapultepec sobre los cadáveres de los intrépidos jóvenes cadetes mexicanos, cuyo monumento blanco vienen a enguirnaldarlo cada año los veteranos norteamericanos.

Y entre los recuerdos históricos enroscándose, tan tupidos como las flores en la roca de Chapultepec, y con tanta sangre vuelta color de rosa con el transcurso de los años, su meditación evocó la sombra insepulta de Santa Anna,

> el dictador que cedió a las fuerzas conquistadoras de los Estados Unidos, por $15 000 000.00, California, Navada, Utah, parte de Colorado y la mayor parte de Nuevo México y Arizona, zona que con Texas dejaba bajo la bandera de las barras y estrellas aproximadamente 1 850 millas cuadradas de territorio mexicano, ¡y eso a los nueve años de descubrirse oro en California!

En seguida, reincorporándose al tiempo presente, se dirigió al dictador actual y le planteó otra vez el problema del porvenir de la democracia en México con una serie de penetrantes críticas:

> Comúnmente se asegura que las verdaderas instituciones democráticas son imposibles en un país que no tiene clase media, sugerí.
> El presidente Díaz se volvió con una mirada penetrante e inclinó la cabeza. —Es verdad, repuso, México tiene ahora una clase media pero no la tenía antes. La clase media es el elemento activo de la sociedad aquí y en todas partes. Los ricos se preocupan demasiado en sus riquezas y sus dignidades para poder ser útiles al avance del bienestar general. Sus hijos no se esfuerzan mucho en mejorar su educación o su carácter. Por otra parte, la clase menesterosa es, por regla general, demasiado ignorante para desarrollar poder. La democracia dependerá, para su desarrollo, de los esfuerzos de la clase media activa, trabajadora, amante del adelanto, la cual proviene en su mayor parte de la clase menesterosa y en menor escala de la rica; es la clase media la que se ocupa de la política y promueve el adelanto general. En otros tiempos no teníamos clase media en México, porque la inteligencia y energías del pueblo estaban completamente absorbidas en la política y en la guerra. La tiranía y el desgobierno de España habían desorganizado a la sociedad. Las actividades productoras de la nación fueron abandonadas por luchas sucesivas, había una general confusión; ni la vida ni la propiedad estaban a salvo, y en semejantes condiciones no podía aparecer una clase media.
> "General Díaz", interrumpí, "habéis tenido una experiencia sin precedente en la historia de las repúblicas. Por treinta años los destinos de esta nación se han encontrado en vuestras manos para amoldarlos a vuestra voluntad; pero los hombres mueren, mientras las naciones perduran. ¿Pensáis que México pueda seguir viviendo

en paz como República? ¿Estáis satisfecho de que su futuro está asegurado bajo instituciones libres?" Valía la pena haber venido desde Nueva York al Castillo de Chapultepec para contemplar la faz del héroe en ese momento. Fuerza, patriotismo, espíritu guerrero y profético parecieron brillar de repente en sus oscuros ojos.

"El futuro de México está asegurado", dijo con voz clara. "Los principios de la democracia temo que no se hayan enraizado aún en nuestro pueblo, pero la nación se ha desarrollado y llama la libertad. La dificultad consiste en que el pueblo no se preocupa suficientemente acerca de los asuntos públicos relativos a una democracia. El mexicano, por regla general, piensa mucho en sus derechos y está siempre listo para reclamarlos; pero no piensa lo mismo en los derechos de los demás. Reclama sus privilegios; pero no se preocupa de sus deberes. La capacidad para restringir sus pasiones es la base del gobierno democrático y esa capacidad es posible sólo en aquellos que reconocen el derecho de los demás.

"Los indígenas, que forman más de la mitad de nuestra población, se ocupan poco de la política. Están acostumbrados a dejarse guiar por los que ejercen la autoridad en vez de pensar por sí mismos. Es ésta una tendencia que heredaron de los españoles, quienes les enseñaron a no mezclarse en los negocios públicos, confiando su resolución al gobierno. Sin embargo, creo firmemente que los principios de la democracia se han desarrollado y se desarrollarán más aún en México."

Empero, como su fe era más fuerte que su confianza y que reconoció que la democracia no había echado raíz muy profunda en México, Creelman le dirigió otra pregunta penetrante.

"Pero, no tenéis partido alguno de oposición en la República, señor presidente? ¿Cómo pueden florecer las instituciones libres, cuando no hay oposición que contraríe a la mayoría o al partido que gobierna?"

El presidente paró la crítica rápidamente.

"Es verdad que no hay aquí ningún partido de oposición. Tengo tantos amigos en la República que mis enemigos parecen no querer identificarse con tan pequeña minoría. Aprecio en lo que vale la bondad de mis amigos y la confianza de mi país; pero tan absoluta confianza me impone responsabilidades y deberes que cada día me abruman más. Cualesquiera que sean las opiniones de mis amigos y partidarios, me retiraré del poder al terminar el actual periodo de gobierno, y no serviré de nuevo. Cuando esto suceda tendré ochenta años de edad. Mi país ha sido bondadoso confiando en mí. Mis amigos han alabado mis méritos y disculpado mis faltas; pero seguramente no querrán ser tan generosos con mi sucesor, quien podrá necesitar mi consejo y ayuda, por lo cual deseo vivir todavía cuando entre al gobierno, para poderle ayudar."

Cruzó sus brazos sobre su robusto pecho y agregó con gran énfasis.

"Daré la bienvenida a un partido de oposición en la República Mexicana", dijo. "Si aparece, lo veré como una bendición, no como un mal y, si puede desarrollar poder, no para explotar, sino para gobernar, estaré a su lado, lo ayudaré, lo aconsejaré y me olvidaré de mí mismo en la feliz inauguración de un gobierno completamente democrático en mi patria. Es suficiente para mí haber visto a México levantarse entre las naciones pacíficas y útiles. No tengo el menor deseo de continuar en la presidencia; esta nación está, al fin, lista para la vida de la libertad. A la edad de sesenta y siete años estoy satisfecho con mi robusta salud, la cual ni la ley ni la fuerza pueden crear. No la cambiaría ni por todos los millones de vuestro Rey del Petróleo."

Con esta declaración el periodista se dio por satisfecho y le concedió un breve respiro al presidente, mientras apuntaba la evidencia de su robusta salud.

Su piel rubicunda y sus ojos brillantes y su paso ligero y elástico cuadraban bien con sus palabras. Tratándose de un hombre que ha sufrido las privaciones de la guerra y la prisión, que se levanta a las seis de la mañana y trabaja hasta muy avanzada la noche, en pleno goce de sus facultades, la condición física del general Díaz, quien aún hoy en día es un notable cazador y acostumbra subir de dos en dos los peldaños de las escaleras de Palacio, es casi increíble.

Pero esa costumbre de subir de dos en dos los peldaños de las escaleras de Palacio la había tenido siempre, y la única seña de senectud era una incipiente sordera de la que Creelman no se dio cuenta, y que el presidente revelaba sólo psicológicamente con la tendencia de los sordos a monologar. Reanudando la conversación y dirigiéndola independientemente, se explayó con Creelman sobre los progresos logrados por la nación bajo su gobierno.

"Los ferrocarriles han tenido una parte importante en la pacificación de México" —continuó...

Y al tocar este tema se mostró muy comunicativo, ya que el camino de hierro y su carrera política eran coetáneos.

> Cuando fui electo presidente la primera vez, sólo había dos pequeñas líneas, que unían la capital de la República con Veracruz y otra que estaba en construcción rumbo a Querétaro. Ahora contamos con diecinueve mil millas de buenas vías. Por aquel entonces teníamos un costoso y lento servicio postal, que era conducido en las zagas de los coches y al hacer su trayecto entre México y Puebla, era detenido en el camino dos y tres veces con el objeto de robar los salteadores a los pasajeros. En la actualidad, nuestro servicio de correos es barato, rápido y extendido a través de todo el país con más de 2 200 administraciones y agencias. Los telégrafos eran en aquel tiempo deficientes. Ahora tenemos en activo trabajo 45 000 millas de hilos telegráficos.

Y recordando lo que le costó esa carrera, reveló otra fase de su sensibilidad.

> Comenzamos por hacer que los salteadores fueran condenados a muerte y que la ejecución se llevara a cabo pocas horas después de haber sido aprehendidos y condenados. Ordenamos que dondequiera que los alambres telegráficos fuesen cortados y que el jefe de la oficina del distrito respectivo no diera con el criminal, sufriera una pena, y en el caso de que el corte de alambres ocurriera en una plantación cuyo propietario no pudiera impedirlo, fuera él mismo colgado en el poste más próximo. Recuerdo que estas fueron órdenes militares. Fuimos muy duros, algunas veces hasta llegar a la crueldad; pero todo esto fue entonces necesario para la vida y progreso de la nación; si hubo crueldades, los resultados las han justificado.

Alentando la defensa, Creelman observó que las ventanillas de la nariz se dilataban y que la boca era una línea recta... telegráfica...

> Fue mejor derramar un poco de sangre para salvar mucha. La sangre derramada era mala sangre; la que se salvó era buena. La paz, una paz forzada, era necesaria para que la nación tuviera tiempo de reflexionar y trabajar. La educación y la industria han completado la tarea comenzada por el ejército.
> ¿Y qué consideran de más fuerza para la paz, el ejército o la es-

cuela? —le pregunté—. La faz del soldado se ruborizó ligeramente y levantó un poco su espléndida cabeza blanca. —¿Habláis del tiempo actual? —Sí. —La escuela. No puede haber en esto duda. Yo deseo ver la educación impartida por el gobierno nacional a través de toda la República, y espero lograrlo antes de morir. Es importante que todos los ciudadanos de la República reciban idéntica educación, para que sus métodos e ideales puedan armonizarse y se intensifique así la unidad nacional. Cuando los hombres leen y piensan lo mismo, están más inclinados a obrar del mismo modo. —¿Y pensáis que la vasta población indígena de México es capaz de un alto grado de desarrollo? —Así lo creo. Los indígenas son dóciles y agradecidos, con excepción de los yaquis y algunos de los mayas. Conservan tradiciones propias de su antigua civilización y esa raza nos ha dado abogados, ingenieros, médicos, oficiales del ejército y otros profesionales.

Buscando otro tema que poner en duda, Creelman cogió una nueva inspiración del paisaje.

Sobre la ciudad flotaba a lo lejos el humo proveniente de varias fábricas. "Es mejor, dije señalándolo, que el humo del cañón." "Sí, replicó, y, sin embargo, hay veces en que el humo del cañón no es tan malo. Los proletarios de mi país se levantaron para ayudarme, pero no puedo olvidar lo que han hecho por mí mis camaradas en el ejército y sus hijos." Los ojos del veterano estaban humedecidos por las lágrimas.

Una vez más, Creelman apartó la vista de las lágrimas veteranas del viejo militar, y una vez más el paisaje hizo el papel de apuntador en el diálogo, pues el presidente, siguiendo el curso de sus reminiscencias sentimentales, recapacitó sobre el remoto pasado y ofreció al periodista una definición espontánea de su filosofía de gobierno.

En mi juventud tuve una dura experiencia. Cuando mandaba yo compañías de soldados, hubo tiempo en que durante seis meses no recibí ni instrucciones ni ayuda de mi gobierno; por lo cual me vi obligado a pensar por mí y a convertirme en gobierno. Desde entonces encontré a los hombres como hoy todavía los encuentro. El individuo que ayuda a su gobierno en la guerra o la paz tiene siempre algún móvil personal. Puede ser bueno o malo este móvil, pero, en el fondo, es ambición personal. Si aun en su culto a Dios el hombre espera alguna recompensa, ¿cómo puede un gobierno tratar de encontrar en sus unidades algo más desinteresado? Los hombres son más o menos lo mismo en todo el mundo. Hay que estudiarlos y conocer sus móviles de acción. Un gobierno justo no es más que la ambición de un pueblo expresada en una forma práctica. El principio del verdadero gobernante consiste en descubrir ese móvil y el estadista experimentado debe procurar no extinguir sino regular la ambición individual. Creí en aquel tiempo en los principios democráticos y creo aún en ellos, aunque las condiciones me han compelido a usar severas medidas para conservar la paz y el desarrollo que debe necesariamente preceder al libre gobierno. Meras teorías políticas jamás crearán una nación libre. La experiencia me ha convencido que un gobierno progresista debe tratar de satisfacer la ambición individual, tanto como sea posible; pero al mismo tiempo debe poseer un extinguidor para usarlo sabia y firmemente cuando la ambición individual arda con demasiada viveza para el bienestar general.

Con estas reflexiones el presidente puso fin a la defensa de su gobierno, pero antes de despedirse, Creelman quiso sondearlo sobre unas cuestiones de actualidad íntimamente relacionadas con las relaciones cordiales entre los dos países.

"¿Existe un verdadero fundamento para el movimiento panamericano? ¿Existe una idea americana capaz de reunir a los pueblos de este hemisferio y de distinguirlos del resto del mundo?" El presidente escuchó y sonrió. "Existe un sentimiento americano", dijo. "Pero es innegable que hay un marcado sentimiento de desconfianza, un temor a la absorción territorial que impide una unión más íntima de las repúblicas americanas. Así como los guatemaltecos y otros pueblos centroamericanos parecen temer su absorción por México, así hay mexicanos que temen la absorción por los Estados Unidos. Yo no comparto ese temor, tengo plena confianza en las intenciones del gobierno norteamericano, sin embargo (con un centelleo súbito en los ojos) el sentimiento popular cambia y los gobiernos cambian y no sabemos nunca lo que nos depara el porvenir. Tiene mucha importancia que los prohombres de este hemisferio visiten los países de unos y otros. La visita del secretario Root y las palabras que pronunció aquí han sido fructíferas, porque a mexicanos ignorantes se les había hecho creer que sus enemigos viven del otro lado de nuestra frontera del Norte. Vengan a conocerse mejor los prohombres de las Américas y la idea panamericana crecerá rápidamente, al par que las repúblicas comprenden que no tiene nada que temer y mucho que ganar las unas de las otras."

"¿Y la Doctrina Monroe?"

"Circunscrita a un propósito especificado, la Doctrina Monroe merece y recibirá el apoyo de todas las repúblicas americanas. Pero como una vaga pretensión general de poderío de parte de los Estados Unidos, una pretensión fácilmente asociada con la intervención armada en Cuba, causa profundo recelo. No hay razón válida para que la Doctrina Monroe no se convirtiera en una doctrina americana general, más bien que una política nacionalista de los Estados Unidos. Las naciones americanas podrían ligarse para su defensa propia y cada nación convenir en contribuir su cuota de medios en caso de guerra, podrían incluso fijar una pena para la falta de cumplimiento del pacto. Una Doctrina Monroe tal, haría sentir a cada nación que no se lastimaban ni su decoro nacional ni su soberanía y protegería a las repúblicas americanas para siempre contra la invasión y la conquista monárquicas."

La respuesta dio la medida de cuánto había crecido el general Díaz en independencia, prestigio y autoridad, desde los primeros días del panamericanismo pregonado por James G. Blaine, y cuán digno se mostraba en los tiempos de Roosevelt del título de *Héroe de las Américas* que le tributó James Creelman; y de esos atributos soberanos dio otra prueba al contestar las últimas preguntas del periodista.

"¿Y qué impresión tenéis de la tendencia del actual sentimiento nacional en los Estados Unidos? Como caudillo del pueblo mexicano, habéis estudiado la cuestión por más de treinta años." "El pueblo de los Estados Unidos se distingue por su espíritu público", dijo. "Tiene un singular amor a la patria. Todos los años trato a miles de norteamericanos y me parecen, en general, trabajadores, inteligentes y hombres de carácter muy enérgico, pero su rasgo más fuerte es su patriotismo, y a mi parecer, cuando llegue la guerra, este espíritu se cambiará en espíritu militarista. Al apoderarse de las Filipinas y otras colonias, habéis plantado vuestra bandera lejos de vuestras costas. Eso significa una gran armada. No dudo de que, si el presidente permanece en el poder cuatro años más, la armada norteamericana será tan poderosa como la inglesa." "Pero, señor presidente —protestó Creelman— Cuba será devuelta a su pueblo, y bien se entiende en los Estados Unidos que el pueblo de las Filipinas recibirá su independencia política y territorial tan pronto como esté capacitado para el gobierno propio."

Escuchando al periodista con una cara impasible, el señor Presidente calló un momento.

"Cuando los Estados Unidos concedan su independencia a Cuba y a las Filipinas —dijo con cierta manifestación de emoción— asumirán su lugar al frente de las naciones y todo temor y recelo desaparecerá de las repúblicas americanas. Mientras ocupéis las Filipinas, tendréis no sólo que mantener una gran armada, sino que **vuestro ejército aumentará también.**" "Procuramos sustituir los soldados americanos en las Filipinas con maestros de escuela americanos" —volvió a protestar Creelman; pero en vano. "Me doy cuenta de eso, pero estoy satisfecho de que, en resumidas cuentas, el pueblo de las Filipinas ganará más que el pueblo de los Estados Unidos, y que cuanto más pronto abandonéis vuestras posesiones asiáticas, tanto mejor será desde todos los puntos de vista. Por generosos que seáis, el pueblo que gobernáis se sentirá siempre un pueblo **conquistado.**"

Cambiando el tema tan delicado, Creelman terminó la entrevista con la cuestión que la inició.

"¿Y la cuestión de los *trusts,* señor Presidente? ¿Cómo puede un país como México, con tan vastos recursos pendientes de desarrollo protegerse contra la opresión de tales alianzas de riquezas y combinaciones industriales como las que han surgido en vuestro más cercano vecino, los Estados Unidos?" Sobre este punto no hubo ninguna desavenencia y el general Díaz contestó serenamente. "**Acogimos y amparamos capital y dinero de todo el mundo en este** país. Tenemos un campo de inversión que tal vez no puede encontrarse en otras partes, pero bien que somos justos y generosos con todos, no permitimos que ninguna empresa perjudique a nuestro propio pueblo. Por ejemplo, expedimos una ley que prohíbe a todo propietario de terrenos petrolíferos venderlo a cualquier otra persona sin permiso del gobierno. No es que objetemos a la operación **de nuestros pozos petrolíferos por vuestro Rey del Petróleo, sino** que estamos resueltos a impedir que se supriman nuestros pozos para sostener el precio del petróleo norteamericano. Hay cosas que no hablan los gobiernos, porque cada caso debe tratarse según sus **méritos, pero la República Mexicana hará uso de sus facultades para** conservar una porción equitativa de la riqueza para este pueblo. Hemos mantenido condiciones libres y equitativas **hasta aquí y creo** que podemos mantenerlas en el futuro. Nuestra invitación a los **inversionistas del mundo no se manifiesta en la forma de vanas** promesas, sino en el trato que reciben cuando vienen a vivir entre nosotros."

Y así —concluyó Creelman—, dejé al creador del México moderno entre las flores y los recuerdos de las cumbres de Chapultepec.

Ni las flores ni los recuerdos sabían a funerales en aquel entonces, y difícilmente hubiera podido el periodista suponer que estaba esbozando el epitafio político del presidente, si bien llenaba la crónica con todas las asociaciones históricas sugeridas por el lugar y lo situó en la perspectiva mortal de la marcha de los siglos. Desde los altos del Castillo de Chapultepec, Creelman evocó el desfile de imperios sobre México —el azteca, el español, el norteamericano, el francés y otra vez el norteamericano— y trajo a la memoria la conquista de la capital por Díaz en 1867 y la caída del emperador Maximiliano, "que marcaba el fin apasionante de la última interferencia del monarquismo europeo con las repúblicas de América"; y forzando la marcha de la historia, llevó al héroe de 1867 al ocaso de su carrera, cuando la Doctrina Monroe se había vuelto un pavor panamericano, y dejó al creador del México moderno defendiendo diplomáticamente la independencia de su patria contra la sombra del imperialismo y la penetración de los monopolios norteamericanos, para medir la distancia recorrida y el progreso realizado; y se despidió del héroe epónimo de su época cuando, viejo y cansado, renunciaba voluntariamente a su propio monopolio de poder y devolvió espontáneamente la libertad política a su pueblo con un gesto de suprema magnanimidad moral, que conquistó a Creelman por completo.

> Fácilmente hubiera podido colocar una corona en su cabeza. Sin embargo, hoy, en la supremacía de su carrera, este hombre asombroso —figura destacada del hemisferio americano y misterio indescifrable para los estudiosos del gobierno humano— anuncia que insistirá en retirarse de la presidencia al terminar su periodo actual, para que el pueblo mexicano pueda ver pacíficamente instalado en el poder a su sucesor, y para que, con su ayuda, el pueblo de la República Mexicana pueda demostrar ante el mundo que ha alcanzado, sereno y preparado, la última fase completa de sus libertades, que la nación está emergiendo de la ignorancia y la pasión revolucionaria, y que puede escoger y cambiar presidentes sin debilidad y sin guerra.

Palabra por palabra, Creelman hizo eco al presidente; pues, después de todo, no era más que un reportero.

Intrínsecamente sin importancia, la trascendencia de la entrevista Díaz-Creelman radicaba en las reacciones que provocó y las repercusiones que despertó, cundiendo como ondas sonoras en el mundo político. De ser sincera la decisión irrevocable del general Díaz de retirarse del poder, las consecuencias para el país eran tan serias que las razones que motivaron su resolución intrigaron a los ignorantes, confundieron a los curiosos, y desconcertaron a sus partidarios, y la entrevista, revestida de conjeturas y cálculos, fue hinchada por las especulaciones que inspiraba y magnificada por las interpretaciones que invitaba.

> Todos los críticos con tamaños o rabones han procurado conocer cuál fue el objeto de esa conferencia que, por unanimidad, declararon fatídica e imbécil —declaró Bulnes—. Yo creo que, en primer lugar, tuvo por objeto despistar al Presidente de los Estados Unidos, Mr. Roosevelt, brusco, impulsivo, francote, que había hecho profesión de fe republicana al ordenar la evacuación de Cuba y que aun cuando admitió para él una segunda reelección, podía repugnarle la séptima de un anciano de ochenta años, sobre todo cuando los sorbos de continuismo eran de seis años de periodo presidencial.

Habiendo convivido con el general Díaz mucho más que Creelman, Bulnes no creyó en su resolución irrevocable de retirarse del poder, y refiriéndose al efusivo tributo rendido a Roosevelt, prosiguió:

> Por lo pronto debo decir que el general Díaz gozaba con la manía de que todo gobernante debe ser reelecto para que continúe su obra. La obra de gobierno nunca acaba, todos los gobernantes tienen obra pendiente, y serían imposibles las democracias si se acordara la menor atención a la pamema de la *continuación de la obra.* En el párrafo que acabo de copiar, el general Díaz hace el bombo latino a la candidatura de Mr. Roosevelt para su segunda reelección, lo halaga, lo unta con esa pomada que para él gastan aduladores y sostiene el "continuismo" eterno, aduciendo que basta que la mayoría del pueblo lo quiera. Se le olvidó decir, que un pueblo que tiene de esa clase de mayorías que quieren "continuismo" no puede ser demócrata. No hay igualdad de posición entre uno y otro presidente, porque el mexicano tiene siempre a la mayoría del pueblo en el tercero o

quinto cajón del pupitre del segundo mecanógrafo de su secretario particular.

Pecaba también el apoyo a Roosevelt de imprudencia política.

La discreción en la diplomacia es rígida y es muy seria, peligroso y fuera de protocolo, que un jefe de Estado se lance públicamente a tratar de decidir las cuestiones graves de política interior de otro país. Se exponía el caudillo a una carga cerrada y al denuesto por las partidos norteamericanos, enemigos de Roosevelt, y a echarse la enemistad personal del sucesor de Mr. Roosevelt. El general Díaz era incapaz de rozar siquiera las cuestiones internacionales, sin su experto y muy acreditado ministro de Relaciones, licenciado don Ignacio Mariscal; por consiguiente, el párrafo que comento prueba que el señor Mariscal, consultado al efecto, no quiso o no pudo evitarlo, y que ambos venerables ancianos, octogenarios y escleróticos, realizaron una pifia.

Seguramente que para despistar al hirviente e impulsivo Mr. Roosevelt, y que no pusiera veto imperial a la séptima reelección, el general Díaz le disparó una de las mejores mentiras de su bien provisto almacén, pues dijo: "cuando mi actual periodo termine, me retiraré de la presidencia, cualesquiera que sean las razones que mis amigos y partidarios aduzcan en contra, y no volveré a servir ese cargo. Cuando esto suceda, tendré ochenta años".

Esta hipótesis suponía tan avanzado ya el imperialismo norteamericano que la reelección del mandatario mexicano dependía del voto o veto imperial de Roosevelt, y que Roosevelt podría desaprobarla, aunque, por el contrario, Roosevelt profesaba la admiración más franca para la obra del gobierno del general Díaz, confiaba en su protección de los intereses norteamericanos en México, apreciaba su cooperación en la lucha contra los *trusts*, problema que lejos de ser privativo de la política interior de una nación afectaba a las dos, y tenía todos los motivos por lo tanto de desear y apoyar el continuismo de su gobierno. La interpretación de Bulnes era tan rebuscada y pecaba de errores tan palpables que, después de reflexionar detenidamente, parece que la abandonó y para salir del enredo de contradicciones acabó por renunciar a toda explicación del enigma y declarar categóricamente: "No hubo tal conferencia Creelman: el general Díaz hizo una especie de manifiesto político para impresionar a dos naciones: la norteamericana y la mexicana". Pero, en tal caso, ¿con qué objeto?

Bulnes calificó la entrevista de conferencia, confiriéndole así una categoría casi oficial que dejaba la impresión de que el periodista y el Presidente se trataban casi en pie de igualdad, y en México la opinión pública, impresionada por la publicidad dada al artículo, por los arreglos previos hechos por conducto de la embajada norteamericana, y por las oportunidades excepcionales concedidas al periodista para departir con el Presidente, estaba dispuesto a reconocer la misma categoría a la cacareada conversación. Ahora bien, si la entrevista era una conferencia, las cuestiones tratadas debían de tener trascendencia excepcional y significación internacional; y tratándose de la abdicación del dictador y el porvenir de México, el hecho de que el Presidente comunicara su decisión a un periodista extranjero y hablara al mundo franca y plenamente por conducto de *Pearson's Magazine,* y a México sólo indirecta e incidentalmente, no dejaba de herir la dignidad mexicana y dar la impresión de que el país más interesado en las consecuencias no era su propia patria, sino el prepotente vecino del norte, y que éste tenía el derecho de conocer la política mexicana; de suerte que la privanza acordada a Creelman caía en la categoría de indiscreción diplomática. Sin sutilizar mucho, esto era un hecho en México. En las tremendas nimiedades de la diplomacia si las reglas de precedencia y prioridad son graves, en política la informalidad era peor, ya que recordaba al hipersensible sentimiento nacional la realidad de las relaciones de los dos países y que, además de ser una ligereza, la consulta era un artículo de exportación. Pues sí, pese a Bulnes, hubo tal conferencia Creelman y no era difícil adivinar su objeto. La reciente revolución popular, reprimida por la acción mancomunada de los dos gobiernos, había puesto en tela de juicio la estabilidad del gobierno mexicano y autorizada una consulta informal que tenía toda la apariencia de ser una investigación del Presidente mexicano, sometido a examen por un periodista norteamericano, como si éste tuviera el derecho de llamarlo a cuentas; y lo peor era que sí lo tenía, por la correlación económica y política de los dos países: los intereses creados en México justificaban el interés del vecino, y difícilmente habría permitido el Presidente la presunción del periodista de no haber comprendido que el capital norteamericano tenía el derecho legítimo de velar por lo suyo y conocer el porvenir, y que la entrevista fue realmente una conferencia. Creelman resucitaba el problema postulado por Bulnes en 1903 —la sucesión del autócrata— y Creelman lo planteaba con una autoridad denegada a Bulnes, gracias a los intereses extranjeros que representaba y que obligaron al autócrata a dar razón de su gestión. El caudillo respondió al reto con franqueza y sinceridad: defendió la dictadura como un régimen provisional y una educación para la democracia, creyó haber cumplido su misión histórica y llevado el progreso del país hasta donde pudo llevarlo en tan poco tiempo, confesó que los principios democráticos no se habían arraigado muy hondamente en la manera de ser del mexicano, pero reconoció que el pueblo tenía ansia de libertad y lo declaró preparado para el gobierno propio bajo instituciones libres; sin embargo, el porvenir próximo de un pueblo preparado para la democracia por la privación de la misma y educada tan sólo por la simulación de sus formas, era sumamente problemática, y la confianza del caudillo resucitó las dudas del público. La curiosidad de Creelman, precursor de calamidades, era catastrófica, y la reacción de la opinión pública fue un revuelo de alarma.

De inmediato, los amigos del presidente protestaron contra su retiro del poder, y el mejor de sus amigos era *El Imparcial,* que invocó poderosas razones para inducirle a que reflexionara. Reconociendo como Bulnes el error diplomático de votar a favor de Roosevelt, y sobre todo después del retiro de Roosevelt de la campaña, *El Imparcial* se apresuró a rectificar el paso en falso con un razonamiento realmente hábil, señalando que las razones que motivaban la reelección del general Díaz eran diametralmente opuestas a las aducidas a favor del presidente Roosevelt.

> En el caso de Roosevelt, la reelección del presidente norteamericano traería consigo un serio conflicto en el seno del mismo partido a que pertenece: su candidatura para un tercer periodo desorganizaría fuerzas que precisa mantener unidas y que la política del enérgico estadista ha conmovido hondamente. Los *trusts,* los sostenedores más firmes del partido republicano, los que llevarán seguramente su concurso a la elección de cualquier otro candidato de ese color político, se negarían a apoyar a quien tan severo se ha mostrado con ellos; los elementos capitalistas, con tanta rudeza combatidos por Roosevelt, los que le acusan de haber causado la última crisis financiera, entrarían en línea de combate y de esta actitud podrían depender tal vez el fracaso del partido en el poder. La candidatura del Presidente Roosevelt estaba bien muerta después de su último mensaje

a las Cámaras, así lo ha entendido él, así lo entendieron sus amigos y partidarios, al aceptar la declinación de su personalidad en la próxima campaña electoral. El pueblo norteamericano —educado y conocedor de las prácticas democráticas— no manifiesta su deseo unánime de que Roosevelt continúe en la Presidencia, porque sabe que de ocupar nuevamente el puesto de primer magistrado de aquella República, *los intereses del pueblo sufrirían golpes muy duros*, a causa de los esfuerzos que harían los capitalistas, los grandes industriales, los fabricantes, en una palabra, todos los hombres que tienen en sus manos la dirección de los negocios, por desorganizar las actuales condiciones de trabajo en los Estados Unidos. Es decir, que, en las presentes condiciones políticas de la nación vecina, los intereses de la mayoría de los ciudadanos y del supremo candidato *no marcharían de acuerdo.* ¡Cuán distinta es la situación de uno y otro gobernante! Para Mr. Roosevelt la reelección significaría el abatimiento, el desorden, la desconfianza de todos los elementos de prosperidad y progreso de la Unión Americana. Para el señor general Díaz, la reelección se traduciría por el renovado concurso de estos elementos que, al amparo de la eficaz política de nuestro ilustre presidente, han contribuido de tan poderoso modo al desarrollo de la riqueza del país y a la preparación de nuestra democracia.

Políticamente, pues, la reacción a la llamada depresión Roosevelt era recíproca: mientras Roosevelt bajaba, Díaz subía en el columpio político, y como la fuerza de los monopolios frustraba la democracia norteamericana, y la cooperación del capital norteamericano era indispensable para el desarrollo de la democracia mexicana, Roosevelt estaba condenado a perder y Díaz destinado a ganar, según la ley de levitación política y la relación de fuerzas; y con esta rápida barajadura de naipes *El Imparcial* jugó su carta de triunfo.

El general Díaz no es para la nación su gobernante; es una situación y si un gobernante es sustituible, una situación no lo es nunca. ¡Y cómo, por otra parte, prescindir de la dirección del general Díaz mientras exista, cuando no sabemos si inesperados acontecimientos, hechos surgidos de improviso, hagan necesaria su injerencia inmediata y decisiva, esa injerencia personal que tan eficaz ha sido en la solución de importantes problemas políticos! La nación ha convenido, por otra parte, en que el general Díaz seguirá siendo presidente de la República por toda su vida.

Explorando la situación que requería la permanencia vitalicia en el poder del general Díaz, *El Imparcial* citó una conferencia dictada en París ante la Sorbona por un profesor norteamericano, Archibald Coolidge, catedrático en la Universidad de Harvard. En esa conferencia académica dijo el profesor Coolidge:

> Por cuarenta años México ha llevado una vida pacífica y regular, muy diferente a épocas anteriores de su historia. Si puede dudarse de la permanencia de tal estado de cosas, es porque representa la obra de un solo hombre. Solamente hasta la desaparición del General Díaz será posible determinar si el orden establecido es duradero o no. México es un país en que los blancos constituyen una minoría, y hasta aquí ha atraído a pocos extranjeros. La colonia norteamericana no llega a más de quince mil personas más o menos lo mismo que la española. Sin embargo, más de la mitad de las importaciones de México viene de los Estados Unidos y el capital norteamericano es considerable y va en aumento. Es innegable que esta "penetración pacífica" representa una amenaza posible a la independencia de la República Mexicana. No es que los capitalistas trabajen por una anexión, al contrario, se encuentran muy satisfechos con el actual estado de cosas. Pero si algún día México cayese en el carril de las revoluciones, y sobre todo si la situación fuera a complicarse con una política hostil al extranjero, puede uno estar seguro de que la inmensa importancia de los intereses empeñados traería consigo, tarde o temprano, la intervención de los Estados Unidos. Sería otro caso de Cuba en escala mayor. El mejor medio de prevenir ese peligro, el único en realidad, es el de mantener el orden y el buen gobierno. Mientras los mexicanos se comporten así, no tendrán nada qué temer, porque nadie piensa en agredirlos sin provocación.

El Imparcial citaba el *caveat canon* contra el peligro de espantar el sueño del perro y de separar al general Díaz del poder con precavido patriotismo.

> Si la labor del General Díaz —de ejecución personal en sus grandes y significativos lineamientos— hubiera sido una obra para él y exclusivamente para él, el terrible problema no tendría solución, el caso de Cuba se repetiría en México, y caerá sobre nosotros el amargo reproche de estar incapacitados para gobernarnos por nosotros mismos. Pero el general Díaz ha hecho obra nacional, ha trabajado para la patria y ella debe hacer un vigoroso esfuerzo para manifestarse apta para seguir por sí misma la tarea del eximio gobernante. Pues, trabajemos todos agrupándonos en torno de este hombre extraordi-

nario, cuyo poder ha alcanzado, en esta etapa de vida nacional, a crear fuerza de una suma debilidad, procurándonos las únicas armas que nos darán la victoria en el conflicto que el porvenir pudiera depararnos: la unión por el trabajo y por el respeto y la paz de todos los ciudadanos. Mientras el general Díaz exista, mantenerlo al frente de la República; cuando él nos falte, que su imperecedera figura siga, en la prosecución de su programa y de su obra, vigilando como jefe inmortal los destinos de la patria.

Difícilmente hubiera podido concebirse una demostración mejor del resultado debilitante de treinta años de gobierno personal y paternal que esta cándida confesión que la independencia de la patria dependía de la diplomacia, la vida y la longevidad del general Díaz; y no era ésta la única indicación. Reforzándola, *El Tiempo* citaba, con la triste satisfacción de ver confirmados al fin sus vaticinios reiterados desde los primeros días de la penetración pacífica norteamericana, el pronóstico del funcionario en Washington de que antes de veinte años México habría sido tragado por los Estados Unidos. El pronóstico del oráculo en Washington coincidía con la advertencia del profesor en París; pero los destinos de México constituían una cuestión internacional que interesaba también a otras naciones, y terciando en la discusión, un publicista francés, Raúl Bagot, de vuelta de un recorrido de México en busca de inversiones para sus compatriotas, presentó otro punto de vista sobre el problema, y llegó a conclusiones interesantes —e interesadas— al esbozar la situación de México a vuelo de pluma. El explorador francés encontró el terreno ocupado por los norteamericanos en primera fila, los británicos pisando sus talones, y los franceses a la zaga, pero avanzando rápidamente y con menos ruido, y creyó que México tenía la mayor probabilidad de salvaguardar su independencia en el fomento sistemático de la competencia del capital europeo y norteamericano.

Por comenzar, Bagot enfocó el problema mexicano en el cuadro general de la América Latina.

¿Cuál es la política exterior de los Estados Unidos de América actualmente? Los recientes acontecimientos de Cuba, Santo Domingo, Panamá, Costa Rica y Venezuela indican cómo entienden los Estados Unidos su intervención en los asuntos de la América Latina. Es absolutamente seguro que el yanqui no puede tolerar que la América Latina tenga con Europa relaciones comerciales más importantes que con él mismo. Quiere expulsar al europeo completamente de la América Latina. Definido el fin, sólo le falta escoger los medios, y como su moralidad utilitaria no puede sufrir escrúpulos exquisitos, todos los medios serán buenos. El más reciente es la extensión —que llega hasta la deformación— de la Doctrina Monroe, doctrina que podía formularse antes como "la unión de las Américas contra la Europa conquistadora", y que ha sido superada por una nueva doctrina que sin duda la historia bautizará la *Doctrina Monroe-Roosevelt* (o simplemente Roosevelt), y que puede formularse así: "protección (es decir, absorción) de la América Latina por los Estados Unidos con el pretexto de peligros imaginarios". El hombre práctico que es el Tío Sam pondrá en marcha todos los recursos de su diplomacia, que cree invencibles después de haber concertado la paz ruso-japonesa, para convencer a los latinoamericanos de que la codiciada protección no vulnera en nada su soberanía y que, por el contrario, ellos no pueden menos que ganar con ella. ¿Cuál es la situación de México en todo esto, de México que colinda con el coloso yanqui? Hasta aquí la bota norteamericana no ha tocado más que Cuba, Puerto Rico, Colombia y Santo Domingo y amenazado a Venezuela y si bien México no ha sido señalado todavía como blanco, debe sufrir fatalmente las consecuencias de lindar con un vecino que pretende hacer la ley y buscar pleitos a los demás.

¿Cómo se habla de México en los Estados Unidos? Recientemente decía el *Globo* de Nueva York: "Nosotros vivimos entre una población civilizada; no en la ciudad de México". Lo que prueba que, por muy cerca que esté de México, lo desconoce. Otros periódicos, como el *Technical World Magazine* lamentan que en 1848 los Estados Unidos hayan dejado a México con la Baja California, considerada en aquel entonces como un pobre macizo de rocas sin valor, pero ahora que se sabe que esa región es rica en minas de toda clase, que sus costas tienen magníficas bahías y son ricas en criaderos de perlas, se aboga abiertamente por la rectificación del error cometido por el Tío Samuel. El *New York Sun* ha escrito: "...no debemos perder de vista el obstáculo físico que se presenta a la unificación de la América Latina por el hecho de que nosotros poseemos la franja del Canal de Panamá a la que nunca renunciaremos. Con la adquisición de esta vía marítima, que divide a las dos mitades del hemisferio americano, hemos hecho imposible la unión política de la América del Sur con la América Central y con México. Estas dos últimas regiones están destinadas a recibir en constante aumento la influencia norteamericana y al fin y al cabo la irresistible atracción y fusión comercial con los Estados Unidos.

El ensanchamiento de la influencia norteamericana obedecía a las leyes orgánicas del capitalismo monopolístico y del imperialismo fomentado por la fuerza expansiva de los *trusts* que, frenados por Roosevelt, tenían forzosamente que desbordarse sobre el país vecino; y el observador francés trazó la estrategia de la campaña comercial con la penetración intelectual de un europeo enterado.

> Por lo que toca a la actuación económica de los norteamericanos en México, citaremos el fallido intento de constituir el *trusts* ferrocarrilero y los recientes incidentes de Monterrey: la Compañía del Ferrocarril Central ha dejado acumular cientos de miles de toneladas de coque en el puerto de Tampico sin transportarlas a Monterrey, donde importantes fundiciones y fábricas se han visto obligadas a suspender sus trabajos por falta de combustibles; el Central ha alegado la falta de locomotoras. Entonces las fundiciones intentaron hacer venir el coque vía Laredo, pero las compañías ferrocarrileras norteamericanas se han rehusado repetidamente a dejar pasar sus vagones a territorio mexicano. Estas compañías, como la del Central, obedecen sin duda órdenes terminantes de los *trusts* norteamericanos, celosos de la prosperidad de las industrias de Monterrey, a menos de que se trate de una forma de chantaje para obligar al gobierno mexicano a comprar el Central. Por último, hablaremos más ampliamente de la opresión que ejercen los ferrocarriles... Construidos con el fin de sacar los recursos mexicanos exclusivamente hacia los Estados Unidos, ...se han guardado bien de desviar una parte de estas riquezas hacia las costas... El único ferrocarril que une el interior del país con una costa es el de México a Veracruz, construido con la ayuda del gobierno por capitales ingleses; con capitales norteamericanos no se ha construido sino mucho más tarde la línea de Monterrey y Tampico. Unos norteamericanos solicitaron y obtuvieron concesiones para construir líneas a la costa del Pacífico, pero no las utilizaron y únicamente construyeron algunos tramos con el simple objeto de evitar que se otorgaran concesiones a otros capitalistas quienes, en vista de la existencia de dichas concesiones, difícilmente se arriesgarían a invertir capitales, si de un día al otro pudiera surgir una competencia en zonas donde el tráfico no puede sostener dos líneas paralelas. Porque, en resumidas cuentas, es imposible admitir que sea simplemente el azar, el temor a dificultades técnicas la causa única de que ninguna línea haya podido llegar todavía al Pacífico. Estamos convencidos de que el hecho obedece a un bien concebido plan, que tiene por objeto dirigir la mayor cantidad posible de productos mexicanos exclusivamente hacia los Estados

Unidos y de crear relaciones comerciales que faciliten extraordinariamente el comercio de importación; es seguro que para muchos productos mexicanos los Estados Unidos desempeñan el papel de distribuidor y que los consumidores pueden creer que tales productos son de procedencia norteamericana. Esto sólo podrá evitarse estableciendo numerosas vías férreas que unan el interior de México con las costas, y de líneas de navegación que lleven directamente los productos mexicanos a los países consumidores sin la onerosa intervención de los vecinos del norte, pero esta intermediación conviene a los yanquis y es la principal razón por la que los ferrocarriles de capital norteamericano encuentran obstáculos para llegar a las costas.

"¿Cómo se comporta el norteamericano en México?" Para un francés en misión cultural y comercial en ultramar este punto era de capital importancia.

Si bien hay en México norteamericanos bien educados que en sus relaciones con los mexicanos ponen el tacto y la cortesía que corresponden a la hospitalidad que reciben, hay otros —la mayoría— que se pasean por México como en país de conquista; no conocen la lengua, ni las costumbres, ni las necesidades especiales del clima, pero todo lo saben mejor que los nacionales y a éstos los desprecian...

Hasta en el campo de la publicidad, especialidad del yanqui, se manifestaba el genio acaparador del vecino.

Las noticias telegráficas de México se trasmiten a Europa por intermedio de los Estados Unidos, y éstos exageran las falsas noticias que hablan de una próxima revolución, y como esta propaganda debe tener un fin, lo hallamos en el deseo de paralizar el inmenso interés que en Europa se siente en México, haciéndonos creer que los tiempos turbulentos de la política interior volverán a empezar. Decir que los yanquis codician a México es la pura verdad. México es rico y constituye el principal obstáculo entre la Unión y su colonia de Panamá y además —otra razón bochornosa— México tiene el Ferrocarril de Tehuantepec que perjudicará indudablemente al Canal de Panamá.

Sin embargo, la absorción militar de México era un temor fantasma.

Se ha dicho desde algunos años que los Estados Unidos aprovecharán el primer síntoma de efervescencia interna en México para ocupar militarmente varios puntos con el pretexto de proteger a los ciudadanos y capitales norteamericanos. Se ha afirmado que esta efervescencia se producirá, por ejemplo, en el caso de la súbita desaparición del general Porfirio Díaz, pero esto no puede decirse ahora; el pueblo comprende los beneficios que obtiene de la paz interior y la era de los pronunciamientos ha pasado para siempre jamás. En cuanto a la posible causa de dificultades que se acaba de indicar, ésta también ha desaparecido, gracias a una reforma hecha a la Constitución en 1904, creando la vicepresidencia de la República, de suerte que en caso de la muerte súbita del presidente, se efectuará instantáneamente la trasmisión de poderes. ¿Es posible, pues, una agresión militar de los Estados Unidos contra México? No. Tiene el yanqui sus cualidades, pero no son las del conquistador, y la prueba es el espectáculo lamentable que ha dado al mundo con la ocupación de las Filipinas; pero entre Filipinas y México no hay comparación posible, este país no es susceptible de ser absorbido, aquí el sentimiento patriótico es notablemente exaltado, la invasión provocaría una sublevación general y con la continuación de la lucha la alta banca norteamericana pondría el grito en el cielo e impondría la paz, la cual sólo sería posible respetando la integridad e independencia de México. Bien lo sabe el yanqui y esto lo espanta a tal punto que, pese a su avidez, creemos que no puede pensar en tales medios para satisfacerla.

El yanqui no será peligroso sino hasta que la absorción económica que ha comenzado ya (actualmente se estima en mil millones de francos el capital invertido en México) llegue a ser tal que pueda paralizar el desarrollo del país, según las reglas y necesidades de la raza que la habita. Como México carece de suficientes capitales para oponer a los norteamericanos, su mejor arma de combate será la de fomentar la inmigración de capitales europeos para contrarrestar la opresión económica del capital norteamericano, y en tales condiciones los distintos capitales se neutralizarán y México podrá evolucionar a su manera, siguiendo los principios y las leyes que fatalmente le imponen su raza y su situación geográfica.

Por consiguiente, el espectador francés invitó a sus compatriotas a aprovechar lo que sería tal vez la última oportunidad de invertir ventajosamente en México, ayudando así a los mexicanos a defender su independencia y romper el cerco puesto por el capital norteamericano al país, y corrigiendo al mismo tiempo el fatal error histórico cometido por Napoleón III en el siglo XIX.

Después de la guerra de mediados del siglo pasado, los Estados Unidos, ocupados en valorizar los territorios arrancados a su vecino, no se interesaron mucho en este vecino que, prevenido, se puso en guardia. El México de aquel entonces veía únicamente a Europa con buenos ojos y de no haber sido por la mala inteligencia de la intervención francesa, tal vez la parte reservada a los Estados Unidos no habría sido tan grande.

Pero ya era tarde para las rectificaciones históricas: la oposición sistemática del capital europeo al norteamericano era precisamente la gran idea que inspiró a Luis Napoleón en 1861 y tal política, adoptada por los mexicanos, ya había dado sus frutos sin poner coto a la preponderancia norteamericana. Basada en la explotación de los recursos naturales del país para el provecho del extranjero, y contando con el equilibrio de capitales para mantener la independencia económica de la nación, nadie era capaz de vencer el vicio de una política que colonizaba el país económicamente, convirtiéndolo en vasallo del capitalismo internacional, y lejos de neutralizar, nutría sus rivalidades nacionales y fomentaba los conflictos de intereses creados en suelo mexicano; y para 1908 el fiel de la balanza se inclinaba a favor de los ingleses para contrarrestar la prepotencia de los norteamericanos. Los ingleses tenían en su abono la realización de casi todas las grandes obras públicas del gobierno mexicano —el desagüe del Valle de México, la empresa pionera del Ferrocarril Mexicano, las obras portuarias de Tampico, Veracruz y Manzanillo— con excepción del gran sistema ferrocarrilero troncal reservado a la iniciativa norteamericana, pero financiado en gran parte por capital inglés, y hasta en aquel ramo los ingleses penetraban ahora con la reconstrucción del Ferrocarril de Tehuantepec y los puertos ístmicos del Atlántico y del Pacífico, que el presidente Díaz acababa de inaugurar a tiempo para anticipar el inconcluso Canal de Panamá. Pero donde la rivalidad de los primos era más encarnizada, era en los campos petrolíferos, los más recientes y lucrativos de los recursos naturales del país abiertos a la explotación extranjera; ahí la Waters-Pierce Company, subsidiaria de la Standard Oil, había disfrutado de un virtual monopolio de petróleo crudo hasta la llegada de Sir Weetman Pearson, el magnate británico que, después de contratar casi todas las buenas obras del gobierno, se metió también en los infiernos bituminosos y con tan buena suerte que su propio gobierno lo ascendió a la nobleza por los servicios prestados al imperio al aprovisionar la armada británica con el oro negro mexicano —y la competencia se acercaba ya al punto de saturación—. El general Díaz lamentaba la falta de iniciativa de sus compatriotas para explorar este nuevo y último recurso natural por su propia cuenta, pero se trataba de un viejo defecto nacional, y el presidente observaba el desarrollo del conflicto de intereses extranjeros con indiferencia como si se tratara de algo ajeno al interés nacional: actitud que no fue compartida por la Waters-Pierce Company, que perdió tiempo y dinero buscando los pozos prodigiosos que brotaban bajo la planta británica sin localizar un geiser y que se quejó de otras inequidades mexicanas —la parcialidad del subsuelo al Imperio Británico, la privanza de sir Weetman con el presidente de la República, los favores acordados a su empresa, la exención de impuestos otorgada a su dicha, el escape de gas hacia la Gran Bretaña, la reglamentación antimonopolista impuesta a las operaciones de la Standard Oil en México, y otras disposiciones restrictivas y poco amistosas de la libre competencia. La Doctrina Monroe era impotente para impedir la penetración pacífica de los británicos en el continente americano; la tantalización de los *trusts* y el torear con las vacas sagradas del imperialismo norteamericano eran un juego no exento de peligros. El conflicto en los campos petrolíferos era un incidente inflamable, y si bien el presidente creía haber mantenido condiciones libres y equitativas hasta aquí y que podría mantenerlas en el futuro, los frenos adoptados para impedir la supresión de los pozos petrolíferos mexicanos por Rockefeller para mantener el precio del petróleo norteamericano eran una fuente abundante de fricción, y la confianza del presidente en la posibilidad de satisfacer el capital de todo el mundo en México era uno de los rasgos más discutibles de la conferencia Creelman. Dada la posición geopolítica de México, la competencia de capitales extranjeros ofrecía una frágil seguridad y pocas posibilidades de acogerse a sagrado en el porvenir.

Tan torpe y tan fatídica era la conferencia Creelman que ejerció la fascinación de un imán sobre la mentalidad mexicana, atrayendo las más ominosas especulaciones y fomentando los temores más formidables. El temor es tirano; y el temor a la absorción norteamericana, a la protección norteamericana, a la amistad norteamericana y a la intervención norteamericana en caso de una revolución en México agitaba la imaginación de un pueblo impresionable y surtió a los amigos del Presidente de razones imperativas para persuadirlo a repensar su decisión de abandonar el poder en una etapa tan crítica del desarrollo de la nación. La situación que pedía a gritos su reelección perpetua era compleja y precaria, y era permanente; y todos estos temores, fundados o fantásticos, reaccionaron sobre su resolución y las reacciones del público. Según algunas, se suponía que el objeto del anuncio era el de provocar una protesta popular contra su retiro y una súplica general para que se quedara en su puesto; según otras, tenía el fin avieso de descubrir a sus adversarios e inducir a los incautos a declararse confiadamente; las razones que pudieran determinar su abdicación dejaron perplejos a los críticos y confundidos a los escépticos, y sin poder explicarlas, propusieron todos los motivos concebibles menos el más natural que él mismo les ofreció. Se hacía viejo; las responsabilidades del poder le cansaban cada vez más; tenía terminada su obra de gobierno; no deseaba seguir en la presidencia y podía retirarse sin pena ni resabio alguno; después de trabajar treinta años para crear una nación y cumplir su tarea histórica, merecía reposo y tenía el derecho de jubilarse con honor y gloria. Todas estas razones eran creíbles; pero después de treinta años de simulación, la verdad engañó a los escépticos. La única suposición que nadie propuso era la de su sinceridad, y, sin embargo, era la más creíble y convincente: llega el día en que la sed de poder más insaciable se harta con satisfacción, y suena la hora en que la ambición más insaciable pide licencia de sus fatigas. Pero a Porfirio Díaz no le era dable determinar el día de su despedida. El futuro era oscuro y cargado de imponderables, y al insistir en que su presencia era indispensable para vencerlos, *El Imparcial* apeló a dos de los rasgos dominantes de su carácter, su patriotismo y su amor propio, idénticos en el fondo, y su patriotismo, identificado como estaba con su egoísmo, era indudablemente sincero. El órgano oficioso del gobierno desempeñó las funciones de un ventrílocuo y sostuvo un diálogo público con la conciencia del estadista. Si un gobernante podía sustituirse, pero no así una situación, él llevaba una responsabilidad de la situación que su ambición había creado y ya no podía renunciar: al cabo de treinta años maniobrando siempre para defender la independencia de la patria contra el Destino Manifiesto, sólo para encontrarlo otra vez en las postrimerías de su carrera, más cerca que nunca y más irresistible que antes, llegaba el día indeclinable. Toda su obra de gobierno estaba en juego en 1908. En 1880 logró aplacar al vecino con un pacto que trocaba el tributo de guerra por la penetración pacífica y acogió los caminos de hierro como única alternativa a la intervención armada, pero ganó nada más una tregua; la política de la puerta abierta, entreabierta entonces, se había ensanchado constantemente con el transcurso de los años y las concesiones siempre más pródigas para conservar la paz, agudizando el apetito del vecino voraz sin satisfacerlo; todas las medidas adoptadas para ahuyentar la sombra y detener la marcha del Destino Manifiesto sólo abreviaron la tregua y para 1908 la crisis progresiva del imperialismo norteamericano sorprendió al país con la proximidad del peligro, siempre presente en el ánimo mexicano, y el pronóstico de la anexión inminente de la nación prometía terminar la carrera del viejo patriota, como comenzó, cautivo de una transacción transitoria y víctima de una victoria efímera. Si el triunfo del Destino Manifiesto era inevitable, como lo aseguraba el profeta, y debía realizarse después de su muerte, podía diferirse por lo menos mientras viviera y tenerlo a raya con su presencia, su prestigio y su autoridad, y por lo tanto él tenía el deber ineludible de perpetuarse lo más que pudiera. Así se presentaba el problema por sus partidarios, y ante tal dilema la reacción a su retiro creaba un conflicto de motivos en su propio ánimo, y su conducta subsecuente indicó que se había confundido su incertidumbre con insinceridad.

"La dictadura murió en los brazos de una intriga llamada la conferencia Creelman" —dijo Bulnes, juzgándola a la luz de sus consecuencias. La interpretación de la entrevista como una intriga era críptica y oracular, pero resultó correcta; la conferencia se revistió de una significación sombría y profunda, porque suscitaba los temores y agitaba la imaginación de los mexicanos, y la influencia oculta de la imaginación en la dirección del acontecer humano es el destino. Pero si hubo intriga, no fue intriga de individuos, sino de fuerzas impersonales, tramadas por Díaz mismo, coligadas en su contra, y conspirando para provocar su caída por la combinación de motivos encontrados. La exhortación a su patriotismo invocaba a la vez los elementos más nobles y más débiles de su carácter y la voz del ventrílocuo penetraba en su fuero interno. Demasiado temprano para descansar, demasiado tarde para renunciar, la consumación de su carrera culminó en una situación que la sumaba toda: el resurgimiento del Destino Manifiesto, por una parte, y el recrudecimiento de la latente revolución popular reprimida por tres décadas, por la otra, se conjugaban para formar una liga de fuerzas fatales y producir una intriga enigmática que lo obligaba a obedecer sus pasiones dominantes hasta el día de su muerte; y en ese sentido sutil de insidioso autoengaño, el dicho de Bulnes era cierto y su saturnina sentencia se realizó: La dictadura murió en los brazos de una intriga denominada la conferencia Creelman. Pero la trama fue concebida en una escala más vasta que una intriga personal y no estaba desprovista de grandeza, ya que la integridad del patriota dignificaba los sofismas delególatra, los dos eran inseparables, y ambos lo condenaban a seguir adelante.

Naturalmente ninguno de los dos protagonistas de la intriga pudo prever las consecuencias de su fatídica conferencia; el Presidente no sabía que el periodista era un agente del Destino, ni el periodista que, al ensalzar al César, vino a sepultarlo; sin embargo, tal fue el fruto de su charla informal entre las flores y los recuerdos de Chapultepec: allá fue planteado el problema, allá se armó la trampa.

Algo de eso lo adivinó un crítico que quiso ser poeta por una vez en la vida, y que por llamarse Luis Cabrera y ser sobrino de Daniel Cabrera, conoció a fondo el recóndito problema y lo descifró en la forma lírica de una parábola de lo que fue la conferencia Creelman, o sea un grito lanzado por el dictador en demanda de socorro.

> Fue este un artículo —dijo— donde por primera vez se calificó la obra del general Díaz de fracaso político y social, precursor de tremendas catástrofes.

Y juzgándolo también a la luz de sus consecuencias, Luis Cabrera llamó la conferencia Creelman: EL GRITO DE CHAPULTEPEC.

> Desde lo alto de ese Castillo legendariamente épico: semifortaleza que ha sentido soplar sobre sus almenas el hálito de las angustias más heroicas y chorrear sobre sus muros la sangre más patrióticamente vertida; semialcázar que ha visto desfilar por las alfombras de sus aposentos las más grandes ambiciones satisfechas; desde ese palacio que se yergue sobre el valle como perpetua ostentación de fuerza y de lujo, contemplaba la ciudad el más grande de los tiranos de América, con esa mirada clarividente que se tiene cuando se ven las cosas desde las grandes alturas.
>
> Aquel inmenso mar de piedra y de ladrillo que se extendía por la llanura, robando el sitio a antiguos pantanos de Anáhuac, le enviaba

sus oleadas de recuerdos. ¡Qué grande y qué hermosa era hoy!, ¡qué pesada había sido la tarea!, ¡qué prodigiosa energía se había necesitado desplegar para llevar a cabo la transformación!, ¡qué fuerte había sido el hombre que la había realizado!

Y de repente el dictador pensó que estaba muy viejo.

Aquel mar de calígine formado por el humo de las chimeneas flotando en el mismo ambiente en que antes sólo había flotado el humo de la pólvora le enviaba sus oleadas de orgullo: ¡qué pesada había sido la tarea!, ¡qué fuerte había sido el hombre que la había realizado!

Y de repente el dictador sintió que estaba ya muy débil.

Aquella tarde, que era uno de esos crepúsculos de fin de invierno que los turistas del Norte gustan de venir a buscar a nuestro suelo, le enviaron sus oleadas de quietud, y el corazón del viejo dictador, que por mucho tiempo no había conocido más emociones que la bravura de la lucha y el orgullo de las ambiciones satisfechas, comenzó a sentirse invadido por una gran melancolía, y el hombre se tornó triste.

Él, el mestizo que había desafiado el embate de los años y los había vencido con la increíble resistencia de su sangre de indio y la egoísta pureza de su vida, estaba ya muy viejo. Él, el luchador que había poseído la fuerza y la constancia suficientes para tener avasalladas doce millones de voluntades durante treinta largos años, estaba ya muy débil. Él, el tirano que jamás había desarrugado los pliegues estereotipados en su frente por la idea fija del poder, ni ante el temor, ni ante la piedad, estaba triste y sintió sacudida su alma por un inmenso miedo.

Y el viejo dictador, desde lo alto del castillo legendario, lanzó un grito que repercutió por todos los ámbitos del mundo.

Pero el pueblo mexicano, sumido en el sopor de treinta años de pasividad, no oyó aquel grito sino cuando le volvió del Norte en forma de eco, traducido a lengua extraña y desfigurado por la presuntuosa y vulgar literatura del periodismo yanqui. El pueblo escuchó ese eco, y virtiéndolo a su propio idioma y despojándolo de la vana palabrería en que venía envuelto, sólo pudo discernir que el grito lanzado por el viejo dictador era un llamamiento angustioso y desesperado que hacía a sus gobernados.

¿Para qué llamaría el dictador a su pueblo?

Nadie lo sabía. Todos los mexicanos se miraron sorprendidos y perplejos y comenzaron a pensar en el objeto del llamado. Recorrió todo el país un inmenso silencio de sorpresa que poco a poco fue convirtiéndose en el susurro peculiar de los millones de palabras murmuradas en voz baja, y creció y creció hasta convertirse en el ensordecedor murmullo que se escuchó desde California hasta el Petén alrededor de la misma interrogación.

¿Para qué llamaría el dictador a su pueblo?

Todos los mexicanos pensaron la misma respuesta. Pero con esa intuición que dan treinta años de temblar y de callar, nadie se atrevió a reducir a palabras su pensamiento, sino que, disimulando bajo una copiosa verbosidad de elogios y adulaciones, comenzaron todos a obrar de acuerdo con aquel pensamiento aún no expresado.

Y el dictador, que no había podido comprender la causa del inmenso murmullo que escuchaba a su alrededor, con esa clarividencia que dan los años y que aguza la proximidad del peligro, comenzó a sospechar detrás de todos los frentes una misma idea, en el brillo de todas las miradas un mismo deseo y en el fondo de todos los pechos una misma impaciencia. La idea de que sus días estaban contados; el deseo de que algo imprevisto ayudara a los años a consumar su obra y la impaciencia por arrebatarle el poder aun antes de su muerte, único medio que cada uno hallaba de sacar ventaja a las impaciencias de los demás.

Todos los mexicanos creyeron que sintiéndose el dictador a la orilla del sepulcro, llamaba al pueblo para abdicar el omnímodo poder que había ejercitado como amo único durante más de un cuarto de siglo, y todos alargaron las manos impacientes para recibir la herencia, porque cada grupo social creyó que él era el elegido para recibir el legado de poder que el dictador tenía que abandonar.

Los oligarcas, que cegados por la ambición de mando creyeron que se trataba de recibir la herencia de la fuerza, so pretexto de guardar el orden, comenzaron a ejercer el poder en previsión de la muerte inminente del dictador; y su jefe, que por cinco largos años había disimulado concienzudamente sus anhelos bajo una apariencia de estudiosa mediocridad, dejó entrever de repente un inmenso abismo de ignoradas ambiciones.

Las clases trabajadoras, cegadas por la sed de libertad y por hambre de justicia, creyeron que se les llamaba a recibir la herencia de la democracia y comenzaron a pedir a gritos la devolución de sus libertades, como si se tratara de un depósito que al dictador le hubiesen dado a guardar y ellos temieran que muriese olvidando consignar en su testamento la sagrada devolución.

Los mercaderes, cegados por la sed de oro, creyeron que se trataba de recibir la herencia de los millones, y más serenos, más calculadores y más hábiles, aislaron al dictador, rodeándolo de hipócritas atenciones y de cuidadosa vigilancia, tal como aísla y rodea al moribundo, para asegurar el testamento a su favor, la concubina que calcula por anticipado el monto del caudal y las probabilidades de que lo disputen los herederos legítimos.

Y al llegarle el embate del oleaje de ambiciones mal refrenadas, y al comprender que nadie había sabido interpretar su llamamiento, el dictador se sintió invadido por un gran sentimiento de tristeza y sacudido por los espasmos de un gran coraje; y con un gesto de profundo desprecio y con un ademán de colérica amenaza sacudió el látigo de sus iras sobre la turba que ya le oprimía, y el pueblo, sin comprender por qué el dictador lo rechazaba después de haberlo llamado, se desbandó cobardemente, creyendo que el gran viejo había perdido la razón.

¡No los había llamado para eso! ¡Nadie había sabido comprender el grito lanzado desde el alcázar legendario de las ambiciones satisfechas! ¡Todos se habían equivocado y todos obraban como unos insensatos!

Los oligarcas habían olvidado que el poder jamás se hereda; que las dictaduras más arraigadas nunca han durado más que la vida de un hombre; que cada tirano tiene que forjar con sus propias manos las cadenas que habrán de servirle para esclavizar al pueblo... ¿Por qué inconcebible obcecación han llegado a pensar que un dictador, que no es más que un hombre como todos, había de despojarse voluntariamente del poder que ha sido la suprema ambición de su vida, para dárselo magnánimamente a ellos que no han sabido conquistarlo, que no aprecian el valor de la libertad, ni saben defenderla contra nuevas dictaduras?... Así pensaba el dictador al adivinar tras de cada frente la misma idea de su fin próximo, y al sospechar en el fondo de cada pecho el deseo de arrebatarle de las manos el poder, ese poder que no se hereda, ese poder que no se compra, ese poder que no se recibe de limosna, ese poder que él no había recibido de nadie, sino que la había creado con la fuerza incontrastable de la voluntad puesta al servicio de inmensas ambiciones.

Y al tornarse en ira la tristeza y el desaliento del viejo dictador, todas comenzaron a comprender la verdadera significación de aquel inmenso grito que, lanzado desde el alto del castillo legendario, había repercutido por todos los ámbitos del mundo.

Era que el dictador, al sentirse débil y cansado, había visto por primera vez su obra con esa perspicacia que da la proximidad de la muerte y con esa clarividencia que se tiene desde las grandes alturas, y había comprendido que como obra fundada sobre la debilidad de nuestra raza por la voluntad de un hombre, era deleznable, y había sentido el desaliento de la impotencia al ver que la paz y el progreso, las dos mejores columnas de su obra, amenazaban derrumbarse. Porque esa paz de treinta años no era más que el resultado de su fuerza inmensa dominando la inmensa debilidad de nuestras masas, que aún no habían aprendido a obedecer, y ese progreso de treinta años no era más que el resultado de la riqueza de las razas extranjeras dominando a la inmensa pobreza de nuestra raza, que aún no había aprendido a enriquecerse.

Y el dictador sintió un terror semejante al que se siente al resbalar al borde de un profundo precipicio y lanzó aquel grito de socorro, que no fue más que un llamamiento desesperado al pueblo mexicano para que salvara su obra de la ruina, porque el pueblo era el único que podía salvarla, y para que le librara de caer en el infierno de la historia en que se han derrumbado estrepitosamente todas las tiranías.

25

La portentosa entrevista apareció en marzo de 1908 y a mediados del mismo mes Díaz celebró una conferencia particular con Limantour, Corral y el secretario de Fomento Olegario Molina, para consultar su opinión sobre el problema; y sus tres Parcas particulares convinieron en que debía considerar su resolución intempestiva de retirarse del poder y abogaron por su séptima e indeclinable reelección. El Presidente convino en sacrificarse una vez más, pero esta vez en serio: en la encrucijada más cruel de su carrera, ponderando la carrera en peligro del pueblo, lo que triunfó fue aparentemente el patriotismo, sinónimo del egoísmo sagrado del pueblo. Los preparativos para su próxima reelección comenzaron temprano, pero a la sordina, sin trascender al pueblo, para prevenirse contra la impresión de perfidia con una reincidencia tan descarada, que obedecía a un conflicto de interés en su ánimo, y como su resolución e irresolución no eran del dominio público, su inconsecuencia no pudo menos que parecer insinceridad.

Quedó por consultar al pueblo. La racha de huelgas, cuyo carácter revolucionario Díaz reconoció en Cananea y Río Blanco, culminó en la primavera de 1908 con la huelga de 3 000 obreros en los Ferrocarriles Nacionales, huelga que paralizó el tráfico durante seis días en la ocupación original de la modernización de México, y que fue disuelta por la amenaza de aprehender y procesar a los cesantes por conspiración contra el gobierno y la amonestación personal del general Díaz de tener presente lo de Río Blanco. En junio —el mes levantisco en México— el Presidente recibió otra prueba del renacer de actividad revolucionaria en el país. La policía interceptó una larga y cándida carta de Ricardo Flores

Magón, escrita en la cárcel del condado Los Ángeles, California, y dirigida a su hermano Enrique en El Paso, Texas, con fecha 7 de junio de 1908.

> Hoy, 7, contesto, querido hermanito, la tuya del 5 del actual, diciéndote que si tú estás ansioso porque se señale la fecha del levantamiento, Librado y yo estamos desesperados, porque tememos que de un momento a otro desbarate los grupos el despotismo. Juan Olivares, uno de los que con nuestro infortunado José Neyra fundaron en Río Blanco *Revolución Social* y el Gran Círculo de Obreros, está comprometido para ir a agitar a los obreros del distrito fabril de Orizaba. Él es obrero tejedor y está en esta nación desde hace dos años que se vino con Neyra. Es miembro del club de aquí y trabaja como cajista con Palomares en *Libertad y Trabajo*. Si Olivares tiene oportunidad de encontrar en las fábricas algunos viejos amigos, la revolución podrá hacerse en Orizaba; los mejores obreros han huido de aquellos malditos lugares, y los que no huyeron están en el Valle Nacional, Quintana Roo, Tres Marías y en los cuarteles. Por eso no lleva Olivares la seguridad de levantar la gente, pero lo intentará. Yo creo que Orizaba puede caer en poder de la revolución si se pone en práctica el siguiente plan, que he comunicado a Olivares para que lo medite sobre el terreno. En Orizaba debe haber no menos de 1 500 hombres contra los cuales no se puede obrar sino por medio de la dinamita, derribando los cuarteles. Al mismo tiempo, un pequeño grupo se encargará de destruir la maquinaria, en Cocoloapan, El Yute y otros más que hay en esa importante región. Entonces, como una avalancha, se echará la masa de obreros sobre Orizaba, cuyos cuarteles en ese preciso momento estarán siendo volados y la plaza quedará en poder de la revolución. Orizaba es una ciudad muy rica, de donde pueden sacarse varios millones de pesos, una gran cantidad de armas y municiones de boca y guerra. Si el ataque contra los cuarteles fracasa, de todos modos quedarán sin trabajo más de 2 000 obreros con la destrucción de la maquinaria de Necaxa, y esos hombres serán otros tantos rebeldes empujados por el hambre.

Esta información andaba acompañada de una lista de los conjurados estratégicamente colocados en otras regiones del país, y Ricardo pasó a considerar la posibilidad de obtener apoyo para el movimiento en los Estados Unidos y las precauciones necesarias para conseguirlo.

> Hemos pensado mucho sobre la posible invasión gringa con motivo de la revolución. Creemos que si para evitar la invasión se agitase al

pueblo norteamericano antes de comenzar el movimiento, no haríamos sino preparar a los dos tiranos. Hay que recordar que se decidió no circular el manifiesto revolucionario, precisamente para que Díaz no se preparase y pudiéramos cogerlo descuidado. Por su parte Roosevelt, aun cuando no invadiera, mandaría sus tropas a la frontera y dejaríamos de realizar parte del plan, no pudiendo meter compañeros de esta nación, como los diversos grupos de Texas. No se podría tomar Juárez con gente reclutada en esta nación ni Díaz Guerra podría pasar la línea con su gente y así sucesivamente. Pero no es esto todo: el pueblo norteamericano y aun los trabajadores organizados de este infumable país no son susceptibles de agitarse. Lo hemos visto en nuestro caso. Saben bien las uniones y el partido socialista que no somos unos politicastros de los que hacen revoluciones en América Latina. Nuestro manifiesto lo expresó de modo de no dejar lugar a duda alguna. Me refiero al manifiesto al pueblo norteamericano. Pues bien, la agitación duró muy poco. Sólo las uniones de esta ciudad hicieron algo. Fuera de aquí, con excepción de Pasadena, nada ha habido de una manera sistemática, como requería una formal campaña en nuestro favor. Aquí y allá, y de tiempo en tiempo, han aparecido parrafillos en los periódicos obreros, ora socialistas, ora unionistas; pero no ha habido verdadera campaña en nuestro favor, a pesar de que es flagrante la confabulación de los dos gobiernos, y de lo maltrechas por polizontes y por jueces que han quedado las leyes de este desgraciado país. Los norteamericanos son incapaces de sentir entusiasmos e indignaciones. Es éste un verdadero pueblo de marranos. Vean ustedes a los socialistas: se rajaron cobardemente en su campaña por la libertad de palabra. Vean ustedes a la flamante American Federation of Labor con su millón y medio de miembros, que no puede impedir las "injusticias" de los jueces que cuando declaran, van contra las uniones o mandan estos delegados organizadores a lugares en que no hay trabajo organizado. Estos atentados contra socialistas y uniones son tremendos, pero no conmueven a esta gente. Los sin trabajo son dispersados a machetazos como en Rusia. Roosevelt pide al Congreso que se faculte a las administraciones de correos para ejercer la censura sobre los periódicos; la nación se militariza a pasos de gigante, a pesar de todo, el paquidermo anglosajón no se excita, no se indigna, no vibra. Si con sus miserias domésticas no se agitan los norteamericanos, ¿podremos esperar que les importen las nuestras?

Quizás, por lo ansiosos que están estos animales por las noticias de sensación, puede ser fructífera una agitación cuando haya estallado el movimiento, si todavía no nos invade la chusma de piel roja y se sabe entonces que se prepara a echarnos sus soldados. Las noticias de la revolución en marcha sí estoy seguro que llamarán la atención de los gringos por ser efectos sensacionales, y entonces, si todavía no somos invadidos, tal vez pudiera agitarse la opinión a nuestro favor y evitarse la invasión.

Continúo esta carta hoy día 8 de junio. Tal vez si comenzamos una agitación en contra de la invasión gringa, antes de que se haya decretado tal invasión, o de que Roosevelt dé los primeros pasos para efectuarla, lo que conseguiríamos sería que comprendieran nuestra impotencia y entonces, si no tenían pensado intervenir, lo harían seguros de nuestra debilidad.

A mayor abundamiento, los gringos, tarde o temprano, tienen que echársenos encima para adueñarse de la Baja California, cuya propiedad anhelan por la buena o por la mala. En México hay en estos momentos una tremenda agitación antigringa, y aunque cobardemente se acusa de traidor al gobierno, bastaría la sola amenaza de Roosevelt de invadirnos para que nuestras filas aumentaran, con el fin de acabar cuanto antes con el gobierno traidor, y si de todos modos nos invade el gringo, tendrá que luchar con un pueblo altamente excitado por los abusos yanquis y en completa tensión de nervios en virtud de la revolución. Alguna vez tendrán que atacarnos los gringos, pues si lo hacen cuando el pueblo está rebelado contra Díaz, precipitarán la caída del dictador, porque el pueblo verá claramente a Roosevelt como aliado de Díaz para esclavizarnos y perder nuestra autonomía. Por supuesto que una vez comenzada la revolución, si hay peligro de invasión, debemos agitar a los fríos y estúpidos norteamericanos. ¿Qué opinan ustedes?

El momento psicológico estaba bien escogido y el gobierno, prevenido y preparado, estaba sobre aviso para aplastar la revolución y quitar todo pretexto a la intervención, dondequiera y cuando quiera que se presentara; y sobre estos puntos Ricardo suministró también valiosa información a la policía.

Voy a hablar algo acerca del movimiento. Los grupos numerosos... estarán completamente listos, esto es, armados como ellos y nosotros deseamos. Si esperásemos a que queden los grupos completamente listos, no podría estallar nunca la revolución, y de aplazamiento en aplazamiento se iría perdiendo tiempo y los grupos contadísimos que ya estuvieran listos caerían en desaliento; se necesitaría entonces volver a visitarlos, comenzar a alentarlos de nuevo y mientras se conseguía eso, los grupos que por no estar listos habían ocasionado la demora del movimiento y el desaliento de los ya listos, se desalentarían a su vez, por el aplazamiento que fuera acordado para reorganizar los desanimados, y así se seguirá aplazando hasta quién sabe cuándo.

A esta labor de Tántalo no se resignaba Ricardo.

Debemos, pues, renunciar a la esperanza de tener una perfecta organización de grupos absolutamente listos. Lo que hay que hacer, según nosotros, es obtener de los grupos el "ofrecimiento solemne" de levantarse el día que se fije como quiera que se encuentren. Si la mitad y aun la tercera parte de los grupos que hay, cumplen levantándose, la revolución estará asegurada aunque se haya comenzado con grupos miserablemente armados, ya que siendo varios los grupos rebeldes y extensa la República, no podrán ser aplastados en un día por los esclavos de la dictadura, y cada día de vida para un grupo significa un aumento de personal, aumento de armas y adquisición de recursos de todo género, con la circunstancia, además, de que alentados los valientes en todas partes, surgirán nuevos levantamientos secundando a los bravos que prendieron la mecha.

Y Ricardo, dedicado a la tarea de Sísifo, terminó diciendo: "Hay que tener confianza en que así sucederá... No sería malo, y así lo proponemos a ustedes, señalar de una vez a la fecha para dentro de un mes del día en que se señale."

Conforme a estas instrucciones, Enrique envió un mensajero de confianza —Francisco Manrique— a México con la misión de alertar los grupos del interior; por su parte, notificó a los partidarios a ambos lados de la frontera, y fijó la fecha del levantamiento para el 25 de junio, con el fin de conmemorar la matanza en Veracruz en 1879 y el mandamiento memorable de Díaz de matar a los conjurados en caliente. El plan improvisado era un lance tremendo contra desventajas enormes, pero no hubo remedio, tenían que correr riesgos desesperados para evitar demoras desmoralizadoras y sucumbir al desaliento progresivo del movimiento; y basado en imponderables el nuevo conato de rebelión comenzó a ciegas. Enrique y Práxedes Guerrero, escondidos en El Paso, se salvaron por milagro de la persecución de los detectives que rodearon su escondite, escurriéndose en las sombras de la noche y arrastrándose a la orilla del Río Bravo, donde cayeron en los brazos de Francisco Manrique, de vuelta de su misión en México; y los tres se entregaron sin tardanza en brazos de lo ignoto. La mecha fue encendida con tres incursiones a través de la frontera, siguiéndose sucesivamente en los pueblos de Viesca y Las Vacas en Coahuila y Palomas, en Chihuahua, y la llamada se apagó sin despertar eco en otras partes del país. En cada caso, tras una breve escaramuza con la tropa o un cambio de disparos con la policía, el intento terminó en derrota y fuga, con las pérdidas correspondientes a la táctica guerrillera de pega y corre. En Viesca una nueva redada de rebeldes y sospechosos tomó el camino a San Juan de Ulúa; en Las Vacas, los valientes abandonaron a sus muertos, corrieron en desbandada y regresaron a Texas; en Palomas, donde la fuerza expedicionaria sumaba diez hombres, Francisco Manrique perdió la vida y Enrique y Práxedes Guerrero, vagando durante un mes en los tórridos desiertos de Chihuahua, delirantes de insolación y sed, volvieron a El Paso, derrotados, agobiados, abandonados.

Comentando las incursiones en Coahuila, Madero sacó una conclusión satisfactoria del fracaso de los Flores Magón.

> Por la prensa sabrá los trastornos que tuvimos por estos rumbos —escribió a un amigo—. Fueron debidos a la agitación de los Flores Magón, que encontraron eco en los habitantes de Viesca, que estaban desesperados con su cacique. La desesperación era tanta, que los de Viesca habían acordado hacer algo antes de que fueran invitados por los Magón.

Pero el contacto de dos desesperaciones produjo sólo un cortocircuito.

> De todos modos, creo que estos movimientos revolucionarios han venido a demostrar que el país no quiere ya revoluciones puesto que éstas han sido acogidas con verdadera frialdad por todo el mundo. No ha pasado igual con los movimientos democráticos, pues tanto el que intentaron ustedes como el que nosotros hicimos aquí en Coahuila, tuvieron el don de interesar a todo el pueblo.

No obstante, los derrotados dejaron una impresión en México. Juzgadas por su eficacia material, las incursiones eran absurdamente insignificantes, pero su valor efectista era considerable; el gobierno abultó su importancia por la alarma movilizada y las medidas de seguridad adoptadas para evitar la difusión del movimiento, magnificando y reduciendo su significación simultáneamente. El ministro de Relaciones solicitó la extradición de los fugitivos y la concentración de tropas americanas en la frontera, mandó un representante especial a Washington para lamentarse del descuido inexplicable y la actitud indiferente del gobernador de Texas, y el misionero diplomático recibió del secretario Root las seguridades más formales de que el Departamento de Estado, el Departamento de Defensa, el Departamento de Justicia y todas las agencias policiacas del Estado cooperarían con el gobierno mexicano para mantener la paz en la frontera; pero todas estas precauciones, excesivas y extraordinarias en el concepto de Washington, tratándose de correrías tan triviales, dieron pie a publicidad desfavorable al régimen porfirista en la prensa norteamericana, y *El Imparcial* se apresuró a corregir el error ministerial. Más diplomático que Mariscal, el órgano oficioso del gobierno minimizó, anuló las depredaciones de los rebeldes y les quitó toda importancia política, comparándolas a las actividades revolucionarias de 1906.

> Ahora lo mismo que antes, un grupo de malhechores se concierta para ejecutar actos de violencia que no tienen más que un solo fin, el robo: realizado el acto, la banda se dispersa, refugiándose del otro lado de la frontera, y una vez en territorio norteamericano, los filibusteros se declaran "revolucionarios" con objeto de impedir la extradición justamente solicitada por el gobierno de México. El juego es demasiado a la vista para que nos dejemos engañar, pues, como ya dijimos, no hay sino que fijarse en los actos de la pandilla para convencerse de cuál es su único y bien meditado programa: el latrocinio y nada más que el latrocinio. Ésos no son más que bandidos, facinerosos, forajidos.

Sin embargo, resultaba imposible restarles importancia bajo un aspecto.

> Desgraciadamente, existe en la vecina República del Norte una prensa sensacionalista, turbulenta y banal, que experimenta el más malsano placer de adulterar los hechos, cualquiera que ellos sean. Para esa prensa, no son obstáculos los antecedentes de nuestro país, los ejemplos de cordura de sus habitantes, los de solidez de su gobierno que durante años ha ofrecido México a la consideración de las naciones extranjeras y muy particularmente a los Estados Unidos; lo que importa es soltar a los vientos las noticias más estúpidas, las más inverosímiles, aunque sean de una falsedad rayana en cinismo. La prensa amarilla exagera en esta ocasión su nota escandalosa, mostrándose ajena a todo sentimiento de decoro periodístico que, según parece, no es conocido allí en ciertos periódicos. Y para

fundar esta afirmación, nos ha bastado leer los despachos que nos trasmitió anoche la Prensa Asociada, y que nosotros publicamos ahora, purgados de sus incorrectas apreciaciones. La actividad de cierta prensa norteamericana marca de poco tiempo a esta parte un estado de mala voluntad, cuando no de agresión, hacia México, con especialidad desde que se dio a conocer el proyecto de ley minera, actitud que no nos explicaríamos bien, de no conocer los procedimientos de algunas hojas impresas, al par que las palabras del admirable Roosevelt acerca de los moradores de Wall Street y sus satélites. El proyecto de ley minera, formulado por el ministro de Fomento, Olegario Molina, decía en su artículo 114: "las sociedades extranjeras son incapaces para denunciar y para adquirir por cualquier título, en lo sucesivo, propiedades mineras o derechos reales sobre las mismas, dentro del territorio de la República".

La reforma, tan patriótica como inoportuna, pretendía corregir una costumbre en vigencia por más de treinta años: la prensa amarilla hizo el resto.

No era explicable pues, la solicitud de mala voluntad, cuando no de agresividad, hacia México, de esa pérfida prensa, ni de extrañarse que el proyecto de reforma minera espantara al sueño del perro que guarda y que el can comenzara a ladrar; y como los revolucionarios contaban con esa misma prensa sensacionalista, al servicio de los intereses de Wall Street, para despertar el interés de los americanos a favor de su propia causa la volubilidad de esas hojas amarillas, otoñales, daba qué pensar, pues bien sabía *El Imparcial* que la prensa formaba la opinión pública, que la opinión pública formaba la historia, y que la historia formaba una concatenación perpetua de errores vulgares.

Aunque las incursiones en la frontera dieron fe de la persistencia de actividad revolucionaria en el país, su fracaso demostró la debilidad de esa forma de oposición a la séptima reelección del viejo dictador. En octubre don Filomeno Mata, dueño y redactor del sobreviviente más antiguo de la prensa de oposición, *El Diario del Hogar,* y veterano de incontables condenas a Belén por su crítica obstinada al régimen, solicitó una entrevista con el Presidente a fin de discutir las declaraciones hechas en la conferencia Creelman, y muy especialmente su resolución irrevocable de retirarse del poder en 1910; la entrevista personal no le fue concedida, pero el Presidente contestó por escrito que su decisión no era más que una intención y que era demasiado temprano para discutir una cuestión tan prematura. Mientras el Presidente reservaba su decisión, la cuestión quedaba en suspenso; pero las repercusiones de la conferencia Creelman seguían vibrando en la opinión pública, y su tendencia era aparente en tres opúsculos políticos que pusieron a debate lo que él se negaba a discutir, y cuyos títulos indicaban su orientación: *¿Dónde vamos?*, por Querido Moheno; *La organización política de México*, por Francisco de P. Sentíes; y *La sucesión presidencial en 1910*, por Francisco I. Madero. El último y más influyente de los tres lances explorados fue entregado a la imprenta en diciembre de 1908, a los nueve meses de la preñada conferencia Creelman, y comenzó a circular y llamar la atención pública en enero de 1909. Entretanto el Presidente siguió contemporizando, vigilando la situación y reservando su decisión, hasta que Clío se impacientó con la demora y designó a Madero para iniciar la revolución que era la crítica definitiva de la obra de gobierno de Porfirio Díaz.

ÍNDICE DE NOMBRES

Adams D., Edward, I: 144
Alatorre (general mexicano), II: 39, 59, 73
Alcayaga, I: 122
Aldrich, II: 239
Alighieri, Dante, I: 294
Altamirano, Ignacio Manuel, I: 53, 465
Andrade, Timoteo, I: 379, 380
Argos (redactor), II: 48, 49
Arresaldo, Francisco, II: 24
Arriaga, Camilo, II: 160, 162, 207, 229, 232, 235, 241, 246
Arriaga, Ponciano, II: 160, 161
Arroyo, Arnulfo, II: 125, 126, 225, 226

Bagot, Raúl, II: 385-389
Bakunin, Miguel, II: 246
Balzac, Honorato de, I: 274; II: 345
Bancroft, Hubert, I: 84, 356-362, 372, 375, 395
Baranda, Joaquín, I: 390; II: 9, 138
Barreda, I: 134
Barrios, Rufino, I: 189
Barroso (sargento), II: 282, 283
Batalla, Diódoro, I: 231; II: 185
Bautista, San Juan, II: 350
Bazaine, Aquiles, I: 481, 490
Benedetti (malabarista), I: 113
Benítez, Justo, I: 59, 147-154, 156, 158, 163, 188, 275, 276; II: 71-73, 76
Beranger, I: 483
Bernal, Heraclio, I: 330-332
Blaine, James G., I: 189, 190, 445, 446, 473-475, 496, 500; II: 103, 376

Blanco, José, II: 185
Bleichröeder, I: 375, 502-504; II: 81, 86, 92
Bonaparte, Napoleón (véase Napoleón I)
Bowen (empresario neoyorkino), I: 98, 109
Braniff, Tomás, I: 432
Brink (doctor), I: 72, 73
Browen, II: 344
Brown G., John, I: 143; II: 344
Bulnes, Francisco, I: 230, 231, 328, 353, 384, 385, 387, 390, 395, 396, 401, 429, 436, 439, 462, 470-471, 482, 493, 494; II: 46-49, 56-59, 64, 65, 92, 95, 97-98, 111, 120-125, 131, 134-138, 140, 142, 146-160, 162, 197, 228-230, 330-332, 337-346, 379-382, 393, 394
Bulle, I: 364
Bustamante, Rosalío, II: 211, 240

Cabrera, Daniel, I: 459, 463-465, 473-476, 494-496; II: 23, 33, 35-36, 38, 39, 54, 55, 73, 76, 92, 200, 394
Cabrera, Luis, II: 394-398
Cabrera, Miguel, III 185, 188
Cahuantzi, II: 178
Calderón, Esteban B., II: 258-261, 264, 270, 271
Cancino (redactor), II: 306
Canuto Neri, D., II: 95
Carballido (general mexicano), II: 56
Carrasco, José María, II: 269-270
Casasús, Joaquín, II: 97, 153
Castañeda, Ramón, I: 279

ÍNDICE DE NOMBRES

Cravioto, Alfonso, II: 217
Ceballos, I: 490; II: 344
Cedros (terratenientes), II: 340
Cicerón, I: 493
Cincinato, I: 481
Clausell, Joaquín, II: 56, 57, 64, 66-70, 75-76
Clemencean, Georges, II: 312
Cleveland, Grover, II: 365
Clío, I: 23, 52, 168, 383; II: 364, 406
Comonfort, Ignacio, I: 32, 343
Comte, Augusto, I: 476
Conde de Mun (redactor de Le Figaro), II: 312, 313
Cook, II: 344
Coolidge, Archibald, II: 384
Cooligde, T., F., I: 144
Corona, Ramón, I: 26, 192, 193, 481
Corral, Ramón, II: 153, 155-159, 224, 234, 262, 265-271, 398
Cosmos, I: 380
Cortés, Hernán, I: 185; II: 13
Cortina, Felipe, I: 200
Creel, Enrique, II: 279, 314-316, 322, 323
Creelman, James, I: 11-19, 21-25, 27, 41, 46, 52, 66, 383, 386, 388, 393; II: 154, 364-382, 391-398, 405, 406
Cromwell, Oliver, I: 390
Cruz, Santiago de la, II: 211
Cuauhtémoc, I: 422

Chavarri, Enrique, I: 294
Chavero (diputado mexicano), I: 490; II: 71
Chisolle, II: 83

Damocles, I: 297, 502
Darwin, Charles, II: 176

De la Vega, Santiago R., II: 217, 229, 235
De los Ríos, Juan P., I: 260
Degollado, Santos, I: 390, 455
Dehesa, Teodoro, II: 303, 313
Denys, Francis, I: 503
Díaz, Isabel, II: 306
Díaz, Manuel, II: 309, 310
Díaz Guerra, II:: 400
Díaz Mirón, Salvador, I: 230, 238, 269; II: 174
Díaz Soto y Gama, Antonio, II: 211, 235
Diéguez, Manuel M., II: 259-261, 264, 270, 271
Dingley, II: 330
Diógenes, I: 148
Disraeli, Benjamin, I: 83
Dodge, general, I: 144
Doheny, II: 239
Dondé, Rafael, II: 98
Drago, Luis María, II: 356
Dublán, Manuel, I: 252, 256-258, 293, 341, 390, 413, 417, 502-505; II: 33, 35, 39, 70, 87
Dumas, Alejandro, I: 21
Duque de Liancourt, II: 275
Durero, Alberto, II: 71
Duret, I: 261, 269
Dwight, II: 269

Edison, Tomás, II: 331
Enríquez, Gumersindo, I: 238, 260, 265, 270
Escandón, José, II: 340
Escobedo, Mariano, I: 26, 66, 93, 131, 481, 483; II: 39, 59, 73
Esopo, I: 484
Espinosa, Higinio, I: 486
Evarts, Williams M., I: 84, 87, 94-96, 121-141, 159, 183, 189

ÍNDICE DE NOMBRES

Favre, Julio, II: 248
Fernández, Justino, I: 209, 278, 490; II: 53, 158
Fernández, Ramón, I: 203, 232, 248, 279, 383
Ferry, Charles, I: 226, 227
Figueroa, Luis, II: 167
Fisk (gobernador norteamericano), I: 112
Flor, Esperón de la, II: 240, 242
Flores, Teodoro, II: 163-167, 173, 178, 184, 185, 199, 218, 319
Flores Magón, Enrique, II: 164-170, 173, 175-185, 189-192, 197-207, 210-223, 225-229, 231-248, 256, 271, 278, 315, 319, 321-323, 399, 402, 403
Flores Magón, Jesús, II: 164-166, 168, 169, 171, 178-180, 182, 183, 185-189, 198, 199, 218, 224, 226
Flores Magón, Ricardo, II: 163-166, 168-174, 177-180, 182, 183, 185-189, 192, 194-205, 207, 210-213, 215-217, 223, 224, 228, 229, 231, 233, 235, 238-257, 271, 277-279, 315-323, 398-403
Foster (ministro norteamericano), I: 41, 42, 78, 84, 85, 92, 94, 98-115, 118, 119, 122, 140, 184, 351-353, 356; II: 114, 314, 315
Francia, Dr. José Gaspar Rodríguez de, I: 490
Furlong (fiscal), II: 322

Galba, I: 483
Gamboa, Federico, II: 284
García de la Cadena, Trinidad, I: 151, 155, 331-334, 336-338, 388, 464, 494; II: 178
García Granados, Alberto, I: 296: II; 99
García Granados, Ricardo, II: 99
García, Pimentel (terratenientes), II: 340
García Torres, Vicente, II: 118
Garcin, Victor, II: 299, 300, 307-309
Garza, Catalino, II: 36, 37, 39, 43
Gladstone, II, 13
González, Austin, R., I: 364
González, Manuel, I: 45, 135, 151, 153-155, 157, 158, 169, 172, 173, 176, 178, 179, 181, 183, 175, 186, 188, 190-193, 202-205, 210, 211, 215-222, 225, 227, 232, 234-236, 239, 240, 242, 244, 247-250, 252-261, 264-279, 281-287, 289-293, 299, 300, 231, 322, 327, 328, 333, 334, 339, 341-350, 354-358, 362, 364, 365, 372-383, 390, 391, 396-402, 413, 425, 426, 430, 474, 488-490; II: 70 71, 73, 81, 82, 95-97, 99, 100, 113, 139, 179, 340
González (hijo), Manuel, I: 275, 276, 279-281
González Mier (redactor) II: 290-292
González Ortega, Jesús, I: 456
Gould, Jay, I: 143, 144, 195-198, 215
Grant, Ulises, I: 73-75, 81, 83, 95, 144, 145, 158, 183, 184, 196, 198, 467
Grave, II: 248
Greene, William C., II: 258, 260, 262-264, 268, 270
Grinda (mayor), II: 282
Guerrero, Práxedes, II: 319-321, 323, 402, 403
Guggenheim, II: 127, 239
Gutiérrez de Lara, Lázaro, II: 259, 262
Guyot, II: 68

Hammeker y Mejía, I: 391, 485
Harriman, E., H., II: 334-337
Harrman, II: 239
Hayes, Rutherford-Birchard, I: 80, 81, 83-86, 88-89, 91-93, 95, 109, 118, 141, 146, 158, 159, 183, 185
Hearst, William Randolph, II: 239
Hegewish (dir. de *La Semana Mercantil*), I: 416, 418-420, 422, 424-425, 429-430, 446
Herrera, II: 300, 303, 306
Hidalgo, Miguel, I: 455
Hollins, H., B., I: 436
Hoz, Santiago de la, II: 231
Huerta, Victoriano, II: 133, 141
Hüller, Luis, I: 362-364, 372-375
Humboldt, Alexander, I: 185
Huntington, C., P., I: 144

Ibáñez y Espinosa, Francisco, I: 493
Ibarra, José María, II: 270
Iglesias (redactores), I: 300
Iglesias, José María, I: 46, 55, 66, 70, 75, 81, 156, 479, 480
Inda, Manuel, II: 98
Iriarte, Tomás de, II: 14
Izábal, Rafael, II: 224, 265-271

Jáuregui (diputado mexicano), I: 260
Jecker, Luis, II: 134
Jeremías, II: 343
Jevons, Stanley, I: 288
Johnson, Andrés, I: 73, 75, 83
Juan (rey de Inglaterra), II: 47
Juárez, Benito, I: 26-38, 43-45, 47, 61, 66-69, 71, 75, 78, 86, 126, 127, 168, 220, 228, 229, 244, 333, 338, 339, 341, 349, 362, 369, 463, 404, 480-484; II: 8, 18, 33, 41, 42, 60, 76, 77, 93, 124, 125, 163, 164, 167, 172, 184, 200, 201, 213, 273, 316, 337, 400, 401
Juárez, Manuel, II: 304

Kostelitzky (coronel), II: 264
Kropotkin, Pedro, II: 229, 246, 248

Labastida y Dávalos, Pelagio Antonio, I: 342
Lama, I: 59
Lamartine, Alphonse de, II: 56
León XIII, II: 29
Lerdo de Tejada, Sebastián, I: 27, 30, 35-38, 41, 43, 45-47, 55, 60-62, 66-69, 71, 75, 78, 79-81, 85, 92, 94, 105, 106, 126, 134, 161-163, 175, 176, 188, 191, 220, 223, 226, 228, 244, 288, 304, 306, 324, 333, 341, 387, 461-465, 476-478, 480, 484-488, 490, 491, 493, 494, 496; II: 8, 41, 43, 201, 273, 316, 337
Liceaga, Dr. Casimiro, I: 135
Limantour, José I., I: 311, 474, 475; II: 59, 93-95, 97, 105, 108-117, 120-122, 124-128, 130, 131, 133-143, 145, 146, 154-157, 160, 229, 230, 254, 310, 324-326, 328-333, 335-339 341-349, 351, 358, 398
Lizardi (coronel mexicano), I: 331, 337, 464
López Portillo y Rojas, José, II: 145
Luis XI, I: 384, 385, 388
Luis XIV, II: 19
Luis XVI, II: 275

Maas (general), II: 304
Macedo, Miguel, II: 335
Macedo, Pablo, II: 94-95, 115, 153, 335

MacKenzie (capitán norteamericano), I: 94, 96
Madero, Francisco I., II: 235, 238, 241, 242, 320, 321, 340, 403, 406
Magón Margarita, II: 163-165, 167, 178
Malatesta, Enrique, II: 246, 248
Manrique, Francisco, II: 402, 403
Manrique, Jorge, II: 349
Maquiavelo, Nicolás, I: 384, 385; II: 150
Mariscal, Ignacio, I: 79, 81, 390, 474, 475, 478; II: 155-158, 380, 404
Márquez, I: 484
Martínez, Ignacio, I: 389, 488, 494
Martínez, Margarita, II: 306
Martínez, Rosalino, II: 301, 303, 304, 324
Martínez del Río, Pablo, II: 335
Marx, Carlos, II: 229, 248
Mata, Filomeno, II: 38, 54, 405
Mata, José María, II: 73
Mathews, Stanley, I: 143
Maximiliano, Fernando José, I: 24, 29, 69, 73, 75, 220, 340, 343, 493; II: 184, 270, 272, 378
Méndez, Juan N., I: 151, 156
Méndez, Luis, II: 98
Mendizábal, Gregorio, II: 158
Metcalf (hermanos, mayordomos en Cananea), II: 261, 299
Michel, Luisa, I: 200
Mier y Terán, Luis, I: 132-139, 152, 153, 176, 247, 249; II: 145, 198
Mill, John Stuart, II: 31, 68
Mills, I: 288
Mirabeau, Honoré-Gabriel, II: 275, 281
Mirafuentes, I: 483
Moctezuma, I: 61; II: 366

Moheno, Querido, II: 185, 406
Molina Enríquez, Andrés, II: 293-295
Molina, Olegario, II: 340, 398, 405
Molinari, Gustavo, II: 351
Monroe, James, I: 466, 473, 474
Montesinos (oficial mayor de la Secretaría de la Defensa), I: 240, 262-264, 267-272, 274, 275, 278, 281, 282
Morales, José, II: 298, 300, 306
Moreno, Rafael, II: 304
Morgan, J. P., II: 326
Morse Pelton, Samuel, II: 335
Murger, Enrique, I: 166

Napoleón I, I: 289, 390, 484; II: 138, 158
Napoleón III, I: 29, 78, 384; II: 270, 389, 390
Naranjo, Francisco, I: 380, 481, 482
Navarro (cónsul mexicano en Nueva York), I: 486, 487
Negrete, Miguel, I: 125, 126, 131, 156
Nerón, I: 344
Neyra, José, II: 399
Noetzlin, Eduardo, I: 222, 226, 233, 236, 239, 254-256, 281, 284-286
Noriega, Iñigo, II: 340

Olivares, Juan, II: 399
Omaña, I: 380
Ord (general norteamericano), I: 79, 80, 82, 89, 92-94, 141
O'Relly, Francisco, II: 185
Orellana, I: 379-382
Osorno, Javier, I: 490
Otero, los (redactores), I: 300
Owen, Albert, II: 32
Owen, Robert, II: 32

ÍNDICE DE NOMBRES

Pacheco, Carlos, I: 261, 262, 272, 364-366, 372, 373, 390, 429, 467, 468, 470, 489, 493; II: 14-16, 19-21, 35, 124
Padilla, Ángel, I: 355
Páez, Nicolás, I: 379-381
Palmer, I: 178
Pardo, Emilio, II: 98
Paula, Gochicoa, Francisco, I: 491
Pearson, Weetman, II: 390, 391
Pérez Fernández, Federico, II: 211
Pérez Fernández, Gabriel, II: 211
Pérez Gallardo, I: 355
Perry (comodoro), II: 353
Peza, Juan de Dios, I: 465
Pierce, H. Clay, II: 335
Pineda, Rosendo, II: 97, 145, 159
Pinedo, II: 153
Pío IX, I: 433
Portillo y Rojas (ver López Portillo y Rojas, José)
Price, Boame, II: 69
Prida, Ramón, II: 121-123
Prieto, Guillermo, I: 228, 229, 465
Procusto, I: 297
Proudhon, Pedro José, II: 102, 246, 248

Quevedo y Villegas, Francisco de, I: 483
Quevedo y Zubieta, Salvador, I: 248, 249

Rábago (ahijado de Romero Rubio), I: 364
Rabasa, Emilio, I: 38
Ramírez, Ignacio, I: 296
Ramírez, Justino, II: 340
Ramírez, Ricardo, I: 276, 294-296
Régules, I: 481
Remusat, I: 389
Reyes, Bernardo, I: 201, 389; II: 126, 127, 130-146, 154, 155, 158, 160, 202-204, 206, 207, 227, 229, 233, 238, 313, 343, 359
Reyes, Rodolfo, II: 132-134, 141, 156, 158, 313
Richardson, Thomas, I: 144
Riders, Rough, II: 350
Riva Palacio, Vicente, I: 122, 123, 483, 488, 490; II: 72
Rivas, Carlos, I: 236, 240, 258-263, 271-274, 275, 278, 281, 282, 373, 374, 383, 426-427
Rivera, Librado, II: 235, 239, 242, 246, 279, 316, 321, 399
Rockefeller, II: 239, 326, 391
Rocha, Sóstenes, I: 269
Rodríguez, Pedro, II: 236
Rojas, Moisés, I: 490
Romero, Matías, I: 61, 110, 474, 475; II: 87-94
Romero Rubio, Manuel, I: 175, 218, 249, 250, 257, 261-263, 269, 273, 274, 280, 296, 344, 346, 355, 364, 373-375, 378, 379, 382, 383, 390, 483-491, 493, 494; II: 59, 62, 70, 71, 81, 135
Romero Vargas, I: 269
Rosas, I: 490
Rosencranz (general norteamericano), I: 97
Roosevelt, Teodoro, I: 12-14; II: 262, 265, 317, 319, 333, 349-352, 354-357, 359, 360, 367, 368, 376, 379, 380, 382, 383, 386, 387, 400, 405
Root, Elihu, II: 315, 357-359, 375, 404
Ruiz (coronel), II: 303-306, 344

Sage, Russel, I: 143
Sánchez, Ambrosio, II: 78
Sánchez Azcona, Juan, I: 51

Santa Anna, Antonio López, de, I: 28, 29, 32, 78; II: 41, 81, 100, 370
Sarabia, Juan, II: 210-213, 217, 229, 231, 239, 240, 242, 244, 245, 250-255, 277-283, 316, 318
Sarabia, Manuel, II: 213, 215, 231, 237, 240, 242
Sarabia, Tomás, II: 211
Scott, Thomas, A., I: 143
Scott, Winfield, II: 369
Sentíes, Francisco de P., II: 406
Seward, William H., I: 69; II: 358
Sheridan (presidente de la comisión de tenedores de bonos), I: 250, 255
Sherman, William, I: 80, 81
Sierra, Justo, I: 465; II: 8, 35, 59-62, 97
Sieyes, I: 484
Smith, Adam, I: 315
Solano, I: 134
Spencer, Herbert, I: 302, 479
Sullivan, I: 178, 181
Symond, I: 142, 181

Tácito, I: 481
Tagle, I: 59, 153; II: 72, 73, 76
Taine, Hipólito, I: 389
Tántalo, I: 155; II: 402
Terrazas (terratenientes), II: 340
Toro (general mexicano), I: 484
Torres, Lorenzo, II: 340
Torres, Lucrecia, II: 306
Torres, Luis, II: 224, 264-266, 271
Tovar (coronel mexicano), II: 122, 127
Treviño, Gerónimo, I: 82, 83, 481, 482
Turner, John Kenneth, II: 334, 337

Vallarta, Ignacio, I: 51, 59, 66, 85, 151, 155; II: 73, 98
Velasco, Edilio, II: 98
Verástegui, I: 269
Vigil, José María, I: 168
Villalobos, Joaquín, II: 77
Villar, II: 30
Villarreal, Antonio I., II: 239, 242, 277, 279, 316, 321
Villavicencio, Antonio, II: 126, 225, 226, 279, 306
Viñas, Eduardo, I: 237, 260, 261

Washington, Jorge, I: 79
Weil (brigadier norteamericano), II: 263
Woerishefer, C., P., I: 144

Yerma (presbítero), I: 378

Zamacona, Manuel María de, I: 70, 85-87, 90, 91, 97, 98, 104, 108-113, 116, 119, 121, 142, 156, 157, 159, 484; II: 39, 59, 60, 73, 74, 339
Zaragoza, Ignacio, I: 456
Zarco, Francisco, I: 70
Zarco, los (redactores), I: 300
Zayas Enríquez, Rafael de, I: 136; II: 277, 323, 324
Zolá, Emilio, II: 310, 345

ÍNDICE GENERAL

16. En el mismo semestre se efectuó otro avance . . . 7
17. La prueba más evidente del desconcierto 59
18. Con la cuarta reelección de 1896 111
19. En 1900 el general Díaz llegaba a los setenta años . 130
20. El séptimo periodo marcaba el principio del fin . . 160
21. Cananea, pequeña población minera 258
22. Dos huelgas abortivas y una sublevación abortada . 314
23. Por esos días, Rafael de Zayas Enríquez 323
24. Releyéndola en este contexto 364
25. La portentosa entrevista apareció en marzo de 1908 . 398

ÍNDICE DE NOMBRES 407

Este libro se terminó de imprimir y encuadernar en el mes de mayo de 1995 en los talleres de Impresora y Encuadernadora Progreso, S. A. de C. V. (IEPSA), Calz. de San Lorenzo 244; 09830 México, D. F. Se tiraron 2 000 ejemplares.